Essentials of Personal Training

퍼스널 트레이닝의 정석

김경식 | 고재면 | 권순신 | 김찬선 | 서대윤 | 석민화
이병근 | 이상호 | 이지은 | 임승엽 | 정덕조 | 한승백

대경북스

퍼스널 트레이닝의 정석

1판 1쇄 인쇄 2022년 9월 1일
1판 1쇄 발행 2022년 9월 5일

발행인 김영대
편집디자인 임나영
펴낸 곳 대경북스
등록번호 제 1-1003호
주소 서울시 강동구 천중로42길 45(길동 379-15) 2F
전화 (02)485-1988, 485-2586~87
팩스 (02)485-1488
홈페이지 http://www.dkbooks.co.kr
e-mail dkbooks@chol.com

ISBN 978-89-5676-922-6

Preface
머리말

2000년대 초반부터 시작된 웰빙과 몸짱의 열풍이 최근 더욱 거세게 불고 있다. 특히 과거 같으면 상상하기도 힘든 여성들의 몸 만들기가 하나의 사회적 트렌드로 자리잡아 가고 있다. 이는 몸과 건강에 대한 일반대중의 관심이 크게 증가하였고, 무엇보다도 저항 트레이닝에 대한 편견이 사라진데서 비롯된 것이라 할 수 있다.

돌이켜보면, 저항 트레이닝은 일부 남성들의 전유물로 여겨져 왔던 것이 사실이다. 저항 트레이닝은 피지크 및 보디빌딩 선수나 일부 운동선수들에게나 적합한 운동으로 여겨졌다. 그러나 스포츠과학의 진전과 함께 저항 트레이닝이 우리 인체에 미치는 긍정적 효과가 미디어를 통해 보고됨으로써 저항 트레이닝에 대한 일반대중의 인식이 크게 바뀌게 되었다. 이에 따라 일반대중들은 저항 트레이닝을 포함한 여러 형태의 트레이닝 방법을 배우고 운동의 효과를 극대화하고자 1:1 퍼스널 트레이닝에 대한 필요 및 요구가 증가하고 있다.

퍼스널 트레이닝은 전문가에 의해 고안된 저항 트레이닝, 심폐지구력 트레이닝, 코어 트레이닝 등의 프로그램을 중심으로 실행되기 때문에 운동손상 없이 고객 또는 운동선수의 트레이닝 프로그램의 목적 및 목표를 성취하는 데 도움을 줄 수 있다. 퍼스널 트레이닝은 프로그램의 목적 및 목표에 따라 트레이닝의 형태 및 비중이 달라지고 그 효과가 상이하게 나타나는 것이 특징이다. 즉 일반대중은 건강과 체력, 피지크 및 보디빌딩 선수들은 대회 출전, 운동선수들은 경기력, 그리고 수술환자들은 재활과 치료를 위하여 여러 형태의 퍼스널 트레이닝에 참가함으로써 트레이닝 효과를 경험할 수 있다.

이와 같이 퍼스널 트레이닝에 대한 사회적 수요 증가에도 불구하고 현재까지 퍼스널 트레이닝에 대한 다양한 교재가 부족한 것이 현실이다. 물론, 몇몇 외국의 퍼스널 트레이닝 교재들이 번역·출판되어 왔긴 하나, 이들 교재들을 현장에서는 그대로 적용하는데는 한계가 있다는 문제 제기가 있어 왔다.

이러한 시점에서 필자들은 번역 교재가 갖는 한계점을 극복하고 현장에서 필요로 하는 표준화된 퍼스널 트레이닝 이론 및 방법을 확산하기 위하여 이 책을 펴내게 되었다. 이 책은 모두 제6부 18장으로 구성하였으며, 마지막 19장은 생활스포츠지도사를 위한 보디빌딩 관련 운동지식으로 구성하였다.

제1부는 골격근의 구조와 기능, 신경시스템, 트레이닝과 에너지 대사, 트레이닝과 신체반응을 다루었고, 제2부는 고객 카운셀링과 건강 및 체력 평가로 구성하였다. 제3부는 트레이닝의 원리와 구성요소, 저항 트레이닝, 심폐지구력 트레이닝, 코어 트레이닝, 제4부는 저항 트레이닝 프로그램, 심폐체력 향상을 위한 프로그램, 특수집단 트레이닝 프로그램으로 구성하였다. 제5부는 영양, 체중조절과 식단, 보충제를 다뤘고, 제6부는 시설 관리 및 배치, 시설 안전관리를 구성하였다. 마지막 장에는 생활스포츠지도자 시험 준비를 위한 보디빌딩 운동지식을 질의 응답으로 구성하였다.

필자들은 퍼스널 트레이닝 방법론의 학문적 기틀을 마련하고 퍼스널 트레이너가 되고자 하는 체육학도들이나 현장 지도자들에게 조그마한 보탬이 되고자 부족하나마 이 책을 펴내게 되었다.

필자들은 앞으로 이 책의 부족한 점을 지속적인 연구 작업을 통하여 보완하고 보다 완성된 내용으로 다시 찾아뵐 것을 약속드린다.

끝으로 이 책이 나올 수 있도록 교재의 운동모델로 애써 준 호서대학교 사회체육학과 지민구, 김상윤, 조수진 학생에게 진심으로 감사의 뜻을 전한다. 이들의 도움 없이는 이 책을 출간할 수 없었을 것이란 사실을 밝혀 두고자 한다.

또한, 이 책의 출판을 위해 노고를 아끼지 않으신 대경북스 김영대 대표님과 편집부 임나영 선생님에게 진심으로 감사의 뜻을 전한다.

2022년 8월

대표저자 김경식 씀

Contents

Part 2   고객 카운셀링과 평가

Part 5 영양과 보충제

Part 01_ 트레이닝의 과학

Personal Training

Chapter 01

뼈대근육의 구조와 기능

뼈대근육의 구조와 기능

인체의 근육뼈대계통이란 뼈대 및 근육계통을 말하며, 뼈(bone), 연골(cartilage), 인대(ligament), 근육(muscle), 힘줄(tendon) 등으로 구성되어 있다. 인체는 이와 같은 구성요인들을 통해 다양하고 특별한 움직임을 발생시킨다.

본 장에서는 우리 몸을 구성하고 있는 뼈대근육에 대해 자세하게 알아보고, 운동 시 어떻게 독립적으로 작용하고 협응하는지 살펴보도록 하자.

뼈대근육은 민무늬근(smooth muscle, 평활근)과 심장근(cardiac muscle)과는 다르게 의식적으로 조절(control)할 수 있기 때문에 수의근(voluntary muscle)으로 분류된다.

인체는 약 206개의 뼈로 구성되어 있으며, 600개 이상의 뼈대근육이 있다. 운동과 같은 신체적인 움직임은 이러한 근육뼈대계통의 활동을 통해서 이루어진다.[1]

뼈대근육

뼈대근육(skeletal muscle, 골격근)은 뼈와 함께 근육뼈대계통을 형성한다. 뼈대근육은 대부분 뼈에 붙어 있고, 발생되는 장력(tension)을 통해 인체의 뼈를 움직이게 하므로 뼈대근육이라고 한다.

근육의 구조

각 근육은 근육바깥막(epimysium, 근외막)으로 둘러싸여 있으며, 근육바깥막 속에는 근육다발막(perimysium, 근주막)이 근육다발(fasciculus, 근속)들을 둘러싸고 있다. 아울러 근육다발은 각

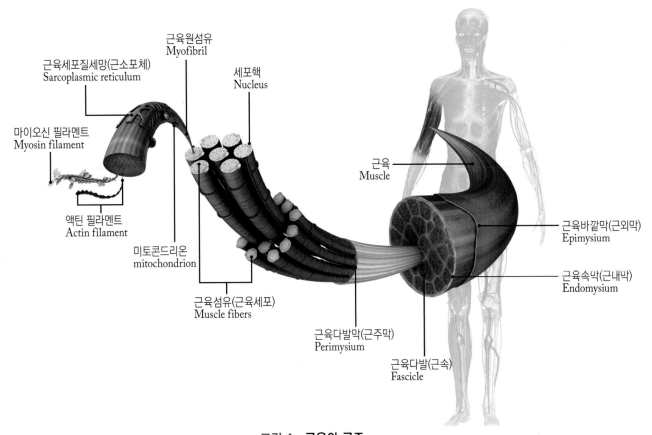

근육세포질세망(근소포체)
Sarcoplasmic reticulum

근육원섬유
Myofibril

세포핵
Nucleus

마이오신 필라멘트
Myosin filament

액틴 필라멘트
Actin filament

미토콘드리온
mitochondrion

근육섬유(근육세포)
Muscle fibers

근육
Muscle

근육바깥막(근외막)
Epimysium

근육속막(근내막)
Endomysium

근육다발막(근주막)
Perimysium

근육다발(근속)
Fascicle

그림 1_ 근육의 구조

근육섬유(muscle fiber)들이 근육속막(endomy-sium, 근내막)이라고 하는 결합조직에 싸여 있으며, 이러한 근육섬유는 근육원섬유(myofibril)들로 구성된다(그림 1).

근육섬유는 근육세포라고 하며, 하나의 근육세포는 하나의 근육섬유로 알려져 있다. 이들의 지름은 대략 $50{\sim}100\mu m$(마이크로미터)이다. 단일 근육섬유의 구조를 살펴보면 원형질막(plasmalemma)으로 둘러싸여 있는데, 이러한 원형질막은 근육섬유막(sarcolemma, 근초)라고 한다.[1, 2] 또한 원형질막(또는 근육섬유막)에 있는 위성세포(satellite cell)는 분화되지 않은 세포로, 근육의 성장 및 보수에 중요한 역할을 한다. 근력 훈련을 하면 위성세포로부터 새로운 섬유가 형성되어 분화와 성장을 통해 성숙한 근육섬유를 형성하게 된다.[3, 4]

원형질막

원형질막(sarcolemma, 근육섬유막 또는 근초)을 근초라고도 하는데, 이러한 원형질막은 근육섬유(근세포)의 끝부분에서 힘줄(건)과 융합되어 뼈에 부착되어 있다.[1] 특히 질긴 섬유로 이루어져 있는 힘줄이 근육섬유에서 발생되는 힘을 뼈에 전달하면 인체는 비로소 움직이게 된다. 이러한 원형질막의 위치는 〈그림 2〉 근육섬유의 구조에서 확인할 수 있다.

근육세포질(sarcoplasm)

〈그림 2〉를 보면 원형질막(근육섬유막, sarco-lemma)의 내부를 살펴보면 근육원섬유 사이에 젤라틴과 같은 물질들로 채워져 있는데, 이를 근육세포질(근형질)이라고 한다.

인체의 근육섬유는 비어 있는 공간이 없다. 특히 근육원섬유 사이사이의 공간에는 근육세포질이라 불리는 물질들로 채워져 있는데, 이는 근육섬유의 세포질(cytoplasm)이다.

이러한 근육세포질 속에는 주로 용해된 단백질, 미네랄 그리고 글리코겐, 지방 및 필수 소기관들이 들어 있다. 여기에는 산소와 결합된 합성물인 헤모글로빈과 거의 비슷한 마이오글로빈이 포함되어 있다.[1]

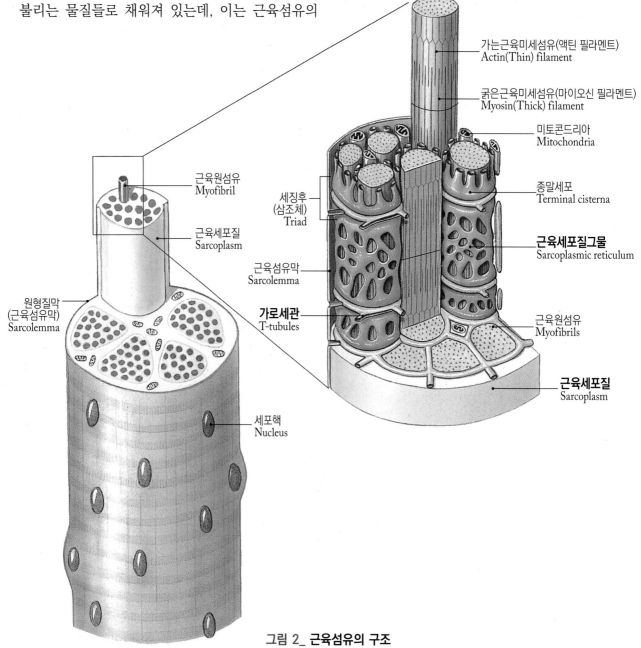

근육원섬유
Myofibril

근육세포질
Sarcoplasm

원형질막
(근육섬유막)
Sarcolemma

세포핵
Nucleus

가는근육미세섬유(액틴 필라멘트)
Actin(Thin) filament

굵은근육미세섬유(마이오신 필라멘트)
Myosin(Thick) filament

미토콘드리아
Mitochondria

종말세포
Terminal cisterna

근육세포질그물
Sarcoplasmic reticulum

근육원섬유
Myofibrils

근육세포질
Sarcoplasm

세징후
(삼조체)
Triad

근육섬유막
Sarcolemma

가로세관
T-tubules

그림 2_ 근육섬유의 구조

가로세관(transverse tubule : T tubule)

근육세포질 속에는 가로세관(T tubule, 횡세관)이라고 하는 연결관이 들어있다. 이러한 세관들은 근육세포질 내부에서 물질들이 이동(운반)하는 통로가 된다(그림 2).

특히 근수축 시 원형질막(근육섬유막, plasma membrane)에 전달된 신경자극들이 가로세관을 통해 각 근육원섬유로 빠르게 전달되도록 통로의 역할을 해준다. 이때 근육세포질그물(sarcoplasm reticulum, 근형질세망)을 자극하여 Ca^{2+}을 분비하면 근수축의 과정이 일어나게 된다.[6]

근육세포질그물(sarcoplasmic reticulum : SR)

근육세포질그물(근형질세망)은 근육섬유 내부에서 찾을 수 있고, 근육섬유 주위에 수평적으로 위치해 서로 연결되어 있다(그림 2). 중요하게도 이 근육세포질그물에는 근수축에 필요한 칼슘이 저장되어 있기 때문에 칼슘의 저장소라고 할 수 있다. 가로세관을 포함하여 근육세포질그물은 물질의 이동(운반) 역할을 한다.[3]

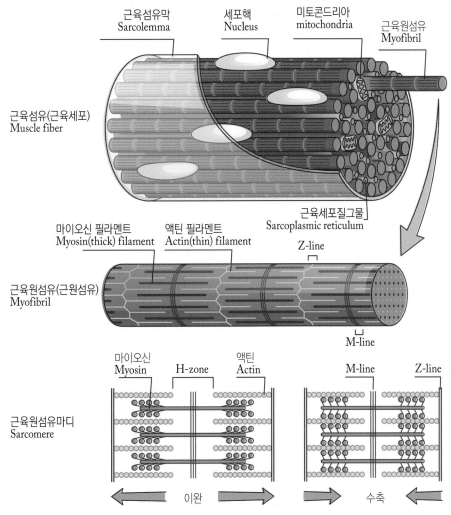

그림 3_ 근육원섬유의 구조

근육원섬유(myofibril)

근육섬유(근세포)에는 수천 개의 근육원섬유를 포함한다.[7] 근육원섬유(근원섬유)는 근육의 가장 작은 기능적 단위인 근육원섬유마디(sarcomere, 근절)로 이루어진다. 이러한 근육원섬유마디는 근수축을 일으키는 (굵은, thick) 마이오신 필라멘트(myosin filament)와 (얇은, thin) 액틴 필라멘트(actin filament)로 구성된다.[1, 3]

그리고 근육원섬유마디는 Z-line(혹은 Z-disc)에서부터 구분된다. 〈그림 3〉과 같이 두 개의 Z-line 사이가 근육원섬유마디에 해당하며, 각각의 근육원섬유는 수많은 근육원섬유마디로 이루어져 있음을 확인할 수 있다.[5]

마이오신(myosin)과 액틴(actin) 필라멘트(filament)

근육원섬유를 자세하게 살펴보면 각 근육원섬유마디마다 근수축을 담당하는 두 가지 유형의 단백질 필라멘트를 볼 수 있다. 이 중 마이오신 필라멘트는 한쪽 끝에 공 모양의 머리(head)를 가지고 있는 굵은 필라멘트이며, 이들은 서로 감싸고 있는 두 가닥의 단백질로 구성된다. 또한 각 가닥의 끝은 공 모양으로 접히는데, 이것을 마이오신 머리라고 한다(그림 4). 이러한 마이오신 머리는 근육수축 시 액틴 필라멘트의 특정한 부위와 연결다리(cross-bridge, 교차결합)를 형성한다(그림 7).

한편 액틴 필라멘트는 얇은 필라멘트인데, 이것은 세 가지의 단백질분자들(actin, tropomyosin, troponin)로 구성되어 있다.

액틴 필라멘트는 한쪽 끝이 Z-line에 연결되어 있고, 반대쪽은 마이오신 필라멘트 사이의 공간에 들어 있다. 그리고 마이오신 머리와 결합할 수 있는 부위를 가지고 있다.

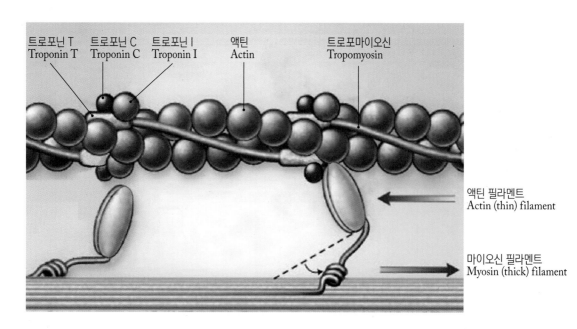

그림 4_ 마이오신 필라멘트(myosin filament), 액틴 필라멘트(actin filament), 트로포닌(troponin) subunit(T, C, I)의 위치

전술한 바와 같이 액틴 필라멘트는 세 가지 단백질 분자들로 구성되어 있다. 그중에서 〈그림 4〉와 같이 액틴(actin) 분자는 필라멘트의 중추적인 구조를 형성하고 있으며, 2개의 얇은 가닥이 나선 형태로 꼬여 있다. 또한 트로포마이오신(tropomyosin)은 액틴의 가닥을 감싸고 있다. 트로포닌(troponin) T, C, I의 3개 소단위(subunit)로 구성된 액틴 가닥과 트로포마이오신에 일정한 간격으로 각각 결합(bind)되어 있다. 트로포닌 T는 트로포마이오신에, 트로포닌 I는 액틴에, 그리고 트로포닌 C는 칼슘(calcium)이온에 결합된다.[10, 11]

근육원섬유마디(sarcomere) 내부에서 필라멘트(filament)의 배열

근육원섬유마디는 근육원섬유의 기본적인 단위이자 근육수축의 기능적인 단위이다. 이러한 근육원섬유마디의 필라멘트 배열을 광학현미경으로 살펴보면 I-band, A-band, H-zone, M-line, Z-line 등으로 구성된다(그림 5, 9).

전반적으로 뼈대근육섬유는 독특한 줄무늬 모양(가로무늬)을 지니고 있는데, 이 중 I-band는 액틴 필라멘트만 있는 비교적 밝은 구역을 말한다.

반면 A-band는 마이오신 필라멘트가 있지만, 일부 액틴 필라멘트도 포함되어 있다. 또한 A-band는 정중앙에 밝은 부분인 H-zone을 가지고 있다. 이들은 근육이 수축할 때는 나타나지 않으며 이완시(또는 휴식상태)에만 확인할 수 있는 특성을 지니고 있다. 따라서 H-zone은 근육원섬유마디가 수축하는 동안 짧아진다(그림 8).

아울러 H-zone의 중앙 부분에는 M-line이 있다. Z-line(또는 Z-disk)은 액틴 필라멘트의 끝부분에 연결되어 있는데, Z-line과 Z-line 사이를 하나의 근육원섬유마디라고 표현한다.[5, 8]

❶ 원형질막(근육섬유막) : 근초라고 불리기도 하며, 힘줄과 융합되어 뼈에 부착

❷ 근육세포질 : 근육섬유의 세포질을 말하며, 근육원섬유 사이사이의 공간을 채움

❸ 가로세관 : 근육세포질 내부에서 물질들이 이동(운반)하는 통로

❹ 근육세포질그물 : 근수축에 필요한 칼슘을 저장

❺ 근육원섬유 : 근육의 가장 작은 기능적 단위인 근육원섬유마디로 이루어져 있음

❻ 마이오신 필라멘트 : 굵은 필라멘트이며, 근육수축 시 액틴 필라멘트와 교차다리를 형성

❼ 액틴 필라멘트 : 얇은 필라멘트이며, 세 가지 단백질분자로 구성되고, 마이오신 머리와 결합할 수 있는 부위가 있음

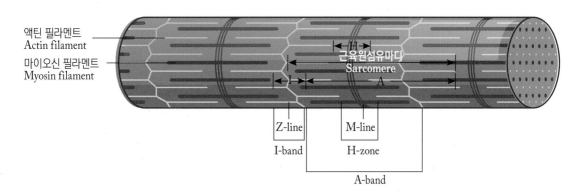

그림 5_ 근육원섬유마디 내부의 각 필라멘트 배열

근육섬유의 수축

근육섬유는 각각의 섬유 끝에 연결된 하나의 운동신경(또는 뉴런)에 의해 자극을 받는다. 이러한 운동신경과 여러 개의 근육섬유와 연결되어 있는 것을 운동단위(motor unit)라고 한다.[1, 3] 이러한 운동단위는 알파운동뉴런(alpha motor neuron)과 이것이 지배하는 근육섬유 전체를 포함한다(그림 6).

신경계와 관련된 부분은 다음 제2장에서 자세하게 다루도록 할 것이며, 본 장에서는 근육 활동을 일으키는 기본적인 과정 및 근육섬유의 형태에 대해 알아보도록 하자.

근육 활동을 일으키는 과정(근육섬유의 수축작용)

우리가 알고 있는 근육 활동은 단순하게 근육만 단독작용으로 수축하는 것이 아니다. 근육섬유가 수축하기 위해서는 일련의 복잡하고 특수한 과정이 필요하다. 이러한 과정을 간단하게 보면, 인체의 중추인 대뇌와 척수로부터 운동신경이 자극을 받는다. 이 자극이 알파운동뉴런에서부터 축삭종말(axon terminal)을 통해 근육섬유로 전달됨으로써 근수축이 일어나게 된다.

이 과정을 구분지어 살펴보면 ① 대뇌 및 척수로부터 운동신경 자극, ② 신경의 자극은 축삭종말 끝부분에 도달, ③ 아세틸콜린(Ach)이 분비되고 분비된 Ach는 원형질막에 위치한 Ach 수용기와 결합, ④ 근육세포막의 이온 출입구가 열리고, 나트륨(sodium)이 유입되면서 근육섬유 전체에 탈분극(depolarization)이 유발, ⑤ 활동전위(action potential) 발생, ⑥ 근육세포질그물에서 칼슘(Ca^{2+})이 근육세포질 내로 다량 방출, ⑦ 칼슘은 트로포닌 C에 결합되고, 마이오신 머리가 액틴의 활동부위에 결합될 수 있도록 트로포마이오신을

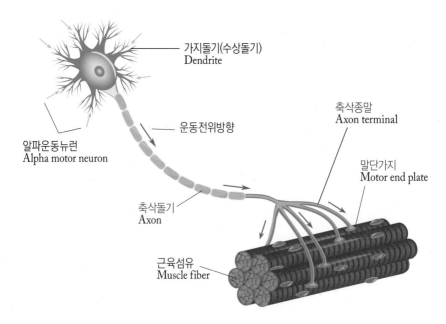

가지돌기(수상돌기)
Dendrite

운동전위방향

알파운동뉴런
Alpha motor neuron

축삭돌기
Axon

근육섬유
Muscle fiber

축삭종말
Axon terminal

말단가지
Motor end plate

그림 6_ 운동단위(motor unit)의 구조

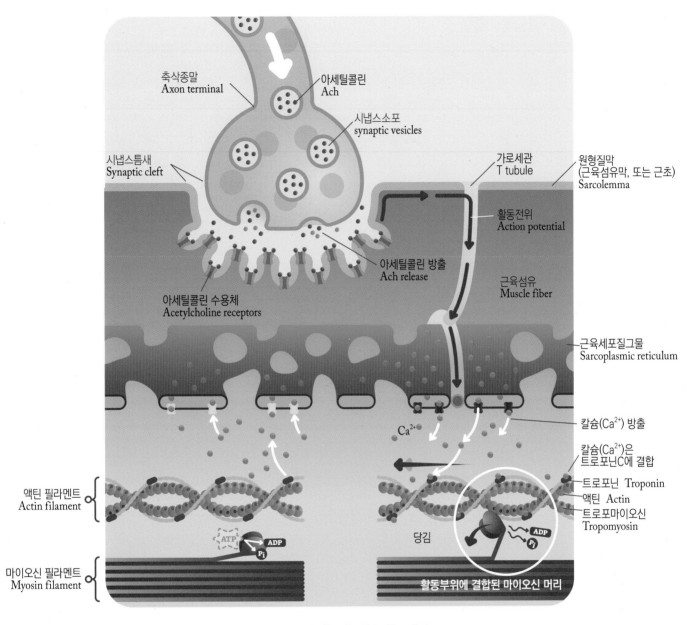

축삭종말
Axon terminal

아세틸콜린
Ach

시냅스소포
synaptic vesicles

시냅스틈새
Synaptic cleft

가로세관
T tubule

원형질막
(근육섬유막, 또는 근초)
Sarcolemma

활동전위
Action potential

아세틸콜린 방출
Ach release

근육섬유
Muscle fiber

아세틸콜린 수용체
Acetylcholine receptors

근육세포질그물
Sarcoplasmic reticulum

칼슘(Ca^{2+}) 방출

Ca^{2+}

칼슘(Ca^{2+})은
트로포닌C에 결합

트로포닌 Troponin
액틴 Actin
트로포마이오신
Tropomyosin

액틴 필라멘트
Actin filament

당김

마이오신 필라멘트
Myosin filament

ATP   ADP   Pi

ADP
Pi

활동부위에 결합된 마이오신 머리

그림 7_ 근육 활동을 일으키는 과정

당김, ⑧ 마이오신 머리가 액틴의 활동부위에 결합
되어 서로 끌어당김, ⑨ 근육의 수축(그림 7)으로
설명할 수 있다.

❶ 운동단위 : 하나의 운동신경과 여러 개의 근육섬유가 연결
   되어 있는 것
❷ 축삭종말 : 신경세포에서 길게 뻗어 나온 돌기
❸ 아세틸콜린 : 신경전달물질의 한 가지
❹ 탈분극 : 세포막을 경계로 분극이 상승하는 현상
❺ 활동전위 : 세포 또는 조직이 활동할 때 발생하는 전압의
   변화

근육수축 시 칼슘의 역할

근육수축 시 칼슘의 역할은 상당히 중요하다. 앞(뼈대근육의 구조와 기능)에서 근육섬유(근세포) 속의 근육세포질그물(근형질세망)에는 근수축에 필요한 칼슘이 저장되어 있기 때문에 칼슘의 저장소라고 설명하였다.

중요하게도 탈분극이 유발되어 발생한 전기적 자극은 세포 내부로 전달되기 위해 근육섬유의 관(T-tubule와 근육세포질그물)을 통해 이동하게 된다. 이러한 전기적인 충격은 근육세포질그물에 저장된 칼슘이온이 근육세포질로 다량 방출되도록 유발한다.[12]

특히 액틴 필라멘트의 트로포닌 C는 칼슘과 친화력이 강하기 때문에 트로포닌 C와 결합하여 근육섬유의 수축과정이 가능하게 된다. 이러한 과정은 〈그림 7〉 하단의 동그라미 부분을 보면 쉽게 이해할 수 있다.

반면, 칼슘이 떨어져나가면 트로포닌과 트로포마이오신은 비활동적 상태가 된다. 이것은 마이오신의 연결다리(cross-bridge, 교차다리)와 액틴 필라멘트의 연결을 막고 ATP의 이용을 멈추게 하므로 마이오신과 액틴 필라멘트는 본래의 상태(휴식)로 돌아오게 된다.[1, 9]

근육활주(sliding filament)설

우리가 알고 있는 사실은 근육수축 시 근육섬유의 길이가 짧아진다는 것이다. 그렇다면 왜 근육섬유가 짧아지는지는 일명 '근육활주설(sliding filament theory)'로 설명할 수 있다.

마이오신의 연결다리(cross-bridge)가 활성화되면 마이오신은 액틴에 강하게 결합된다(그림 7).

이러한 구조적 변화로 인해 마이오신 머리는 안쪽으로 기울어지고, 액틴과 마이오신 필라멘트는 근육원섬유마디의 중앙부위로 서로 끌어 당겨진다. 이렇게 마이오신 머리가 기울어질 때를 'power stroke'라고 하는데, 이때 마이오신을 지나는 액틴 필라멘트가 당겨지면서 근육을 단축시켜 근력이 발생한다. 이러한 근육활주는 마이오신 필라멘트의 끝이 Z-line(또는 Z-disk)에 이를 때까지 지속된다. 수축이 발생하는 동안 액틴 필라멘트는 H-zone 안으로 들어가 결국 서로 겹치게 된다. 이러한 현상 때문에 H-zone은 근육수축 시 관찰할 수 없게 된다(그림 8).

한편 이러한 근육수축은 칼슘이 회수될 때까지 진행된다. 칼슘은 active calcium pumping system에 의해 근육세포질그물로 회수된다. 이후 칼슘이 회수되면, 트로포닌과 트로포마이오신은 비활동적으로 됨으로써 각 필라멘트는 본래의 상태로 되돌아가게 된다.[13, 14]

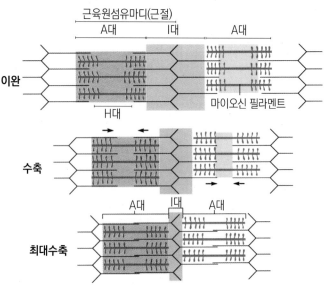

그림 8_ 근육수축 시 근육원섬유마디 내 마이오신 필라멘트의 활주

근육 활동을 위한 에너지

마이오신 머리가 ATP와 결합될 때 근육 활동을 위한 에너지가 제공된다. 실제로 근육수축은 에너지를 요구하는 활동임을 알아야 한다.

특히 마이오신 머리에 위치한 효소 ATPase는 ATP를 ADP와 Pi로 분해하여 사용 가능한 에너지원을 제공하는데, 이때 ATP가 분해되어 떨어져 나온 에너지는 마이오신 머리와 액틴 필라멘트가 결합할 때 사용된다.[12]

따라서 ATP는 생물학적 활동을 위한 에너지의 화학적인 원료라고 볼 수 있다. 이러한 이론은 다음 제3장 트레이닝과 에너지대사에서 자세하게 다루도록 하겠다.

근육섬유의 형태

앞에서 근육의 해부학적 구조 및 근육수축이 일어나는 전반적인 과정에 대해 알아보았다. 지금부터는 근육섬유의 형태를 살펴보기로 하자.

인체의 근육섬유에는 형태학적 특성이 존재한다. 이는 모든 근육섬유가 동일하지 않다는 것을 의미하는데, 이러한 부분은 운동생리학의 연구를 위해 근육 표본을 얻는 근생검법(muscle biopsy) 연구를 통해 알게 되었다.

일반적으로 하나의 뼈대근육은 크게 두 가지 형태의 근육섬유인 지근섬유(Type Ⅰ, slow-twitch fiber)와 속근섬유(Type Ⅱ, fast-twitch fiber)를 가지고 있다.

이 중 지근섬유는 현재까지 한 가지의 형태인 Type Ⅰ만 밝혀졌지만, 속근섬유는 주로 Type Ⅱa와 Type Ⅱb 섬유로 분류되어 있다. 최근 또 다른 형태인 Type Ⅱc 섬유도 알려져 있으나, 이것은 근육섬유의 약 1~3%밖에 되지 않는다.[1, 14]

지근섬유와 속근섬유의 기능적 특성 차이는 다음과 같다.

지근섬유는 유산소적(oxidative) 능력과 피로저항이 높고, 무산소적(glycolytic) 능력과 운동단위의 근력(motor unit strength)이 낮다. 유산소적 능력이 높다는 의미는 말 그대로 유산소적 과정에 특화되어 있어서, ATP를 매우 효율적으로 생성할 수 있음을 의미한다. 따라서 지근섬유는 오랜 시간 동안 근육 활동이 유지될 수 있는 장점이 있어서 저·중간강도 지구성 운동과 같이 상대적으로 낮은 수준의 근력이 요구되는 활동을 할 때 동원된다.

반면, 속근섬유 중 Type Ⅱa는 유산소적 능력과 피로저항이 중간 정도이며, 무산소적 능력과 운동단위의 근력이 크다. 그리고 Type Ⅱb는 유산소적 능력과 피로저항이 낮고, 무산소적 능력과 운동단위의 근력이 크다. 특히 속근섬유는 칼슘을 저장하고 있는 근육세포질그물이 발달되어 있고, 섬유 내 ATPase가 지근섬유에 비해 빠르게 근육 활동을 위한 에너지를 제공하는 특성이 있어서 속근섬유의 운동단위는 지근섬유의 운동단위보다 더 크다고 설명할 수 있다.[14]

이렇듯 속근섬유는 종합적으로 지근섬유와는 반대 작용으로써 산화적 능력이 아닌 무산소 운동 시 순간적으로 폭발적인 수준의 근력이 요구될 때 동원된다.

이들의 근육섬유 특성 차이는 〈표 1〉과 같다.

표 1_ 근육섬유의 특성

특성 \ 근육섬유 유형	지근섬유 (Type I)	속근섬유 (Type IIa)	속근섬유 (Type IIb)
운동신경당 근육섬유 수	≤300	≥300	≥300
운동신경 굵기	가늠	굵음	굵음
운동신경 전달속도	느림	빠름	빠름
근육 수축 속도(ms)	110	50	50
Myosin ATP 효소	느림	빠름	빠름
근육세포질그물(SR)의 발달	낮음	높음	높음
모세혈관밀도	높음	중간	낮음
미토콘드리아의 수	많음	중간	적음

운동강도에 따른 근육섬유의 동원비율

걷기와 같은 낮은 강도의 운동을 할 때는 근력의 대부분은 지근섬유에 의해 발생하며, 조깅과 같이 상대적으로 조금 더 강한 운동강도일 때는 근 장력이 증가함에 따라 속근섬유인 Type IIa 섬유가 동원된다. 그리고 전력질주(sprint)와 같은 최대근력이 요구되는 운동을 할 때는 Type IIb 섬유가 동원된다.

아울러 최대근력이 요구되는 운동강도에서는 각 근육섬유의 동원비율에는 차이가 있으나, 이때 모든 종류의 근육섬유가 동원된다는 것을 이해해야 한다(그림 9).

❶ 근생검법 : 근육 일부를 절제하여 근조직을 검사하는 방법
❷ ATP : 생물학적 일을 수행하기 위한 고에너지 인산 결합 물질
❸ ATPase : ATP를 ADP와 Pi로 분해하는 효소
❹ 지근섬유 : 유산소적 능력이 높고, 오랜 시간 동안 근육 활동을 지속할 수 있는 섬유
❺ 속근섬유 : 무산소적 능력이 높고, 강한 운동 시 큰 힘을 생성하는 섬유

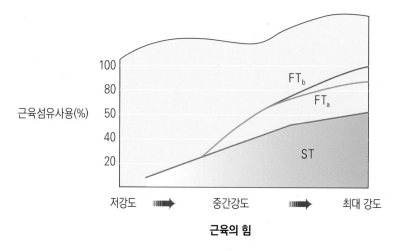

그림 9_ 운동 시 근육섬유의 동원비율

[참고문헌]

(1) Kenney, W. L., Wilmore, J. H., & Costill, D. L. (2021). Physiology of Sport and Exercise. Human Kinetics.

(2) Haff, G. G., & Triplett, N. T. (Eds.). (2015). Essentials of Strength Training and Conditioning. 4th edition. Human Kinetics.

(3) Powers, S. K., Howley, E. T. (2017). Exercise physiology : Theory and Application to Fitness and Performance. 10e. New York, NY : McGraw-Hill.

(4) Wozniak, A. C., Kong, J., Bock, E., Pilipowicz, O., & Anderson, J. E. (2005). Signaling satellite-cell activation in skeletal muscle : Markers, models, stretch, and potential alternate pathways. Muscle & Nerve : Official Journal of the American Association of Electrodiagnostic Medicine, 31(3). 283-300.

(5) Huxley, H. E. (1969). The Mechanism of Muscular Contraction : Recent structural studies suggest a revealing model for cross-bridge action at variable filament spacing. Science. 164(3886). 1356-1366.

(6) Conte, E., Imbrici, P., Mantuano, P., Coppola, M. A., Camerino, G. M., De Luca, A., & Liantonio, A. (2021). Alteration of STIM1/Orai1-Mediated SOCE in Skeletal Muscle : Impact in Genetic Muscle Diseases and Beyond. Cells, 10(10). 2722.

(7) Silverthorn, D. U. (2016). Human Physiology : An Integrated Approach. Pearson Education. Inc., USA.

(8) Squire, J. (1981). Muscle regulation : a decade of the steric blocking model. Nature, 291(5817). 614-615.

(9) Rassier, D. E. (2017). Sarcomere mechanics in striated muscles : from molecules to sarcomeres to cells. American Journal of Physiology-Cell Physiology, 313(2). C134-C145.

(10) Paul, D. M., Squire, J. M., & Morris, E. P. (2017). Relaxed and active thin filament structures; a new structural basis for the regulatory mechanism. Journal of Structural Biology, 197(3). 365-371.

(11) Marston, S. (2019). Small molecule studies : the fourth wave of muscle research. Journal of Muscle Research and Cell Motility, 40(2). 69-76.

(12) Squire, J. (2019). The actin-myosin interaction in muscle : Background and overview. International Journal of Molecular Sciences, 20(22). 5715.

(13) Squire J.M. The Structural Basis of Muscular Contraction. Plenum Publishing Co.; New York, NY, USA : 1981. Now reprinted.

(14) Mukund, K., & Subramaniam, S. (2020). Skeletal muscle : A review of molecular structure and function, in health and disease. Wiley Interdisciplinary Reviews : Systems Biology and Medicine, 12(1). e1462.

Chapter 02

신경시스템

누구나 예상할 수 있듯 인체의 신경계는 매우 복잡하고 민감하다. 이들은 체내의 모든 조직과 협응작용과 상호작용을 할 수 있도록 전기적 자극을 주고받으며, 서로 연결되어 있다. 따라서 근육수축 및 움직임에 관련된 신경계는 상당히 중요하다. 특히 저항성 트레이닝은 근육신경계에 다양한 영향을 미치는데, 규칙적인 트레이닝을 통해 근육의 크기 및 근력, 그리고 근지구력이 향상된다는 결과론적 관점에는 이견이 없을 것이다.

더욱이 퍼스널트레이닝을 배우기 위해서는 객관화된 신경계의 이론을 알아둘 필요성이 있다. 트레이닝의 방법과 프로그램의 설계는 Part 3과 Part 4에서 중점적으로 다루기로 하고, 본 장(chapter)에서는 근육수축을 위한 신경전달이 어떻게 이루어지는지 전반적으로 살펴보고, 나아가 신경계의 기초적인 부분에 국한되어 신경계가 어떻게 구성되어 있는지 간단하게 알아보기로 하겠다.

신경계의 구성

인체의 신경계는 크게 중추신경계(central nervous system)와 말초신경계(peripheral nervous system)로 구분지을 수 있다. 중추신경계는 뇌(brain)와 척수(spinal cord)로 구성되어 있고, 말초신경계는 감각신경(sensory nerves)과 운동신경(motor nerves)으로 나뉜다.

또한 운동신경은 체성신경(somatic, 몸신경)과 자율신경(autonomic)으로 구분되는데, 자율신경은 교감신경(sympathetic)과 부교감신경(parasympathetic)으로 구성된다(그림 1).

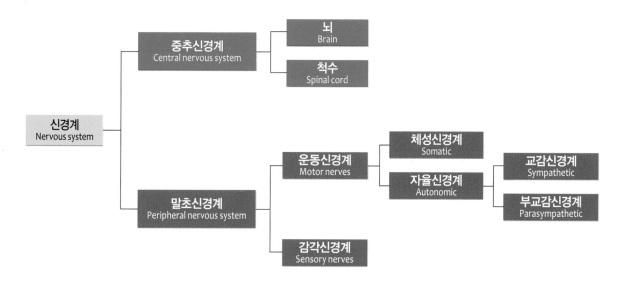

그림 1_ 신경계의 구성

뉴런의 구조 및 기능

먼저 뉴런(neuron, 신경세포)의 개념에 대해 알아보도록 하자. 뉴런이란 신경계의 구조적 단위인데, 신경세포 하나하나를 뉴런이라고 한다. 그리고 뉴런은 세포체(cell body), 가지돌기(dendrites, 수상돌기), 축삭(axon)의 세 부분으로 구성되어 있다.[1, 4, 5]

세포체는 핵을 가지고 있으며, 주변으로 돌출된 융기를 가지돌기와 축삭이라고 한다. 일반적으로 뉴런은 〈그림 2〉와 같이 한 개의 축삭과 여러 개의 가지처럼 뻗어 있는 가지돌기를 가지고 있다. 가지돌기는 뉴런에서 자극을 전달받는 역할을 하며, 대부분의 신경자극은 가지돌기를 통해 뉴런으로 들어간다.

또한 축삭은 세포체로부터 나온 자극을 전달·운반하는 역할을 한다. 축삭의 끝부분은 말단가지로 나뉘는데, 이들을 축삭종말(axon terminal) 또는 시냅스말단(synaptic knob)이라고 불린다. 특히 이 안에는 뉴런과 다른 세포 사이의 정보를 전달하기 위해 신경전달물질이 들어 있는 많은 소포(주머니)를 가지고 있다(그림 3).

특히 근육수축을 위해서는 반드시 활동전위(action potential)가 일어나야 한다. 이때 발생한 활동전위(AP)는 시냅스전 축삭말단(axon terminal of presynaptic neuron)에 도달하여 이들이 가지고 있는 신경전달물질을 통해 〈그림 3〉과 같이 시냅스틈새(synaptic cleft)를 지나 시냅스 이후 뉴런(postsynaptic neuron)의 수용기(receptors)에 결합하여 신경자극신호를 전달한다.[1, 6]

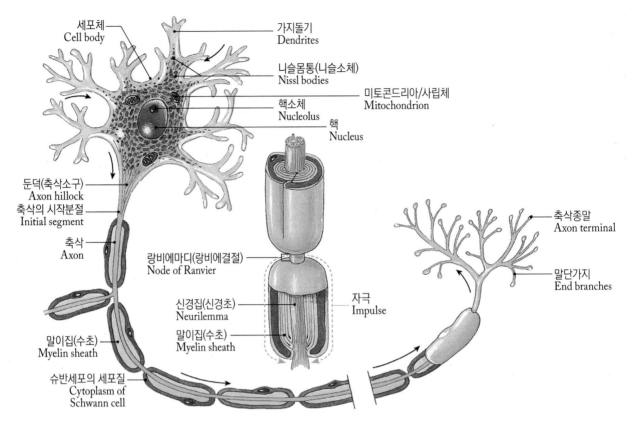

그림 2_ 뉴런의 구조

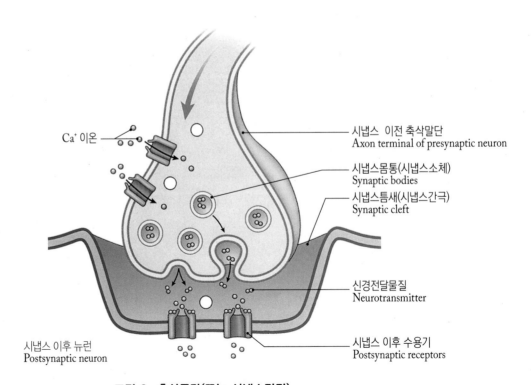

그림 3_ 축삭종말(또는 시냅스말단)

근육수축을 위한 신경자극

Chapter 01 '근육섬유의 수축' 부분에서도 언급한 바 있는데, 알파운동뉴런은 자극에 반응하여 전기적 신호인 신경자극(nerve impulse)을 발생시킨다. 이때 발생한 신경자극은 뉴런의 축삭을 따라 근육섬유와 같은 말단기관에 전달되어 근육수축을 일으킨다고 설명하였다.

그러나 이러한 경로를 통해 인체의 근육섬유는 무조건 수축하는 것이 결코 아니다. 앞서 설명하였듯이 근육섬유가 수축하기 위해서는 세포 내 안정 시 전하를 실질적으로 변화시킬 만큼 충분한 활동전위가 발생되어야 한다.

안정막전위와 탈분극 및 활동전위

뉴런의 세포막은 안정 시 약 -70mV의 음전하를 지니는데, 이를 안정막전위 또는 안정시막전위(resting membrane potential : RMP)라고 한다. 또한 세포막 안쪽에는 포타슘(K^+, potassium)과 바깥쪽에는 소디움(Na^+, sodium)이 있다(그림 4).

특히 세포막 안과 바깥의 이온들은 K^+ 펌프와 Na^+ 펌프 그리고 Na^+-K^+ 펌프로 인해 세포 안과 밖의 농도 평형을 이루려는 성질이 있다.

하지만 상대적으로 K^+은 세포의 지질이중막을 쉽게 통과할 수 있는 반면에, Na^+은 쉽게 통과하지 못하는 특성이 있다. 또한 Na^+-K^+ 펌프의 특성으로 인해 Na^+ 이온 세 개가 세포막 밖으로 나갈 때 K^+ 이온은 두 개가 안으로 들어가게 된다.

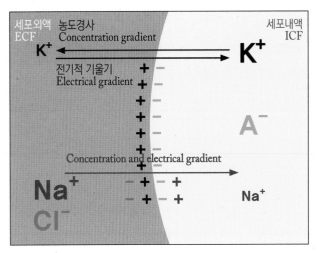

그림 4_ 안정막전위

따라서 이러한 펌프들의 역할로 인해 결과적으로 세포막은 안정 시 약 -70mV의 음전하를 지니게 된다. 이처럼 안과 밖의 전하가 바뀌어 평형상태를 이루고 있는 상태를 분극(polarization)상태라고 불린다.[7, 8]

근육섬유가 수축하기 위해서는 세포 내에 안정시 전하를 실질적으로 변화시킬 만큼 충분한 활동전위가 발생되어야 한다. 다시 말해 안정막전위의 음전하가 적어지는 탈분극(depolarization)상태가 될 때 활동전위는 일어나는 것이다.

이러한 탈분극이 발생하면 축삭종말에 있는 신경전달물질인 아세틸콜린이 분비되고, 이들이 근육섬유의 원형질막에 있는 수용기와 결합하게 된다. 이때 많은 양의 Na^+ 펌프가 열리게 되고, 이로 인해 Na^+이 세포 안으로 유입되면서 안정막전위의 약 -70mV 음전하를 0mV에 가깝게 변화되면서 탈분극이 발생한다.[2, 9, 10]

또한 활동전위로 바뀌는 시점을 역치(threshold, 문턱값)라고 하는데, 〈그림 5〉와 같이 탈분극이 역치를 넘게 되면 근육섬유의 수축이 시작된다. 그러

나 역치(문턱값)에 도달하지 못하면 어떠한 탈분극
도 활동전위를 발생시키지 못하기 때문에 근육섬
유의 수축은 일어나지 않는다.[1, 3]

❶ 뉴런 : 세포핵과 미토콘드리아, 리보솜 등 다양한 세포소
　기관을 포함하는 신경세포체
❷ 분극상태 : 자극을 통해 흥분을 받아들이는 초기 상태
❸ 탈분극 : 안정막전위의 음전위(-)가 적어지는 상태
❹ 안정막전위 : 세포가 활동하지 않는 상태에서 세포 안과
　밖의 전위차이
❺ 활동전위 : 자극을 통해 흥분이 주어져 세포 내 음전위(-)
　가 양전위(+)로 전위된 상태
❻ 지질이중막 : 세포막을 구성하는 인지질 구조의 이중막

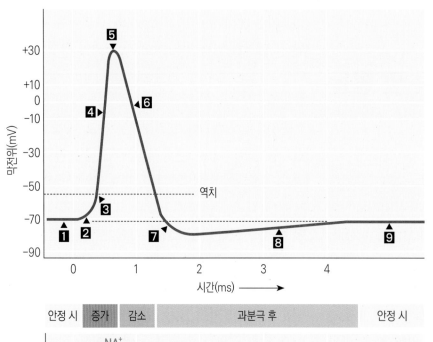

❶ 안정막전위

❷ 탈분극 자극

❸ 막의 역치에 도달하면 나트륨 채널이 열리
고 나트륨이 세포 내로 들어가며 칼륨 채
널은 천천히 열리기 시작

❹ 빠른 나트륨 유입으로 세포는 탈분극

❺ 나트륨 채널은 닫히고 칼륨 채널은 열림

❻ 칼륨은 세포로부터 세포외액으로 이동

❼ 칼륨 채널은 열린 상태를 유지하며 추가
적으로 칼륨이 이동하여 과분극 발생

❽ 칼륨 채널이 닫히고 세포로부터 칼륨의
유출이 적어짐

❾ 세포는 안정 시의 이온 투과상태와 안정
막전위로 돌아감

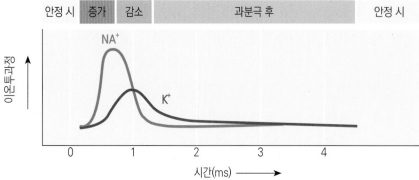

그림 5_ 활동전위

중추신경계(central nervous system)

인체의 근육 움직임을 알기 위해서는 중추신경계의 역할을 이해해야 한다. 일반적으로 중추신경계는 뇌(brain)와 척수(spinal cord)로 구성된다(그림 6). 뇌는 대뇌(cerebrum), 사이뇌(diencephalon, 간뇌), 소뇌(cerebellum), 그리고 뇌줄기(brain stem, 뇌간)로 분류된다. 그리고 뇌줄기는 중간뇌(midbrain, 중뇌), 다리뇌(pons, 뇌교), 숨뇌(medulla oblongata, 연수)로 구성된다(그림 7).

대뇌(cerebrum)

대뇌는 〈그림 8〉과 같이 오른쪽과 왼쪽의 대뇌반구 즉 우반구와 좌반구로 이루어져 있고, 뇌들보(corpus callosum, 뇌량)라는 섬유다발로 연결되어 상호 정보교환을 할 수 있다.

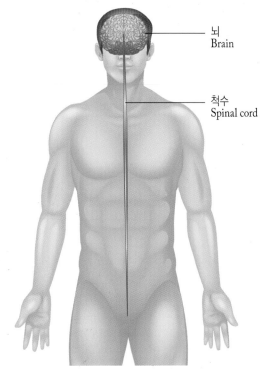

그림 6_ **중추신경계(CNS)**

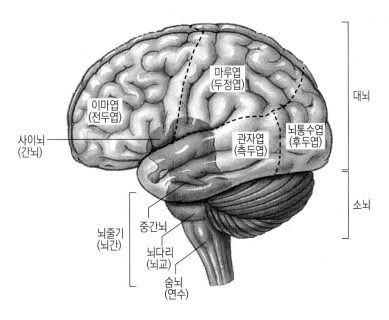

그림 7_ **뇌의 구성**

대뇌반구의 바깥 부분을 형성하고 있는 대뇌겉
질(cerebrum cortex, 대뇌피질)은 회색질(회백질)
이라고도 불리며, 뼈대근육을 움직이는 운동영역
(motor area)과 감각신호를 지각신호로 바꾸는 감
각영역(sensory area), 그리고 운동영역과 감각영

역으로부터 들어온 정보를 통합하는 연합영역(as-
sociation area)으로 나눌 수 있다(그림 9).

아울러 대뇌는 지능과 운동 조절을 담당하는 이
마엽(frontal lobe), 청각 입력과 해석을 담당하는
관자엽(temporal lobe), 감각 입력과 해석을 담당

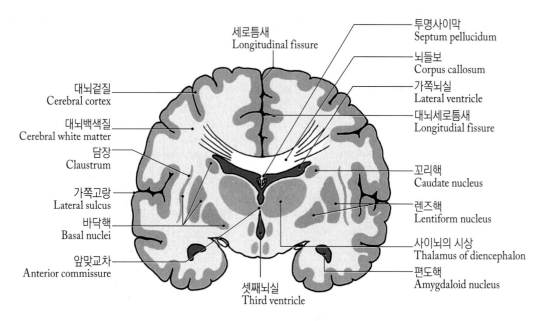

그림 8_ 대뇌(cerebrum)

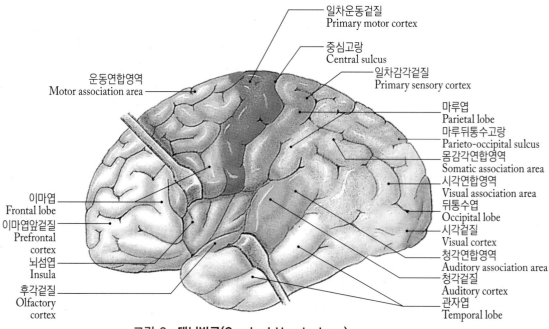

그림 9_ 대뇌반구(Cerebral Hemisphere)

하는 마루엽(parietal lobe), 시각 입력과 해석을 담당하는 뒤통수엽(occipital lobe)과 정서와 자아인식 등을 담당하는 뇌섬엽(insula lobe, 도엽)으로 구성되어 있다.[1, 2, 3, 11]

실제로 운동 시 신체 움직임(동작)의 출발점은 원심성(efferent) 신경계와 연관성을 갖는다. 특히 수의적인 움직임은 대뇌의 이마엽에 위치한 일차운동겉질(primary motor cortex)에서 시작된다고 볼 수 있으며, 바닥핵(basal ganglia, 기저핵)과 소뇌에서도 신호를 받는다.[3] 이러한 일차운동겉질 및 바닥핵 그리고 소뇌 등에 대한 자세한 설명은 다음 아래에서 하겠다.

일차운동겉질(primary motor cortex)

일차운동겉질은 〈그림 9〉와 같이 대뇌의 이마

엽에 있으며, 정확하게는 중심앞이랑(precentral gyrus, 중심전회) 안에 존재한다. 이러한 일차운동겉질은 뼈대근육의 움직임을 수의적으로 조절하며, 어떤 동작을 할지 결정하는 역할을 한다. 예를 들어 테니스 경기 시 다가오는 공을 라켓으로 어떻게 스트로크할지에 대한 결정, 또는 야구 경기 시 타자가 투수가 던진 공을 어떻게 스윙할지 결정하는 것이다. 따라서 대뇌겉질은 척수신경을 통해 뼈대근육을 수의적으로 조절한다고 볼 수 있다.[1, 3, 8]

바닥핵(basal ganglia)

바닥핵(기저핵)은 〈그림 10〉과 같이 대뇌속질(백색질)에 있으며, 걷기 또는 달리기와 같은 움직임을 실시할 때 발생하는 복합적인 움직임(본능적인 팔의 전·후 흔들림)을 조절할 뿐만 아니라 자세와 근육의 긴장도를 유지한다.[1, 3] 따라서 바닥핵은 신체의 움직임을 통합하고, 원치 않은 움직임을 억제하는 역할을 한다고 볼 수 있다. 바닥핵이 손상되면 운동기능에 상당히 부정적인 영향을 미치게 된다.

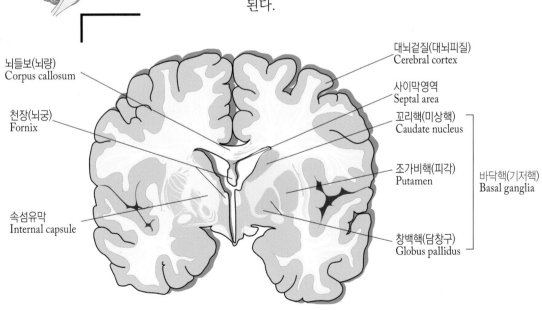

그림 10_ **바닥핵**

사이뇌(diencephalon)

사이뇌(간뇌)는 대뇌와 소뇌 사이에 자리 잡고 있으며(그림 7), 대부분 시상(thalamus)과 시상하부(hypothalamus)로 구성되어 있다. 시상은 냄새를 제외한 모든 감각정보를 대뇌로 전달하는 중계 역할을 하며, 시상하부는 자율신경 시스템을 조절하고, 뇌하수체 호르몬의 분비를 지배하여 체내 항상성(homeostasis)을 유지하는 역할을 담당한다.[1, 3, 8]

따라서 사이뇌는 자율신경계의 조절 및 호르몬의 분비를 지배하기 때문에 심박수 및 혈압 그리고 체온 등에 직·간접적으로 관여하며, 운동 전후 신체의 항상성 유지에 중요한 영향력을 미친다고 볼 수 있다.

소뇌(cerebellum)

소뇌는 뇌줄기 뒤쪽에 있는 중추로, 주로 운동기능과 평형기능을 담당한다(그림 7). 특히 협응적인 움직임과 연속적인 동작수행 그리고 인체의 자세 및 현재 위치에 대한 정보를 받아 운동수행 시 근육의 수축을 조절하여 최상의 동작이 나올 수 있도록 결정해주는 역할을 한다.[1, 2, 3] 다시 말해 운동 시 특정 상황에서 신체가 제어(control)되지 않거나 불규칙한 움직임이 발생할 때 정상적인 움직임의 형태로 전환시키는 역할을 담당하며, 인체의 자세 및 위치에 대한 정보를 받아 보다 정확한 동작을 할 수 있도록 작용한다.

뇌줄기(brain stem)

뇌줄기(또는 뇌간)는 전술한 바와 같이 중간뇌, 다리뇌, 그리고 숨뇌로 구성되어 있다(그림 7). 중

간뇌에는 뒷면에 4개의 둥근 융기 모양의 네둔덕판(quadrigeminal body, 덮개판, 사구체)이 있다. 한 쌍은 시각반사와 관련이 있으며, 다른 한 쌍은 청각반사와 관련이 있다.

그리고 다리뇌는 중간뇌와 숨뇌 사이에 있으며, 숨뇌와 협동하여 호흡을 조절하기 때문에 호흡조절중추(pneumotaxic center)라고 불린다.

또한 숨뇌는 위로는 다리뇌, 아래로는 척수와 연결되어 있다. 척수와 뇌 사이의 교신은 모두 숨뇌를 통과해야 가능하다. 더욱이 숨뇌는 심혈관 반응 및 호흡조절에 필요한 신경세포를 가지고 있어서 생명중추(vital center)라고 하며, 숨뇌의 호흡중추(respiratory center)는 다리뇌의 중추와 함께 작용하는 특성이 있다.

특히 운동 시에는 앞서 언급한 바와 같이 심혈관 및 호흡조절 그리고 뼈대근육 기능의 조절과 근육긴장을 유지하는 기능을 담당한다.[1, 2, 8]

척수(spinal cord)

척수는 뇌줄기의 가장 아랫부분인 숨뇌와 연결되어 있다(그림 6, 7). 척수의 역할은 피부·근육 등의 감각신경 수용기로부터 신경자극 신호를 감각신경(구심성)을 통해 중추신경계의 상위로 운반하는 것이다. 또한 운동신경(원심성)을 통해 뇌나 상위의 척수로부터 말단기관(근육)으로 활동전위를 전달하는 역할을 한다.[1, 2, 8]

❶ 중추신경계 : 중추신경계는 뇌와 척수로 구성
❷ 대뇌 : 이마엽, 관자엽, 마루엽, 뇌통수엽, 뇌섬엽으로 구성
❸ 일차운동겉질 : 대뇌의 이마엽에 위치해 있으며, 뼈대근육의 움직임을 수의적으로 조절
❹ 바닥핵 : 신체의 움직임을 통합
❺ 사이뇌 : 시상과 시상하부로 구성되며, 자율신경계를 조절하고, 호르몬의 분비를 지배
❻ 소뇌 : 뇌줄기 뒤쪽에 자리 잡고 있으며, 운동기능과 평형기능을 담당
❼ 뇌줄기 : 중간뇌, 다리뇌, 숨뇌로 구성되며, 심혈관 반응 및 호흡조절 기능을 담당

말초신경계(peripheral nervous system)

말초신경계는 총 43쌍의 신경을 가지고 있다. 이 중 12쌍의 뇌신경(cranial nerve)은 뇌에 연결되어 있으며, 31쌍의 척수신경은 척주와 연결되어 있다. [1, 11, 12]

일반적으로 말초신경계는 운동신경계(motor nerve)와 감각신경계(sensory nerve)로 나뉜다.

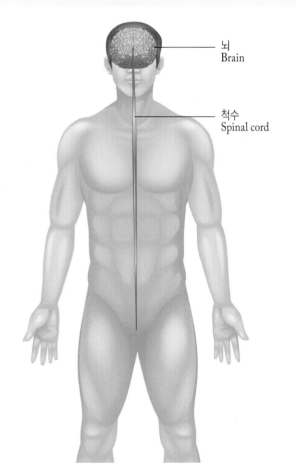

중추신경계(central nervous system)

뇌
Brain

척수
Spinal cord

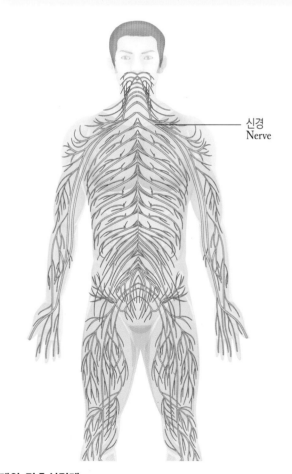

말초신경계(peripheral nervous system)

신경
Nerve

그림 11_ 중추신경계와 말초신경계

감각신경계(sensory nerve)

말초신경계의 감각신경은 인체의 내·외적 환경의 변화와 관련된 모든 정보를 중추신경계에 전달하는 감각뉴런(구심성)이라고 볼 수 있다. 이들은 온도(온도수용기) 및 통증(통각수용기), 시각(광수용기), 냄새(화학수용기), 압력(기계적수용기) 등 다양한 수용기로부터 감각정보를 받아 최종적으로 중추신경계로 운반 또는 전달하는 역할을 한다.[1, 2, 3, 11, 12]

운동신경계(motor nerve)

운동신경계는 크게 체성신경(somatic, 몸신경)과 자율신경(autonomic)으로 구분지을 수 있다. 이 중 체성신경은 뼈대근육의 수의적 운동(voluntary movement)에 관여하고, 척수로부터 뼈대근육까지 연결되어 있기 때문에 근육을 포함한 목표(target)부위에 명령을 전달하는 역할을 한다.

반면 자율신경은 심박과 혈압 그리고 혈류량 등 불수의적(involuntary)으로 인체 내부의 기능을 조절하는 역할을 한다. 사실 운동생리학에서는 모든 신경계가 중요하지만, 자율신경계를 상당히 중요하게 다루고 있다.

이러한 자율신경은 교감신경(sympathetic)과 부교감신경(parasympathetic)으로 나뉜다. 이를 각각 분류하면 일단 교감신경계는 싸움·도망반응(fight or flight system)이라고 하는데, 인체가 위기에 처했을 때 즉각적으로 대비할 수 있도록 인체를 준비시켜 이를 유지하게 만드는 기능을 한다. 특히 운동경기 직전은 교감신경의 자극이 가장 큰 상황이라고 할 수 있다. 이러한 교감신경의 자극은 동공의 확대, 심박수 및 혈류량의 증가 그리고 혈압을 증가시키며, 호흡수와 에너지대사율도 증가시킨다. 특히 경쟁 스포츠(예 : 100m 달리기 등)에서 출발 전 인체는 교감신경의 활성으로 인해 긴장감이 증폭되며, 심박수 및 혈압, 호흡수의 상승을 경험할 수 있다.

이와는 반대로 부교감신경은 증가된 심박수의 감소 및 혈압을 감소시키는 등 교감신경과 정반대되는 역할을 한다. 따라서 이들 교감신경과 부교감신경은 대항작용(antagonism)을 한다고 볼 수 있다. 이것은 서로 반대작용을 보이지만 적절하게 균형이 일어날 수 있도록 항상 함께 기능한다고 볼 수 있다.[1, 2, 3, 11, 12]

---

❶ 말초신경계 : 총 43쌍의 신경을 가지고 있으며, 12쌍은 뇌신경과, 31쌍은 척수신경과 연결

❷ 체성신경 : 뼈대근육의 수의적 운동에 관여

❸ 자율신경 : 교감신경과 부교감신경으로 구분되며, 심박 및 혈압 등 불수의적 인체 내부의 기능을 조절

❹ 교감신경 : 심박수 및 혈류량, 혈압, 호흡수, 에너지대사율 증가에 관여

❺ 부교감신경 : 일반적으로 교감신경과 반대적인 역할

❻ 구심성 뉴런 : 외부에서 일어난 자극을 중추신경계로 전달하는 뉴런(감각뉴런)

❼ 원심성 뉴런 : 중추로부터 오는 자극을 근육으로 전달하는 뉴런(운동뉴런)

뼈대근육의 신경제어 및 반사 작용

지금까지 신경계의 기본구성 및 운동 시 신경계의 전반적인 역할 등에 대해 간단하게 살펴보았다. 지금부터는 뼈대근육의 신경제어 및 반사 작용에 대해 알아보도록 하자.

일반적으로 관절운동 및 근육의 길이 변화, 그리고 근장력을 감지한 수용체들은 이러한 변화에 대한 정보들을 중추신경계로 전달한다. 특히 고유감각수용체(proprioceptor)는 뼈대근육, 관절덮개 그리고 인대에 위치해 있는데[3], 다음 2개의 독특한 고유감각수용체인 근방추(muscle spindle)와 골지힘줄기관(Golgi tendon organ : GTO)의 기능을 살펴보기로 하자.

근방추(muscle spindle)

뼈대근육은 감각수용체를 가지고 있으며, 근방추와 골지힘줄기관이 포함되어 있다. 이 중 근방추는 상대적인 근육 길이에 대한 정보를 제공한다. 쉽게 말해 근육의 길이 변화에 따른 정보를 중추(뇌, 척수)에 보내는 수용체이며, 근육이 신장할 때 근방추는 반응한다고 할 수 있다.[14]

이러한 근방추는 〈그림 12〉와 같이 뼈대근육 사이에서 확인할 수 있다. 인체의 모든 뼈대근육은 많은 근방추를 가지고 있는데, 이것은 방추속근육섬유(intrafusal muscle fiber, 추내근섬유)와 방추바깥근육섬유(extrafusal muscle fiber, 추외근섬유)로 구성되어 있다.[1,2]

특별히 방추속근육섬유는 중추신경계로부터 오는 감마운동뉴런(gamma motor neuron)에 의해 연결되어 조절되며, 방추바깥근육섬유는 알파운동뉴런에 의해 조절된다.

아울러 근방추는 방추속근육섬유와 결합되어 있어서 방추바깥근육섬유가 신전되면 근방추의 중심 부위 역시 신전된다고 볼 수 있다. 또한 방추속근육섬유의 끝부분은 수축성을 지니고 있지만, 그 중심부위는 액틴과 마이오신 필라멘트가 없거나 상당히 적기 때문에 수축할 수가 없다. 따라서 근방추의 중심은 신전만 가능하다.[1, 2, 3, 12]

여기서 주목할 부분은 이러한 반응에서 근육의 근력 생성은 증가되며, 근력의 생성은 근방추의 기능을 통해 향상된다는 점이다. 이렇듯 근방추의 기능은 정상적인 근육의 작용과 근긴장, 그리고 자세를 유지하고 운동 동작을 수행하는 필수적인 요소라고 간단하게 설명할 수 있다.[1, 2, 3]

골지힘줄기관(Golgi tendon organ : GTO)

Chapter 01에서 설명하였듯이 인체의 근육들은 뼈부위에 힘줄로 인해 부착되어 있다. 이러한 인체의 해부학적 특성에 따라 움직임(활동)이 가능하다고 언급한 바 있다.

특히 골지힘줄기관은 명칭에서 유추해볼 수 있듯이 〈그림 12〉와 같이 근육과 이어지는 힘줄(tendon)부위에 있다.

근방추는 근육길이의 변화를 감지하지만, 골지힘줄기관은 근육과 힘줄에 의한 장력 변화를 감지하는 작용을 하며, 근육섬유의 수축에서 즉각적인 반응이 일어날 수 있도록 민감도가 상당히 발달되어 있다.

중요하게도 이들의 역할은 근육으로부터의 과도

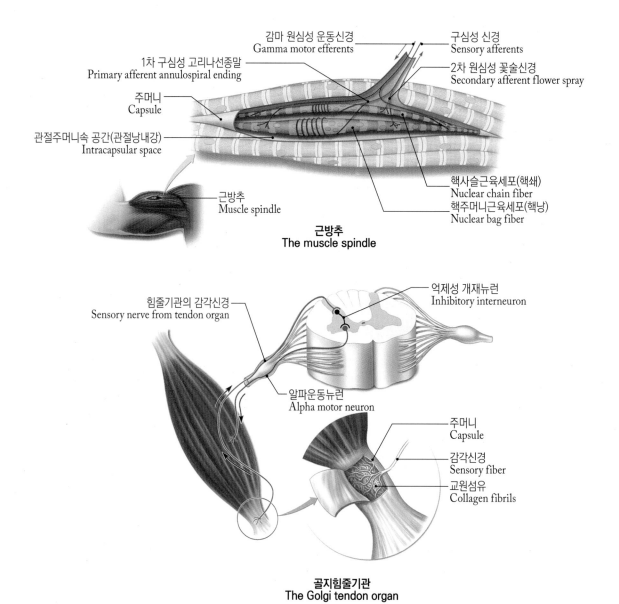

근방추
The muscle spindle

감마 원심성 운동신경
Gamma motor efferents

구심성 신경
Sensory afferents

1차 구심성 고리나선종말
Primary afferent annulospiral ending

2차 원심성 꽃술신경
Secondary afferent flower spray

주머니
Capsule

관절주머니속 공간(관절낭내강)
Intracapsular space

핵사슬근육세포(핵쇄)
Nuclear chain fiber

핵주머니근육세포(핵낭)
Nuclear bag fiber

근방추
Muscle spindle

힘줄기관의 감각신경
Sensory nerve from tendon organ

억제성 개재뉴런
Inhibitory interneuron

알파운동뉴런
Alpha motor neuron

주머니
Capsule

감각신경
Sensory fiber

교원섬유
Collagen fibrils

골지힘줄기관
The Golgi tendon organ

그림 12_ 근방추, 골지힘줄기관의 위치

한 장력으로 인해 힘줄이 신전될 경우 근수축을 억제하는 역할을 하므로 근육상해를 예방하는 기능을 한다고 볼 수 있다.[1, 2, 3]

이러한 기능은 초과한 근력의 생성으로부터 보호 차원의 기능을 수행하는 것이며, 무엇보다 작용근의 수축을 억제하고 대항근을 흥분시키는 역할을 하므로 골지힘줄기관은 특히 저항성 운동을 할 때 매우 중요한 역할을 한다.[1, 2, 3, 12]

쉽게 말해 근육이 신전될 때 근방추는 반사적인 근육 활동을 촉발한다면, 골지힘줄기관은 근수축을 억제하는 반사작용으로 근육을 보호하는 기능을 한다.

❶ 고유감각수용체 : 신체 변화에 반응하고 감지하는 감각(뼈대근육, 관절덮개, 인대 등에 위치)

❷ 근방추 : 근육의 길이 변화를 중추에 전달하며, 운동 동작을 수행하는데 필수적인 요소

❸ 골지힘줄기관 : 과도한 장력으로 인해 힘줄이 신전될 경우 근수축을 억제하는 기능을 포함

[참고문헌]

(1) Kenney, W. L., Wilmore, J. H., & Costill, D. L. (2021). Physiology of Sport and Exercise. Human Kinetics.

(2) Powers, S. K., Howley, E. T. (2017). Exercise physiology : Theory and Application to Fitness and Performance. 10e. New York. NY : McGraw-Hill.

(3) Silverthorn, D. U. (2016). Human Physiology : An Integrated Approach. Pearson Education. Inc., USA.

(4) Rizalar, F. S., Roosen, D. A., & Haucke, V. (2021). A presynaptic perspective on transport and assembly mechanisms for synapse formation. Neuron, 109(1). 27-41.

(5) Donato, A., Kagias, K., Zhang, Y., & Hilliard, M. A. (2019). Neuronal sub-compartmentalization : a strategy to optimize neuronal function. Biological Reviews, 94(3). 1023-1037.

(6) Zhou, J. (2021). Ca^{2+} mediated coupling between neuromuscular junction and mitochondria in skeletal muscle. Neuroscience Letters, 754. 135899.

(7) Shier, D., Butler, J., & Lewis, R. (2015). Hole's Human Anatomy and Physiology. McGraw-Hill Education.

(8) Brodal, P. (2010). The Central Nervous System. New York, NY : Oxford University Press.

(9) Barde, Y., Edgar, D., & Thoenen, H. (1983). New neurotrophic factors. Annual review of physiology, 45(1). 601-612.

(10) Kandel, E. R., Schwartz, J. H., Jessell, T. M., Siegelbaum, S., & Hudspeth, A. J. (2012). Principles of Neural Science. McGraw-Hill Education. New York.

(11) Fox, S. (2015). Human physiology. McGraw-Hill Education.

(12) Fox, S. I. (2018). Human physiology. (15/E) McGraw-Hill.

(13) Proske, U., & Gandevia, S. C. (2009). The kinaesthetic senses. The Journal of Physiology, 587(17). 4139-4146.

(14) Squire J.M. The Structural Basis of Muscular Contraction. Plenum Publishing Co.; New York, NY, USA. 1981. Now Reprinted.

Chapter 03

트레이닝과 에너지 대사

에너지 대사

생명을 유지하고 활동하기 위해서는 근수축이 필수적이며, 근수축을 위해서는 에너지원(energy sauce)이 될 수 있는 영양소를 분해시켜 근육세포에 전달해야 한다. 따라서 운동을 지속적으로 수행하기 위해서는 식품이 함유하고 있는 에너지를 화학적 에너지 형태로 전환시켜야 한다. 그러므로 운동 중 세포가 에너지원을 생성하고 사용하는 과정을 알아두어야 한다.

에너지 대사의 개요

에너지란 일을 할 수 있는 능력을 말한다. 인간은 섭취한 식품을 통해 에너지를 공급받아 체내의 환경을 유지하고, 성장이나 생명유지에 필요한 물질을 합성하며, 신체활동을 위한 에너지로 사용한다.[1] 이러한 에너지의 이용과정은 작은 분자를 큰 분자로 합성하는 동화작용(anabolism)과 큰 분자를 작은 분자로 분해하는 이화작용(catabolism)으로 나눌 수 있다(그림 1).[2]

인체가 체내에서 실제 이용하는 에너지의 형태는

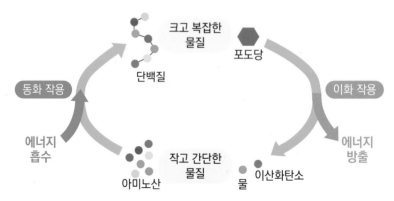

그림 1_ **동화작용과 이화작용**[2]

아데노신삼인산(adenosine triphosphate : ATP, 그림 2)이다. 이것을 생성하기 위해 탄수화물(carbohydrate), 지질(lipid), 단백질(protein)의 화학 결합 에너지를 ATP로 바꾸는 인체의 에너지 대사 과정이 필요하다.[3] 인체의 이러한 대사과정은 섭취한 식품의 에너지 영양소가 전자공여체로 작용하여 이들의 전자를 산소에 전달(산화)함으로써 물과 이산화탄소를 만드는 과정이다(그림 1).

이때 전자전달반응은 여러 단계를 거치면서 일어난다. 그중 일부가 ATP로 저장되고, 나머지는 열로 발산되어 체온유지에 사용된다. 일반적으로 에너지 영양소의 ATP 전환율은 25~40%이다. 인체는 생성된 ATP를 이용하여 근육의 수축운동이나 막의 이온이동, 단백질 및 지질 등 고분자물질의 합성 등을 수행한다.

인체에서 식품의 탄수화물은 단위 g당 4kcal, 지질은 단위 g당 9kcal, 단백질은 단위 g당 4kcal의 에너지를 생성한다. 같은 1g이라도 지방은 탄수화물의 2배 이상의 에너지를 생성하는데, 그 이유는 팔미트산인 $C_{16}H_{32}O_2$가 포도당인 $C_6H_{12}O_6$보다 분자구조에서 탄소나 수소에 비해 산소의 비율이 훨씬 적기 때문이다. 따라서 지방이 포도당보다 훨씬

그림 2_ ATP의 구조

더 환원된 형태로 식품에 존재하기 때문에 체내에서 더 많이 산화될 수 있어 더 많은 에너지를 내게 된다.

인체의 에너지 소비

인체가 하루에 필요한 에너지에는 기초대사량, 활동을 위한 에너지, 식품의 소화·흡수·분배·저장과 같은 식품 이용을 위한 에너지가 있다. 추위에 노출될 때나 과식을 할 때 열을 발생시켜 적응토록 하는 에너지도 필요하다.

기초대사량

기초대사량(basal metabolic rate)은 생명을 유지하는데 필요한 최소한의 에너지를 의미한다. 즉 정상적인 신체기능과 체내 항상성을 유지하고 자율신경계의 활동을 위한 최소한의 에너지라고 볼 수 있다.

기초대사량은 심리적·신체적 스트레스가 없는 환경에서 식사 후 최소 12시간이 지난 후에 식사성 발열효과의 영향을 배제한 완전한 휴식상태일 때 측정한다. 종종 기초대사량 대신 휴식대사량을 측정하는 경우가 있는데, 그 이유는 휴식대사량은 식후 3~4시간 이후에 편하게 휴식을 취한 상태에서 쉽게 측정할 수 있기 때문이다. 휴식대사량은 기초대사량보다 에너지 소모량이 약간 크지만, 그 차이가 10% 이하로 나타나 서로 혼용하여 사용하기도 한다.

기초대사량 계산 공식[4]	성별·연령별 산출공식(Harris-Benedict 공식) 성인 남자(kcal/일) = 66.47 + 13.75 × 체중(kg) + 5 × 신장(cm) − 6.76 × 연령(세) 성인 여자(kcal/일) = 655.1 + 9.56 × 체중(kg) + 1.85 × 신장(cm) − 4.68 × 연령(세)

기초대사량은 소모 열량의 약 60~70%를 차지하며, 개인 간의 차이가 크다. 기초대사량은 대부분 체지방을 제외한 제지방량에 의존한다. 제지방은 심장, 간, 뇌, 콩팥, 근육 등 대사활동량이 많은 조직을 포함하기 때문에 이들을 위해 소모되는 열량이 크다.

활동대사량

활동대사량은 인체의 기본적인 대사 외에 의식적인 신체활동을 위하여 사용되는 에너지, 즉 근육의 수축과 이완에 소비되는 에너지를 의미한다. 활동 종류, 활동강도와 활동하는 시간에 영향을 받기 때문에 개인 간에 가장 차이가 큰 부분이다. 예를 들어 활동량이 적은 사람은 기초대사량보다 적은 에너지를 사용할 수 있고, 활동량이 많은 운동선수는 기초대사량의 2배 이상을 활동에너지로 소모한다. 일반적으로 중간 정도 활동을 하는 사람이라면 총에너지소비량의 15~30%가 활동대사량이라고 볼 수 있다.

개인의 에너지 소비량을 산출할 때에 활동에 필요한 에너지 소모량은 주로 신체활동수준(physical activity level)으로 표시된다. 최근 새롭게 도입된 이중표시수분 방법으로 측정한 총에너지소비량을 기초대사량으로 나누어 신체활동 수준을 구한다. 신체의 활동 정도에 따라 비활동적, 저활동적, 활동적, 매우 활동적의 4단계로 나눈다.[5]

식이성 발열효과

식이성 발열효과(diet-induced thermogenesis)는 식품을 섭취한 후에 이를 이용하기 위한 식품의 소화·흡수·대사·이동·저장 및 이 과정에서 자율신경계의 활동 증진 등에 기인하는 열발생 에너지를 의미한다. 식사 후 몇 시간 동안 휴식대사량 이상으로 에너지가 소모되며, 주로 에너지가 열로 발산되므로 체온의 상승효과를 가져온다.

식품 이용을 위한 에너지는 영양소의 종류에 따라 다르게 나타난다. 혼합식인 경우에는 섭취에너지의 약 10% 정도가 식품 이용을 위한 에너지로 사용된다. 지방은 흡수·분해·저장이 쉽기 때문에 식품 이용을 위한 에너지가 0~5%로 낮은 편이고, 탄수화물은 5~10%이며, 단백질이 15~30%로 가장 크다. 비만인은 동일한 식사를 하더라도 식사성 발열효과가 낮아 체내에 에너지가 축적되기 쉽다.[5]

적응대사량

적응대사량은 사람이나 동물이 스트레스, 온도, 심리상태, 영양상태 등 변화된 환경에 적응하는 데 필요한 에너지 대사량을 말한다. 추운 환경에 노출, 지나친 과식과 같은 여러 가지 스트레스 상황에서 열발생이 증가할 때 소비되는 에너지를 의미한다.

그러나 실제로 적응대사량은 인체에서 측정하기가 힘들고 개인차가 크며 적은 양이므로, 실제 사람의 하루 에너지 필요량을 계산할 때 사용되지 않는다.

운동과 에너지 대사

인체의 에너지 저장

인체는 식품으로부터 공급받은 탄수화물, 지질, 단백질과 알코올로부터 각각 생성된 에너지를 사용하며, 남는 에너지는 다시 글리코겐, 지방, 단백질의 형태로 저장된다. 이때 글리코겐은 간과 근육에 소량 저장되지만, 가장 많은 양의 에너지 형태로 저장되는 것은 지질이다. 그 외 ATP나 포스포크레아틴도 일시적인 에너지원으로 조직에 소량 존재한다.

따라서 근육의 운동 시 사용할 수 있는 인체의 잠재적인 에너지원은 ATP, PC, 혈당, 간 및 근육의 글리코겐, 혈청 유리지방산, 근육 및 지방조직의 중성지질, 근육의 단백질 등이다.

운동과 에너지 대사

에너지가 근육수축과 운동을 수행하는 과정에 이용되기 위해서는 근육에서 화학적 반응을 거쳐야 한다. 근육의 수축에 사용되는 직접적인 에너지원은 ATP이지만, 근육의 ATP 함량은 최대강도의 운동을 수행할 때 짧은 시간(예 : 1~3초) 지속될 수 있을 정도로 제한적이다. 따라서 근육이 운동을 계속하려면 근육에서 ATP를 지속적으로 재합성해야 한다.[3] 이러한 이유로 우리 몸은 여러 가지 화학작용을 통해 ATP를 사용하므로 이를 지속적으로 보충해야 한다.

실제로 근육세포는 한 가지 또는 세 가지의 대사경로를 통해 ATP를 생성할 수 있다. 크레아틴인산에 의한 ATP-PC 시스템, 글리코겐 또는 포도당 분해를 통한 무산소성 해당과정(젖산 에너지 시스템), 유산소성 산화에 의한 유산소성 에너지 시스템의 3가지 방법으로 구분할 수 있다.

ATP-PCr 시스템(인원질 시스템)

ATP를 분해하여 생성되는 에너지를 가장 빠르게 재합성으로 세포 내에 저장된 인산기인 포스포크레아틴(Phosphocreatine : PC 또는 PCr)을 이용하는 에너지 대사를 ATP-PCr 시스템이라고 한다. ATP는 아데노신과 3인산으로 구성되어 있는데, 1개의 인산기가 가수분해되어 분리되면 아데노신이인산(adenosine diphosphate : ADP)이 되면서 에너지와 수소이온(H^+)을 방출한다. 동시에 PCr은 크레아틴키나아제(creatine kinase)라는 효소에 의해 분해되고, 이 과정을 통해 방출되는 에너지가 ADP와 인산으로부터 ATP를 재합성하는데 사용된다(그림 3의 빨간색 화살표).

포스포크레아틴은 고에너지결합물질로 구성되어 있으며, 고에너지결합의 분리과정에서 에너지

표 1_ 인체의 에너지 시스템[3]

구분	ATP-PC	무산소성(젖산)	유산소성	
주요 에너지원	ATP, PC	탄수화물	탄수화물	지방
ATP생성률	매우 높음	높음	낮음	매우 낮음
총ATP생성량	매우 낮음	낮음	높음	매우 높음
지구력	매우 낮음	낮음	높음	매우 높음
무산소성/유산소성	무산소성	무산소성	유산소성	유산소성
운동강도	매우 높음	높음	낮음	매우 낮음
시간	1~10초	30~120초	5분 또는 이상	장시간

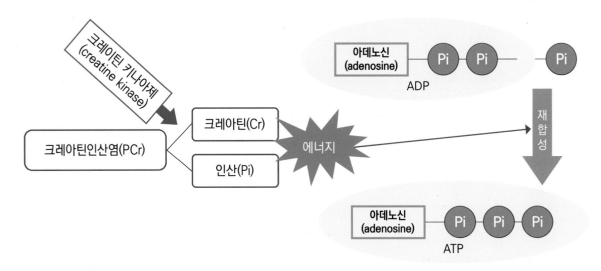

그림 3_ ATP-PCr 시스템

가 생성된다. 이러한 과정은 빠르게 사용되는 ATP를 재생하는 데 도움을 주며, 1~10초 범위에서 지속되는 신속한 최대 운동과정의 에너지원으로 사용된다.[3] 그러나 근육 내에는 소량의 PCr만 저장되어 있고, 저장할 수 있는 총 ATP의 양이 한정되어 있기 때문에 이러한 반응은 제한적이다. ATP와 PCr 모두 인산기를 갖고 있기 때문에 인원질 시스템이라고도 한다.

무산소성 해당과정

해당과정(glycolysis)은 근육과 간에 저장되어 있는 글리코겐(glycogen)이나 혈중 포도당(glucose)이 분해되어 ATP를 생산하는 과정을 의미한다. 산소가 없이 이루어지는 과정으로 1분자의 포도당이 2분자의 피루브산(pyruvic acid) 혹은 젖산(lactate)으로 전환되면서 2분자의 ATP를 생산하게 된다. 충분한 산소가 세포 내로 전달되지 못하면 피루브산은 우리 몸의 에너지 생산공장인 미토콘드리아로 직접 쓰일 수 없어 근육 피로물질인 젖산으로 전환되게 된다(그림 4).

이처럼 산소가 공급되지 않는 상태에서 포도당을 분해해서 에너지를 생성하는 것을 무산소성 해당과정이라고 한다.

포도당이 무산소성 해당과정을 통하여 에너지를 생성할 경우 급속히 ATP를 생성하는데는 유리하게 이용되지만, 근육의 글리코겐으로부터 생성되는 양은 총 ATP의 5%에 불과하다. 또한 대사과정의 부산물로 생성되는 젖산은 근육세포 내의 산성화를 유발하는 수소이온을 방출하여 세포 내 pH를 감소시켜 세포 내 여러 효소의 활성을 방해받게 된다. 그러나 젖산은 간에서 포도당 신생합성의 전구체로 사용될 수 있다.

포도당의 저장형태[6]

❶ 포도당(glucose) : 섭취된 탄수화물이 혈액에 저장되어 있는 상태

❷ 글리코겐(glycogen) : 섭취된 탄수화물이 간이나 근육에 저장된 형태

❸ 젖산(lactate) : 포도당에서 분해된 피루브산이 산소를 만나지 못할 때 생기는 혐기성 물질. 과도하게 축적되면, 혈중 pH 감소, 근통증 및 근피로 유발

그림 4_ **무산소성 해당과정**

유산소성 해당과정

유산소성 해당과정을 통한 ATP 생산은 미토콘드리아에서 만들어지며, 두 가지 대사과정인 ① 사이클(크렙스 회로)과 ② 전자전달계를 통해 이루어진다.

산소가 세포 내 미토콘드리아까지 충분히 공급되면, 무산소성 해당과정의 최종 산물인 피루브산은 젖산으로 전환되는 대신, 미토콘드리아에서 아세틸기가 조효소 A(coenzyme A)와 반응하여 아세틸조효소 A(아세틸 CoA)가 된다. 아세틸 CoA는 크렙스 사이클(Krebs cycle)로 들어가 기질(탄수화물, 지방, 단백질)을 산화(기질의 수소들과 전자들을 제거하는 것)시킨다. 제거된 수소와 전자는 NADH와 $FADH_2$의 형태로 전자전달계에서 산화·환원 과정을 통해 최종산물인 물(H_2O)과 ATP를 생성한다(그림 5).

이때 1분자의 NADH로부터 3ATP가, 1분자의 $FADH_2$로부터 2ATP가 생성된다. 포도당이 산소를 만나지 못하면 2개의 ATP만 생성하지만, 산소를 만나면 약 36~38개의 ATP를 생성하게 된다.

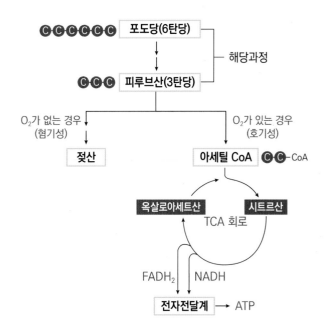

그림 5_ **유산소성 해당과정**

크렙스 사이클(Krebs Cycle)

크렙스 사이클은 에너지 대사과정에 관여하는 기질인 탄수화물·지방·단백질로부터 수소이온과 전자들을 제거(산화과정)하여 ATP를 생성하는 것이다. 크렙스 사이클이 시작되기 위해서는 아세틸 CoA가 필요하다. 피루브산은 탄수화물과 단백질로부터 형성되며, 지방(중성지방)은 지방산과 글리세롤로 분해되어 그중 지방산이 사용된다. 지방산은 베타산화(β-oxydation)를 거쳐 아세틸 CoA를 형성하여 크렙스 사이클로 들어간다.

크렙스 사이클에 의해 기질로부터 제거된 수소들은 수소운반체(NAD^+, FAD)와 결합하여 NADH와 $FADH_2$를 생성하고, 2개의 이산화탄소와 1개의 ATP를 생성한다. 크렙스 사이클에서 생산되는 대부분의 에너지(NADH와 $FADH_2$)는 전자전달계를 통해 ATP를 생성하게 된다. 실제 산소는 크렙스 사이클의 반응에 참여하지 않지만 전자전달계의 마지막 단계에서 수소이온과 결합하여 물을 형성하게 된다.

전자전달계(ETC : electron transport chain)

전자전달계는 해당과정과 크렙스 사이클에서 이탈된 전자와 수소가 NADH와 $FADH_2$의 형태로 전자전달효소를 거치면서 산화 · 환원 과정을 통해 ATP가 생성되는 과정이다. 이 과정은 미토콘드리아 내에서 일어나며, 호흡연쇄(respiratory) 또는 시토크롬계(cytochrome system)라고도 부른다. 즉 $FADH_2$와 NADH를 경유하여 들어온 수소이온과 전자, 그리고 일련의 효소반응을 거쳐 전자전달계에 의해 전달된 산소가 반응하여 최종산물인 물을 형성한다.[6] 유산소성 대사 중 대부분의 ATP는 전자전달계에서 재합성된다.

지질 대사

우리가 섭취한 지질은 인체에서 일반적으로 중성지방(triglyceride)의 형태로 저장되며, 저장된 중성지방을 지방산과 글리세롤로 분해되는 과정을 통해 에너지를 생산한다. 글리세롤은 피루브산으로 전환되고 지방산은 베타산화를 거쳐 아세틸 CoA로 전환되어 크렙스 사이클로 들어가 에너지를 생성한다. 일반적인 지방산은 129 ATP를 생성한다. 포도당과 비교하여 지방산에서 많은 ATP을

생성되는 이유는 크렙스 사이클과 전자전달계에 사용되는 많은 탄소와 수소분자들이 생성되기 때문이다.

운동 중 지질대사를 결정하는 주요 요인은 운동강도와 운동시간이다. 지방산 산화는 저강도에서 중강도의 운동일 때 증가한다. 또한 근육 글리코겐 고갈이 나타날 수 있는 단식이나 장시간의 고강도 운동 상황에서는 제한된 에너지 공급 상황을 해결하기 위해 지방을 주요한 에너지 생성의 원료로 이용한다.[1]

단백질대사

단백질은 지질이나 탄수화물과 달리 안정 시에 거의 사용되지 않으며, 운동 중에도 2~5%의 소량만이 이용된다. 체내의 글리코겐 저장량이 고갈되었을 때에 단백질 분해가 일어나지만, 이는 매우

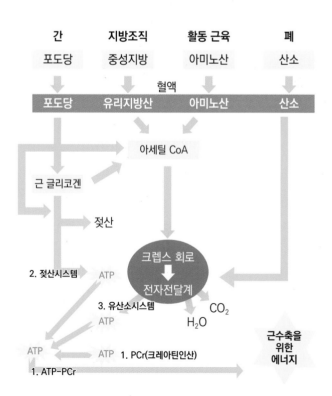

그림 6_ 탄수화물, 지방, 단백질로부터의 에너지대사과정

드물며, 운동 중 단백질 분해로 생성되는 에너지가 근육에 직접 사용되는 경우도 매우 제한적이다.[6] 체내에 저장된 단백질은 에너지 생산을 위해 아미노산으로 분해되며 피루브산, 아세틸CoA, 또는 크렙스 사이클의 중간산물로 들어가 에너지 생산에 참여하게 된다. 그 외 나머지 아미노산은 요소로 바뀐 다음 소변으로 배설된다.

단백질은 당신생합성과정(gluconeogenesis)에도 관여하는데, 몸속에서 포도당이 떨어지면 체내의 단백질을 분해해서 포도당을 만드는 과정(알라닌 사이클)을 통해 에너지를 공급한다.[7] 단백질 대사회전(protein turnover)은 근육량을 빠르게 증가 혹은 감소시킬 수 있다. 근육량이 변하지 않는다고 가정하면, 이는 근육 단백질의 합성과 분해 속도가 동일하여 대사회전이 균형을 이루는 상태에 있다고 할 수 있다.[8]

트레이닝과 에너지 대사

운동시간과 에너지 대사

ATP-PCr 시스템(인원질 시스템)

모든 운동의 시작 단계에서 에너지를 공급하는 과정이며, 매우 빠르게 진행된다. 아무리 가벼운 운동이더라도 처음 시작하는 단계에서는 충분한 산소가 공급되지 못하기 때문에 근육 내에 저장된 에너지인 포스포크레아틴의 분해로부터 에너지를 생산한다. 저장된 ATP와 PCr은 한정적이므로 일반적으로 30초 이내의 운동에 필요한 에너지만 공급 가능하다. 단시간에 실시하는 고강도 운동에 주로 사용되며, 대표적인 운동종목으로는 50m 전력질주, 포환던지기, 높이뛰기 등과 같은 아주 짧은 시간에 끝나는 운동이 있다.

무산소성 해당과정

무산소성 해당과정은 2~3분 이내의 운동 시 필요한 에너지를 공급한다. 신체가 산소를 이용하여 많은 양의 ATP를 생산하기 전까지 빠르게 에너지를 공급하는 과정으로 빠른 해당과정이라고도 한다. 무산소성 해당과정은 보통 3분 이내에 진행되며, 대표적인 운동종목은 200~800m 달리기, 100m 수영, 체조, 권투, 레슬링 등이다.

유산소 대사

유산소 대사는 3분 이상의 운동부터 지속적으로 에너지를 공급한다. 안정 시에는 주로 체내에 저장된 지방과 탄수화물이 에너지를 공급한다. 운동 초기에는 탄수화물에 의한 에너지 공급비율이 높지만, 장시간 운동을 하게 되면 체내 지방의 이용률이 높아진다. 또한 탄수화물이 고갈되면 단백질이 에너지 대사에 소량 참여할 수 있다(그림 7). 유산소 에너지 대사가 주로 쓰이는 운동은 장시간 지구성 운동으로, 대표적으로 마라톤, 장거리 수영, 크로스컨트리 등이 있다.

운동강도와 에너지 대사

저강도 운동과 에너지 대사

최대산소섭취량의 25%에 해당되는 저강도 운동에서는 혈중 유리지방산의 이용이 가장 높고, 근육 글리코겐이나 중성지방의 이용비율은 높지 않다. 최대산소섭취량의 65%에 해당되는 중강도 운동에서는 혈중 유리지방산, 근육의 중성지방과 근육의

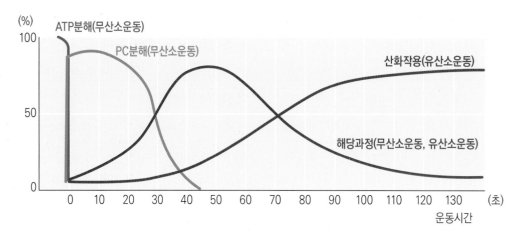

그림 7_ 중강도의 운동 시 시간경과에 따른 주된 에너지 공급원의 변화

글리코겐 이용율이 증가한다. 즉 저/중간강도의 운동 시에는 지방에 의한 에너지 동원 비율이 증가한다고 볼 수 있다.

고강도 운동과 에너지 대사

최대산소섭취량의 85%에 해당되는 고강도 운동에서는 근육 글리코겐과 혈중 글루코스의 사용이 증가하여 체내 지방 대사보다 탄수화물 대사의 의존도가 높아지게 된다. 또한 고강도로 운동 시에는 근육 글리코겐 사용이 증가함에 따라 피로물질인 젖산의 생성이 증가하여 근피로가 증가할 수 있고, 그에 따른 뼈대근육 손상 등 정형외과적 문제가 발생할 수 있다.

트레이닝과 에너지 대사

트레이닝의 시간과 강도는 에너지 대사에 영향을 줄 수 있다. 트레이닝 따른 근육량의 증가는 근육 내 글리코겐 저장량을 증가시키게 되므로 글리코겐 분해를 통한 장기간 에너지를 공급하게 해준다. 근육량 증가에 따른 근육 내 글리코겐 저장량의 증가는 근력운동과 유산소운동 트레이닝에 의해 모

두 나타나는 것으로 알려졌다. 또한 장기간의 심폐지구력 트레이닝은 근육의 모세혈관 밀도와 미토콘드리아 밀도를 증가시킨다. 특히 저/중강도의 트레이닝은 근육세포에 더 많은 산소를 공급하고 중성지방 분해에 의한 에너지 동원을 증가시키므로 운동을 더 오랫동안 지속하도록 도와준다.

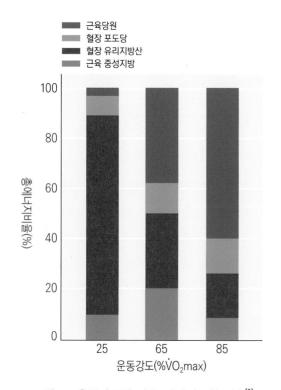

그림 8_ 운동강도에 따른 에너지동원 비율[1]

[참고문헌]

(1) 최대혁, 소위영(2018). 파워 운동생리학 10판. 라이프사이언스.

(2) 대학생명과학교재연구회(2020). 생명과학. 라이프사이언스.

(3) 김정희, 임경숙, 이홍미, 조성숙, 김창선(2012). 운동과 영양. 파워북.

(4) Harris, J. A., & Benedict, F. G. (1918). A biometric study of human basal metabolism. Proceedings of the National Academy of Sciences of the United States of America, 4(12). 370.

(5) 김선효, 이현숙, 이경영, 이옥희(2013). 다이어트와 건강체중. 파워북.

(6) 한국운동영양학회(2018). 운동영양학. 한미의학.

(7) 이경영, 신윤아(2012). 다이어트 운동생리학. 파워북.

(8) Rennie, M. J., & Tipton, K. D. (2000). Protein and amino acid metabolism during and after exercise and the effects of nutrition. Annual review of nutrition, 20(1). 457-483.

Chapter 04

트레이닝과 신체 반응

심폐계의 트레이닝 효과

심폐계의 주된 역할은 조직에서 필요한 산소를 빠르게 많이 전달하는 것이다. 산소가 직접적으로 조직으로 들어갈 수 없기 때문에 인체는 혈액을 이용한다. 혈액의 적혈구가 산소를 운반하여 조직의 미토콘드리아로 운반해주는 것이다. 심폐계의 트레이닝 효과는 결과적으로 트레이닝 전보다 트레이닝 후에 더 많은 산소를 혈액에 담아서 더 많은 양의 산소를 미토콘드리아로 운반하여 더 높은 운동수행능력을 발휘하게 하는 것이다.

운동량이 증가하면 근수축에 쓰이는 산소량도 증가한다. 실제로는 근육이 산소를 요구하면 심폐계는 적절한 양의 산소를 혈액을 이용하여 전달해준다. 최대운동 중에는 안정 시에 비해 5~7배 더 많은 혈액량이 좌심실을 통해 온몸으로 박출되고, 산소는 20배 이상 더 요구된다.

한편 심폐계의 또 다른 역할은 조직에 영양소를 전달하고, 조직에서 생성된 부산물을 제거하며, 체온을 조절하는 것이다.

트레이닝에 의한 심혈관계 적응
최대산소섭취량의 증가

최대산소섭취량은 코나 입으로 최대로 산소를 들여마시는 능력으로 생각되지만, 실제로는 운동량이 증가함에 따라 조직에서 요구되는 산소를 최대로 공급해 줄 수 있는 능력을 말한다. 이를 위해서 허파순환(폐순환)을 통해 대기 중의 산소가 혈액속으로 빠르게 많이 이동하여야만 되고, 순환계를 통해 혈액을 조직으로 빠르게 많이 수송하고 이동시켜야 한다. 왜냐하면 근육의 미토콘드리아는 이렇게 운반된 산소를 이용하여 에너지를 만들고, 이 에너지를 가지고 운동을 수행하기 때문이다. 다시 말해 조직으로 산소가 많이 운반될수록 더 높은 운동수행능력을 발휘할 수 있다는 것이다. 이러한 이유로 최대산소섭취량을 유산소능력 또는 심폐계 체력을 평가하는 가장 타당하고 신뢰성 높은 지표로 사용된다.

인체는 최대산소섭취량에 도달할 때까지 산소섭취량은 운동량의 증가와 함께 점진적으로 증가한다. 하지만 최대산소섭취량에 도달하면 산소섭취량은 더 이상 증가하지 않고 항정 상태를 나타낸다(그림 1 참조).

지속적인 유산소훈련은 최대산소섭취량을 향상시킬 수 있다. 즉 에너지를 생산하기 위해 더 많은 양의 산소를 이용할 수 있다는 것이다.

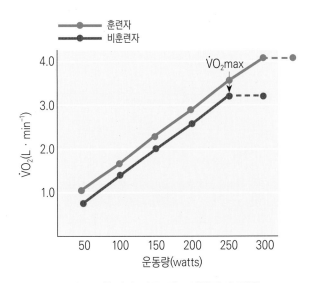

그림 1_ 훈련에 따른 산소섭취량의 변화

운동수행능력 향상을 위해 최대산소섭취량을 증가시키려면 심박출량을 증가시키거나 동정맥산소차를 증가시켜야 한다. 다시 말하면, 심장에서 1분 동안 뿜어낼 수 있는 혈액의 박출량을 늘리는 것이다. 박출량을 늘리기 위해서는 심박수를 증가시키거나 1회박출량을 증가시켜야 한다.

비훈련자를 대상으로 한 연구에서 4주에서 16주 정도의 짧은 기간 동안의 지구력 훈련을 통해 최대산소섭취량을 약 25% 정도 증가시켰으며, 최대심박출량은 약 10% 증가시켰다. 하지만 최대동정맥산소차의 변화는 없었다.

결론적으로 단기간의 지구력 훈련에 의한 최대산소섭취량의 증가는 최대심박출량의 증가 때문이다. 이와는 반대로 6개월 이상 장기간의 지구력 훈련에서 최대심박출량은 약 15%의 향상을 보였고, 최대동정맥산소차는 25% 정도의 향상을 보였다. 단기간의 연구와 달리 최대심박출량과 최대동정맥산소차가 모두 증가하여 최대산소섭취량의 증가를 가져왔다.[2, 5]

심박수의 조절

심장은 뼈대근육에서 요구하는 산소를 공급하기 위해 존재한다. 운동량 증가에 따라 뼈대근육에서 더 많은 산소를 요구하면 심장은 뼈대근육의 산소요구량을 해결해 주기 위해 더 많은 일을 해야만 한다. 이러한 역할은 동방결절(SA node)과 방실결절(AV node)이 담당하며, 교감신경계와 부교감신

최대산소섭취량 산출 공식은 다음과 같다.

최대산소섭취량(ml/min) = 심박출량(ml/min) × 동정맥산소차(mlO_2/L)

※ 심박출량(ml/min) = 1회박출량(ml/beat) × 심박수(beat/min)

경계에 의해서 조절된다.

결과적으로 교감신경이 활성화되면 심박수는 증가하고, 비활성화되면 심박수는 감소한다. 반대로 부교감신경이 활성화되면 심박수는 감소하고, 비활성화되면 심박수는 증가한다. 교감신경계 섬유가 자극을 받으면 말단에서 노르에피네프린을 방출하고, 방출된 노르에피네프린은 심장의 베타수용체들과 결합하여 심박수와 심장근육의 수축력을 모두 증가시킨다. 반대로 부교감신경계는 말단에서 아세틸콜린을 방출하고, 방출된 아세틸콜린이

동방결절과 방실결절의 활성을 감소시켜 심박수를 감소시키는 결과를 가져온다.

부교감신경은 훈련에 의해 활성화되어 결과적으로 분당 심박수를 감소시킨다. 이러한 심박수의 감소는 결국 심장주기에 영향을 주어 이완기가 길어지는 현상이 나타나고, 이완기가 길어진 만큼 더 많은 혈액은 좌심방에서 좌심실로 많이 이동하게 되고, 1회박출량(stroke volume)의 증가를 초래하여 최종적으로 심박출량(cardiac output)이 증가하게 된다(그림 2 참조).

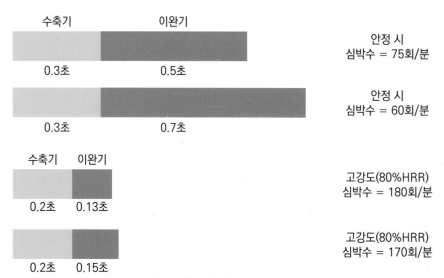

그림 2_ 훈련에 따른 심장주기 변화

표 1_ 훈련자와 비훈련자의 안정 시 및 최대운동 시 심박수, 1회박출량, 심박출량의 변화						
	대상	심박수(beat/min)		1회박출량(mL/beat)		심박출량(L/min)
안정 시	훈련되지 않은 남성	72	×	70	=	5.00
	훈련되지 않은 여성	75	×	60	=	4.50
	훈련된 남성	50	×	100	=	5.00
	훈련된 여성	55	×	80	=	4.40
최대 운동 시	훈련되지 않은 남성	200	×	110	=	22.0
	훈련되지 않은 여성	200	×	90	=	18.0
	훈련된 남성	190	×	180	=	34.2
	훈련된 여성	190	×	125	=	23.8

※ 표에 사용한 수치는 반올림한 값이다.

〈표 1〉은 훈련자와 비훈련자의 안정 시와 최대 운동 시의 심박수, 1회박출량, 심박출량의 변화를 보여주고 있다.[2] 안정 시에는 훈련자와 비훈련자의 심박출량은 동일하다. 하지만 비훈련자는 심박수가 높은 반면에 훈련자는 심박수가 상대적으로 매우 낮다. 앞에서 설명한 바와 같이 심박수 감소에 따른 이완기 시간이 길어짐에 따라 1회 박출량은 증가한 것을 알 수 있다.

심박출량의 증가

심박출량은 심장이 1분 동안에 박출하는 혈액의 양을 말한다. 심박출량은 심장이 한 번 박동하면서 내뿜는 1회박출량에 1분 동안 박동하는 심박수를 곱하여 계산할 수 있다.

> 심박출량(ml/min)
> = 1회박출량(ml/beat) × 심박수(beat/min)

심박출량은 1회박출량과 심박수에 의해서 증가한다. 저강도에서는 1회박출량과 심박수가 모두 증가하지만, 최대산소섭취량의 50% 이상의 강도에서는 1회박출량은 더 이상 증가하지 않고 심박수만 증가하여 심박출량이 증가하는 양상을 보인다.

훈련에 따른 특징을 살펴보면, 안정 시에는 훈련자는 비훈련자에 비해 분당심박수가 점차 감소하는 반면 1회박출량은 증가하는 양상을 보인다. 반복된 훈련은 심장주기의 변화를 가져온다.

심장은 수축기와 이완기로 구분할 수 있다. 수축기는 짧고 강하게 일어나고, 이완기는 길어야 심박출량의 증가를 가져올 수 있다. 이완기가 길어야 좌심방의 혈액이 좌심실로 충분히 흘러들어가서 많은 양의 혈액을 좌심실에 채울 수 있게 된다. 좌심실이 많은 혈액으로 가득 채워지면 1회박출량이 증가하는데, 이러한 현상을 프랭크 스탈링(Frank-Starling) 법칙이라고 한다.

1회박출량의 증가

1회박출량은 좌심실의 1회 수축으로 박출할 수 있는 혈액의 양을 말한다. 1회박출량은 ① 심장근육의 수축력, ② 심실 이완기말혈액량, ③ 평균대동맥압의 영향을 받는다.[2] 심장근육의 수축력이 크면 클수록 더 강하게 좌심실을 수축할 수 있기 때문에 빠른 시간에 많은 양의 혈액을 조직으로 박출할 수 있다.

일반적으로 좌심실이 박출할 때 좌심실에 있던 혈액의 약 60% 정도가 박출되고, 나머지는 좌심실에 남아 있게 된다. 훈련된 선수들은 좌심실의 크기가 비훈련자들 보다 더 크게 발달된 경우도 있다. 좌심실의 크기는 비훈련자에 비해 차이가 없지만 심장근육의 비대로 인해 심장이 더 크게 발달된 경우도 있다. 좌심실의 크기가 발달된 사람은 프랭크 스탈링 법칙에 의해 더 많은 혈액이 좌심실에 채워질 수 있기 때문에 한 번의 수축으로 더 많은 혈액을 조직으로 보낼 수 있다. 심장근육의 수축력은 주로 심장근육의 비대가 원인인 경우가 대부분이다. 훈련에 의해 심장근육이 발달하면 강한 수축력을 야기할 수 있기 때문에 1회박출량은 증가한다.

1회박출량은 이완기말혈액량(End Diastolic Volume : EDV)에서 수축기말혈액량(End Systolic Volume : ESV)을 뺀 양이다. 1회박출량이 증가하기 위해서는 좌심실에 채워지는 혈액의 양이 많아야 하는데, 이것을 심실 이완기말혈액량이라고 한다. 심실 이완기말혈액량의 증가와 함께 심장근육의 수축력도 함께 증가하여 결과적으로 1회박출량의 증가를 가져온다.[3] 심실 이완기말혈액량이 증가하기 위해서는 좌심실에서 박출된 혈액이 조직으로 이동하고 조직에 산소를 공급한 후 다시 정맥을 따라 우심방→우심실→허파→좌심방을 거쳐 좌심실로 되돌아와야 한다.

다시 말하면, 온몸으로 보내진 혈액이 조직에 산소를 공급하는 목적을 달성한 후에 다시 좌심실로 되돌아와야 한다는 것이다. 되돌아오는 혈액이 많아야 그 혈액을 다시 온몸으로 보낼 수 있기 때문이다. 하지만 온몸으로 보내진 혈액이 조직이나 혈관 속에 머무르는 양이 많아지면 결국 되돌아 오는 혈액의 양을 줄어들어 이완기말혈액량은 감소한다.

혈액이 정맥을 통해 심장으로 되돌아 오는 것을 정맥혈회귀(venus return)라고 한다. 정맥혈회귀량이 많아지면 심실의 이완기말혈액량이 증가하여 결국 1회박출량이 증가하게 된다(그림 3).[2]

정맥혈회귀는 근육펌프(muscle pump), 정맥수축(venoconstriction), 호흡펌프(respiratory pump)에 의해 영향을 받는다. 호흡펌프는 근육의 규칙적인 수축과 이완으로 나타난다. 근육이 수축하면 근육의 길이는 짧아진 대신 굵어진다. 이때 근육 사이에 있는 혈관에 압력을 가하게 되고, 그 힘으로 정맥을 압박하여 정맥 속에 머물러 있던 혈액을 심장으로 되돌아가게 한다. 근육이 이완할 때는 혈액이 다시 채워지고 수축할 때 혈액을 심장쪽으로 압박하여 되돌아가게 하는 과정을 반복하게 하는 것이다.

정맥 속의 혈액은 수축 시 심장쪽으로만 이동하는데, 그 이유는 정맥 속에 있는 정맥밸브가 특수한 구조로 되어 있기 때문이다. 특수한 정맥밸브가 조직으로 혈액이 역류하는 것을 막고 심장쪽으로 흐르게 만든다. 등척성수축과 같이 근수축이 지속적으로 이루어지면 근육펌프는 작동을 할 수 없게 되어 정맥혈회귀는 감소한다(그림 4). 이렇듯 심실의 이완기말혈액량은 정맥혈회귀에 의해 결정된다.

요약하면 좌심실에서 체순환을 통해 온몸으로 보내진 혈액이 정맥혈회귀를 통해 다시 심장으로 많이 되돌아올수록 1회박출량이 증가하고, 결국 심박출량이 증가하게 된다.

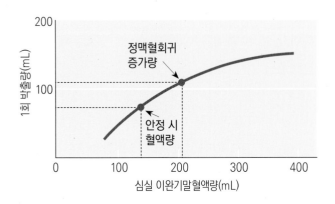

그림 3_ 훈련에 따른 심장주기 변화

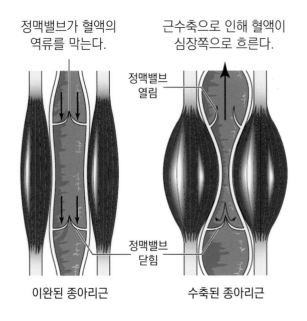

그림 4_ 근육펌프에 의한 정맥혈회귀

정맥이 수축하면 정맥에 머물러 있는 혈액을 정맥의 평활근이 수축되어 압박하여 혈액이 심장쪽으로 이동할 수 있게 한다. 정맥의 평활근은 동맥의 평활근보다 얇아서 수축력은 훨씬 약하지만, 정맥혈회귀에 영향을 미친다.[3]

호흡펌프는 들숨과 날숨을 위해 호흡하는 과정에서 발생한다. 공기를 들어마시기 위해서는 가슴 안쪽의 압력을 줄여야 한다. 이를 위해서 가슴과 복부를 가로막고 있는 가로막(횡격막)이 아래로 이동하면서 복부의 압력을 증가시키고, 공기를 밖으로 내보내기 위해서는 가슴 안쪽의 압력은 높여야 하기 때문에 가로막이 위로 올라가면서 복부의 압력은 감소한다. 이때 하체에 있는 혈액이 복부로 이동하여 들숨일 때 심장으로 이동하여 근육펌프와 같은 현상이 복부와 가슴에서 일어나는데, 이러한 현상을 호흡펌프라고 한다(그림 5).

1회 박출량에 영향을 주는 요인은 평균대동맥압이다. 평균대동맥압이란 심장이 수축하고 난 후 나타나는 동맥의 압으로 후부하(after load)라고도 한다. 좌심실의 수축에 의해 발생한 압력은 평균대동맥압보다 더 커야 한다. 그래야만 조직으로 혈액을 보낼 수 있기 때문이다.

평균대동맥압이 높으면 좌심실 수축에 의한 혈액의 박출이 어렵게 되어 박출량을 감소시키는 원인이 된다. 운동 중에는 후부하가 발생하여 세동맥을 확장시켜 활동근의 수축을 막아 후부하를 감소시킨다. 때문에 운동 중에는 심장이 다소 쉽게 많은 혈액을 박출할 수 있게 되어 조직으로 많은 산소를 운반하게 된다.

결론적으로 평균대동맥압이 낮을수록, 후부하가 낮을수록 1회박출량은 증가하여 결국 심박출량은 증가하게 된다. 단기간의 지구력 트레이닝으로도 1회박출량을 증가시킬 수 있다. 주 원인은 좌심실의 크기 증가와 함께 혈장량이 증가하게 되면서 이완기말혈액량이 증가하기 때문이다.[2]

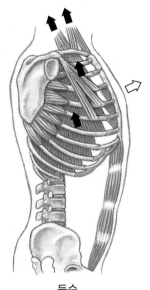

들숨

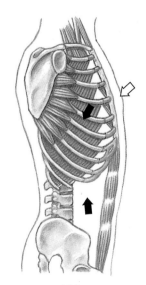

날숨

그림 5_ 호흡펌프

동정맥산소차의 증가

지구력 트레이닝에 인한 산소섭취량의 증가는 동정맥산소차가 주 원인이다. 훈련을 통해 혈액 속에 포함되어 있는 산소를 조직에 얼마나 많이 운반할 수 있는가에 달려 있다. 혈액 속의 헤모글로빈이 많은 산소를 조직으로 수송하지만, 마이오글로빈이 이 산소를 뺏은 후 근조직의 미토콘트리아로 운반해 주는 능력에 따라 산소섭취량의 증가는 결정된다. 따라서 근조직 속의 미토콘트리아의 수, 미토콘트리아의 크기와 근조직의 모세혈관은 산소섭취량 증가를 좌지우지한다고 할 수 있다.

근조직의 모세혈관 밀도가 높을수록 근육의 혈류량은 증가한다. 또한 근육을 통과하는 혈액의 이동 속도를 낮추어 혈액의 산소가 근조직으로 확산되는 시간을 제공한다. 뿐만 아니라 헤모글로빈에서 마이오글로빈으로의 확산거리를 단축시키고, 거리가 짧아진 만큼 확산속도를 증가시킨다. 이러한 원인들에 의해서 동정맥산소차는 증가하여 결과적으로 최대산소섭취량은 증가하게 된다(그림 6).[2]

호흡계의 트레이닝 효과

호흡계의 목적은 대기 중의 20.93%의 산소를 코나 입으로 흡입하여, 허파(폐)에서 확산이라는 과정을 통해 혈액 속의 적혈구에 전달하여 최종적으로 근조직의 미토콘트리아에 전달하는 것이다. 또한 근조직에서 에너지를 만들고, 생성된 이산화탄소를 제거하는 역할을 한다.

호흡계의 트레이닝 목적은 이러한 폐호흡능력과 환기능력, 폐활량을 증가시키는 것을 목적으로 한다. 하지만 순환계와 근육계에서처럼 뚜렷한 훈련의 효과는 기대하기 어렵다. 인체의 허파기능과 구조는 최대산소섭취량의 90% 수준의 운동강도에서도 큰 문제없이 운동이 가능하게 만들어져 있다. 다만 최대산소섭취량의 90% 이상의 수준에서는 허파에서의 가스교환능력이 부족하여 동맥의 산소함유량이 낮아지게 된다. 이러한 이유로 운동수행능력은 감소할 수 있다.

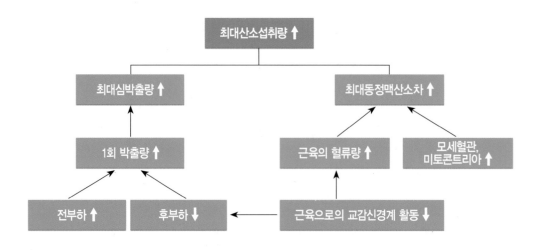

그림 6_ 지구력 훈련에 의한 최대산소섭취량 증가

트레이닝에 의한 호흡계 적응

환기량 증가

분당환기량은 1분 동안의 호흡횟수인 호흡빈도수(f)와 1회 호흡으로 운반되는 가스의 양인 1회 호흡량(tidal volume : TV)의 곱이다.

폐활량은 1회 호흡으로 강제로 최대한 공기를 들어마신 후 허파 속의 공기를 강제로 최대로 내보낼 수 있는 용량을 말한다. 장기간의 지구력 훈련은 호흡에 필요한 호흡근의 발달을 초래하여 허파활량을 증가시킬 수 있지만, 그 변화는 크지 않다. 이러한 적응은 훈련되지 않은 사람에게서 더 흔히 나타나며, 트레이닝 초기에 나타나는 경향이 많다. 반대로 고도로 훈련된 선수들에서는 기대하기 어렵다.

1회호흡량 증가

환기량은 지구력 트레이닝을 통해서 어느 정도 증가시킬 수 있다. 트레이닝은 허파의 환기능력을 증가시켜 1회호흡량을 증가시켜 결국 환기량을 증가시킨다. 이것은 호흡계의 적응과 함께 심혈관계의 개선으로 최대로 운동할 수 있는 강도가 높아져 1회호흡량이 증가하고 호흡수가 훨씬 많아졌기 때문이다.

하지만 이러한 적응은 대략 4주의 단기간 훈련 중단이나 탈훈련으로도 트레이닝 전 상태로 돌아갈 수 있어 호흡계에 대한 트레이닝 효과는 대사

및 순환계의 효과만큼 나타나지 않는다.

호흡수 감소

트레이닝에 의한 유산소 운동능력의 증가는 호흡계의 적응보다는 심박출량의 증가, 동정맥산소차의 증가, 정맥혈회귀량의 증가에 의해 주로 결정된다. 장기간 지구력 트레이닝을 하면 호흡계의 기능이 주어진 절대운동강도에 적응하면서 호흡이 깊어져 1회호흡량은 거의 변화가 없지만, 호흡수는 감소하게 된다.

트레이닝 후에 안정 시와 최대하운동 중의 호흡수가 감소되는 것이 보통이지만 이와 같은 감소는 아주 미비하다. 이것은 트레이닝에 의한 호흡효율의 증가에 기인한다. 하지만 최대운동 시에는 절대운동강도의 증가에 의해서 트레이닝 전보다 호흡수가 증가되는 것이 일반적이다.

허파(폐)확산능력 증가

가스교환을 위해서 허파꽈리(폐포) 내에서 일어나는 허파확산은 트레이닝 후에 안정 시와 동일한 강도의 최대하운동 시에는 변화가 없지만, 최대운동 시에는 허파확산능력이 증가한다. 운동 중에 허파확산능력이 증가하는 것은 허파의 혈액순환이 제한적인 안정 시에 비해 운동 시에는 허파의 환기량 대

표 1_ 분당환기량		
분당환기량(L/min)	1회호흡량(TV) × 호흡빈도(f)	추정치[1]
안정 시	0.5 L/1회 × 15회/min	7.5 L/min
최대운동 시	3 L/1회 × 40 회/min	120 L/min

※ 1) 체중이 70kg 정도의 남자를 기준으로 한 추정치임.

비 혈류량이 증가하기 때문이다. 안정 시에는 중력에 의해 허파의 아래쪽은 환기량에 비해 많은 혈액이 흐르고, 반대로 위쪽은 환기량에 비해 적은 혈액이 흐르게 된다. 하지만 최대운동 시에는 허파 전체의 혈액량 증가에 따른 혈압의 증가로 인해 허파의 위쪽 부분에도 더 많은 혈액이 흐르기 때문이다.

유산소능력이 클수록 더 큰 허파확산능력을 보이는데, 이것은 심박출량 증가, 허파꽈리 표면적 증가, 호흡막을 통과하는 확산저항의 감소라는 3가지 요인이 결합되어 나타난다.[1]

동적 허파기능 향상

강제허파(폐)활량, 강제호기량, 최대수의적 환기량에 대한 트레이닝의 효과는 다양하게 나타나지만, 일반적으로 미미하게 증가하는 것으로 알려져 있다. 운동선수들이 일반인에 비해 더 큰 강제허파활량을 가지고 있는데, 이는 가슴벽(흉벽), 갈비뼈, 가로막, 호흡근육의 비대에 의한 결과이다. 최대수의적 환기량의 증가는 가슴우리(흉곽) 주변 근육의 준비운동, 호흡중추의 자극, 가슴우리 허파조직과 호흡근의 강화와 기도 저항의 감소 때문이다.

근육뼈대계의 트레이닝 효과

근육은 전체 체중의 40% 정도를 구성하고 있으면서 에너지 대사와 직접적으로 관련이 있을 뿐만 아니라 운동과 호흡을 위한 근수축, 자세 유지를 위한 근수축과 체온 유지를 위한 열생산 기능을 수행하고 있다. 오늘날 저항훈련의 중요성이 강조되면서 엘리트선수와 남성들뿐만 아니라 여성·노인들에게도 저항훈련이 권장되고 있다.

트레이닝에 의한 뼈대근육의 적응으로 근대사 증가, 근비대, 체지방 감소, 인슐린감수성 증가 등 다양한 효과가 검증되었다. 무엇보다 근력·근지구력 등의 향상으로 건강과 삶의 질이 향상되었다.

체력요소의 향상

건강 체력요소의 향상

장기간의 유산소 트레이닝은 심폐지구력과 신체구성에 긍정적 변화를 가져온다. 심혈관계의 적응을 통해 최대산소섭취량 증가, 심장근육의 산소소비량(MVO_2) 증가와 체지방의 감소를 가져올 수 있다.

반면 저항 트레이닝은 제지방량을 증가시켜 근력과 근지구력을 증가시키고, 신체구성을 긍정적 방향으로 개선하여 운동수행능력을 향상시키고 올바른 자세를 유지하는 데 도움을 주기도 한다. 뿐만 아니라 손상 위험을 감소시키기도 한다.

운동기능 체력 요소의 향상

파워, 민첩성, 스피드, 평형성과 같은 운동기능 체력은 다양한 트레이닝을 통해 향상시킬 수 있다. 플라이오메트릭 훈련은 파워 향상에 큰 도움을 주는 트레이닝이다. 유산소 트레이닝과 저항 트레이닝 등과 함께 다양한 특성화된 트레이닝 방법을 통해 민첩성, 스피드, 평형성 등을 향상시킬 수 있다.

이러한 운동기능 체력요소들은 근파워의 증가, 점프능력 증가, 야구의 스윙 스피드 증가, 연속적인 방향 전환과 같은 민첩성 증가를 통해 운동수행능력을 크게 향상시킬 수 있다.

트레이닝에 의한 근대사 적응

모세혈관밀도와 산소운반 증가

지구력 트레이닝 후 운동수행능력의 증가는 심폐계와 호흡계의 적응에 의한 증가보다는 근육의 생화학적·구조적 변화와 적응 때문이다. 근육섬유의 모세혈관밀도의 증가, 근육섬유의 미토콘트리아 수의 증가, 지방대사에 관여하는 근력 증가, 근육의 산화능력 증가 등을 통해서 운동수행능력은 향상된다.

트레이닝은 뼈대근육의 모세혈관의 수나 밀도를 증가시켜 산소의 확산거리와 근육섬유로의 기질 전송거리를 단축시켜 에너지 생성 시 효율성을 증가시킨다. 반대로 근육섬유에서 생성된 폐기물 제거를 위한 확산거리도 감소시켜 원활한 대사가 가능하도록 한다.

미토콘드리아 밀도와 수의 증가

지구력 트레이닝은 근대사의 변화를 초래하여 근조직 내의 미토콘트리아 밀도와 수를 빠르게 증가시켜 지구력 운동수행능력을 향상시킨다. 장시간의 지구력 트레이닝은 훈련을 시작한 지 5일이 지나기 전에 미토콘트리아의 밀도는 증가하기 시작하여 6주 이내에 50~100%까지 미토콘트리아는 증가한다. 미토콘트리아의 증가는 운동강도 및 운동시간에 따라 크게 달라진다.

최근 인기를 끌고 있는 고강도 인터벌 트레이닝(high intensity interval training : HIIT)은 무산소와 유산소 에너지 시스템에 변화를 가져온다. 또한 세포 호흡 및 세포의 에너지 흐름인 ATP를 증가시킴과 동시에 미토콘트리아의 기능을 강화하는 미토콘트리아 생물 발생(mitochondrial bio-genesis)이라는 과정을 촉진한다.

저항성 훈련에 의한 근비대

저항 트레이닝은 뼈대근육 섬유의 크기를 증가(hypertrophy, 근비대)시키고, 근육섬유의 총수를 증가(hyperplasia, 근증식)시켜 뼈대근육의 크기를 증가시킨다.

인간에게 근 증식이 발생하는지에 대한 논란은 계속되고 있는 가운데 일반적으로 저항 트레이닝에 의한 근육의 크기 증가(근비대)는 근육섬유 수 증식 때문이 아니라 근비대 때문이라고 알려져 있다.

일반적인 저항 트레이닝에 의한 근비대는 몇 달에서 몇 년에 걸쳐 천천히 진행된다. 하지만 고강도의 저항 트레이닝은 대략 3주 정도의 단기간에 근비대를 가져올 수 있다. 저항 트레이닝은 I형 섬유와 II형 섬유의 크기를 증가시키지만, II형 섬유에서 더 높은 수준의 증가가 나타난다. 이러한 저항 트레이닝에 의한 근육섬유 횡단면적의 증가는 근육원섬유(myofibril) 단백질의 증가 때문이다. 근육섬유 안의 액틴과 마이오신 필라멘트의 증가는 근육원섬유마디(sarcomere)의 증가로 인해 발생한다. 수축성 단백질의 증가는 근육섬유 속에서 마이오신 연결다리(cross bridge)의 양을 증가시키고, 이로 인해 힘을 생성하는 섬유의 능력을 증가시킨다.

저항 트레이닝은 노인에게서 근육섬유의 근비대를 가져올 수 있지만, 젊은 사람과 비해 더 작다. 하지만 근력·근지구력·평형성 등을 증가시켜 건강과 삶의 질 향상에 매우 중요한 역할을 하는 것으로 알려져 있다.

트레이닝 중단과 근위축

트레이닝으로 단련된 근육이라도 근육에 자극이 중단되면 단지 몇 시간 후부터 근육 내에서의 변화는 시작된다. 근육의 활동 제한 즉 부동화(immobilization)가 시작되면 단백질 합성이 감소되기 시작하여 근조직의 손실 또는 근조직의 크기가 감소하는 근위축이 시작된다. 근위축은 근육의 활동 제한으로 인한 근단백질이 감소된 결과라고 할 수 있다. 부동화로 인한 근력의 감소는 활동을 제한하기 시작한 첫 주 동안 가장 급격하게 발생하여 하루 평균 3~4%씩 감소한다.

이렇듯 근력의 감소는 근육섬유의 위축과 밀접한 관계가 있으며, 부동화된 근육에서의 신경계 활성화 감소도 관계가 있다. 반대로 근비대에 의한 근력의 증가는 근비대와 신경계의 활성화 증가와 밀접한 관계가 있다. 부동화는 지근섬유(Type Ⅰ)와 속근섬유(Type Ⅱ) 모두에 영향을 미치지만, 속근섬유보다 지근섬유에서 더 큰 영향을 미친다.[1]

저항성 운동의 중단에 의한 근육섬유의 크기 감소는 근력의 감소로 이어진다. 하지만 활동이 다시 시작되면 근육섬유의 크기는 다시 증가하고, 더불어 근력도 증가되기 시작한다. 지구성 운동 또한 근육섬유의 크기 감소와 근력의 감소를 가져온다. 특히 부동화에 따른 이러한 결과는 지구성 운동을 중단한 경우에 저항성 운동의 중단보다 더 빠르게 나타난다.

활동 제한 또는 훈련 중단에 의해 근육섬유의 크기와 근력의 감소가 나타난 후 재훈련을 실시했을 때 근육섬유의 크기와 근력은 증가한다. 이러한 적응은 이전에 근육훈련을 많이 했을수록 그 속도가 빨라진다.

훈련에 의한 최대 동적 근력은 유지 단계에서 훈련 빈도가 줄어들더라도 상당 기간 근력을 유지할 수 있다.

[참고문헌]

(1) 한국운동생리학회(2015). 운동생리학. 대한미디어.

(2) 최대혁, 소위영(2018). 파워 운동생리학 10판. 라이프사이언스.

(3) 대한운동사회(2007). 운동생리학. 한미의학.

(4) 임완기, 정동춘, 김태형, 정덕조, 이병근(2010). 운동생리학. 광림북하우스.

(5) Montero, D., Diaz-Canestro., C., & Lundby, C. (2015). Endurance training and VO$_2$max : Role of maximal cardiac output and oxygen extraction. Medicine & Science in Sports & Exercise. 47. 224-2033.

NOTE

Part 02_ 고객 카운셀링과 평가

Personal Training

Chapter 01

고객 카운셀링

초기 고객 카운셀링

일반적으로 카운셀링은 고객의 욕구를 파악하고 욕구에 맞는 변화를 돕는 대화 과정이다. 트레이너는 카운셀링을 통해 고객이 무엇을 원하는지 파악하고, 문제 해결을 위한 트레이닝 프로그램을 진행해야 한다.

특히 초기 고객 카운셀링이 중요하다. 따라서 퍼스널트레이너는 이 시기에 고객의 욕구를 파악하고, 프로그램에 영향을 미칠 수 있는 주요 위험요소를 식별해야 한다. 초기 고객 카운셀링은 프로그램 방향을 결정하는 토대이며, 장기적 차원에서 볼 때 성공적인 퍼스널트레이닝 운영을 위한 출발점이다.

운동목적 파악

처음 고객과 만나면 운동목적 및 건강상태를 비롯하여 운동 시작 시 알아야 할 다양한 요인에 대해 카운셀링한다. 고객 카운셀링의 첫 단계에서 파악해야 할 요인은 고객의 운동목적이다. 고객은 어떤 이유로 퍼스널트레이닝 프로그램 참여를 결심하게 되었을까? 고객이 다이어트를 통한 몸매 만들기의 목적으로 트레이닝을 결심했다고 가정해보자. 트레이너는 이 목적에 대한 맞춤형 프로그램을 구성해야 한다. 유산소 운동과 무산소 운동의 비율을 조절하고, 근육운동의 형태·식단 등을 결정해야 한다. 즉 고객의 운동목적 파악이 퍼스널트레이닝 프로그램의 방향을 결정하는 시작점이며, 퍼스널트레이닝에서 반드시 거쳐야 할 과정이다.

운동목적의 파악이란 결국 고객의 욕구를 파악하는 것이다. 그러나 고객의 욕구 파악은 최초 한 번의 카운셀링으로 마무리되는 것이 아니다. 고객의 욕구는 복합적이어서 '다이어트'와 같이 한 단어로 표현될 만큼 단순하지 않다. 무조건 살을 많이 빼는 것이 아니라 고객이 원하는 다이어트의 '정도'가 있을 것이다. 표면적으로는 살을 빼기 위해 퍼스널트레이너를 찾았다고 얘기하지만, 건강도 챙기고 싶고, 근육도 만들고 싶은 다양한 욕구가 중첩되어 있을 수 있다.

이처럼 고객의 욕구를 단순한 한 번의 질문으로 파악하기 쉽지 않다. 또 언어적 표현에 포함되지 못한 고객의 욕구도 있을 것이다. 퍼스널트레이너는 고객과의 지속적인 카운셀링을 통해 고객의 복합적인 욕구를 파악하기 위해 노력해야 한다.

고객의 욕구는 프로그램을 진행하면서 변화하기도 한다. 트레이닝 프로그램에 참여한 고객이 다양한 운동효과를 경험하게 됨으로써 신체 이미지(body image)에 변화가 생기기도 한다. 자신감이 생기면 더 큰 목표를 세우게 된다. 고객의 말 한마디에 프로그램의 방향이 바뀌는 것은 아니지만, 고객 퍼스널트레이너는 고객의 욕구가 무엇인지 파악하고 만족도를 높이기 위해 항상 귀를 기울여야 한다.

건강 상태 체크

퍼스널트레이너는 프로그램을 진행하기 전에 카운셀링을 통해 고객의 건강 상태를 확인해야 한다. 운동을 할 때 일어날 수 있는 안전사고를 방지하려면 평소 고객이 가지고 있는 건강 상의 문제가 무엇인지 파악하고 있어야 한다. 또한 운동을 시작하기 전에 고객이 운동해도 괜찮은 상태인지 확인해야 한다.

건강 상태에 문제가 있는 고객이 운동 프로그램에 참여하기 위해서는 의사로부터 운동 참여에 관한 견해가 담긴 소견서를 받는 것이 좋다. 특히 만성질환을 앓고 있고, 그 정도가 중증에 해당하는 심각한 고객은 의사의 판단이 선행되어야 운동 프로그램에 참여할 수 있다.

의사의 소견에 따라 고객의 프로그램 참여에 대한 '참가자 사전 동의서'를 받아두는 것도 좋다. 동의서의 작성은 사고 발생 시 면책을 위한 방어적인 의미도 있지만, 고객에게 실시하는 운동 프로그램의 내용과 현재의 건강 상태를 잘 이해하도록 하는 데 그 본질이 있다. 이같은 측면에서 동의서에는 프로그램의 내용, 의사의 소견, 그리고 운동 시 발생할 수 있는 위험요인에 대한 설명이 포함되어야 한다.

대부분의 운동은 건강에 긍정적 영향을 미치지만, 고객이 만성질환이 있으면 오히려 운동이 증상을 악화시킬 수 있으므로 보다 많은 주의를 기울여야 한다. 운동 시 어지럼증, 메스꺼움, 빠른 맥박, 과도한 땀, 가슴통증 등의 증세가 발생하면 즉시 트레이너에게 알릴 수 있도록 주의사항을 사전에 설명해야 한다.

주의해야 할 몇 가지 대표적인 질환을 살펴보면 다음과 같다.

관상동맥질환과 고혈압

관상(심장)동맥질환이란 심장에 혈액을 공급하는 동맥에 지방침착물 따위가 쌓여 혈관이 좁아지고 딱딱해져 혈액이 제대로 공급되지 않아 심장이 제 기능을 발휘하지 못하는 질환이다. 고혈압은 관상동맥질환을 일으키는 대표적 요인이다.

일반적으로 운동, 특히 유산소 운동은 관상동맥질환에 긍정적 영향을 미친다. 특히 운동을 지속하면 혈관이 굵어져 혈압을 낮춰준다. 관상동맥질환이나 고혈압이 있는 환자에게는 유산소운동이 권장되고, 근력운동의 경우 동적 근수축 운동이 좋다.

관상동맥질환자가 근력운동을 할 때 가슴이 좁아진 듯 조이고 뻐근한 통증을 느낀다면 이는 협심증을 의심해 봐야 한다. 이 경우 갑작스러운 심장 발작이나 급사로 이어질 수도 있다. 따라서 관상동맥질환이 있는 고객의 경우 의사의 의학적 소견에 따라 운동 프로그램을 진행해야 하며, 프로그램 진행 시에도 고객의 상태를 수시로 체크해야 한다.

심장질환

우리 몸의 곳곳에 혈액을 공급하는 심장은 일정한 속도로 규칙적으로 박동한다. 평상시에 쉬고 있을 때에는 1분에 50~80회 가량 맥박이 뛰고, 긴장하거나 운동을 하면 150~180회까지도 박동한다.

심장 박동수가 과다하게 변하거나 불규칙해지는 현상을 통틀어서 '부정맥'이라고 한다. 앞서 설명한 협심증은 심장의 혈관이 좁아져서 발생하지만, 부정맥은 심장의 전기 계통에 이상이 생겨서 나타난다. 운동하기 전에 고객이 가슴두근거림, 가슴통증, 호흡곤란 등을 호소하면 심장마비로 인한 돌연사의 가능성이 있으므로 즉시 운동을 중단시켜야 한다.

당뇨병

당뇨병환자에게 운동 프로그램을 실시하면 당 대사를 호전시키고, 인슐린감수성을 증진시켜 혈당을 낮추는 데 도움을 줄 수 있다. 그러나 잘못된 운동을 하면 합병증과 저혈당쇼크를 초래할 수도 있다. 특히 제1형 당뇨병환자의 경우 지나치게 무리해서

운동하면 운동 후 저혈당쇼크가 발생할 가능성도 있다. 그 때문에 퍼스널트레이너는 당뇨병환자를 지도할 때 저혈당쇼크에 대비하여 혈당을 올릴 수 있는 사탕 3~4개를 구비해 놓은 것이 좋다.

탈골, 골절, 인대손상 등 정형외과 질환

정형외과 질환으로 인한 운동 제한 사항은 심혈관계와 관련된 요소들만큼 위험하지는 않지만, 고객의 운동능력을 평가할 때 중요하고, 경우에 따라 운동시작 전에 의사의 검진이 필요할 수 있으므로 퍼스널트레이너에게는 중요한 부분이다. 급성 외상, 과사용, 골관절염, 허리통증 등이 가장 흔한 고려 요인이다. 이는 각각의 케이스에 따라 다르게 평가될 수 있다.

이러한 요소들은 운동능력을 제한할 수 있으므로 중요한 부분이다. 그런데 류마티스관절염환자나 최근 수술 경험이 있거나 퇴행성 골질환을 앓고 있다면 훨씬 큰 주의가 요구된다. 이러한 경우에는 의사와 상담을 통해 반드시 의학적 문제가 없도록 해야 한다.

이밖에도 잘 조절되지 않는 고혈압, 간기능 및 신장기능질환 등은 퍼스널트레이닝 과정에서 다양한 위험요인으로 작용할 수 있다. 고객이 어깨 및 무릎탈골, 인대손상, 골절 등의 경험이 있다면 퍼스널트레이너는 이를 충분히 파악하고 있어야 한다.

퍼스널트레이너는 고객이 자신의 건강 상태에 대해 최대한 구체적이고, 정확하게 정보를 제공하도록 독려해야 한다. 퍼스널트레이너가 고객의 건강 상태에 관해 정확하게 알아야 적절한 프로그램을 제공하고, 부상의 가능성을 낮추며, 궁극적으로 성공적인 프로그램을 제공할 수 있다는 사실을 잘 설

명해야 한다. 카운셀링을 통한 건강 상태의 체크는 안전하고 성공적인 퍼스널트레이닝을 위해 필수적인 과정이다.

카운셀링을 통한 목표설정

동기부여를 돕는 목표설정

퍼스널트레이너는 고객과 함께 효과적 트레이닝을 위해 어떤 목표를 설정할지 논의해야 한다. 열심히 운동하여 기필코 건강해지겠다는 목표를 가지고 퍼스널트레이너를 찾지만, 초반의 굳은 결심이 작심삼일로 끝나는 경우도 있다.

목표는 운동방향을 결정하고, 포기하지 않고 끝까지 운동하도록 만드는 중요한 동기이다. 목표를 세우고 운동을 하면 과제의 성취를 위해 노력하게 된다. 이는 트레이닝에 자신과의 경쟁이란 새로운 요소를 추가해 즐거움을 선사하게 될 것이다.

목표설정의 방법

목표는 결과목표(outcome goal), 수행목표(performance goal), 과정목표(process goal)로 분류할 수 있다.

결과목표는 100개의 푸시-업하기, 3달에 10kg 감량하기 등 운동수행의 '결과'에 초점을 둔 목표이다. 수행목표는 자신의 수행에 대한 목표를 달성하는 데 중점을 두는 목표이다. 많은 경우 달성의 기준점이 자신의 과거 기록이 되는 경우가 많다(김병준, 2019). 웨이트트레이닝에서 1RM 측정하고, 이를 경신하는 목표를 가지고 운동하는 방법이 대표적이다. 과정목표는 운동수행을 잘하기 위해서 핵심적으로 필요한 행동에 중점을 두는 목표이다(김병준, 2019). "나는 하루에 두 끼는 채소와 단백질 위주의 음식을 먹고, 일주일에 세 번, 한 시간 반 동안 운동을 할 것이다."와 같은 목표설정은 과정목표의 예에 해당한다.

목표를 설정할 때에는 결과목표, 수행목표, 과정목표 모두를 적절하게 활용하는 것이 중요하다. 다만 운동을 진행하면서 결과목표에만 집중하면 '성공' 아니면 '실패'라는 결과에 집착하여 불안감이 높아지고 주의집중이 흐트러질 수 있다. 반면 수행목표와 과정목표는 목표를 더 섬세하게 배열함으로써 성공 가능성을 높여준다. 일반적으로 수행목표와 과정목표는 결과목표보다 더 동기부여가 된다고 알려져 있다. 왜냐하면 수행 및 과정목표는 하루하루 트레이닝에서 만들어지는 '향상'을 중요시하기 때문이다. 10km를 1시간에 달리겠다는 결과목표를 설정하고, 비록 한 번에 달성하기는 어렵겠지만, 80% 도달, 82% 도달과 같이 수행목표와 과정목표를 늘려 향상도에 집중하는 것이 트레이닝에 많은 도움이 된다. 효율적 트레이닝을 위해서는 결과목표는 잠시 잊고, 하루하루 반복되는 일상적인 훈련의 루틴과 과정에서의 향상도에 집중하는 것이 실제로 더 도움이 될 수 있다.

현실적인 목표설정

장기적 차원의 큰 목표를 성취하기 위해서 전략적으로 달성 가능한 작은 목표를 배열하는 것이 좋다. 작은 목표를 성취하게 되면 고객은 즉각적인 만족감을 얻을 수 있다. 또한 고객이 작은 목표 성취를 반복하다 보면 결국 장기적인 목표의 성취로 이어질 수 있다고 확신하게 되어 운동수행의 집중력이 높아질 수 있다.

달성 가능한 작은 목표의 배열은 목표설정 이론(goal setting theory)과도 일맥상통한다. 이 이론에 따르면 좋은 목표는 적정한 난이도를 가지고 있어야 한다. 여기서 '적정한 난이도'란 성취 가능한 범위 내에서 어렵고 도전적인 목표를 의미한다. 그러니까 너무 쉬운 목표보다는 성취 가능성이 50% 정도인 목표를 세우고 최선을 다해 목표를 달성하도록 하는 것이다. 유명한 칙센미하일리의 몰입이론도 이와 유사하다. 운동수행에 고도의 집중력을 발휘하는 몰입(flow) 상태는 도전과 기술 사이에서 서로 균형을 이루는 활동이 되었을 때 도달하게 된다. 즉 너무 쉽게 달성할 수 있는 목표는 지루함을 느끼게 되고, 목표달성이 지나치게 어려우면 걱정과 불안에 시달리게 된다.

자신이 최선을 다해 노력할 때 성취할 수 있는 목표를 설정하면 고객에게 몰입경험을 선사하고, 힘든 트레이닝 과정에서도 고객이 의욕을 잃지 않고 주의를 집중하게 한다. 최선을 다한 목표의 성취와 몰입은 동기 수준을 높여 즐겁게 트레이닝에 전념하게 하는 원동력이다.

구체적인 목표설정

트레이닝을 시작하면서 세웠던 '날씬해지겠다. 근육을 만들겠다.'와 같은 추상적 목표는 트레이닝을 꾸준히 실천하면서 이루어야 할 최종목표에 해당한다. 단기적 차원에서 볼 때 추상적인 목표보다는 구체적인 목표가 동기부여의 효과가 높다.

고객의 퍼스널트레이닝 참여 목적이 건강해지거나 몸매 가꾸기라면, 건강과 몸매 가꾸기란 추상적인 용어를 구체적인 수치 즉 근육량, 몸무게, 바디컴포지션 등 측정 가능한 수치로 구체화할 필요가 있다. 운동수행의 진행상황을 계속 측정하고, 트레이닝이 결실을 맺고 있다는 사실을 구체적인 수치로 자주 고객에게 보여주도록 한다.

고객 카운셀링의 기술 및 유의점

친밀관계 형성

퍼스널트레이닝은 트레이너와 고객이 1:1로 만나 이루어지는 개인지도 프로그램이다. 따라서 퍼스널트레이너가 고객과 "어떤 관계를 형성하는가"는 성공적 트레이닝을 위한 핵심이다. 그 때문에 퍼스널트레이닝에서 트레이너와 고객 사이에 친밀관계(rapport)의 형성은 매우 중요한 요소이다.

고객과 친밀관계를 형성하기 위한 대표적인 몇 가지 방법을 소개한다.

공통점 활용

트레이너는 고객과의 친밀관계를 형성하기 위해 공통점을 활용할 필요가 있다. 어떤 음악을 좋아하는지, 요즘 즐겨보는 드라마는 무엇인지, 어떤 음식을 좋아하는지 등, 일상적인 대화 속에서 공통점을 발견할 수 있을 것이다. 공통점을 기반으로 대화를 나누다 보면 어느새 고객과 한층 가까워진 관계를 느낄 수 있다.

반면 정치 성향이나 종교와 같은 주제의 대화는 갈등의 원인이 될 수 있다. 일반 사회에서 갈등이 많이 일어나는 주제에 대한 대화 시도는 퍼스널트레이닝 과정에서도 문제를 일으킬 수 있다.

공감

공감은 퍼스널트레이너가 고객과 친밀한 관계로 나아갈 수 있도록 관계를 촉진해 준다. 공감은 퍼스널트레이너로 하여금 고객의 경험을 더 깊이 이해하게 해 준다. 고객이 운동과정에서 어떤 생각을 하는지, 어떤 어려움이 있는지, 어떤 변화가 있는지 등에 관심을 갖고 공감할 수 있다면 고객을 더 깊이 이해할 수 있을 것이다.

공감을 통해 고객의 상태와 노력, 분투를 확인할 수 있으며, 공감이 토대가 되어 우호적인 의사소통 분위기를 만들 수 있다. 고객의 입장에 공감하고 소통하는 트레이너는 고객에게 심리적 안정감을 제공한다. 공감하는 트레이너는 고객을 존중하고, 보다 사려 깊게 응대할 것이며, 궁극적으로 더 좋은 운동환경을 제공할 수 있을 것이다. 이처럼 다양한 측면에서 공감은 퍼스널트레이너와 고객 간 친밀관계 형성에 긍정적인 영향을 미친다.

웃는 얼굴과 유머감각 활용

트레이닝은 고통을 수반하고 목표를 행해 노력하는 진지한 과정이다. 그러나 트레이너와 고객 간의 관계까지 진지할 필요는 없다. 힘든 운동이지만 얼마든지 웃음띤 얼굴과 가벼운 대화를 주고받으며 운동에 집중할 수 있다.

웃는 얼굴이 중요한 이유는 일상에 지치고 스트레스에 찌든 고객에게 마음의 여유를 느끼게 해주기 때문이다. 유머를 잘 활용하면 고객과의 친밀관계 형성에 긍정적인 의미를 줄 수 있으며, 서먹할 수 있는 관계에서 대화의 실마리를 푸는(ice-breaking) 계기가 될 수 있다. 웃는 얼굴과 가벼운 농담으로 즐겁게 운동할 수 있는 분위기를 유도한다.

긍정적 피드백을 통한 동기부여

퍼스널트레이닝을 선택하여 지속하게 하는 가장 중요한 원동력이 있다면 바로 동기이다. 동기가 높을수록 강도 높은 트레이닝을 수용하고, 지속적으로 노력하게 된다. 그러나 동기수준이 낮아지면 트레이닝은 힘들게만 느껴지고, 결국 중도 탈락하는 경우가 많다. 퍼스널트레이너는 고객의 욕구 파악과 구체적인 목표설정을 돕는 카운셀링을 통해 고객에게 트레이닝 참여의 동기를 지속적으로 부여해야 한다.

긍정적인 피드백은 고객의 운동참여의 동기를 높이는 가장 기본적인 방법이다. 퍼스널트레이너의 고객에 대한 피드백은 기본적으로 긍정적 태도를 유지하는 것이 좋다. 트레이너로부터 긍정적 반응을 얻은 고객은 퍼스널트레이닝 프로그램에 따라 도움을 받고 있음을 감지하게 된다. 내가 흘리는 땀방울이 의미 있는 것이고, 나는 지금 잘하고 있다는 트레이너의 긍정적 피드백은 고객에게 정서적 안정감을 선사한다. 열심히 트레이닝에 참가한 고객에게 전달된 긍정적 피드백은 고객의 자아존중감을 높여주고, 더 집중하여 운동에 참여하는 원동력이 된다.

퍼스널트레이너가 전달하는 반복적인 긍정적 피드백은 고객의 삶의 다른 영역까지 영향을 미칠 수 있다. 운동에서 긍정적 피드백을 많이 경험한 고객이라면 사회생활하는 다른 영역에서 자신감을 얻을 수 있을 것이며, 건강한 신체로 앞으로 어떤 일에 직면해도 스스로의 노력을 통해 계속 잘할 수 있을 것이라 여길 수 있다.

고객이 운동에서 이루어지는 변화와 성취가 자신의 노력과 실천이 그 원인이라고 느끼는 것은 매우 중요하다. 즉 성공의 원인은 바로 '나'이고 성공적 트레이닝의 결과는 나의 노력으로 성취할 수 있다는 생각이 운동에 대한 중요한 동기이다. 트레이너의 긍정적 피드백은 고객이 스스로의 노력으로 상황을 변화시키고 목적을 달성해 낼 수 있다는 자기효능감(self-efficacy)의 원천인 셈이다.

긍정적 피드백은 성공적 퍼스널트레이닝을 위한 주요 동기이며, 고객의 삶에 트레이닝이 중요한 의미가 되도록 만든다.

반면 부정적 피드백은 운동에 참여하는 고객의 자신감과 집중력을 현저히 떨어뜨리고 의욕을 낮춘다. 운동을 통해 지금까지와는 다른 삶의 변화를 시작해 보려 했는데, 트레이너의 부정적 피드백으로 인해 이번에도 변화는 힘들겠다고 체념하게 되고, 자존감 역시 떨어지게 된다.

칭찬과 인정

긍정적 피드백의 대표적인 방법은 칭찬과 인정이다. 그렇다면 칭찬과 인정을 어떻게 구분할 수 있을까. 칭찬이 겉으로 드러난 행동, 선택, 좋은 성취에 대한 것이라면 인정은 성취와 같이 겉으로 드러나는 것은 아니지만 운동과정에 숨어 있는 노력, 개선 의지, 보이지 않는 부분을 인지하고 그것이 충분히 가치가 있다고 여기는 것이다. 즉 고객이 목표한 과제를 성취했다면 그 행위와 결과에 대해 이루어지는 것은 칭찬이다. 퍼스널트레이너는 고객의 성취에 칭찬을 아끼지 말아야 한다.

그러나 비록 목표를 달성하지 못했다 하더라도, 발전하기 위한 과정이 있었다면 그것에 쏟아진 노력과 인내는 마땅히 인정되어야 한다.

긍정적 피드백은 이렇게 겉으로 보이는 결과나 성과를 칭찬하는 것 그리고 보이지 않는 노력이나 과정까지 인정해 주는 것을 통해 표현된다. 고객의 성취와 노력에 대한 칭찬과 인정은 운동을 지속하게 하는 중요한 동기이자 원동력이다.

고객 카운셀링의 윤리

퍼스널트레이너와 고객 간 친밀관계가 강해지고, 개인적 신뢰감이 형성되면, 고객은 개인적인 건강이나 생활방식에서 더 나아가 자신의 정신적 고통이나 감정적 문제 해결, 의학적인 지식이 필요한 문제까지 도움을 구하기도 한다.

하지만 고객의 개인적 삶의 범위로 확장된 정신적 고통에 대한 부분은 퍼스널트레이너가 도움을 줄 수 있는 범위를 벗어난 부분이다. 의학적인 판단이 필요한 부분도 섣부른 카운셀링은 도움이 되지 않는다. 자칫 고객의 어려움의 모든 영역에 도움을 주려는 태도를 갖게 되면 고객에게 적절한 도움을 주기도 어려울 뿐 아니라 트레이너 본연의 역할을 유지해 나가는데도 어려움을 겪게 될 수 있다. 따라서 카운셀링의 범위를 정확히 이해하고 범위를 벗어나는 부분에 대해서는 각 분야의 전문가와 기관에 연계를 시도하는 것이 좋다.

또한 고객상담을 통해서 얻게 되는 고객의 개인정보가 잘 보호될 수 있도록 유의해야 한다. 고객의 신체적 특이사항, 건강상 문제, 신체에 대한 고객이 갖는 심리적 불편감과 운동을 하기 위한 목적 등은 모두 고객에게는 사적인 개인정보이고 보호되어야 하는 부분이다. 개인정보가 잘못 이용될 때는 고객에게 큰 상처가 될 수도 있을 뿐만 아니라 법적인 문제로 이어질 수 있음을 기억해야 한다.

[참고문헌]

(1) 김병준(2019). 스포츠심리학의 정석. 서울 : 레인보우북스.

(2) 김윤희, 김진숙(2015). 공감훈련 프로그램의 효과에 대한 메타 분석. 상담학연구, 16(4). 1-21.

(3) 유경철(2018). 소통 리더십, 피드백에 집중하라. 2018년 품질경영 12월호.

(4) Csikszentmihalyi, M., & Csikzentmihaly, M. (1990). Flow : The psychology of optimal experience (Vol. 1990). New York : Harper & Row.

(5) Locke, E. A., & Latham, G. P. (1990). A theory of goal setting and task performance. Upper Saddle River, NJ : Prentice Hall.

(6) Nitschke, E. (2019.09.04.). Fostering Empathy to Elevate the Fitness Client's Experience.

Chapter 02

건강 및 체력평가

건강평가

운동참여 전 건강평가

건강평가는 안전하고 개별화된 운동 프로그램을 만드는 중요한 요소이다. 고객에 대한 건강평가를 수행하여 얻은 주관적 정보는 개인의 과거, 현재 및 미래의 건강수준을 이해하고 예측하는 데 도움이 된다.

한편 퍼스널트레이너는 운동 프로그램을 적용하기 전에 건강평가를 통해 고객의 잠재적인 위험신호를 파악할 수 있다. 건강평가를 통해 얻을 수 있는 핵심정보에는 활동 관련 신체수준, 일반적인 생활양식 관련 정보, 의학적 병력 등이 포함된다.

건강상태 평가의 중요성

퍼스널트레이너는 고객의 질환에 대한 병력 및 현재의 증상, 신체적 또는 심혈관적 제한점, 부작용 등을 포함한 임상적 상태를 명확하게 이해하고 있어야 한다. 이를 위해서는 ① 개인적인 신체활동 수준 및 ② 징후 또는 증상 혹은 ③ 알려진 심혈관·대사·콩팥(신장) 등의 질환 유무를 확인하는 과정을 거쳐야 한다. 그 이유는 이 세 가지 요인이 운동과 관련된 심혈관 사고의 중요한 위험조절인자이기 때문이다.

질환 병력은 규칙적인 운동이나 여가활동, 일상 생활활동 참여에 영향을 미친다. 또한 이것은 운동의 시작 여부와 운동목표 설정에 도움이 된다.[1]

질문지와 검사 양식

사전 건강검진 및 평가에 대한 정보를 얻기 위해 사용되는 질문지에는 신체활동 준비 질문지, 질환 관련 질문지, 그리고 건강검사 설문지 등이 있다.

신체활동 준비 질문지(PAR-Q : Physical Activity Readiness Questionnaire)

신체활동 준비 질문지는 체력검사를 실시하거나 운동 프로그램을 시작하기 전에 의사의 동의를 받아야 할 필요가 있는 고객을 파악하기 위한 7가지 질문으로 구성되어 있다(그림 1). 만약 질문 중 어떤 항목에 "예"라고 대답했다면, 신체활동에 참여하기 전에 의사와 상담을 실시한 후 운동을 진행해야 한다.

신체활동 준비 질문지

- 1 -

규칙적인 신체활동의 건강 혜택은 이미 잘 알려져 있다. 더 많은 사람들이 주당 매일 신체활동에 참여해야 한다. 신체활동의 참여는 대부분의 사람들에게서 매우 안전하다. 이 설문지는 당신이 신체적으로 더 활동적으로 수행하기 전에 의사나 운동전문가로부터의 조언이 필요한지 또는 그렇지 않은지를 알려줄 것이다.

아래의 7개의 질문을 주의 깊게 읽고 각 문항에 대해 솔직히 답변해 주십시오. "예"나 "아니오"로 표시하세요.	예	아니오
1. 의사가 당신의 심장질환 □이나 고혈압 □에 대하여 이야기 한 적이 있습니까?	□	□
2. 안정시나 일상활동 중 또는 신체활동을 할 때 가슴에 통증이 있습니까?	□	□
3. 지난 12개월 동안 어지럼증으로 쓰러졌거나 의식을 잃은 적이 있습니까?	□	□
4. 심장병이나 고혈압 이외의 다른 만성질환으로 진단받은 적이 있습니까? 여기에 질환에 대하여 기술하세요. ( )	□	□
5. 현재 만성질환을 치료하기 위해 처방약을 복용하고 있습니까? 여기에 질병과 약에 대하여 기술하세요. ( )	□	□
6. 신체 활동을 통해 더 악화 될 수 있는 뼈, 관절 또는 연조직(근육, 인대 또는 힘줄) 문제가 현재(또는 지난 12개월 이내) 있습니까? 과거에 문제가 있었다면 아니오로 대답하십시오. 여기에 질환에 대하여 기술하세요. ( )	□	□
7. 의사가 의학적인 감독 하에서만 신체활동을 해야 한다고 말했습니까?	□	□

⊗ **위의 모든 질문에 대해 "아니오"로 대답했다면, 당신은 신체활동을 위한 준비가 되었습니다. 참가자 선언문(PARTICIPANT DECLARATION)에 서명하려면 3페이지로 이동하십시오. 당신은 2페이지의 설문지를 작성할 필요가 없습니다.**

† 훨씬 더 육체적으로 활동하기 시작하십시오. 천천히 시작하고 점진적으로 시작하십시오.
† 귀하의 나이에 맞는 국제 신체활동 지침을 따르십시오(www.who.int/dielphysicalaclivity/en/).
† 건강 및 체력 평가에 참여할 수 있습니다.
† 만약 당신이 45세 이상이고 규칙적인 격렬한 강도에서 최대 강도로 운동하는 것이 익숙하지 않다면 이러한 강도로 운동하기 전에 검증된 운동전문가와 상의하세요.
† 만약 질문이 더 있다면, 검증된 운동전문가와 상의하세요.

⊗ **위의 모든 질문에 대해 하나 또는 그 이상 "예"라고 대답했다면, 2페이지의 설문지를 작성하세요.**

⊗ **다음과 같은 경우 더 활동적이기 전에**

† 당신이 감기나 열이 나는 것과 같은 일시적인 질병이 있다면, 좋아질 때까지 기다리는 것이 가장 좋습니다.
† 당신이 임신 중이라면, 더 신체적으로 활동하기 전에 건강관리종사자, 주치의, 검증된 운동전문가 그리고 / 또는 www.eparmedx.com 사이트의 ePARmed-X+ 설문지를 작성하세요.
† 건강상의 변화 – 어떤 신체적인 활동 프로그램을 지속하기 전에 이 문서의 2페이지의 질문에 답변하거나 의사 또는 검증된 운동전문가와 상담하십시오.

그림 1_ 신체활동 준비 질문지[2]

질환 관련 질문지

개인 및 가족의 병력과 관련된 질문으로 구성된 질환 관련 질문지를 작성한다(그림 2).

» 개인적인 질병, 수술, 입원치료 등의 기록조사

» 현재 또는 1년 이내 발생한 질병의 증상과 징후, 의학적 진단에 대한 평가

- 2 -

질환 관련 질문지

1. 당신은 관절염, 골다공증, 또는 허리에 문제가 있습니까?
만약 위의 상태를 지니고 있다면, 1a-1c의 질문들에 답하세요. 만약 없다면□ 질문 2로 가세요.

	예	아니오
1a. 약물이나 의사가 처방한 요법으로 당신의 질환을 조절하는 것이 어렵습니까? (현재 약이나 다른 처치를 받고 있지 않다면 "아니오"로 답하세요)	예 □	아니오 □
1b. 관절 문제로 인한 통증, 최근 골절, 골다공증이나 암에 의한 골절, 변위 된 척추(예 : 척추 전방전위증) 및 / 또는 척추 분리증 / 협부 결손(척추 뒤쪽의 뼈 고리의 균열)을 가지고 있습니까?	예 □	아니오 □
1c. 3개월 이상 정기적으로 스테로이드 주사를 맞았습니까?	예 □	아니오 □

2. 어떤 종류의 암을 지니고 있습니까?
위의 조건이 있는 경우 질문 2a-2b에 답하시오, 만약 없다면□ 질문 3으로 가세요.

	예	아니오
2a. 암 진단에는 폐/기관지, 다발성 골수종(혈장 세포의 암), 두경부, 목의 유형이 포함됩니까?	예 □	아니오 □
2b. 현재 암 치료(화학 요법 또는 방사선 요법)를 받고 있습니까?	예 □	아니오 □

3. 심장이나 심혈관질환이 있습니까? 관상동맥질환, 심장마비, 진단된 부정맥
만약 위의 질환에 해당되면 질문 3a-3b에 답하세요, 만약 없다면□ 질문 4로 가세요.

	예	아니오
3a. 약물이나 의사가 처방한 요법으로 당신의 질환을 조절하는 것이 어렵습니까? (현재 약이나 다른 치료법을 복용하고 있지 않다면 "아니오"로 답하세요)	예 □	아니오 □
3b. 의료 관리가 필요한 불규칙한 심장 박동이 있습니까? (예 : 심방세동, 심실조기수축)	예 □	아니오 □
3c. 만성심부전이 있습니까?	예 □	아니오 □
3d. 관상동맥질환(심혈관)을 진단 받았습니까? 그리고 지난 2개월 동안 규칙적인 신체활동에 참여하지 않았습니까?	예 □	아니오 □

4. 고혈압이 있습니까?
위의 조건이 있는 경우 질문 4a-4b에 답하십시오. 만약 없다면□ 질문 5로 가세요.

	예	아니오
4a. 약물이나 의사가 처방한 요법으로 당신의 질환을 조절하는 것이 어렵습니까? (현재 약이나 다른 치료법을 복용하고 있지 않다면 "아니오"로 답하세요)	예 □	아니오 □
4b. 약물 사용 여부에 관계없이 안정시 혈압이 160/90mmHg 이상입니까? (만약 안정시 혈압을 모른다면 "예"라고 답하세요)	예 □	아니오 □

5. 대사질환이 있습니까? 여기에는 1형 당뇨병, 2형 당뇨병, 전 당뇨병
위의 조건이 있는 경우 질문 5a-5e에 답하십시오, 만약 없다면□ 질문 6으로 가세요.

	예	아니오
5a. 종종 음식, 약물 또는 의사가 처방한 요법으로 당신의 혈당을 조절하는 것이 어렵습니까?	예 □	아니오 □

그림 2_ 질환 관련 질문지(계속)[2]

5b. 운동 후 저혈당의 징후와 증상 및 / 또는 일상생활에서 자주 고통을 느끼십니까? 저혈당 징후에는 흔들림, 긴장감, 비정상적인 과민성 비정상적인 발한, 현기증 또는 약간 어지러움, 정신 혼란, 말하기 어려움, 역해짐 또는 졸음이 포함될 수 있습니다.   예 ☐   아니오 ☐

5c. 심장이나 혈관계 질환 및 / 또는 눈, 신장 또는 발가락과 발의 감각에 영향을 주는 합병증과 같은 당뇨 합병증의 징후나 증상이 있습니까?   예 ☐   아니오 ☐

5d. 현재 다른 대사질환이 있습니까(임신 관련 당뇨병, 만성 신장질환 또는 간 문제)?   예 ☐   아니오 ☐

5e. 가까운 장래에 비정상적으로 높은(또는 격렬한) 고강도 운동을 할 계획입니까?   예 ☐   아니오 ☐

6. 정신건강 문제나 학습 장애가 있습니까? 이것은 알츠하이머, 치매, 우울증, 불안장애, 식이장애, 정신병 장애, 지능장애, 다운증후군을 포함합니다. 만약 위의 질환을 지니고 있다면, 6a-6b의 질문들에 답하세요, 만약 없다면☐ 질문 7로 가세요.

6a. 약물이나 의사가 처방한 요법으로 당신의 질환을 조절하는 것이 어렵습니까? (현재 약이나 다른 처치를 받고 있지 않다면 "아니오"로 답하세요)   예 ☐   아니오 ☐

6b. 신경 또는 근육에 영향을 미치는 허리 문제 또한 가지고 있습니까?   예 ☐   아니오 ☐

7. 호흡계 질환을 가지고 있습니까? 이것은 만성폐쇄성폐질환, 천식, 폐고혈압을 포함합니다.
만약 위의 질환을 지니고 있다면, 7a-7d의 질문들에 답하세요, 만약 없다면☐ 질문 8로 가세요.

7a. 약물이나 의사가 처방한 요법으로 당신의 질환을 조절하는 것이 어렵습니까? (현재 약이나 다른 처치를 받고 있지 않다면 "아니오"로 답하세요)   예 ☐   아니오 ☐

7b. 주치의가 휴식 시 또는 운동 중 혈액 산소 수치가 낮고 중 산소 요법을 필요로 한다고 말한 적이 있습니까?   예 ☐   아니오 ☐

7c. 천식 환자의 경우 현재 흉부 압박감, 천명음, 호흡곤란, 일관된 기침(주 2일 이상) 또는 지난주에 구조 요법을 2회 이상 사용 했습니까?   예 ☐   아니오 ☐

7d. 의사가 폐 혈관에 고혈압이 있다고 말했습니까?   예 ☐   아니오 ☐

8. 척수 손상이 있습니까? 이것은 사지 마비와 하반신 마비를 포함합니다.
만약 위의 질문 해당되면 질문 8a-8c에 답하세요. 만약 없다면☐ 질문 9로 가세요.

8a. 약물이나 의사가 처방한 요법으로 당신의 질환을 조절하는 것이 어렵습니까? (현재 약이나 다른 치료법을 복용하고 있지 않다면 "아니오"로 답하세요)   예 ☐   아니오 ☐

8b. 어지럼증, 약간의 어지러움 그리고/또는 실증을 유발하기에 충분한 안정시 낮은 혈압을 가지고 있습니까?   예 ☐   아니오 ☐

8c. 의사가 당신에게 고혈압의 갑작스러운 발작(신경 반사 장애로 알려짐)를 보인다고 하였습니까?   예 ☐   아니오 ☐

9. 뇌졸중이 있었습니까? 여기에는 일과성 뇌허혈 발작(TIA) 또는 뇌 혈관 사고를 포함합니다.
위의 조건이 있는 경우 질문 9a-9c에 답하세요. 만약 없다면☐ 질문 10으로 가세요.

9a. 약물이나 의사가 처방한 요법으로 당신의 질환을 조절하는 것이 어렵습니까? (현재 약이나 다른 치료법을 복용하고 있지 않다면 "아니오"로 답하세요.)   예 ☐   아니오 ☐

9b. 걷거나 이동하는 데 장애가 있습니까?   예 ☐   아니오 ☐

9c. 지난 6개월 동안 신경이나 근육에 장애나 뇌졸중이 있었습니까?   예 ☐   아니오 ☐

10. 위에 열거되지 않은 다른 질환이 있거나 아니면 두 가지 또는 그 이상의 질병이 있습니까?
다른 질환이 있는 경우 질문 10a-10c에 답하세요, 만약 없다면☐ 3페이지 추천을 읽으세요.

10a. 지난 12개월 동안 머리 부상으로 인한 의식을 잃거나, 기절 또는 의식 상실을 경험 했습니까? 아니면 지난 12개월 내에 뇌진탕 진단을 받았습니까?   예 ☐   아니오 ☐

10b. 간질, 신경질환, 신장 문제와 같이 나열되지 않은 질병이 있습니까?   예 ☐   아니오 ☐

10c. 현재 두 가지 이상의 질병을 지니고 살고 있습니까?   예 ☐   아니오 ☐

당신의 질병 및 관련된 약물을 기술하세요.

귀하의 현재의 질환에 대한 권고사항을 위해 3페이지로 이동하고 참가자 선언에 서명하십시오.

⊗ **귀하의 질병에 대한 모든 후속 질문에 대해 귀하가 "아니오"로 대답하면, 귀하는 보다 많은 신체활동을 할 수 있는 준비가 된 것입니다. 아래의 참여자 선언서에 서명하십시오.**

　† 귀하의 건강 요구를 충족시키기 위한 안전하고 효과적인 신체활동 계획을 수립할 수 있도록 자격을 갖춘 운동전문가와 상담하는 것이 좋습니다.

　† 당신은 천천히 시작하여 서서히 증가하는 것이 좋습니다. 유산소와 근육 강화 운동을 포함해서 저강도에서 중강도의 운동을 20~60분, 주당 3~5일 실시하십시오.

　† 운동을 진행할 때 주당 중강도의 신체활동을 150분 이상 축적하는 것을 목표로 해야 합니다.

　† 만약 45세 이상이고 규칙적으로 고강도에서 최대 강도의 운동에 익숙하지 않은 경우에는 이 강도 운동에 참여하기 전에 자격을 갖춘 운동전문가와 상담하십시오.

⊗ **귀하의 질병에 대한 하나 또는 그 이상의 후속 질문에 예라고 답한 경우**

당신은 신체적으로 더 활동적이 되거나 체력 평가에 참여하기 전에 추가 정보를 찾아야 합니다. 당신은 특별히 고안된 온라인 심사 및 운동 권장사항 프로그램을 완료해야 합니다. www.eparmedx.com에서 ePARmed-X+ 그리고/또는 ePARmed-X+를 통해 보다 자세한 정보를 얻으려면 자격을 갖춘 운동전문가를 만나십시오.

⊗ **다음과 같은 경우 더 활동적이기 전에**

　† 당신이 감기나 열이 나는 것과 같은 일시적인 질병이 있다면, 좋아질 때까지 기다리는 것이 가장 좋습니다.

　† 당신이 임신 중이라면, 더 신체적으로 활동하기 전에 건강관리종사자, 주치의, 검증된 운동전문가 또는 www.eparmedx.com 사이트의 ePARmed-X+ 설문지를 작성하세요.

　† 건강상의 변화 : 어떤 신체적인 활동 프로그램을 지속하기 전에 이 문서의 2페이지의 질문에 답변하거나 의사 또는 검증된 운동전문가와 상담하십시오.

• 이 질문지를 복사하는 것이 좋습니다. 전체 설문지를 사용해야 하며 변경이 허용되지 않습니다.
• 저자, 연구진, 파트너 기관 및 대리인은 신체활동을 하거나 질문지를 사용하는 사람에 대해 어떠한 책임도 지지 않습니다.

참여자 선언(PARTICIPANT DECLARATION)

• 이 질문지를 작성한 모든 사람들은 아래의 선언문을 읽고 서명하십시오.
• 동의를 위해 필요한 법적 연령보다 어리거나 보호자의 동의가 필요한 경우, 부모님, 보호자는 반드시 이 양식에 서명해야 합니다. 아래의 서명한 나는 읽고, 충분히 이해했으며, 이 설문지를 작성했습니다. 본인은 이 신체활동에 대한 허가가 완료일로 부터 최대 12개월 동안 유효하며, 나의 상태가 변경되면 무효가 된다는 것을 인정합니다. 또한 관리인(예 : 고용주, 지역사회/인증센터, 건강관리전문가 또는 기타 지정 기관)이 본 양식의 사본을 보유할 수 있음을 인정합니다. 이러한 경우, 관리인은 개인 건강 정보의 저장과 관련하여 지역, 국가 및 국제 지침을 준수해야 하며, 관리인이 정보의 기밀을 유지하고 그러한 정보를 오용하거나 부당하게 공개하지 않도록 해야 합니다.

이름 ＿＿＿＿＿＿＿＿＿＿＿＿　　　　날짜 ＿＿＿＿＿＿＿＿＿＿＿＿

사인 ＿＿＿＿＿＿＿＿＿＿＿＿　　　　증인 ＿＿＿＿＿＿＿＿＿＿＿＿

부모님, 보호자 ＿＿＿＿＿＿＿＿＿＿＿＿＿＿＿＿＿＿＿＿

그림 2_ 질환 관련 질문지(계속)[2]

출처 : ACSM's 운동검사·운동처방 지침, p26~28

건강검사 설문지

규칙적인 신체활동에 익숙하지 않은 사람이 운동을 하면 심혈관계에 과도한 부하를 주어 합병증의 위험을 증가시킬 수 있다는 점을 알고 있어야 한다. 개인의 질병상태가 확인되면 이러한 질병을 암시하는 징후 및 증상에 주의를 기울일 수 있다.

그러나 운동참여 전 건강검진을 위한 심혈관·대사 및 콩팥질환에 대한 우려는 고객에게는 진단되지는 않았지만 나타날 수도 있다. 진단되지 않은

건강검사 설문지

- 1 -

아래 사항에 대하여 솔직하게 표시하여 고객의 건강 상태를 평가하시오.

1단계
증상
당신 고개의 경험 :
☐ 운동으로 인한 가슴 불편함   ☐ 이유 없는 호흡곤란
☐ 발목 부종   ☐ 현기증, 실신, 의식상실
☐ 강력한, 빠른 또는 불규칙한 심박수에 대한 불쾌한 인식
☐ 짧은 거리를 걷고 있을 때 하체에서 타는 듯한 또는 불편한 느낌

증상에 따라 이 진술을 표시 한 경우, 귀하의 의뢰인은 운동에 참여하거나 재개하기 전에 의료적 허가를 받아야 한다. 귀하의 의뢰인은 의학적 자격을 갖춘 직원이 있는 시설을 사용해야 할 수도 있다.

증상을 나타내지 않았다면 2단계와 3단계를 계속하시오.

2단계
현재 활동
귀하의 의뢰인은 최소한 지난 3개월 동안 적어도 주당 3일 최소한 30분 동안 중강도로 계획적이고 체계적인 신체활동을 수행했습니까?
☐ 예   ☐ 아니오

3단계를 넘어가세요.

3단계
질병
귀하의 고객이 아래의 것을 현재 가지고 있거나 가지고 있나요 :
☐ 심장마비   ☐ 심장수술, 심장도관술 또는 관상동맥혈관성형술
☐ 심장판막증   ☐ 심장박동기 / 이식형 심장제세동기 / 리듬장애
☐ 심부전   ☐ 심장이식
☐ 선천성 심질환   ☐ 당뇨병   ☐ 신장질환

2단계와 3단계 평가 :
- 3단계에서 진술을 표시하지 않았다면 의료적 허가는 필요하지 않습니다.
- 2단계를 "예"로 표시하고 3단계의 진술을 표시한 경우 귀하의 의뢰인은 의료적 허가 없이 저강도에서 중강도로 계속 운동할 수 있습니다. 격렬한 운동을 하기 전에 의료적 허가가 추천됩니다.
- 2단계를 "아니오"로 표시하고 3단계의 내용을 표시한 경우 의학적 허가를 받으십시오. 귀하의 의뢰인은 의학적 자격을 갖춘 직원이 있는 시설을 사용해야 할 수도 있습니다.

그림 3_ 건강검사 설문지[2]

질환이 있는 사람을 더 잘 파악하기 위해 최근 병력의 맥락 내에서 징후와 증상을 해석하는데 주의를 기울여야 한다. 모호하거나 모호한 반응을 명확하게 하기 위해 추가정보를 찾을 때 그림 3의 설문지에 기록된 질문이 도움이 될 수 있다.

체력평가

체력평가의 필요성

개인별 체력 수준을 파악하여 적정 운동량을 처방하기 위한 체력검사를 실시한다. 체력검사는 건강과 관련된 체력항목을 측정한다. 그리고 사전 검사가 뒤에 실시하는 검사에 영향을 주지 않는 순서로 실시하며, 동일한 근육군에 반복적으로 스트레스를 주지 않는 순서로 구성해야 한다. 일반적으로 신체구성, 근력, 근지구력, 유연성, 심폐지구력을 측정할 것을 권장한다.

심폐지구력

심폐지구력은 장시간 중강도에서 고강도로 대근육군을 이용하여 동적 운동을 수행할 수 있는 능력이다. 운동수행력은 호흡계·심혈관계·근육뼈대 계통의 기능적인 상태와 통합된 생리적 상태에 따라 달라진다.

심폐지구력은 건강체력 요소로 간주되는데, 이는 ① 심폐지구력이 낮으면 특히 심혈관질환과 모든 원인으로 인한 조기 사망의 위험이 현저히 증가하고, ② 심폐지구력이 향상되면 모든 원인에 의한 사망률이 줄어들며, ③ 심폐지구력이 높은 것은 다양한 건강상의 이점을 가져오는 습관적인 신체활동 수준이 높은 것을 의미한다.[3, 4, 5, 6]

20m 왕복 오래달리기

▶ 측정방법 및 절차

① 검사 전 시간 간격이 표시된 장비를 점검하고, 20m 간격으로 라인을 만든다.

표 1_ 왕복 오래달리기 연령별 · 성별 체력분류 기준표[7]

심폐지구력	20m 왕복 오래달리기(회)					
	1등급		2등급		3등급	
연령대	남	여	남	여	남	여
19~24	62	30	52	25	41	19
25~29	54	28	44	23	34	17
30~34	49	26	40	21	31	16
35~39	45	25	37	20	28	15
40~44	42	24	35	20	27	15
45~49	40	23	32	18	24	14
50~54	35	21	28	16	21	12
55~59	31	18	25	14	18	11
60~64	26	15	20	12	15	9

출처 : 국민체력 100 홈페이지

② 시간 간격이 정해진 신호음에 맞추어 왕복 달리기를 하여, 그 횟수를 기록한다.

③ 처음 1단계까지는 1회 이동 시간이 9초 이내여야 하며, 이후 단계부터는 시간 간격이 점차 줄어든다.

④ 신호음이 울리기 전에 도착하지 못하더라도 한 번의 기회가 더 주어진다.

► 주의사항

» 출발신호가 울리기 전에 출발선을 넘지 않는다.

» 다음 신호음이 울리기 전까지 양발이 20m선을 완전히 통과해야 한다.

» 왕복하는 동안 신호음 주기에 맞추어 속도가 빨라진다는 것을 알려주어야 한다.

근력

근력은 특정 근육이나 근육군에서 발생될 수 있는 힘으로 표현되며, 일반적으로 저항에 견디거나 이겨내는 힘으로 표현된다. 근력은 정적(즉 특정한 관절이나 관절군에서 근육의 명확한 움직임이 없는) 혹은 동적(즉 근육의 길이 변화를 가져오는 부분적인 동작이나 외부의 부하로 인한 움직임)으로 평가된다. 정적 또는 등척성 근력은 장력계와 악력계를 포함한 다양한 장비를 이용하여 편리하게 측정할 수 있다. 정적 근력의 측정들은 검사 중에 수행되는 근육군의 특성과 관절의 각도에 따라 다르므로, 전체 근력을 설명하는데 실질적인 한계가 있을 수 있다. 이러한 제한점에도 불구하고, 악력과 같은 간단한 측정으로도 고령자들에서는 사망률과 기능을 예측해 볼 수 있다.[8]

정적 악력검사

► 검사방법

① 발을 바닥에 붙이고 똑바로 선 자세에서 양발을 어깨너비만큼 벌린다.

② 중지의 두번째마디에 악력계의 손잡이가 걸리

표 2_ 상대악력 연령별 · 성별 체력분류 기준표[7]

근력	상대악력(%)					
	1등급		2등급		3등급	
연령대	남	여	남	여	남	여
19~24	62.6	46.8	57.2	42.4	51.8	38
25~29	62.4	47.0	57.0	42.6	51.6	38.2
30~34	62.6	49.6	57.2	45.2	51.8	40.8
35~39	62.1	47.5	56.6	43.1	51.1	38.7
40~44	62.8	47.1	57.2	42.8	51.6	38.5
45~49	62.0	46.2	56.7	41.9	51.4	37.6
50~54	60.5	44.7	55.3	40.6	50.1	36.5
55~59	59.4	43.2	54.2	39.2	49.0	35.2
60~64	56.8	41.9	51.7	38	46.6	34.1

출처 : 국민체력 100 홈페이지

도록 잡은 후 몸통에서 팔을 양 옆으로 15°벌린다.

③ 팔을 구부리지 않고 손에 힘을 주어 악력을 측정한다.

④ 오른손, 왼손 각각 2회 측정한다.

$$상대악력 = \frac{악력(kg)}{체중(kg)} \times 100$$

⑤ 체중을 측정하고 측정한 악력값을 활용하여 상대악력을 산출한다.

► 주의사항

» 측정 시 악력계가 몸에 닿지 않도록 한다.
» 측정값이 정확하게 측정될 수 있도록 한다.

근지구력

근지구력은 일정한 운동부하에서 근수축을 얼마나 오랫동안 지속할 수 있는지 알아보는 능력으로 근수축이 얼마나 반복적으로 수행이 가능한지를 알아본다. 휴식 없이 최대한 지속할 수 있는 교차 윗몸일으키기와 같은 간단한 현장검사로 근지구력을 평가할 수 있다.

교차 윗몸일으키기

► 검사방법

① 윗몸일으키기 보드에 다리를 걸어 고정하고 등과 어깨를 바닥에 대고 눕는다.

② 두 손은 가슴에 십자로 교차시켜 어깨 위에 올려둔다.

③ 상체를 일으켜 양팔꿈치가 허벅지에 닿도록 한다.

④ 양쪽 등과 어깨는 바닥에 닿도록 내려와야 한다.

⑤ 전방과 바닥센서에 터치되지 않았을 경우 횟수로 인정되지 않는다.

⑥ 양팔꿈치가 허벅지에 닿았을 때 1회로 인정한다.

표 3_ 교차 윗몸일으키기 연령별 · 성별 체력분류 기준표[7]

근지구력	교차 윗몸일으키기(회)					
	1등급		2등급		3등급	
연령대	남	여	남	여	남	여
19~24	55	36	48	30	42	23
25~29	51	33	45	27	38	21
30~34	47	31	41	25	35	19
35~39	45	31	39	25	33	19
40~44	44	30	38	25	32	19
45~49	41	28	36	22	30	16
50~54	38	24	32	19	26	13
55~59	35	20	29	15	23	9
60~64	31	17	25	12	19	7

출처 : 국민체력 100 홈페이지

⑦ 1분간 성공한 횟수를 기록한다.

► **주의사항**

» 팔꿈치를 위아래로 과도하게 움직여서 상체를 일으키지 않는다.

» 엉덩이를 들었다 내리는 반동으로 상체를 일으키지 않는다.

» 손바닥이 어깨에서 떨어진 경우 횟수로 인정하지 않는다.

» 양어깨가 바닥에 닿지 않거나 옷을 잡고 일어나지 않는다.

유연성

유연성은 완전한 가동범위를 통해 관절을 움직일 수 있는 능력이다. 운동수행과 일상생활을 하는데 있어서 중요한 체력이다. 결과적으로 모든 관절의 유연성을 유지하는 것은 움직임을 원활하게 하

는 반면 관절의 최대가동범위 이상으로 움직이면 조직손상이 초래될 수 있다.

앉아 윗몸앞으로굽히기

► **검사방법**

사전검사 : 피검사자는 검사 전에 스트레칭 등 간단하게 준비운동을 해야한다. 또한 상해를 유발시킬 수 있는 빠르고 갑작스런 동작을 삼가도록 권고한다. 신발은 벗고 실시한다.

① 피검사자는 신발을 벗고 앉아 26cm가 0으로 표시된 기구(좌전굴 측정계)에 반대로 발바닥을 평평하게 댄다. 발바닥 안쪽 가장자리는 측정치의 2cm 내로 위치한다.

② 피검사자는 양손을 천천히 앞으로 뻗어 약 2초간 이 자세를 유지해야 한다. 한 손이 더 나아가지 않도록 양손은 평행이 되어야 한다. 손끝이 겹쳐지는 것과 상관없이 좌전굴 기구

표 4_ 앉아 윗몸앞으로굽히기 연령별 · 성별 체력분류 기준표[7]

유연성	앉아 윗몸앞으로굽히기(cm)					
	1등급		2등급		3등급	
연령대	남	여	남	여	남	여
19~24	16.1	19.7	11.1	14.9	6.1	10.1
25~29	14.9	18.5	10.1	13.8	5.3	9.1
30~34	14.2	18.2	9.4	13.8	4.6	9.4
35~39	14.0	18.9	9.3	14.5	4.6	10.1
40~44	14.2	18.8	9.5	14.6	4.8	10.4
45~49	13.6	18.9	9.1	14.8	4.6	10.7
50~54	13.9	19.5	9.3	15.6	4.7	11.7
55~59	13.3	19.5	8.6	15.7	3.9	11.9
60~64	11.8	19.6	7.1	15.7	2.3	11.8

출처 : 국민체력 100 홈페이지

의 눈금자나 측정부위에 닿도록 한다.

③ 점수는 손끝이 가장 멀리 도달한 점을 측정한다. 두 번 시도하여 좋은 점수를 기록한다. 좋은 기록을 위해 도달점에 이르렀을 때 머리는 양팔 사이로 떨어뜨리고 숨을 내쉰다. 검사자는 피검사자의 무릎이 펴져 있는지를 확인해야 하지만, 피검사자의 무릎을 눌러서는 안 된다. 피검사자는 검사 중에 숨을 참지 말고 정상적으로 호흡한다. 주의할 점은 이 기준치는 26cm에 '0'점을 설정하고 앉아 윗몸앞으로굽히기 기구를 이용하는 것이다.

▶ 주의사항

» 양손 끝으로 독바로 밀어야 하며 양손의 끝은 동일하게 뻗어 있어야 한다.

» 몸의 반동을 이용하거나 갑작스러운 상체 굽힘으로 손을 뻗지 않도록 한다.

» 무릎이 구부러지지 않아야 한다.

신체구성

신체구성은 체지방과 제지방조직으로 구분하여 상대적인 백분율로 표시한다. 신체구성은 복잡성, 비용, 정확성 측면을 고려하여 다양한 방법으로 측정할 수 있다. 검사자는 신체구성을 평가한 자료를 수집하기 전에 훈련이 되어 있어야 하고, 측정기술에 대한 경험을 쌓아야 하며, 기술과 별도로 측정에 대한 신뢰를 주어야 한다.

체질량지수(Body Mass Index : BMI)

체중(kg)을 신장(meter)의 제곱으로 나눈 값인 체질량지수는 대다수 인구 집단에서 체지방량과 상관관계가 높다. 체질량지수를 통해 비만동반질환의 이환율 및 사망률 등 건강위험도를 평가할 수 있기 때문에 세계적으로 가장 흔히 사용되는 비만의 진단 기준이다.[9]

세계보건기구에서는 인종이나 성별과 관계없이 체질량지수 $25kg/m^2$ 이상을 과체중, $30kg/m^2$ 이

저체중
18.5 미만

정상
18.5-22.9

과체중
(비만전단계)
23-24.9

경도비만
(1단계비만)
25-29.9

중도비만
(2단계비만)
30-34.9

고도비만
(3단계비만)
35 이상

그림 4_ 비만 기준[9]

출처 : 대한비만학회 진료지침

상을 비만으로 정의하였다.[10]

그러나 한국인을 포함한 아시아인들의 경우, 체질량지수 25kg/m² 이하에서도 서양인에 비해 상대적으로 복부지방과 체지방률이 높아 당뇨병 및 심혈관계질환 위험이 증가하는 것으로 나타난다.[11] 이러한 이유로 세계보건기구 아시아-태평양지역 및 대한비만학회에서는 비만 기준을 체질량지수 25kg/m² 이상으로 정의하였다.[9]

체질량지수로는 체지방, 근육량, 골량을 구분하기 어렵지만, 근육량이 많은 사람들을 제외하고 BMI 30kg/m² 이상의 체지방이 높은 사람은 비만과 관련된 질환과 건강상의 위험 및 사망률이 증가하는 것으로 나타났다.[12]

허리둘레 측정

복부 주위로 과도하게 축적된 체지방은 고혈압, 대사증후군, 제2형당뇨병, 뇌졸중, 심혈관질환, 이상지질혈증 등 많은 만성질환과 관련이 있다.[13] 체질량지수로 구분된 동반질환의 위험도를 한단계 높여서 관리해야 한다.

허리둘레의 측정은 체지방 분포를 평가하고 복부지방 비율이 더 높은 사람들을 식별할 때 이용할 수 있는 방법이다.[14] 건강상의 위험은 둘레의 증가에 따라 비례적으로 증가한다. 성인 남성의 경우 90cm 이상, 여성의 경우 85cm 이상일 때 건강에 대한 동반질환의 위험도가 증가한다(표 5).

► **측정방법**

» 복부 : 바로 선 자세에서 긴장을 풀고 엉덩뼈 높이에서 수평으로 측정하며 일반적으로 배꼽 부위가 된다.

► **주의사항**

» 모든 측정은 유연하면서도 신축성이 없는 줄자를 사용한다.
» 줄자는 피하지방조직을 압박하지 않은 상태에서 피부에 위치한다.
» 각 부위의 반복 측정값은 5mm 이내가 되어야 한다.
» 피부를 본래 상태로 되돌리기 위해서는 각 부위를 돌아가면서 측정하거나 시간 간격을 둔다.

검사 시 주의사항

검사 전 준비사항

검사대상자(환자/고객)가 검사실에 도착하기 전에 수행되어야 할 사항들은 다음과 같다.
» 고객 파일과 검사 과정에 필요한 동의서, 서식, 기록지, 기타 검사지는 모두 구성되어 있는지 확인한다.
» 측정 관련 모든 장비는 측정 전에 확인한다.
» 검사실의 온도는 20~22℃, 습도는 적절한 공기 흐름으로 60% 이하로 유지한다.

표 5_ 허리둘레에 따른 동반질환의 위험도[9]

분류	허리둘레에 따른 동반질환의 위험도	
	<90cm(남자) <85cm(여자)	≥90cm(남자) ≥85cm(여자)
저체중	낮음	보통
정상	보통	약간 높음
과체중(비만전단계)	약간 높음	높음
경도비만(1단계비만)	높음	매우 높음
중도비만(2단계비만)	매우 높음	가장 높음
고도비만(3단계비만)	가장 높음	가장 높음

출처 : 대한비만학회 진료지침

검사 시 주의사항

» 사전 검사에 대한 모든 지시사항은 검사 장소에 도착하기 전에 제공해야 한다.

» 체력검사를 시행하기 전에 고객의 안전과 편안함을 보장하기 위해 다음 단계를 수행해야 한다.

» 모든 질문에 충분하게 설명하기 위하여 여유 있게 시간을 할애하고 동의서를 작성하게 한다.

» 운동검사 실시 전에 건강검진을 실시한다.

» 운동검사 전에 병력 및 심혈관질환 위험요인을 평가한다. 최소한 신체활동 준비질문지와 같은 자가활동 질문지를 작성하도록 권장한다.

[참고문헌]

(1) Pescatello, L. S., Riebe, D., & Thompson, P. D. (Eds.). (2018). ACSM's Guidelines for Exercise Testing and Prescription. Lippincott Williams & Wilkins.

(2) 운동검사 · 운동처방 지침(2014). 김완수 외. 한미의학.

(3) Blair SN, Kohl HW III, Barlow CE, Paffenbarger RS Jr, Gibbons LW, Macera CA. Changes in physical fitness and all-cause mortality. A prospective study of healthy and unhealthy men. JAMA. 1995;273(14) : 1093–8.

(4) Kodama S, Saito K, Tanaka S, et al. Cardiorespiratory fitness as a quantitative predictor of all cause mortality and cardiovascular events in healthy men and women : a meta-analysis. JAMA. 2009;301(19):2024–35.

(5) Sesso HD, Paffenbarger RS Jr, Lee IM. Physical activity and coronary heart disease in men : the Harvard Alumni Health Study Circulation. 2000;102(9):975–80.

(6) Wang CY, Haskell WL, Farrell SW, et al. Cardiorespiratory fitness levels among US adults 20–49 years of age : findings from the 1999–2004 National Health and Nutrition Examination Survey. Am J Epidemiol. 2010;171(4):426–35.

(7) 체력기준표 : 국민체력 100 홈페이지. https://nfa.kspo.or.kr/front/certify/cer0102_list.do

(8) Rijk JM, Roos PR, Deckx L, van den Akker M, Buntinx F. Prognostic value of handgrip strength in people aged 60 years and older : a systematic review and meta-analysis. Geriatr Gerontol Int. 2015.

(9) 대한비만학회 비만진료지침(2020). 대한비만학회 진료지침위원회.

(10) WHO/IASO/IOTF. The Asia-Pacific perspective : redefining obesity and its treatment. Health communications Australia : Melbourne. 2000.

(11) Seo MH, Kim YH, Han K, Jung JH, Park YG, Lee SS, et al. Prevalence of obesity and incidence of obesity-related co-morbidities in Koreans based on National Health Insurance Service Health checkup data 2009-2015. J Obes Metab Syndr 2018;27:46-52.

(12) Expert Panel on the Identification, Evaluation, and Treatment of Overweight and Obesity in Adults. Executive summary of the clinical guidelines on the identification, evaluation, and treatment of overweight and obesity in adults. Arch Intern Med. 1998;158(17):1855–67.

(13) Roger VL, Go AS, Lloyd-Jones DM, et al. Heart Disease and Stroke Statistics—2012 update : a report from the American Heart Association. Circulation. 2012;125(1):e2 – e220.

(14) Duren DL, Sherwood RJ, Czerwinski SA, et al. Body composition methods : comparisons and interpretation. J Diabetes Sci Technol. 2008;2(6):1139–46.

NOTE

Part 03_ 트레이닝 방법

Personal Training

Chapter 01

트레이닝의 원리와 구성요소

트레이닝의 원리

과부하의 원리

과부하의 원리(principle of overload)는 평소에 행했던 운동부하보다 더 큰 운동부하를 주는 트레이닝 방법이다.

우리의 신체기능을 지속적으로 향상시키기 위해서는 이미 적응된 수준보다 더 높은 수준의 운동자극을 주어야 한다. 예를 들어 하체근력을 강화하기 위해 50kg의 무게로 스쿼트를 한다면, 훈련 초기에는 이 운동부하에 적응이 되지 않았기 때문에 이 무게로 운동하는 것이 힘들 것이다. 그러나 훈련을 반복하다 보면 이 무게에 적응이 되어 힘들지 않게 운동하는 것을 우리는 흔히 목격할 수 있다.

트레이닝 초기에는 운동부하 적응과정에서 근력과 근비대(muscle hypertrophy)가 일어나지만, 운동부하에 적응한 다음에는 별다른 변화가 나타나지 않는다. 트레이닝 효과를 높이기 위해서는 평소의 운동부하보다 더 높은 부하를 줘서 적응 수준을 높여야 한다. 그렇다고 하여 과도한 운동량을 부과하면 오버트레이닝(over training) 가능성이 높아지고 운동손상을 초래할 가능성마저 높아진다는 것을 유의해야 한다.

과부하의 원리는 중량과 반복횟수를 늘림으로써 적용될 수 있다. 근력·근비대·근지구력 등을 향상시키기 위해서는 트레이닝 프로그램 구성 시 과부하의 원리를 고려해야 한다.

Arndt와 Schultz의 자극이론을 적용하여 과부하를 설명하면 이해가 용이할 것이다.[1] 약한 자극은 단순히 인체에 생리적 작용을 일으킨다. 중간 정도의 자극은 생리적 작용을 촉진시키는 반면에, 강한

| 약한 자극 | 중간 정도의 자극 | 강한 자극 | 매우 강한 자극 |
| 단순한 인체 생리적 작용 | 생리적 작용 촉진 | 생리적 작용 억제 | 생리적 작용 정지 |

그림 1_ Arndt와 Schultz의 자극이론[1]

자극은 오히려 생리적 작용을 억제시킨다. 그리고 매우 강한 자극은 생리적 작용을 정지시킨다. 이때 과부하는 생리적 자극을 촉진시키는 중간 정도의 자극을 약간 초과하는 수준을 의미한다.

과부하의 원리가 트레이닝 효과에 좋다고 하여 매회 운동 시마다 과부하의 원리를 적용하는 것은 바람직하지 않다. 왜냐하면 지쳐 있는 몸과 근육이 회복할 수 있는 시간이 필요하기 때문이다(그림 1 참조).

점진성의 원리

점진성의 원리(principle of progressive overload)는 평소에 행했던 운동부하에서 점진적으로 운동부하를 늘려가는 트레이닝 방법이다.

근육에 평소의 운동부하보다 부하를 더 주면 근육은 그러한 자극으로 인해 성장하게 된다. 그러나 이러한 운동자극에 적응하게 되면, 트레이닝 효과가 나타나지 않는다. 그렇다고 하여 갑자기 과부하를 주면 몸에 무리가 따를 뿐, 트레이닝 효과를 기대하기 어렵다.

몸에 무리 없이 트레이닝 효과를 가져오기 위해서는 점진적으로 운동부하를 늘려가야 한다. 예를 들어 큰가슴근을 발달시키기 위해 bench press 1 RM(repetition maximum)의 4~5회를 50kg 중량으로 하던 사람에게 갑자기 100kg으로 과부하를 주어서는 안 된다. 점진성의 원리를 적용하면 60kg, 65kg으로 단계적으로 운동부하를 늘려가야 트레이닝 효과를 기대할 수 있다.

이 트레이닝 원리를 적용할 때에 짧은 기간 내에 운동부하를 무리하게 높이면 근력 향상은 기대할 수 있으나, 그만큼 오버트레이닝이나 부상의 위험성은 커진다. 장기간에 걸쳐 운동부하를 높이면 부상의 위험성은 줄어들지만 근력 향상은 느려지게 된다.

점진성의 원리를 적용한 트레이닝에서는 적절한 기간과 운동부하의 설정이 매우 중요하다.

개별성의 원리

개별성의 원리(principle of individual)는 개인의 특성에 맞는 트레이닝 프로그램을 적용해야 운동효과를 높일 수 있다는 것을 의미한다.

트레이닝 프로그램을 구성할 때에는 고객의 성별, 연령, 운동경력, 체형, 체력, 건강상태, 유연성 등을 고려해야 한다. 아무리 훌륭한 선수의 운동방법이나 좋은 운동방법이라 하더라도 모든 사람들에게 맞는 것은 아니다. 그 이유는 사람들마다 특성이 다르기 때문이다.

개별성의 원리를 적용하여 트레이닝을 하기 위해서는 과부하와 점진성의 원리를 기반으로 자신의 상태 및 능력에 맞는 트레이닝 프로그램을 반복적으로 수행해야 한다.

특이성의 원리

특이성의 원리(principle of specificity)는 운동효과가 운동 중에 사용된 근육이나 특정 신체부위에만 한정되어 특이하게 나타난다는 것을 의미한다. 다시 말하면 근력향상은 저항 트레이닝, 심폐지구력 향상은 유산소 트레이닝, 그리고 유연성 향상은 체조 및 스트레칭 등의 트레이닝을 실시해야 한다는 것이다.

저항 트레이닝에서 특이성의 원리를 적용하여 가장 취약한 신체부위의 근육을 발달시키고자 할 때에는 그 근육부위에 대한 훈련량과 강도를 높일 수 있다. 또한 근비대과 근파워 향상을 위해서는 고중량 저반복 트레이닝을 실시하고, 근육의 데피니션(definition)과 근지구력 향상을 위해서는 저중량 고반복 트레이닝을 실시해야 한다.

반복성의 원리

반복성의 원리(principle of repetition)는 반복적으로 트레이닝에 참가해야 운동효과를 경험할 수 있다는 것을 의미한다.

우리의 몸은 지속적으로 반복을 해주어야 트레이닝 강도나 동작에 적응을 하게 되며, 이러한 적응은 신체기관이나 기능을 개선·향상시키는 변화를 가져오게 된다. 특정 동작이나 트레이닝을 지속적으로 반복하면 신경 시스템이 발달하여 익숙치 않았던 동작과 자세도 능숙해진다. 특히 근력 및 근지구력, 심폐지구력, 유연성, 정확성, 신속성, 반사적 운동능력 등을 향상시키기 위해서는 잘 구성된 트레이닝 프로그램을 반복적으로 실시해야 한다.

반복성의 원리를 적용한 트레이닝의 효과를 지속시키기 위해서는 적절한 양과 질의 트레이닝을 수행해야 한다.

다양성의 원리

다양성의 원리(principle of diversity)는 다양한 프로그램을 적용하여 트레이닝 참가의욕을 높이고 신체에 다양한 자극을 주는 운동방법을 말한다.

변화 없는 동일한 트레이닝 프로그램은 고객의 싫증을 유발할 수 있으며, 운동의 몰입도나 효과를 감소시킬 수 있다. 트레이닝 참가의욕을 높이고 훈련효과를 지속시키기 위해서는 운동 프로그램을 주기적으로 변화시킬 필요가 있다. 고객이 장기간 동일한 트레이닝 프로그램에 참가하면 적응이 일어나서 주목할만한 변화를 기대하기 어렵게 된다.

초과회복의 원리

초과회복의 원리(principle of super compansation)는 근력을 강화하기 위해 트레이닝 못지 않게 휴식이 중요하다는 것을 말한다. 스포츠과학이론에서 초과회복은 훈련된 기능/파라미터가 훈련기간 이전보다 더 높은 수행능력을 갖는 훈련 후 기간을 의미한다.[2]

트레이닝의 강도에 따라 초과회복 시간과 수준은 상이하게 나타난다. 트레이닝의 강도에 따라 우리 신체는 세 가지 상황에 놓이게 된다. 너무 낮은 강도의 트레이닝은 신체에 주는 피로도가 가장 낮고 체력의 회복 수준 또한 낮다. 그러나 너무 강한 강도의 훈련은 신체에 많은 피로도를 가져오고 체력의 회복 수준 또한 매우 낮게 나타난다. 적절한 강도의 트레이닝은 우리가 기대하는 체력의 회복수준을 갖게 한다(그림 2 참조).[3]

적절한 강도의 트레이닝은 근육에 손상을 주고

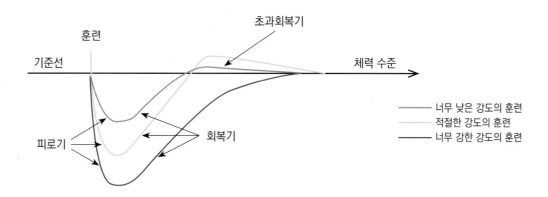

그림 2_ 오버트레이닝, 언더트레이닝, 그리고 이상적인 훈련과 초과회복의 관계[3]

우리의 신체가 피로 상태에 놓이게 된다. 이때 근력은 일시적으로 감소하지만, 우리 근육은 같은 운동부하에 대비하여 원래 수준을 넘어서는 근육섬유를 생성하는 성질을 가지고 있다. 우리는 이 현상을 초과회복이라 한다. 더 이상의 훈련이 없으면 이 체력 수준은 초기 체력 수준으로 천천히 감소한다.[4] 트레이닝 자극에 적응하기 위해서는 에너지 소모의 증가와 이를 회복시키는 능력, 즉 적당한 휴식이 필요하다. 휴식은 트레이닝을 통해 소비한 에너지를 초과회복시키는 일이다. 초과회복은 트레이닝 자극의 질과 양에 따라 상이하며, 적절한 휴식에 의해 가능하다.[5]

트레이닝의 구성요소

질적 요소

운동형태

트레이닝의 질적 요소는 운동형태와 운동강도이다. 트레이닝 프로그램을 설계할 때 중요하게 고려해야 할 요소는 운동형태이다. 트레이닝의 효과는 운동형태에 따라 상이하게 나타난다. 그렇기 때문에 퍼스널트레이너는 고객의 요구와 상태를 바탕으로 트레이닝 프로그램의 목적 및 목표에 부합되는 운동형태를 결정해야 한다.

운동형태는 저항 트레이닝, 유산소 트레이닝, 유연성 트레이닝 등으로 구분할 수 있다. 근력 및 근비대를 목적으로 할 때에는 저항 트레이닝, 호흡순환계 강화 및 체중 감량을 목적으로 할 경우에는 유산소 트레이닝, 그리고 유연성 강화를 목적으로 할 경우에는 다양한 유연성 트레이닝을 실시해야 한다.

퍼스널트레이너는 한 가지 형태의 운동보다는 2~3가지 운동형태를 묶어서 복합 트레이닝 프로그램을 설계해야 한다. 이때 운동형태의 비중은 고객의 요구와 상태에 따라 결정한다. 예를 들어 고객이 체중감량을 한 후에 근비대를 희망하는 경우에는 먼저 장시간의 저강도 유산소 트레이닝을 통해 체중감량의 목표를 성취한 다음, 저항 트레이닝을 통해 근비대를 달성할 수 있다. 이때 체중감량 전에는 유산소 트레이닝과 저항 트레이닝의 비율을 6:4 또는 7:3으로, 그리고 체중감량 후에는 근비대를 위해 트레이닝의 비율을 역으로 4:6 또는

3:7로 구성할 수 있다. 트레이닝의 비율은 고객의 요구 및 상태에 따라 달라질 수 있다.

운동형태에 따른 운동효과는 다음과 같다(표 1 참조).[2]

운동강도

운동강도는 트레이닝 프로그램을 설계할 때 가장 중요한 요소 중의 하나인데, 일정시간 내 수행된 운동량을 의미한다. 운동강도는 단위시간당 수행한 운동량이 많을수록 더 높아지며, 운동형태에 따라 달라진다.[6]

운동강도 및 운동량의 표시방법은 표 2와 같다.[7]

양적 요소

트레이닝의 양적 요소는 운동빈도, 운동시간, 운동기간이다. 퍼스널트레이너는 트레이닝 프로그램을 설계할 때 이들 세 가지 주요 요소를 고려하여야 한다.

운동빈도

운동빈도는 주당 트레이닝에 참가하는 횟수를 의미한다. 운동빈도는 고객의 운동 가용시간이나 체력 상태, 연령 등에 따라 다르게 설정되어야 한다.

일반인의 경우 직장업무, 다른 여가활동, 사회활동 등으로 인하여 운동 가용시간이 부족할 수 있다. 이 경우 건강 및 체력 증진을 위하여 주 2~3회 정도 운동에 참가할 수 있도록 트레이닝 프로그램을 설계할 수 있다.

일반인도 바디프로필(body profile)을 찍거나 바디이미지(body image)를 개선하기 위해서는 주 3회 이상 트레이닝에 참가해야 한다. 그리고 대부분의 피지크 및 보디빌딩 선수의 경우에는 대회출전 준비를 위하여 주 6회 이상 트레이닝에 참가해야 한다.

운동빈도가 높을수록 운동효과가 더 뚜렷하게 나타나는 것은 분명하다. 그렇다고 하여 고객의 체력에 맞지 않게 운동빈도를 증가시키는 것은 오버트레이닝 가능성이 높다. 이로 인해 극도의 피로감과

표 1_ 운동형태에 따른 운동효과

운동 형태		운동효과
유산소 운동	장시간 가벼운 운동	체지방 감소, 혈중지질 감소 당질 내의 내성 증강 운동 중 산소 소비 저하
	단시간 가벼운 운동	심혈관 발달
	중간강도 지속운동	심박수 감소, 혈압저하 혈액량 증대 혈중 catecholamine 감소 갑상선 호르몬 증가 혈관 분포 개선
근력 트레이닝		근력, 근지구력 증대 근육 글리코겐 농도 증가
가벼운 신체활동		스트레스 해소 레크리에이션 효과

표 2_ 운동강도 및 운동량 표시방법

» Kgm/min(Kpm/min) : 1Kg의 중량을 들어 올리는 운동량이다.

» Watt : 1 Watt는 6.12 Kpm/min에 해당한다.

» Kcal : 체내에서 소비된 에너지. 1Kcal는 427Kgm/min와 70Watt에 해당한다.

» 산소섭취(소비)량 : 1분간에 소비한 산소량($\dot{V}O_2$)을 가지고 운동강도를 나타내는 방법이다.

　• %$\dot{V}O_2$max=운동중 $\dot{V}O_2$ / $\dot{V}O_2$max×100

» 심박수 : 운동강도와 비례하여 증가하기 때문에 운동강도의 지표가 된다.

» 최대심박수=220-연령. 목표심박수=(최대심박수-안정시심박수)×0.75+안정시심박수

　예) 안정시심박수 75/min, 최대심박수 180/min인 40대 남자가 60-75%의 목표심박수 범위 안에서
　　운동할 것을 권유받았을 경우 목표심박수 범위는 다음과 같다.

　　• THR 60%=75+0.60(180-75)=138/min

　　• THR 75%=75+0.75(180-75)=154/min

» METs, RMR(relative metabolic rate); 에너지대사율 : 어떤 운동에 의해 소비되는 에너지가 그 사람의 기초대사량의 몇 배에 해당하는지 나타내는 수치이다.

　• RMR=(운동시산소소비량-안정시산소소비량) / 기초대사량(0.83×안정시산소소비량)

　• MET=3.5ml/kg/min

» 자각적 운동강도(RPE : rating of perceived exertion) : 운동에 의한 신체의 부담도를 자각적으로 판단하는 방법이다.

　7(매우 편안하다)에서 15(힘들다)까지의 수치로 표시하며 보통 12~13과 15~16 RPE 사이의 운동강도가 추천된다. RPE 수치는 그때의 심박수의 1/10에 해당된다. 즉 RPE가 15일 때 심박수는 150/min이 된다.

무력감, 스트레스 증가, 운동의욕 저하, 그리고 운동손상을 초래할 수 있다.

운동시간

운동시간은 운동에 투입하는 시간 또는 운동지속시간을 의미한다. 운동시간은 운동형태, 운동강도, 운동경력, 체력상태 등에 따라 다르게 설정되어야 한다.

고강도 운동 프로그램인 경우에는 체력의 한계로 인하여 운동시간을 길게 설정하기 어렵다. 반면에 저강도 운동의 경우 체력을 조절하여 오랜 시간을 운동에 참여할 수 있기 때문에 운동시간은 길게 설정될 수 있다.

저항 트레이닝의 경우 운동시간은 운동종목 수와 세트(set) 수에 의해 결정된다. 즉 운동종목 수와 세트 수가 증가할수록 자연적으로 운동 시간은 증가하게 된다. 저항 트레이닝 프로그램 설계에서 운동시간을 설정할 때에는 고객의 운동 가용시간과 체력 상태를 고려하여 운동종목 수와 세트 수를 결정해야 한다.

운동기간

운동기간은 고객이 트레이닝에 참여할 수 있는 운동기간, 운동효과가 예상되는 최적의 프로그램 실행기간, 퍼스널트레이너에 의해 설계된 고객 맞춤씩 트레이닝 프로그램 기간, 트레이닝 프로그램에 의해 기대되는 운동효과가 더 이상 나타나지 않는 정체기 등을 의미한다.

퍼스널트레이너는 설계된 트레이닝 프로그램이 종료되면, 고객의 요구 및 목표 성취 정도에 따라 새로운 트레이닝 프로그램을 설계하여 운동기간을 재설정할 필요가 있다. 전문적으로 저항 트레이닝에 참가하는 선수들은 인체의 항상성 때문에 더 이상 운동효과를 기대하기 어렵다고 판단되는 시점에 새로운 프로그램으로 교체하고, 그 프로그램의 실행기간을 재설정한다.

일반적으로 근력운동에 의한 근력증가의 정체현상은 10~12주, 유산소 능력은 유산소 운동을 통해 12~16주, 그리고 유연성 향상은 스트레칭을 통해 8~10주 정도면 나타난다.[9]

[참고문헌]

⑴ 강남호(2002). 전문지식을 기반으로 한 지능형 운동처방 시스템. 석사학위논문. 제주대학교 대학원.

(2) Human-Kinetics(2009). Defining supercompensation training. https://us.humankinetics.com/blogs/excerpt/defining-super-compensation-training?

(3) Jason, S. (2021). Fatigue, recovery, and supercompensation. http://www.teamunify.com/cseksc/__doc__/Shea_FatigueRecoverySupercompensation-2.pdf

(4) Viru, A. (2002). Early contributions of Russian stress and exercise physiologists. Journal of Applied Physiology. 92(4), 1378–1382. doi:10.1152/japplphysiol.00435.2001. PMID 11896000.

(5) 김창국, 박기주(1999). 트레이닝방법론. 서울 : 대경북스.

(6) 이재완 등(1991). 일반인의 체력관리를 위한 Weight Training 운동처방 시스템개발. 한국체육과학연구원.

(7) 나영무(2005.04.29.). 건강유지 재활 질병 극복 지름길. 의협신문.https://www.doctorsnews.co.kr/news/articleView.html?idxno=23207

(8) 한국체육과학연구원(2002). 일급 경기지도자 연수교재. 경기지도자연수원.

Chapter 02

저항 트레이닝

기본운동기술

그립의 종류와 너비

바를 잡는 방향에 따른 그립의 종류

오버핸드 그립(overhand grip)

자신의 손등이 눈에 보이도록 위로 향하게 하고 손바닥이 바닥을 향하게 잡는 닫힌 회내 그립(pronated grip)이다. 대표적인 운동종목으로는 벤치 프레스(bench press), 랫 풀다운(lat pull-down), 숄더 프레스(shoulder press) 등이 있다.

언더핸드 그립(underhand grip)

저항운동에서 오버핸드 그립과 함께 대표적으로 많이 사용하는 그립이다. 손바닥이 위를 향하고 손등이 바닥을 향하도록 잡는다. 닫힌 회외 그립(supinated grip)이라고도 한다. 바벨 컬(barbell culr)이나 덤벨 컬(dumbbell curl)을 할 때 사용하며, 넓은등근 하부에 자극을 주기 위해 언더핸드 그립으로 랫 풀다운(lat pulldown)을 한다.

사진 1_ 오버핸드 그립(overhand grip)

사진 2_ 언더핸드 그립(underhand grip)

뉴트럴 그립(neutral grip)

양손바닥을 서로 평행하게 마주 보고 손등을 바깥쪽으로 향하게 하여 악수하듯이 그립을 잡는다. 덤벨 헤머 컬(dumbbell hammer curl), 덤벨 플라이(dumbbell fly), 머신 시티드 로우(machine seated row)를 할 때 사용한다.

사진 3_ 뉴트럴 그립(neutral grip)

얼터네이트 그립(alternated grip)

한 손은 오버핸드 그립, 다른 손은 언더핸드 그립으로 잡는 방법으로, 리버스 그립(reverse grip)이라고도 한다. 주로 프리 웨이트를 할 때 고객을 보조할 때나 많은 힘을 요구하는 파워 리프팅(power lifting)을 할 때 권장된다.

사진 4_ 얼터네이트 그립(alternated grip)

손가락의 위치에 따른 그립의 종류

썸 어라운드 그립(thumb around grip)

닫힌 그립(closed grip)으로, 주먹쥔 모습을 연상케 하므로 정권 그립으로 불린다. 저항운동을 할 때 가장 많이 사용하는 그립이다. 바를 엄지로 감싸쥐고 검지와 중지의 첫번째마디 위에 올려놓는다. 바를 둘러싸서 단단히 고정하기 때문에 운동 중 안정감이 있고 균형을 유지하기 쉬워 초보자에게 적합하다.

사진 5_ 썸 어라운드 그립(thumb around grip)

썸리스 그립(thumbless grip)

열린 또는 틀린 그립(open or false grip)으로, 주로 숙련자에게 권장하는 그립이다. 바를 잡을 때 엄지로 바를 감싸지 않고 검지 옆에 나란히 놓는다. 바를 손바닥에 올려 놓기 때문에 썸 어라운드 그립에 비해 바의 유동성이 있어 썸리스 그립을 처음 사용하거나 익숙하지 않은 초보자는 바가 손바닥에서 흘러내릴 수 있어 권장하지 않는다.

사진 6_ 썸리스 그립(thumbless grip)

훅 그립(hook grip)

훅 그립은 썸 어라운드 그립과 반대로 먼저 엄지로 바를 감싸고 나머지 손가락은 엄지 위로 올리는 그립이다. 훅 그립은 다른 그립에 비해 잘 사용되지 않으나, 그립의 풀림을 방지하고 바를 단단히 고정할 수 있기 때문에 순간적인 힘을 쓰는 파워리프팅(power lifting)을 할 때 사용된다.

사진 7_ 훅 그립(hook grip)

바를 잡는 간격에 따른 그립의 종류

운동의 목적과 특성에 맞게 적당한 너비의 그립을 선택하는 것이 중요하다. 그립의 너비(grip width)는 바를 잡는 양손의 간격 즉 거리를 말한다. 대부분 그립을 잡는 양손의 너비는 크게 4가지로 구분할 수 있다. 어깨너비(shoulder-width), 내로우 그립과 같이 좁게(close) 잡는 형태, 힙너비(hip-width), 어깨너비보다 넓게(wide) 잡는 형태의 그립으로 나눌 수 있다.

그림 1_ 그립의 너비(grip width)

호흡 시 고려사항

근력과 체력 향상을 위해서 웨이트트레이닝과 같은 저항운동을 할 때 무거운 중량을 들어 올리려면 안정적인 운동기술과 호흡법이 매우 중요하다. 적절한 호흡법은 정맥혈회귀와 심박출량을 증대시키며, 운동 중 가슴우리(흉곽)의 압력을 유지할 수 있

게 한다. 또한 운동을 하면서 호흡을 참으면 뇌로 공급되는 혈류와 산소가 부족하게 되어 어지러움과 현기증이 발생할 수 있으므로 지속적이고 반복적인 호흡을 해주어야 한다.

저항운동에서 일반적인 호흡법은 운동을 할 때 근육의 길이가 짧아지는 단축성(concentric) 수축 구간 중에서 가장 힘든 지점인 스티킹 포인트(sticking point)를 지나서 숨을 내쉬고(호기), 이후 근육의 길이가 길어지는 신장성(eccentric) 수축 구간에서 숨을 들이마신다(흡기). 스티킹 포인트는 호흡의 형태가 달라지는 기준이 되는 구간이기도 하다.

저항운동에서 퍼포먼스를 극대화하기 위해 무거운 중량을 선택하여 운동하는데, 이때 안전하게 운동기술을 구사하기 위해 발살바호흡법을 사용한다. 발살바호흡법은 일반적인 호흡과는 달리 스티킹 포인트를 지나고 1~2초 후 숨을 내쉰다. 숨을 들이마신 상태에서 호흡을 참고 구강과 비강을 막고 후두(larynx)의 가장 좁은 부분인 성문(glottis)을 닫아 가슴우리(흉곽)와 복부의 근육을 수축시켜 가로막(횡격막)이 수축하도록 하여 배속공간(복강) 내 압력을 증가시킨다. 마치 안이 꽉 채워진 원통과 같이 단단한 벽을 만드는 원리이다. 배속공간 내 압력이 증가하면 척주세움근(척주기립근)이 수축되어 전방 운동에 대한 반작용으로 척주를 보호하고 강하게 지지하게 됨으로써 허리에 가해지는 부담을 감소시킬 수 있다.

발살바 호흡법은 많은 장점이 있지만, 뇌압·안압·혈압 등을 상승시켜 현기증과 실신·혈관파열을 유발할 수 있으며, 지속적인 가슴우리의 압력으로 늑막염·기흉 등이 발생할 수 있는 단점도 있다. 이밖에 식욕부진, 소화불량, 탈장, 구역질과 구토를 유발할 수도 있으므로 심혈관질환이나 당뇨, 만성신부전증, 운동에 입문한 초보자, 오랜 시간 동안 운동을 하지 않은 사람 등은 주의가 필요하다.

일반적으로 발살바호흡법은 3초 이내로 적용한다. 그리고 저항운동 시 피로하거나 컨디션이 안 좋을 때, 그리고 강도가 낮은 운동부하에서는 사용하지 않도록 한다.

프리 웨이트 트레이닝

프리 웨이트(free weight)는 일반적인 신체 움직임에 외부저항을 부가하는 것이다. 체중을 이용한 저항운동에 적응되어 완벽해진 다음에 부하량을 더해주면 근력의 향상을 기대할 수 있다.

대표적인 프리 웨이트 장비는 바벨 또는 덤벨, 케틀 벨, 메디신 볼 등이다. 이러한 장비들은 운동 프로그램을 다양하게 구성할 수 있고, 동작을 변형하여 이용할 수 있으며, 운동의 목적과 특성에 맞춰 사용할 수 있다. 프리 웨이트는 중력에 저항하여 운동하기 때문에 근력의 향상과 근육의 안정화, 그리고 근육의 협응성을 향상시킬 수 있는 장점이 있다.

머신 트레이닝

머신(machine)을 이용한 트레이닝을 할 때는 기본적인 동작과 원리를 알려주면 안전하고 효과적인 운동수행이 가능하므로 운동을 시작한 초보자 · 여성 · 고령층에게 적합하다. 머신을 이용한 트레이닝은 프리 웨이트 트레이닝을 보강하는 목적으로 사용한다. 적절한 트레이닝 프로그램을 구성하면 장력의 한계를 극복할 수 있다. 또 제한적인 자세와 각도에서 운동을 수행하므로, 일부 국소 부위에 자극이나 부하를 줄 수 있다.

머신은 프리 웨이트에 비해 상대적으로 안정성이 높으며, 특정 근육 위주로 운동할 수 있으므로 근비대 향상에 도움을 줄 수 있다. 그러나 특정 근육 위주의 트레이닝은 다른 근육군의 협응성을 감소시킬 수 있다는 단점이 있다.

또한 머신은 의자와 등받이 등을 자신의 신체에 맞게 조절해야 하는 인체공학적 지식이 요구된다. 왜냐하면 운동수행 중에는 각도와 가동범위를 변경할 수 없기 때문이다.

저항운동 시의 안전사항

저항운동은 다음의 사항을 고려하여 실시한다.

» 고객의 체력 수준에 맞는 중량을 선택한다.
» 충분한 공간을 확보하고 주변에 위험요소가 없는지 확인한다.
» 무거운 중량운동을 할 때에는 원판이 회전되는 바를 사용한다.
» 프리 웨이트 운동 시 바에서 중량 원판이 빠지지 않도록 조임쇠(락조)의 상태를 확인한다.
» 운동 후 덤벨이나 원판을 바닥에 던지지 않는다.
» 머신을 이용하여 운동을 할 때에는 의자 또는 등받이를 자신의 신체에 맞게 조절하고, 걸림쇠에 잘 걸렸는지 흔들어 보면서 육안으로 확인한다.
» 무게를 선택할 때에는 중량더미(weight stack)에 핀이 완전하게 들어가도록 꽂는다.
» 선택한 중량이 나머지 중량더미에 닿지 않도록 한다.
» 머리 위로 들어 올리는 프리 웨이트의 경우 퍼스널트레이너가 고객의 체력상태를 확인하여 안전을 확보해야 한다.
» 바벨 받침대가 있는 운동을 할 때 고객은 반드시 뒤로 걸어 나오고 앞으로 걸어 들어간다(예 : 백 스쿼트, 런지).

저항운동기술

가슴(chest)

벤치프레스(bench press)

시작자세

① 플랫 벤치에 누우면서 머리·어깨·엉덩이는 벤치에, 양발은 바닥에 견고하게 밀착시킨다.

② 양쪽 어깨를 모으고 가슴과 허리를 들어 아치(arch) 형태의 자세를 만든다.

③ 양발은 허리쪽으로 끌어올려 바닥에 붙인다.

④ 벤치에 누웠을 때 바(bar)와 눈이 수직이 되도록 한다.

⑤ 오버핸드 그립으로 바를 잡고, 양손의 간격은 어깨너비보다 넓게 벌린다.

⑥ 턱은 가슴쪽으로 당기고, 시선은 항상 바를 바라본다.

내리는 동작

① 바를 내리기 전에 숨을 들이마신다.

② 가슴을 내밀고 팔꿈치가 어깨보다 30~40° 낮은 위치에서 아래팔(전완)이 바와 수직을 이룬 채로 내린다.

③ 바를 가슴의 중앙부위에 닿기 전까지 내린다.

④ 가슴근육이 충분히 신장되도록 바를 천천히 내린다.

⑤ 내리는 동안 몸의 균형을 유지하기 위해 머리·어깨·엉덩이는 벤치에, 양발은 바닥에 단단히 밀착시킨다.

⑥ 바를 내리면서 시선은 바를 바라본다.

사진 9_ 벤치프레스(bench press)

올리는 동작

① 반동 없이 바를 천천히 올린다.
② 팔꿈치는 완전히 펴지 않고 약간 굽힌 자세를 유지한다.
③ 바를 들어 올리면서 가슴근육을 최대로 수축시킨다.
④ 가장 힘든 지점을 지나 숨을 내쉰다.
⑤ 처음의 준비자세를 유지하고 시선은 항시 바를 바라본다.

운동부위 및 효과

» 주동근 : 큰가슴근(pectoralis major, 대흉근), 어깨세모근 앞쪽(anterior deltoid, 전면 삼각근), 위팔세갈래근(triceps brachii, 상완삼두근)
» 협력근 : 작은가슴근(pectoralis minor, 소흉근), 앞톱니근(serratus anterior, 전거근), 어깨세모근 가쪽(medial deltoid, 측면 삼각근), 넓은등근(latissimus dorsi, 광배근)

주의사항

» 자신의 체력에 맞는 중량을 선택하고, 바에서 중량원판이 빠지지 않도록 안전고리를 반드시 끼운다.
» 머리 또는 엉덩이가 벤치에서 떨어지지 않도록 한다.
» 바를 올릴 때 바가 가슴에서 바운드(bound)되지 않게 한다.
» 어깨 부상을 방지하기 위해 위팔(상완)이 어깨 높이 이상으로 올라가지 않도록 하며, 수평 이하로 내려가지 않도록 한다.

덤벨 플라이(dumbbell fly)

시작자세

① 벤치 양옆 바닥에 덤벨을 놓고 벤치 앞에 선다.

② 덤벨을 바닥에서 들어올려 허벅지 위에 놓고 벤치에 앉는다.

③ 덤벨을 뉴트럴 그립으로 잡고 세워서 손바닥이 서로 마주 보게 한다.

④ 머리 · 어깨 · 엉덩이가 벤치에 닿도록 누우면서 아치형태의 자세를 만들고 동시에 덤벨을 가슴 옆으로 이동시킨다.

⑤ 턱을 가슴쪽으로 당기고 팔꿈치를 약간 굽혀 덤벨을 가슴 위로 들어올린다.

내리는 동작

① 숨을 들이마시고 가슴이 최대로 신장되도록 덤벨을 내린다.

② 팔꿈치를 약간 굽히고 덤벨을 어깨와 수평이 되도록 유지하면서 천천히 내린다.

③ 손목이 뒤로 움직이지 않도록 고정시키면서 균형을 잡는다.

④ 손목 · 팔꿈치 · 어깨가 일직선을 되게 한다.

사진 10_ **덤벨 플라이(dumbbell fly)**

올리는 동작

① 숨을 내쉬며 팔꿈치를 약간 굽혀 덤벨을 가슴 위로 모아 올린다.

② 큰 항아리를 껴안는 것처럼 호를 그리며 운동한다.

③ 올리는 동작에서 상체가 흔들리지 않도록 머리·어깨·엉덩이를 벤치에 견고하게 밀착시키고 양쪽 다리를 바닥에 밀착시킨다.

④ 세트가 끝나면 덤벨을 가슴쪽으로 내린 후 허벅지 위에 세워놓고 앉는다.

운동부위 및 효과

» 주동근 : 큰가슴근(pectoralis major, 대흉근), 어깨세모근 앞쪽(anterior deltoid, 전면 삼각근)

» 협력근 : 위팔세갈래근(triceps brachii, 상완삼두근), 어깨세모근 가쪽(medial deltoid, 측면 삼각근)

주의사항

» 충분한 공간을 확보한 후 자신의 체력에 맞는 중량을 선택한다.

» 어깨의 부상을 방지하기 위해 덤벨을 가슴 아래로 내리거나 어깨 높이 이상으로 올리지 않는다.

» 운동 중 뉴트럴 그립을 유지하면서 팔꿈치를 10° 정도 굽혀 관절의 부담을 줄인다.

» 운동 중 머리와 엉덩이가 벤치에서 떨어지지 않도록 한다.

케이블 크로스오버(cable crossover)

시작자세

① 케이블 가운데 서서 좌우 손바닥이 바닥을 향하도록 하여 오버핸드 그립으로 손잡이를 잡는다.

② 양쪽 다리는 엉덩이 너비로 벌린다.

③ 시선은 정면을 바라보고 허리는 앞으로 약간 숙인다.

④ 팔꿈치는 완전히 펴지 않으며 살짝 굽힌다.

옆으로 벌리는 동작

① 큰가슴근이 최대한 스트레치되도록 팔꿈치를 굽힌 자세를 유지하면서 뒤로 이동한다.

② 어깨, 팔꿈치, 손이 수평을 유지하면서 운동한다.

③ 몸 중심이 뒤로 이동하지 않도록 상체를 약간 앞으로 기울인 자세를 유지한다.

앞으로 모으는 동작

① 양손을 앞으로 모으기 전에 숨을 들이마신다.

② 양쪽 손잡이가 서로 닿도록 앞으로 모은 후 숨을 내쉰다.

③ 손잡이는 몸에서 20~30cm 정도 떨어지도록 하며, 큰 항아리를 껴안듯이 호를 그리며 양팔을 앞으로 모은다.

④ 양손을 모은 후 1~2초 정지 자세를 유지하여 큰가슴근의 최대 수축을 유도한다.

사진 11_ 케이블 크로스오버(cable crossover)

운동부위 및 효과

» 주동근 : 큰가슴근(pectoralis major, 대흉근),
   작은가슴근(pectoralis minor, 소흉근)
» 협력근 : 어깨세모근 앞쪽(anterior deltoid, 전
   면 삼각근)

주의사항

» 안전핀이 중량더미에 완전히 꽂혀 있는지 확인

한 다음 케이블 중앙에 서서 한 손씩 차례대로
손잡이를 당긴다.
» 팔꿈치를 완전히 펴면 어깨 또는 팔꿈관절에 무
   리가 있으므로 팔꿈치를 약간 굽힌다.
» 양손을 앞으로 모으는 동작에서 몸을 앞뒤로 움
   직여 반동을 주지 않는다.
» 운동 중 손목이 뒤로 젖혀지지 않도록 하며, 약
   간 굽힌 자세를 유지한다.

로우 풀리 케이블 크로스오버(low pulley cable cross over)

준비자세

① 케이블 머신 하단에 양쪽으로 스트럽 핸들(stir-
   rup handle)을 연결한다.
② 케이블 머신 중앙에서 양쪽 다리를 어깨너비
   로 벌리고 선다.
③ 손잡이를 언더핸드 그립으로 잡고 케이블을
   당기면서 손바닥이 정면을 향하도록 하여 양
   손을 자연스럽게 벌린다.

올리는 동작

① 케이블을 당기기 전에 숨을 들이마신다.
② 팔을 완전히 펴지 않고 팔꿈치를 약간 굽힌
   상태에서 양 손이 가슴 앞에서 모아지도록 천
   천히 들어올린다.
③ 팔을 올렸을 때 양손이 약간 안쪽으로 기울어
   져 엄지손가락이 위를 향하고 새끼손가락이
   바닥쪽을 향하도록 한다.

④ 가슴 하부에서 상부까지 끌어 올린다는 느낌
   으로 케이블을 천천히 당긴다.
⑤ 팔을 바로 내리지 않고 1~2초 정도 정지하여
   대흉근의 최대수축을 유도한다.
⑥ 가장 힘든 지점을 지나서 숨을 내쉰다.

내리는 동작

① 팔을 천천히 내리면서 처음 준비자세로 돌아
   간다.
② 내리는 동작에서도 팔꿈치는 완전히 펴지 않
   고 약간 굽힌 자세를 유지한다.
③ 다음 올리는 동작을 위해 숨을 들이마신다.

주의사항

» 운동 중 시선은 항상 정면을 바라본다.
» 몸의 반동을 사용하여 케이블을 당기지 않는다.
» 어깨 부상을 방지하기 위해 팔을 천천히 내린다.
» 팔을 올리면서 양손이 마주보는 형태의 뉴트럴
   그립이 되지 않도록 언더핸드 그립을 유지 한다.

인클라인 덤벨 프레스(incline dumbbell press)

시작자세

① 인클라인 벤치의 각도를 30~40°로 고정한다.

② 자신에게 적당한 중량을 선택한 후 덤벨을 인클라인 벤치 양옆에 가까이 놓는다.

③ 덤벨을 오버핸드 그립으로 잡고 인클라인 벤치에 앉으면서 덤벨을 허벅지 위에 올려놓는다.

④ 몸이 흔들리지 않도록 인클라인 벤치에 머리 · 어깨 · 엉덩이를 붙이고, 양발을 바닥에 밀착시킨다.

⑤ 덤벨은 빗장뼈 양옆에 위치시키고, 팔꿈치를 완전히 펴지 않고 살짝 굽힌 자세로 덤벨을 위로 들어 올린다.

내리는 동작

① 덤벨을 내리기 전에 숨을 들이마신다.

② 팔꿈치를 약간 굽혀 위쪽 가슴이 최대한 스트레치되도록 덤벨을 내린다.

③ 위팔(상완)이 바닥과 수평을 이루고 아래팔(전완)이 수직이 되도록 덤벨을 내린다.

④ 손목을 고정하여 덤벨이 흔들리지 않도록 하고, 팔꿈치가 벌어지지 않도록 천천히 내린다.

사진 12_ 인클라인 덤벨 프레스(incline dumbbell press)

올리는 동작

① 덤벨을 들어올린 후 숨을 내쉰다.

② 팔꿈치를 약간 굽힌 자세를 유지하면서 덤벨을 위로 모아 올린다.

③ 덤벨을 올릴 때에는 직선 운동보다는 자연스럽게 호를 그리며 운동한다.

④ 각 세트(set)가 끝나면 덤벨을 가슴쪽에 위치시킨 다음에 허벅지에 올려놓고 앉는다.

운동부위 및 효과

» 주동근 : 큰가슴근(pectoralis major, 대흉근), 어깨세모근 앞쪽(anterior deltoid, 전면 삼각근), 위팔세갈래근(triceps brachii, 상완삼두근)

» 협력근 : 작은가슴근(pectoralis minor, 소흉근), 앞톱니근(serratus anterior, 전거근), 어깨세모근 가쪽(medial deltoid, 측면 삼각근), 넓은등근(latissimus dorsi, 광배근)

주의사항

» 벤치의 각도가 너무 높으면 어깨근육이 많이 동원되므로 30~40°의 각도로 벤치를 세워준다.

» 덤벨이 벌어지지 않도록 아래팔(전완)이 바닥과 수직을 이루도록 한다.

» 머리나 양발이 벤치 및 바닥에서 떨어지지 않도록 한다.

» 운동 후 덤벨를 세워 허벅지에 올려놓고 덤벨을 바닥에 던지지 않는다.

어깨(shoulders)

바벨 숄더 프레스(barbell shoulder press)

시작자세

① 정면을 바라보고 양발은 어깨 또는 엉덩이너
비로 벌리고 벤치에 앉는다.

② 가슴을 내민 상태에서 등은 곧게 편다.

③ 오버핸드 그립으로 바를 잡는다. 이때 양손의
간격은 어깨너비 또는 어깨너비보다 약간 넓
게 한다.

④ 바는 가슴쪽 빗장뼈(쇄골)에 위치시키고 팔꿈
치를 굽혀 가슴 앞쪽으로 내민다.

올리는 동작

① 몸 중심에서 바가 멀어지지 않도록 반동 없이
바를 머리 위로 올린다.

② 올리는 동작에서 균형을 유지하기 위해 바를
머리 뒤쪽으로 천천히 올린다.

③ 팔꿈치는 완전히 펴지 않고 약간 굽힌 상태
를 유지한다.

④ 바를 올린 후 숨을 내쉰다.

사진 13_ 숄더 프레스(shoulder press)

내리는 동작

① 바를 내리기 전에 숨을 들이마신다.
② 몸의 균형을 유지하면서 바가 최대한 몸의 중심에 가깝게 내려오도록 한다.
③ 바가 얼굴에 닿지 않도록 주의하면서 바를 천천히 내린다.
④ 시선은 정면을 바라본다.

운동부위 및 효과

» 주동근 : 어깨세모근 앞쪽(anterior deltoid, 전면 삼각근), 어깨세모근 가쪽(medial deltoid, 측면 삼각근)
» 협력근 : 위팔세갈래근(triceps brachii, 상완삼두근)

주의사항

» 바에서 중량원판이 빠지지 않도록 안전고리를 장착한다.
» 등받이가 있는 벤치와 바를 거치할 수 있는 받침대가 있는 머신를 권장한다.
» 바를 내리거나 올릴 때 바가 몸의 중앙에서 멀어지면 어깨에 부담이 되므로 바가 가급적 몸의 중심에서 멀어지지 않도록 한다.
» 바를 올릴 때 다리를 밀거나 일어서지 않는다.
» 바를 올리면서 손목과 등을 뒤로 젖혀 과신전되지 않도록 한다.
» 덤벨을 사용할 때에는 덤벨이 벌어지거나 앞뒤로 흔들리지 않도록 균형을 유지하며 운동한다.

덤벨 숄더 프레스(dumbbell shoulder press)

바벨을 이용한 숄더 프레스와 같이 덤벨을 이용하여 운동할 수 있다.

» 인클라인 벤치를 수직에 가깝게 세우고 정면을 바라보고 앉는다.
» 어깨와 등상부를 등받이에 밀착시키고 엉덩이를 의자에 끝까지 밀어 앉는다.
» 양발은 운동 중 중심이 흔들리지 않도록 바닥에 견고하게 붙인다.
» 덤벨을 허벅지 위에 올려 놓고 한쪽씩 들어올린다.
» 덤벨을 내릴때 손목과 전완은 수직이되고 상완팔은 바닥과 수평이 되도록 한다.
» 처음 준비자세로 돌아가면서 덤벨을 머리 위쪽에서 모아준다.

프론트 레이즈(front raise)

시작자세

① 시선은 정면을 바라보고 가슴과 등을 곧게 편다.

② 양손으로 덤벨을 잡고 손바닥이 허벅지 앞에 위치하도록 한다.

③ 무릎은 약간 굽히고 양발은 어깨 또는 엉덩이 너비로 벌린다.

올리는 동작

① 양손을 번갈아 가며 덤벨을 올린다.

② 몸의 중심을 따라 운동하면서 덤벨을 어깨 위 치보다 높이 올린다.

③ 팔꿈치를 약간 굽힌 자세를 유지하고 가장 힘 든 지점을 지나 숨을 내쉰다.

④ 손등이 하늘을 향하도록 덤벨을 들어올린다.

⑤ 반동을 이용하여 덤벨을 올리지 않는다.

사진 14_ 프론트 레이즈(front raise)

내리는 동작

① 한 손을 내린 후에 반대 손을 올리기 전에 다시 숨을 들이마신다.

② 팔꿈치를 약간 굽힌 자세를 유지하면서 천천히 내린다.

③ 몸이 흔들리지 않도록 양발을 바닥에 밀착시키고 균형을 유지한다.

④ 한 손이 완전히 내려오기 전에 반대 손을 올리지 않도록 주의한다.

운동부위 및 효과

» 주동근 : 어깨세모근 앞쪽(anterior deltoid, 전면 삼각근)

» 협력근 : 어깨세모근 가쪽(medial deltoid, 측면 삼각근), 큰가슴근 위쪽(upper pectoralis major, 대흉근 상부)

주의사항

» 충분한 공간을 확보하고 자신의 체력에 적합한 중량을 선택한다.

» 한 손을 완전히 내리기 전에 반대 손을 올리지 않는다.

» 몸을 앞으로 기울여 체중이 발가락 앞쪽으로 이동하지 않도록 한다.

» 몸의 반동을 이용하지 않는다.

» 어깨 부상을 방지하기 위해 덤벨을 내릴 때 천천히 내린다.

응용동작

케이블과 바벨을 이용한 프론트 레이즈

» 덤벨 프론트 레이즈 동작과 같이 케이블과 바벨을 사용하여 운동을 할 수 있다. 양손을 동시에 올려 운동하기 때문에 한쪽씩 올릴때보다 균형을 잘 유지할 수 있는 장점이 있고 효율성이 높다.

» 케이블를 이용한 운동의 경우 양발을 어깨너비로 벌리고 양발 사이에 와이어를 두고 서서 바를 오버핸드 그립으로 잡는다. 케이블을 아래에서 위쪽으로 당기면서 어깨 높이 만큼 올리고 다시 천천히 내린다.

» 바벨을 허벅지 앞쪽에서 어깨너비 만큼 벌려 오버핸드그립으로 잡고 양손을 동시에 올리면서 운동한다.

래터럴 레이즈(lateral raise)

시작자세

① 시선은 정면을 바라보고 서서 양발을 어깨 또는 엉덩이 너비로 벌리고 무릎을 약간 구부린다.

② 가슴은 펴고 몸통은 약간 앞으로 숙인 자세를 유지한다.

③ 양손으로 덤벨을 잡고 팔꿈치를 약간 구부린다.

④ 덤벨은 몸 앞에서 서로 마주 보도록 뉴트럴 그립으로 잡는다.

올리는 동작

① 덤벨을 올리기 전에 숨을 들이마신다.

② 팔꿈치를 약간 굽힌 자세를 유지하면서 덤벨을 어깨높이까지 옆으로 올린다.

③ 올린 상태에서 1~2초 정지하여 어깨 근육의 최대수축을 유도한다.

④ 가장 힘든 지점을 지나 숨을 내쉰다.

⑤ 팔을 옆으로 올렸을 때 팔꿈치가 손목 위치보다 높아야 한다.

⑥ 물병에 물을 따르듯이 엄지가 바닥쪽으로 향하도록 올린다.

⑦ 반동을 이용하여 덤벨을 올리지 않도록 한다.

사진 15_ 래터럴 레이즈(lateral raise)

내리는 동작

① 팔꿈치를 약간 굽힌 자세를 유지하면서 덤벨의 무게에 저항하며 천천히 내린다.

② 몸이 흔들리지 않도록 균형을 유지하며 무릎은 약간 굽힌 자세를 유지한다.

③ 준비자세로 돌아가며 덤벨을 완전히 내린 후 숨을 들이마신다.

운동부위 및 효과

» 주동근 : 어깨세모근 가쪽(medial deltoid, 측면 삼각근)

» 협력근 : 어깨세모근 앞쪽(anterior deltoid, 전면 삼각근), 등세모근(trapezius, 승모근)

주의사항

» 등이 굽어지거나 앞으로 숙여지지 않도록 몸을 곧게 편다.

» 덤벨을 올릴 때 팔꿈치가 손목보다 높게 올라가게 한다.

» 덤벨을 빠르게 내리면 어깨의 부상을 초래하므로 천천히 내린다.

» 덤벨을 내릴 때 무릎을 굽혀 올리는 동작에 반동을 이용하지 않는다.

벤트-오버 래터럴 레이즈(bent-over lateral raise)

시작자세

① 시선은 정면을 보고 무릎은 약간 굽히면서 양발을 어깨 또는 엉덩이너비로 벌리고 선다.

② 가슴과 등을 펴고 허리를 앞으로 숙인다.

③ 이때 허리는 바닥과 수평이 아닌 약간 높은 자세를 유지한다.

④ 손바닥이 마주 보게 하여 뉴트럴 그립으로 덤벨을 잡고 팔꿈치를 약간 굽힌다.

올리는 동작

① 덤벨을 올리기 전에 숨을 들이마신다.

② 덤벨을 어깨높이까지 들어올려 위팔(상완)과 바닥이 수평이 되도록 한다.

③ 양옆으로 들어올린 상태에서 1~2초 정지하여 어깨근육의 최대 수축을 유도한다.

④ 팔꿈치를 약간 굽힌 자세를 유지하면서 어깨와 일직선이 되게 한다.

⑤ 몸의 균형을 유지하면서 반동을 이용하여 들어 올리지 않는다.

⑥ 올렸을 때 팔꿈치가 손목보다 높아야 한다.

사진 16_ **벤트-오버 래터럴 레이즈**(bent-over lateral raise)

내리는 동작

① 덤벨의 무게에 저항하며 천천히 내린다.

② 시선은 정면을 보고 가슴과 등을 펴고 무릎을 굽힌 자세를 계속 유지한다.

③ 허리를 너무 앞으로 숙여 체중이 발가락쪽으로 쏠려 발꿈치가 들리지 않도록 한다.

④ 준비자세로 돌아가며, 완전히 내렸을 때 숨을 들이마신다.

운동부위 및 효과

» 주동근 : 어깨세모근 뒤쪽(posterior deltoid, 후면 삼각근)

» 협력근 : 등세모근(trapezius, 승모근), 마름근 (rhomboids, 능형근), 작은원근(teres minor, 소원근), 가시아래근(infraspinatus, 극하근)

주의사항

» 시선은 정면을 보고 등이 둥글게 말지 않도록 펴준다.

» 덤벨을 올리는 동작에서 팔꿈치가 어깨 위치까지 올라가게 한다.

» 운동 중 팔꿈치를 약간 굽힌 자세를 유지한다.

등(back)

랫 풀다운(lat pulldown)

시작자세

① 안장과 무릎 패드의 높이를 자신의 신체에 맞게 조절하고, 허벅지가 바닥과 수평을 이루도록 앉는다.

② 신체가 흔들리지 않도록 허벅지를 패드에 고정시킨다.

③ 바는 오버핸드 그립으로 잡고 양손의 간격은 어깨너비보다 넓게 잡는다.

④ 바를 잡아당기면서 안장에 앉고 가슴과 허리를 펴고 팔꿈치는 굽히지 않는다.

내리는 동작

① 바를 당기기 전에 숨을 들이마신다.

② 바가 가슴부위의 빗장뼈(쇄골)에 닿도록 내리며 가슴을 위쪽으로 편다.

③ 머리와 상체를 약간 뒤쪽으로 젖혀 바가 얼굴에 닿지 않도록 한다.

④ 바를 내린 후 1~2초 정지하여 넓은등근(광배근)의 최대 수축을 유도한다.

⑤ 가장 힘든 지점을 지나 숨을 내쉰다.

⑥ 상체의 반동을 이용하여 바를 당기지 않는다.

⑦ 시선은 계속 바를 주시한다.

사진 17_ 랫 풀다운(lat pulldown)

올리는 동작

① 바가 얼굴에 닿지 않도록 하면서 천천히 바를 올린다.

② 천천히 팔꿈치를 펴면서 숨을 천천히 내쉰다.

③ 바를 올릴 때 엉덩이가 안장에서 떨어지지 않도록 한다.

④ 준비자세로 돌아오면서 다시 바를 당기기 위한 준비를 한다.

운동부위 및 효과

» 주동근 : 넓은등근(latissimus dorsi, 광배근), 큰원근(teres major, 대원근)

» 협력근 : 어깨세모근 뒤쪽(posterior deltoid, 후면 삼각근), 위팔두갈래근(biceps brachii, 상완이두근), 등세모근(trapezius, 승모근), 마름근(rhomboids, 능형근), 위팔근(brachialis, 상완근), 위팔노근(brachioradialis, 완요골근)

주의사항

» 중량더미 홈에 안전핀을 완전히 밀어 넣어 꽂는다.

» 무릎패드 높이를 신체에 맞게 조절하여 공간이 생기지 않도록 한다.

» 바를 올리는 동작에서 엉덩이가 의자에서 떨어지지 않도록 한다.

» 몸통과 허리를 곧게 펴서 운동 중 앞·뒤로 움직이지 않게 한다.

» 반동을 사용하기 위해 몸을 뒤로 과도하게 젖혀 바를 당기지 않도록 한다.

벤트-오버 로우(bent-over row)

시작자세

① 바를 바닥에 놓고 몸 중심에 가깝게 하여 정면을 바라보고 선다.

② 양손의 간격은 어깨너비보다 넓게 하여 오버핸드 그립으로 바를 잡는다.

③ 다리는 어깨너비로 벌리고 무릎은 약간 굽힌다.

④ 바닥에 놓인 바를 들어서 정강이에 가깝게 위치시킨다.

⑤ 가슴과 등은 펴고 허리를 숙여 수평보다 10~30° 정도 위로 들어준다.

⑥ 팔꿈치는 펴고 원판이 바닥에 닿지 않도록 허리와 무릎의 높이를 조절한다.

올리는 동작

① 바를 당겨 올리기 전에 숨을 들이마시면서 바를 명치보다 약간 아래로 당긴다.

② 팔꿈치가 옆으로 벌어지지 않도록 수직으로 움직인다.

③ 몸이 흔들리지 않도록 하며 체중이 앞으로 쏠리지 않도록 주의한다.

④ 신체의 반동을 이용해서 바를 올리지 않는다.

⑤ 가장 힘든 지점을 지나 숨을 내쉰다.

⑥ 시선은 계속 정면을 주시한다.

사진 18_ 벤트-오버 로우(bent-over row)

내리는 동작

① 가슴과 몸통을 펴고 무릎을 약간 굽힌 자세를 유지하며 천천히 바를 내린다.

② 준비자세로 돌아가면서 정강이에 가깝게 바를 천천히 내린다.

③ 팔꿈치를 완전히 펴고 바를 내리면서 숨을 내쉰다.

④ 바를 완전히 내리면서 다시 바를 당겨 올리기 위해 숨을 들이마신다.

⑤ 세트 후에 바를 바닥에 내려놓는다.

운동부위 및 효과

» 주동근 : 넓은등근(latissimus dorsi, 광배근), 큰원근(teres major, 대원근)

» 협력근 : 어깨세모근 뒤쪽(posterior deltoid, 후면 삼각근), 위팔두갈래근(biceps brachii, 상완이두근), 등세모근(trapezius, 승모근), 척주세움근(erectorspinae, 척주기립근), 마름근(rhomboids, 능형근), 위팔근(brachialis, 상완근), 위팔노근(brachioradialis, 완요골근)

주의사항

» 시선은 정면을 보고 몸을 곧게 펴서 허리가 굽혀지지 않게 한다.

» 손목을 말아서 바를 올리지 않는다.

» 바를 올리는 동작에서 무릎이나 허리를 펴지 않도록 한다.

» 몸무게 중심이 발가락 앞쪽으로 쏠리지 않도록 균형을 유지하면서 운동한다.

원 암 덤벨 로우(one-arm dumbbell row)

시작자세

① 왼쪽 손바닥을 벤치에 올려 놓고 팔꿈치를 편다. 같은 쪽의 왼무릎을 벤치에 올려놓는다.

② 상체를 너무 앞으로 숙여 왼팔에 무게중심이 쏠리지 않게 한다.

③ 오른발은 발끝이 정면을 향하게 하고 무릎을 약간 굽혀 벤치에 가깝게 둔다.

④ 시선은 정면을 바라보고 허리와 등은 벤치와 수평에 가깝게 편다.

⑤ 뉴트럴 그립으로 덤벨을 잡는다.

올리는 동작

① 덤벨을 올리기 전에 숨을 들이마시고 팔꿈치를 굽히면서 위로 높이 올린다.

② 당겨 올릴 때 덤벨과 위팔(상완)이 몸통에서 멀어지지 않도록 한다.

③ 손목을 안쪽으로 말아서 덤벨을 올리지 않으며 운동 중에는 손목을 편 상태를 계속 유지한다.

④ 손·팔꿈치·어깨를 수직으로 움직이면서 운동한다.

⑤ 반동을 이용하지 않고 덤벨을 당겨 올린다.

사진 19_ 원 암 덤벨 로우(one-arm dumbbell row)

내리는 동작

① 팔꿈치를 서서히 펴면서 덤벨을 내리되, 바닥에 닿을 정도로 너무 내리지 않는다.

② 몸통과 다리가 흔들리지 않도록 준비자세를 끝까지 유지한다.

③ 덤벨을 완전히 내리고 다음 동작을 위해 다시 숨을 들이마신다.

④ 반대쪽도 동일하게 운동한다.

운동부위 및 효과

» 주동근 : 넓은등근(latissimus dorsi, 광배근), 큰원근(teres major, 대원근), 어깨세모근 뒤쪽(posterior deltoid, 후면 삼각근)

» 협력근 : 위팔두갈래근(biceps brachii, 상완이두근), 등세모근(trapezius, 승모근), 마름근(rhomboids, 능형근), 위팔근(brachialis, 상완근), 위팔노근(brachioradialis, 완요골근)

주의사항

» 벤치에 올린 팔의 팔꿈치가 굽혀지지 않게 한다.

» 덤벨을 올리는 동작에서 반대쪽 어깨가 들리지 않도록 한다.

» 어깨는 바닥과 수평을 유지하며, 고개를 숙이거나 바닥을 보지 않는다.

» 손목을 안쪽으로 말아서 덤벨을 들어 올리지 않는다.

» 팔꿈치가 몸통에서 멀리 떨어지지 않게 한다.

암-풀다운(arm-pull down)

시작자세

① 케이블의 축(도르레)을 조절하여 자신의 신체보다 높게 위치시킨다.

② 자신에게 적당한 중량을 선택한 후 시선은 정면을 바라보고 케이블 앞에 선다.

③ 무릎을 약간 굽히고 양발은 어깨 또는 엉덩이 너비로 벌린다.

④ 가슴과 몸을 펴고 오버핸드 그립으로 바를 잡는다.

⑤ 팔꿈치는 펴고 케이블을 당기면서 허리를 숙인다.

⑥ 이때 허리는 바닥과 수평이 아닌 60~70° 정도 높게 들어준다.

당기는 동작

① 케이블을 당기기 전에 숨을 들이마시고 팔꿈치를 굽히지 않는다.

② 어깨를 축으로 호를 그리듯 팔꿈치를 펴면서 하복부 위치까지 바를 당긴다.

③ 케이블을 몸통 가까이 이동시키면서 팔꿈치가 옆으로 벌어지지 않게 한다.

④ 케이블을 당기면서 무게중심이 뒤로 이동하지 않도록 양발을 바닥에 견고하게 밀착시킨다.

⑤ 상체를 고정하여 반동을 이용하여 운동하지 않는다.

⑥ 완전히 바를 당긴 후에 숨을 내쉰다.

사진 20_ 암-풀다운(arm-pull down)

올리는 동작

① 바를 올리면서 숨을 천천히 내쉰다.

② 팔꿈치를 편 상태를 유지하면서 호를 그리듯 바를 처음 위치까지 올린다.

③ 케이블 무게에 몸이 앞으로 끌려가지 않도록 무게중심을 발 중앙에 놓는다.

④ 완전히 편 상태에서 1~2초 정도 넓은등근의 신장성 수축감을 느끼며 운동한다.

⑤ 바를 완전히 올린 후 다시 숨을 들이마신다.

운동부위 및 효과

» 주동근 : 넓은등근(latissimus dorsi, 광배근), 큰원근(teres major, 대원근), 마름근(rhomboids, 능형근)

» 협력근 : 위팔세갈래근 긴갈래(triceps brachii long head, 상완삼두근 장두), 어깨세모근 뒤쪽(posterior deltoid, 후면 삼각근)

주의사항

» 케이블 축이 자신의 키보다 높게 위치하도록 조절한다.

» 허리를 숙이고 몸통이 둥글게 말아지지 않도록 곧게 편다.

» 바를 당길 때 넓은등근의 자극을 느낄 수 있도록 위팔세갈래근의 개입을 최소화한다.

» 상체를 숙이거나 배근육(복근)의 힘으로 바를 당기지 않도록 한다.

» 바를 올릴 때 체중이 앞으로 이동하지 않도록 한다.

팔(arms)

바벨 컬(barbell curl)

시작자세

① 시선은 정면을 보고 양발을 어깨너비로 벌리
   고 선다.
② 가슴은 펴고 허리는 곧게 세우며 몸이 흔들리
   지 않도록 무릎을 약간 굽힌다.
③ 바를 언더핸드 그립으로 잡고 허벅지 앞쪽으
   로 위치시킨다.
④ 양손의 간격은 어깨너비 또는 어깨너비보다
   조금 넓게 잡는다.
⑤ 팔꿈치는 펴서 몸통 옆으로 붙이면서 앞으로
   내민다.

올리는 동작

① 팔꿈치를 몸통 앞으로 내밀고 고정시킨 상태
   에서 바를 포물선을 그리듯 위로 들어올린다.
② 팔꿈치를 축으로 올리며 반동을 사용하지 않
   는다.
③ 가슴과 몸통을 펴고 무릎을 약간 굽힌 상태를
   유지하며 몸의 균형을 유지하기 위해 배근육
   (복근)도 함께 수축시킨다.
④ 가장 힘든 지점을 지나 숨을 내쉰다.

사진 21_ 바벨 컬(barbell curl)

내리는 동작

① 팔꿈치를 축으로 팔을 천천히 펴면서 바를 내린다.

② 바가 허벅지에 완전히 닿지 않도록 하며, 바를 내리면서 숨을 들이마신다.

③ 무게중심이 발가락 앞쪽으로 쏠리지 않도록 배근육(복근)과 허리의 수축력을 유지하면서 바를 내린다.

운동부위 및 효과

» 주동근 : 위팔두갈래근(biceps brachii, 상완이두근), 위팔근(brachialis, 상완근)

» 협력근 : 위팔노근(brachioradialis, 완요골근)

주의사항

» 팔꿈치가 몸통에 붙거나 몸통보다 뒤로 빠지지 않게 일정한 자세를 유지한다.

» 바를 올릴 때 상체를 뒤로 젖히거나 바를 내릴 때 상체를 앞으로 숙이지 않는다.

» 발꿈치를 들거나 허벅지 또는 무릎의 반동을 이용하여 바를 들어올리지 않는다.

덤벨 컬(dumbbell curl)

시작자세

① 시선은 정면을 바라보고 양발을 어깨너비로 벌리고 선다.

② 손바닥이 몸쪽을 바라보도록 양손으로 덤벨을 잡는다.

③ 가슴과 몸통을 펴고 무릎을 약간 굽힌다.

④ 팔꿈치를 펴고 몸통 옆에 가깝게 붙인다.

올리는 동작

① 덤벨을 올리기 전에 숨을 들이마신다.

② 손바닥을 하늘로 향하도록 돌리면서 팔꿈치를 축으로 하여 어깨쪽으로 덤벨을 올린다.

③ 팔꿈치를 몸통 앞에서 고정하고 옆으로 벌어지지 않도록 한다.

④ 손목을 살짝 굽힌 자세를 유지한 채 운동한다.

⑤ 덤벨의 위치가 어깨 부위에 가까워졌을 때 손목을 바깥쪽으로 돌려 새끼손가락이 엄지손가락보다 높게 위치하도록 한다.

⑥ 위팔두갈래근의 최대 수축을 유도하기 위해 1~2초 정도 정지한다.

⑦ 가장 힘든 지점을 지나 숨을 내쉰다.

⑧ 몸의 반동을 이용하지 않도록 가슴과 몸통을 펴고 무릎을 살짝 굽힌 상태를 유지하면서 배 근육(복근)과 허리의 수축력을 유지한다.

사진 22_ 얼터네이트 덤벨 컬(alternate dumbbell curl)

내리는 동작

① 바깥쪽으로 돌렸던 손목을 다시 안쪽으로 돌리면서 팔꿈치를 축으로 서서히 펴면서 덤벨을 내린다.

② 팔꿈치를 몸통에 가깝게 붙이고 앞으로 내민 상태를 계속 유지한다.

③ 가슴과 몸통을 펴고 덤벨을 내리면서 허리를 앞으로 숙이지 않도록 한다.

④ 무게중심이 발가락 앞으로 쏠리지 않도록 무릎을 약간 굽히고 양발을 바닥에 견고하게 밀착시킨다.

⑤ 무릎은 약간 굽힌 상태를 유지하고 발은 바닥에 밀착시킨다.

⑥ 덤벨을 내리면서 다음 동작을 위해 다시 숨을 들이마신다.

운동부위 및 효과

» 주동근 : 위팔두갈래근(biceps brachii, 상완이두근), 위팔근(brachialis, 상완근)

» 협력근 : 위팔노근(brachioradialis, 완요골근), 어깨세모근 앞쪽(anterior deltoid, 전면 삼각근)

주의사항

» 한쪽 팔을 올렸다 완전히 내리면 반대편 팔을 올린다.

» 운동하는 동안 팔꿈치가 몸통에 붙거나 몸통보다 뒤로 빠지지 않도록 자세를 유지한다.

» 손목은 안쪽으로 굽혀서 위팔두갈래근의 수축을 돕는다.

» 어깨를 흔들거나 무릎의 반동을 사용하여 덤벨을 들어 올리지 않는다.

» 덤벨을 올릴 때 상체를 뒤로 젖히거나 덤벨을 내릴 때 상체를 앞으로 숙이지 않는다.

프리쳐 컬(preacher curl)

시작자세

① 기구의 안장을 자신의 신체에 맞게 조절한다.

② 가슴과 몸통을 곧게 펴고 양발을 바닥에 붙이고 머신의 안장에 앉는다.

③ 앉은 자세에서 상체를 앞으로 기울여서 가슴을 머신의 패드에 밀착시키고 위팔을 패드 위에 올려놓는다.

④ 팔꿈치를 펴고 언더핸드 그립으로 바를 잡는다.

⑤ 손목을 몸쪽 방향으로 굽혀서 바를 잡는다.

올리는 동작

① 바를 올리기 전에 숨을 들이마시고 몸이 흔들리지 않도록 가슴과 몸통 그리고 다리를 견고하게 고정시킨다.

② 팔꿈치를 축으로 어깨 방향으로 굽히면서 운동을 한다.

③ 바를 최대로 올린 상태에서 1~2초 정도 정지하여 위팔두갈래근의 최대 수축을 유도한다.

④ 가슴과 위팔, 팔꿈치가 패드에서 떨어지지 않도록 한다.

⑤ 몸의 반동을 이용해 올리지 않도록 하며 엉덩이가 안장에서 떨어지지 않게 한다.

사진 23_ 프리쳐 컬(preacher curl)

내리는 동작

① 팔꿈치를 펴면서 천천히 바를 내린다.

② 팔꿈치가 완전히 펴지지 않도록 하며, 내리는 동작에서도 위팔두갈래근의 긴장감을 계속 유지한다.

③ 가슴, 위팔, 팔꿈치, 엉덩이가 떨어지지 않도록 패드 및 의자에 밀착한 상태에서 바를 내린다.

④ 바를 내리면서 다음 동작을 위해 다시 숨을 들이마신다.

운동부위 및 효과

» 주동근 : 위팔두갈래근(biceps brachii, 상완이두근), 위팔근(brachialis, 상완근)

» 협력근 : 위팔노근(brachioradialis, 완요골근)

주의사항

» 등을 곱게 펴고 가슴과 발이 패드나 바닥에서 떨어지지 않도록 한다.

» 바를 올리는 동작에서 위팔이 패드에서 떨어지지 않도록 한다.

» 바를 올리면서 상체가 뒤로 젖혀지지 않도록 한다.

» 바를 내리면서 엉덩이가 의자에서 떨어지지 않도록 한다.

라잉 트라이셉스 익스텐션(lying triceps extension)

시작자세

① 벤치 한쪽 끝에 E-Z바를 올리고 반대쪽 끝에 앉는다.

② 벤치에 누우면서 머리·어깨·엉덩이를 벤치에 붙이고 양발을 바닥에 밀착시켜 아치 형태의 자세를 만든다.

③ 벤치에 누워 팔을 올려 머리 위에 놓인 E-Z바를 오버핸드 그립으로 잡는다.

④ 바를 잡을 때 양손의 간격은 일반적인 너비보다 좁게 잡는데, 대략 20~30cm가 적당하다.

⑤ 벤치에 놓인 E-Z바를 올려 머리 위에 위치시킨다.

⑥ 팔꿈치는 바닥과 수직에 가깝도록 펴준다.

⑦ 턱을 가슴쪽으로 당기고 시선은 E-Z바를 바라본다.

내리는 동작

① E-Z바를 내리기 전에 숨을 들이마신다.

② 팔꿈치를 축으로 천천히 내리며 가슴부위에서 팔꿈치를 모은 자세를 유지한다.

③ E-Z바를 내리면서 팔꿈치가 옆으로 벌어지지 않도록 주의한다.

④ 손목이 바닥쪽으로 꺽이지 않도록 손목에 힘을 준다.

⑤ E-Z바가 머리 이마에 닿기 전까지 내리고 상완은 바닥과 수직이 되도록 한다.

⑥ 양발을 바닥에 밀착시켜 내리는 동안 몸의 균형을 유지한다.

사진 24_ 라잉 트라이셉스 익스텐션(lying triceps extension)

올리는 동작

① 천천히 팔꿈치를 펴면서 E-Z바를 머리 위로 올린다.

② 가장 힘든 지점을 지나 숨을 내쉰다.

③ E-Z바를 올릴 때에도 팔꿈치가 옆으로 벌어지지 않도록 한다.

④ E-Z바를 내릴 때와 마찬가지로 위팔은 바닥과 수직 상태를 끝까지 유지한다.

⑤ 완전히 E-Z바를 올린 후 다음 동작을 위해 숨을 들이마신다.

운동부위 및 효과

» 주동근 : 위팔세갈래근(triceps brachii, 상완삼두근)

주의사항

» 스트레이트 바보다 손목과 팔꿈치의 부담을 줄이기 위해 E-Z 바를 사용한다.

» 운동 중 위팔은 흔들리지 않도록 고정하고 팔꿈치가 벌어지지 않도록 한다.

» 바를 내리는 동작에서 가속도를 이용하여 반동으로 바를 올리지 않는다.

» 손목을 고정하여 과도하게 뒤로 젖혀지지 않도록 한다.

트라이셉스 푸시다운(triceps pushdown)

시작자세

① 시선은 정면을 보고 케이블 앞에 양발을 어깨
  너비로 벌리고 선다.

② 가슴과 몸은 펴고 무릎을 약간 구부린다.

③ 허리를 조금 앞으로 기울이고 엉덩이를 살짝
  뒤로 뺀다.

④ 바를 오버핸드 그립으로 잡고 양손의 간격은
  20~30cm를 유지한다.

⑤ 바를 당겨서 내리고 팔꿈치를 굽혀 몸통 옆에
  붙인다.

⑥ 아래팔이 바닥과 수평이 되도록 팔꿈치를 굽
  힌다.

내리는 동작

① 바를 내리기 전에 숨을 들이마신다.

② 바를 내릴 때 팔꿈치가 몸통보다 앞 또는 뒤
  로 움직이지 않도록 몸통에 붙인다.

③ 팔꿈치를 천천히 펴서 바를 내리고 완전히 내
  린 후 1~2초 정지하여 위팔세갈래근(상완삼
  두근)의 최대 수축을 유도한다.

④ 앞으로 체중을 실어 바를 내리지 않도록 한다.

⑤ 가장 힘든 지점을 지나 숨을 내쉰다.

사진 25_ 트라이셉스 푸시다운(triceps pushdown)

올리는 동작

① 팔꿈치를 천천히 굽히면서 아래팔이 바닥과 수평이 될 때까지 바를 올린다.
② 바를 올릴 때 팔꿈치가 몸통보다 앞 또는 뒤로 움직이지 않도록 몸통에 붙인다.
③ 다음 동작을 위해 바를 올리면서 숨을 들이마신다.

운동부위 및 효과

» 주동근 : 위팔세갈래근(triceps brachii, 상완삼두근)
» 협력근 : 팔꿈치근(anconeus, 주근)

주의사항

» 케이블 축이 자신의 키보다 높은 위치에 있어야 한다.
» 케이블을 수직으로 당길 수 있도록 머신에 가깝게 위치한다.
» 운동 중 위팔과 팔꿈치는 몸통에 붙여 고정시킨다.
» 등을 편 자세를 유지하고 상체를 앞으로 숙이면서 바를 당기지 않는다.

덤벨 킥백(dumbbell kickback)

시작자세

① 벤치에 같은 쪽의 손과 발을 올리고 등과 허리는 바닥과 수평을 이루도록 숙인다.

② 머리를 들어 시선은 정면을 바라본다.

③ 한쪽 발은 발끝이 정면을 보도록 바닥에 붙이고 무릎을 살짝 굽힌다.

④ 덤벨은 손바닥이 몸통을 바라보도록 잡고 팔꿈치를 몸통에 붙인다.

⑤ 위팔은 바닥과 수평을 이루도록 하며, 아래팔은 바닥과 수직이 되도록 한다.

올리는 동작

① 팔꿈치를 천천히 펴면서 덤벨을 올리고, 몸통에서 떨어지지 않도록 한다.

② 덤벨을 완전히 올렸을 때 위팔과 아래팔이 바닥과 수평을 이루도록 한다.

③ 몸을 비틀거나 반동을 사용하여 덤벨을 올리지 않도록 한다.

④ 덤벨을 들어 올렸다가 바로 내리지 않고 1~2초 정지하여 위팔세갈래근의 최대 수축을 유도한다.

사진 26_ 덤벨 킥백(dumbbell kickback)

내리는 동작

① 팔꿈치를 천천히 굽히면서 덤벨을 내린다.

② 팔꿈치를 몸통에 붙인 자세를 유지하면서 위팔은 바닥과 수평을 유지하고, 아래팔이 바닥과 수직이 될 때까지 덤벨을 내린다.

③ 운동 중 시선은 계속 정면을 바라보고 등과 허리는 바닥과 수평이 되도록 자세를 유지한다.

④ 몸의 균형을 유지하고 흔들이지 않도록 무릎은 굽힌 자세를 유지하고 발은 바닥에 밀착시킨다.

운동부위 및 효과

» 주동근 : 위팔세갈래근(triceps brachii, 상완삼두근)

» 협력근 : 팔꿈치근(anconeus, 주근)

주의사항

» 어깨와 위팔이 바닥과 수평이 되도록 자세를 유지한다.

» 위팔과 팔꿈치가 몸통에서 멀어지지 않도록 한다.

» 손목을 안쪽으로 말아서 덤벨을 들어 올리지 않는다.

» 덤벨을 들어 올리는 동작에서 운동하는 반대쪽 어깨를 들어 올리거나 몸을 비틀지 않는다.

복부(abdominal)

싯 업(sit-up)

시작자세

① 매트에 누워 머리·어깨·등·엉덩이·양발을 바닥에 밀착시킨다.

② 보드(board)를 사용할 때에는 먼저 패드의 높이를 조절하여 발목을 단단히 고정시키고 보드에 누웠을때 무릎의 각도가 90°가 되도록 종아리(하퇴)와 넙다리(대퇴)를 움직여 자세를 유지한다.

③ 팔을 올려 손을 귀 옆으로 위치시키거나 깍지 끼워 머리 뒤에 붙인다.

올리는 동작

① 머리→어깨→등의 순으로 바닥에서 상체를 천천히 들어올린다.

② 반동을 사용하기 위해 허리를 들어 엉덩이가 바닥에서 떨어지지 않도록 한다.

③ 몸통을 비틀면서 들어올리지 않는다.

④ 손으로 머리를 당겨 올리지 않는다.

⑤ 가장 힘든 지점을 지나 숨을 내쉰다.

사진 27_ 싯 업(sit-up)

내리는 동작

① 상체를 천천히 내리면서 배근육의 긴장감과 수축력을 유지한다.

② 어깨가 바닥에 닿기 전까지만 상체를 내린다.

③ 상체를 내리고 다시 상체를 올리기 위해서 숨을 들이마신다.

④ 발과 엉덩이는 바닥에 밀착시키면서 운동 중 균형을 계속 유지한다.

운동부위 및 효과

» 주동근 : 배곧은근 위쪽(upper rectus abdominis, 복직근 상부)

» 협력근 : 배바깥빗근(external obliquus abdominis, 외복사근), 배안쪽빗근(internal obliquus abdominis, 내복사근)

주의사항

» 어깨가 바닥에 닿지 않도록 한다.

» 엉덩이를 들어올려 반동으로 상체를 올리지 않는다.

» 손은 머리 뒤 또는 옆에 붙이고 과도하게 머리를 앞으로 당겨 목뼈(경추)에 부담을 주지 않도록 한다.

» 운동하는 동안에 발·엉덩이·등 아래쪽은 매트나 바닥에서 떨어지지 않도록 한다.

크런치(crunch)

시작자세

① 매트에 누워 머리 · 어깨 · 등 · 엉덩이를 바닥에 밀착시킨다.

② 무릎이 바닥과 수직이 되도록 다리를 들어올린다.

③ 무릎을 굽혀 종아리(하퇴)가 바닥과 수평이 되도록 한다.

④ 벤치에 다리를 올려놓을 수 있다.

⑤ 팔을 들어올려 양손을 머리 옆 또는 깍지끼워 머리 뒤로 붙인다.

올리는 동작

① 상체를 올리기 전에 숨을 들이마신다.

② 매트에서 머리와 어깨를 올리면서 동시에 무릎을 가슴쪽으로 당겨준다.

③ 바로 준비자세로 돌아가지 않고 1~2초 동작을 정지하여 배근육(복근)의 최대 수축을 유도한다.

④ 올리는 동안 엉덩이와 등 아래쪽은 움직이지 않도록 한다.

⑤ 양손은 내리지 않고 계속 머리에 붙인다.

사진 28_ 크런치(crunch)

내리는 동작

① 머리와 어깨를 매트에 닿기 전까지 내린다.

② 머리와 어깨를 천천히 내리면서 배근육(복근)의 긴장감을 계속 유지한다.

③ 올리는 동작과 마찬가지로 움직이지 않도록 엉덩이와 등 아래쪽은 바닥에 고정한다.

운동부위 및 효과

» 주동근 : 배곧은근(rectus abdominis, 복직근)

» 협력근 : 배바깥빗근(external obliquus abdominis, 외복사근), 배안쪽빗근(internal obliquus abdominis, 내복사근), 넙다리곧은근(rectus femoris, 대퇴직근), 넙다리근막긴장근(tensor fasciae latae, 대퇴근막장근)

주의사항

» 어깨가 바닥에 닿기 전에 다시 올린다.

» 목을 무리하게 당기지 않는다.

» 머리가 아닌 가슴을 들어올린다는 느낌으로 운동한다.

사이드 크런치(side crunch)

시작자세

① 하늘을 바라보고 매트에 편하게 눕는다.

② 무릎을 굽혀 세워서 한쪽 발을 바닥에 밀착
시킨다.

③ 무릎을 굽혀 세운 다리의 허벅지 위에 반대편
다리를 양반다리와 같이 올린다.

④ 팔을 올려서 한 손은 머리 옆에 가볍게 붙이
고, 반대편 손바닥은 바닥을 향하도록 하여
매트에 붙인다.

올리는 동작

① 상체를 올리기 전에 숨을 들이마신다.

② 무릎을 굽힌 다리에 올린 다리쪽으로 몸을 비
틀면서 머리에 붙인 쪽의 팔꿈치를 올린다.

③ 손을 머리에서 떨어뜨릴 때 반동을 사용하지
않도록 한다.

④ 최대로 올린 상태에서 1~2초 정지하여 배근
육(복근)을 쥐여짜듯 최대 수축을 유도한다.

⑤ 올리는 동안 엉덩이와 등 아래쪽은 매트에 계
속 밀착시킨다.

사진 29_ 사이드 크런치(side crunch)

내리는 동작

① 머리와 어깨를 매트에 닿기 전까지 천천히 내린다.

② 배근육(복근)의 긴장감을 유지하면서 상체를 천천히 내린다.

③ 한쪽 방향으로 운동이 끝나면 반대쪽 방향으로 교대하여 실시한다.

④ 올리는 동작을 할 때에도 엉덩이와 등 아래쪽은 매트에 밀착시킨다.

운동부위 및 효과

» 주동근 : 배바깥빗근(external obliquus abdominis, 외복사근), 배안쪽빗근(internal obliquus abdominis, 내복사근), 배곧은근(rectus abdominis, 복직근)

» 협력근 : 넙다리곧은근(rectus femoris, 대퇴직근), 넙다리근막긴장근(tensor fasciae latae, 대퇴근막장근)

주의사항

» 한쪽 어깨가 바닥에 닿기 전에 다시 올린다.

» 반동을 사용하여 올리지 않는다.

» 빠른 속도보다는 배근육(복근)의 수축을 느끼면서 천천히 운동한다.

» 머리에서 손이 떨어지지 않도록 하며 엉덩이와 등 아래쪽은 바닥에 밀착시킨다.

응용동작

» 매트에 옆으로 누워 양발을 모으고 무릎을 살짝 굽힌다

» 한쪽 팔은 손바닥이 바닥을 향하게 대고 반대쪽 손은 머리뒤에 가볍게 붙인다.

» 상체를 올리면서 1-2초 정지하여 배바깥빗근을 최대로 수축시킨다.

» 다시 준비자세로 돌아간다.

» 세트 운동 후 반대쪽으로 교대 실시한다.

다리(legs)

백 스쿼트(back squat)

시작자세

① 시선은 정면을 바라보고 스쿼트 랙 앞에 선다.

② 올려진 바의 정중앙 아래로 들어가 바를 등세모근 아래쪽에 위치시킨다.

③ 바를 들어 올리면서 한두 걸음 뒤로 나온다.

④ 가슴을 내밀면서 어깨는 모으고 등과 허리는 곧게 펴준다.

⑤ 팔꿈치는 바를 받쳐준다는 느낌으로 등 뒤로 살짝 빼준다.

⑥ 양쪽 다리를 어깨너비로 벌리고 엄지발가락을 정면 또는 10~20° 정도 바깥쪽으로 벌리고 서며, 무릎은 살짝 굽혀준다.

내리는 동작

① 바를 내리기 전에 숨을 들이마셔 몸통의 압력을 높인다.

② 의자에 앉는 느낌으로 엉덩이는 살짝 뒤로 빼주고 골반과 무릎을 굽히면서 앉는다.

③ 앉으면서 넙다리가 바닥과 수평이 되도록 천천히 바를 내린다.

④ 측면에서 바라보았을 때 무릎이 발가락 끝을 넘지 않도록 한다.

⑤ 앞으로 넘어지지 않도록 무게중심이 발 중앙에서 약간 발꿈치쪽으로 위치하도록 한다.

⑥ 가슴은 내밀고 등과 허리는 곧게 편 자세를 유지한다.

사진 30_ 백 스쿼트(back squat)

올리는 동작

① 바를 올릴 때 반동을 이용하지 않도록 내린 상태에서 천천히 올라간다.

② 바를 올리면서 가슴은 내밀고 등과 허리는 곧게 편 자세를 유지한다.

③ 올리면서 시선은 정면을 바라보고 몸을 앞으로 기울이지 않도록 한다.

④ 무릎을 완전히 펴지 않고 살짝 굽힌다.

⑤ 바를 들어 올리면서 가장 힘든 지점을 지나서 숨을 쉰다.

운동부위 및 효과

» 주동근 : 넙다리네갈래근(quadriceps, 대퇴사두근), 큰볼기근(gluteus maximus, 대둔근)

» 협력근 : 중간볼기근(gluteus medius, 중둔근), 척주세움근(erector spinae, 척주기립근), 햄스트링스(hamstrings), 배곧은근(rectus abdominis, 복직근)

주의사항

» 머리를 숙이지 않고, 시선은 항상 정면을 바라본다.

» 앉으면서 상체를 앞으로 숙이지 않는다.

» 무릎이 발끝 앞으로 나오지 않도록 무게중심을 발 중앙에 둔다.

» 무릎이 안쪽으로 모으거나 바깥으로 벌어지지 않도록 한다.

» 일어서면서 발가락 앞으로 체중을 이동시키지 않는다.

» 무거운 중량으로 운동할 때에는 허리벨트 착용을 권장한다.

하이바 스쿼트(high bar squat)

로우바 스쿼트(low bar squat)

하이바와 로우바 스쿼트의 차이점

하이바는 승모근의 상부에 바벨을 올려놓기 때문에 로우바에 비해 상체가 앞으로 기울어지지 않고 무릎을 굽혀 수직하방으로 깊게 내리면서 운동할 수 있어서 대퇴사두근을 발달시키는데 효과적이다. 로우바는 승모근 중앙과 삼각근 상부에 바를 올려놓기 때문에 상체가 앞으로 기울어지고 하이바에 비해 고관절이 많이 접히기 때문에 둔근과 햄스트링 발달에 효과적이다.

크로스 암 포지션 스쿼트(cross-arm position squat)

시작자세

① 시선은 정면을 바라보고 스쿼트 랙 앞에 선다.

② 바를 앞쪽 어깨세모근과 가슴부위의 어깨뼈 위에 바를 올려 놓는다.

③ 몸 앞에서 양손을 교차시켜(교차팔 자세, cross-arm position) 바를 잡는다.

④ 아래팔과 위팔이 바닥과 수평이 되도록 한다.

⑤ 가슴과 몸통을 곧게 편 자세를 유지한다.

⑥ 바를 들어 올려 한두 걸음 뒤로 나온다.

⑦ 양쪽 다리를 어깨너비로 벌리고 엄지발가락을 정면 또는 10~20° 정도 바깥쪽으로 벌리고 선다.

내리는 동작

① 바를 내리기 전에 숨을 들이마신다.

② 무게중심을 발 중앙에서 약간 발꿈치쪽으로 위치시킨다.

③ 엉덩이는 살짝 뒤로 빼고 골반과 무릎을 굽히면서 천천히 앉는다.

④ 넙다리가 바닥과 수평이 되도록 앉으면서 무릎이 발가락을 넘지 않도록 주의한다.

⑤ 가슴과 몸통을 편 자세를 계속 유지하고 몸을 둥그렇게 말지 않도록 한다.

사진 31_ 크로스 암 포지션 스쿼트(cross-arm position squat)

올리는 동작

① 발 중앙에서 약간 발꿈치쪽으로 무게중심을 위치시킨 상태에서 천천히 일어선다.
② 위팔이 바닥과 수평을 이루도록 팔꿈치를 올려 자세를 계속 유지한다.
③ 바를 올리면서 무릎을 완전히 펴지 않는다.
④ 시선은 계속 정면을 바라보고 앞으로 넘어지지 않도록 몸을 숙이지 않는다.
⑤ 바를 올리면서 가장 힘든 지점을 지나서 숨을 내쉰다.

운동부위 및 효과

» 주동근 : 넙다리네갈래근(quadriceps, 대퇴사두근), 큰볼기근(gluteus maximus, 대둔근)
» 협력근 : 중간볼기근(gluteus medius, 중둔근), 척주세움근(erector spinae, 척주기립근), 햄스트링스(hamstrings), 배곧은근(rectus abdominis, 복직근)

주의사항

» 머리를 숙이지 않고, 항상 시선은 정면을 바라본다.
» 몸통을 펴고 앉으면서 상체를 앞으로 숙이지 않도록 한다.
» 무릎을 발끝 앞으로 나오지 않도록 무게중심을 발 중앙에 둔다.
» 무릎이 안쪽으로 모으거나 바깥쪽으로 벌어지지 않도록 한다.
» 발꿈치가 들리지 않도록 발가락 앞으로 체중을 이동시키지 않는다.

패럴렐 암 포지션 프론트 스쿼트(parallel arm position front squat)

» 프론트 스쿼트와 같은 동작으로 패럴렐 암 포지션 프론트 스쿼트를 실시 할 수 있다.
» 손바닥이 하늘을 향하게 하여 손가락의 첫번째와 두번째 마디사이에 바를 걸쳐 어깨위에 올린다.
» 팔꿈치는 앞으로 내밀어 어깨높이 만큼올리고 양옆으로 벌어지지 않도록 한다.
» 등은 펴고 엉덩이를 살짝 뒤로 뺀 자세를 유지하면서 천천히 내리고 다시 준비자세로 돌아간다.

레그 프레스(leg press)

시작자세

① 발판과 등받이를 자신의 신체에 맞게 조절한다.

② 시선은 정면을 바라보고 가슴은 펴고 등과 엉덩이를 등받이에 밀착시키고 앉는다.

③ 양손은 손잡이를 잡아 운동 중 몸이 흔들리지 않도록 한다.

④ 다리는 어깨너비로 벌리고 발가락은 정면이나 10~20° 정도 바깥쪽으로 벌려 발판 위에 둔다.

굽히는 동작

① 굽히기 전에 숨을 들이마신다.

② 골반과 무릎을 천천히 굽히면서 운동한다.

③ 빠르지 않도록 동일한 속도를 유지한다.

④ 무릎을 안으로 모으거나 바깥쪽으로 벌어지지 않도록 주의하면서 평행한 상태를 유지한다.

⑤ 등과 엉덩이는 등받이에서 떨어지지 않도록 하며 시선은 계속 정면을 본다.

사진 32_ 레그 프레스(leg press)

미는 동작

① 반동 없이 무릎을 동일한 속도로 천천히 편다.
② 발판을 밀면서 가장 힘든 지점을 지나 숨을 쉰다.
③ 무릎이 안으로 모이거나 바깥쪽으로 벌어지지 않도록 주의하면서 평행한 상태를 유지한다.
④ 운동 중 양손은 손잡이를 잡고 무릎이나 허벅지 위에 올려놓지 않는다.
⑤ 등과 엉덩이는 등받이에서 떨어지지 않도록 고정한다.
⑥ 발 중앙에서 약간 발꿈치쪽으로 힘을 주면서 밀고 무릎을 완전히 펴지 않는다.

운동부위 및 효과

» 주동근 : 넙다리네갈래근(quadriceps, 대퇴사두근)
» 협력근 : 큰볼기근(gluteus maximus, 대둔근), 햄스트링스(hamstrings)

주의사항

» 등과 엉덩이를 의자에서 떨어지지 않도록 한다.
» 다리를 굽히면서 무릎을 안으로 모으거나 벌리지 않는다.
» 다리를 펴는 동작에서 무릎을 완전히 펴지 않는다.
» 발판을 발 앞쪽이나 발꿈치보다 발바닥 전체로 민다.

레그 익스텐션(leg extension)

시작자세

① 머신의 발목 패드와 등받이를 자신의 신체에 맞게 조절한다.

② 등받이를 조절하여 무릎 뒷부분이 의자 끝부분에 닿도록 하고 운동 중 종아리가 의자에 걸리지 않도록 한다.

③ 등과 엉덩이를 의자에 밀착시켜 앉고 무릎은 머신의 축과 나란히 위치시킨다.

④ 양손은 머신의 손잡이를 잡는다.

펴는 동작

① 무릎을 펴기 전에 숨을 들이마신다.

② 발목을 세우고 무릎이 종아리와 일직선이 되도록 완전히 펴준다.

③ 무릎을 완전히 편 상태에서 바로 내리지 않고 1~2초 정도 정지하여 넙다리네갈래근의 최대 수축을 유도한다.

④ 시선은 정면을 보고 등과 엉덩이는 의자에 고정시킨다.

⑤ 반동을 사용하지 않도록 엉덩이가 의자에서 떨어지지 않도록 한다.

⑥ 무릎을 완전히 펴는 동작에서 가장 힘든 지점을 지나 숨을 쉰다.

사진 33_ 레그 익스텐션(leg extension)

굽히는 동작

① 넙다리네갈래근의 긴장감을 느끼면서 천천히 무릎을 굽힌다.

② 머신의 중량더미에 닿지 않도록 내린다.

③ 시선은 정면을 보고 가슴을 편 상태에서 등과 엉덩이는 의자에 고정시킨다.

④ 반동을 사용하지 않도록 일정한 속도를 유지한다.

운동부위 및 효과

» 주동근 : 넙다리네갈래근(quadriceps, 대퇴사두근)

주의사항

» 중량더미에 안전핀을 끝까지 밀어 넣고 발목 패드와 의자를 신체에 맞게 조절한다.

» 내리는 가속도를 이용하여 반동으로 다리를 올리지 않는다.

» 상체를 뒤로 젖히면서 다리를 올리지 않는다.

» 운동 중 엉덩이와 등이 의자에서 떨어지지 않도록 한다.

» 몸이 흔들리지 않도록 손잡이를 단단히 잡는다.

레그 컬(leg curl)

시작자세

① 머신에 엎드리기 전에 자신의 신체에 맞게 발목 패드 길이를 조절한다.

② 발목 패드는 발목에 위치하도록 조절한다.

③ 엎드렸을 때 무릎 윗부분이 패드 끝에 닿도록 한다.

④ 무릎은 기계의 축과 나란히 위치하도록 한다.

⑤ 시선은 정면을 보고 가슴·배·허벅지를 패드에 밀착시킨다.

⑥ 양손은 손잡이를 잡는다.

올리는 동작

① 패드를 들어 올리기 전에 숨을 들이마신다.

② 무릎을 굽혀 발목 패드가 엉덩이에 닿을 때까지 올린다.

③ 완전히 올린 상태에서 1~2초 정지하여 넙다리두갈래근의 최대 수축을 유도한다.

④ 엉덩이가 위아래로 들썩이지 않도록 가슴·배·허벅지를 패드에 밀착시키고, 보조자가 있다면 엉덩이를 눌러준다.

⑤ 완전히 올린 후 숨을 내쉰다.

사진 34_ 레그 컬(leg curl)

내리는 동작

① 동일한 속도로 천천히 무릎을 펴면서 준비자세로 돌아온다.
② 시선은 정면을 보고 가슴·배·허벅지를 패드에 계속 밀착시킨다.
③ 무릎을 완전히 펴지 않는다.
④ 완전히 내린 후 다시 올리기 위해 숨을 들이마신다.

운동부위 및 효과

» 주동근 : 햄스트링스(hamstrings)
» 협력근 : 큰볼기근(gluteus maximus, 대둔근), 장딴지근(gastrocnemius, 비복근)

주의사항

» 중량더미에 안전핀을 끝까지 밀어 넣고 발목 패드를 신체에 맞게 조절한다.
» 다리를 올리면서 엉덩이가 올라오지 않도록 패드에 밀착시킨다.
» 내리는 가속도를 이용하여 반동으로 다리를 올리지 않는다.
» 과도하게 무릎을 펴서 다리를 내리지 않는다.
» 고개를 옆으로 돌리거나 바닥을 보지 않고 정면을 바라본다.
» 몸이 흔들리지 않도록 손잡이를 단단히 잡는다.

런지(lunge)

시작자세

① 스쿼트 랙에 올려진 바벨을 목 뒤 승모근 부위에 올려놓는다.

② 시선은 정면을 보고 양손은 어깨너비보다 넓게 바를 잡는다.

③ 다리는 어깨너비보다 좁게 또는 엉덩이너비로 벌리고 선다.

④ 발가락이 정면을 향하도록 한다.

⑤ 팔꿈치는 바를 받치듯이 등 뒤로 위치시킨다.

⑥ 가슴은 펴고 어깨는 모아 몸을 곧게 편다.

⑦ 바를 들어 올려 한두 걸음 뒤로 나온다.

굽히는 동작

① 발가락이 정면을 향하도록 한쪽 다리를 앞으로 내민다.

② 앞 다리의 넙다리가 바닥과 수평이 될 때까지 무릎을 굽힌다.

③ 앞으로 내민 다리의 무릎이 발가락끝을 벗어나지 않도록 한다.

④ 가슴은 펴고 몸통은 바닥과 수직을 유지한다.

⑤ 좌우로 흔들리거나 넘어지지 않도록 균형을 잘 유지한다.

⑥ 앞으로 내민 반대쪽 다리의 넙다리가 바닥과 수직을 이루도록 한다.

⑦ 뒷다리의 무릎이 바닥에 닿기 전까지 내린다.

사진 35_ 런지(lunge)

일어서는 동작

① 앞으로 내민 다리의 무릎을 펴면서 일어선다.

② 앞으로 내민 다리를 뒷다리 옆으로 이동시킨다.

③ 시선은 정면을 보고 가슴을 편 상태에서 몸은 바닥과 수직상태를 유지한다.

④ 완전히 일어나고 숨을 내쉰다.

⑤ 반대쪽 다리를 교대하여 운동을 시작한다.

운동부위 및 효과

» 주동근 : 넙다리네갈래근(quadriceps, 대퇴사두근), 큰볼기근(gluteus maximus, 대둔근)

» 협력근 : 햄스트링스(hamstrings), 장딴지근 (gastrocnemius, 비복근), 가자미근(soleus), 엉덩허리근(iliopsoas, 장요근)

주의사항

» 몸통을 곧게 세우고 상체가 앞으로 기울어지지 않도록 한다.

» 굽히는 동작에서 앞발은 넙다리가 바닥과 수평을 이루도록 하며, 뒷발은 넙다리가 바닥과 수직이 되도록 자세를 유지한다.

» 뒤로 움직이는 동작에서 반동을 사용하면 균형을 잃을 수 있으므로 천천히 이동한다.

» 바를 사용할 경우 한쪽으로 치우치지 않게 균형을 잘 유지한다.

전신(whole body) 및 엉덩이(hips)

데드리프트(deadlift)

시작자세

① 양발을 어깨너비로 벌리고 바 앞에 선다.

② 바는 오버핸드 또는 얼터네이티드 그립으로 어깨너비보다 넓게 잡는다.

③ 바가 몸 중심에서 멀어지지 않도록 바를 정강이와 가깝게 위치시킨다.

④ 시선은 정면을 보고 가슴과 등을 편다.

올리는 동작

① 바를 들어 올리기 전에 숨을 들이마신다.

② 허리와 무릎을 펴면서 바를 들어 올린다.

③ 가슴을 내밀고 몸은 곧게 편 상태에서 바가 허벅지에 닿도록 팔꿈치를 완전히 편다.

④ 올리는 과정에서 허리와 배근육(복근)의 수축력을 계속 유지하고, 완전히 들어올린 후에 숨을 내쉰다.

⑤ 허리를 뒤로 과도하게 젖혀서 등이 과신전되지 않도록 한다.

사진 36_ 데드리프트(deadlift)

내리는 동작

① 허리와 무릎을 굽히면서 바가 몸의 중심에서 멀어지지 않도록 내린다.

② 허벅지가 바닥과 수평이 되도록 내린다.

③ 시선은 정면을 보고 등이 둥글게 말리지 않도록 주의한다.

④ 바가 몸의 중심에서 멀어지지 않도록 허벅지와 정강이를 스쳐 지나가듯 내린다.

⑤ 바를 내릴 때 허리만 숙이지 않도록 하며 무릎을 함께 굽혀준다.

운동부위 및 효과

» 주동근 : 척주세움근(erector spinae, 척주기립근), 등세모근(trapezius, 승모근), 넓은등근(latissimus dorsi, 광배근)

» 협력근 : 넙다리네갈래근(quadriceps, 대퇴사두근), 큰볼기근(gluteus maximus, 대둔근), 햄스트링스(hamstrings), 큰원근(teres major, 대원근), 마름근(rhomboids, 능형근)

주의사항

» 등을 곧게 펴서 굽어지지 않도록 자세를 유지한다.

» 고개를 숙이지 않도록 시선은 정면을 바라본다.

» 바를 들어올리는 동작에서 무릎을 먼저 펴면 허리에 부담을 줄 수 있으므로 동시에 일어서도록 한다.

» 바가 몸 중심에서 멀어지지 않도록 바가 정강이를 스치면서 운동한다.

» 반동을 사용하여 바를 올리지 않는다.

» 운동하면서 가슴은 내밀고 배근육(복근)과 허리의 긴장감을 유지한다.

힙 쓰러스트(hip thrusts)

시작자세

① 의자나 플랫 벤치에 어깨를 대고 눕는다.

② 바를 골반 위에 올려놓는다.

③ 언더핸드 그립으로 바를 엉덩이 너비로 잡는다.

④ 바를 올리면서 몸통과 허벅지가 바닥과 일직 선이 되도록 한다.

⑤ 양발은 바닥에 붙이고 종아리가 지면과 수직 이 되도록 무릎을 굽혀준다.

내리는 동작

① 숨을 들이마시고 천천히 엉덩이를 바닥을 향 해 내린다.

② 엉덩이가 바닥에 닿기 전까지 충분히 내린다.

③ 바가 흘러내려가지 않도록 양손으로 바를 잡 고 내린다.

사진 37_ **힙 쓰러스트(hip thrusts)**

올리는 동작

① 엉덩이를 들어올리면서 숨을 내쉰다.

② 엉덩이를 들어올려 1~2초 정지하여 큰볼기근의 최대 수축을 유도한다.

③ 등 상부와 양다리는 운동 중 벤치 및 바닥에 밀착시킨다.

운동부위 및 효과

» 주동근 : 넙다리네갈래근(quadriceps, 대퇴사두근), 큰볼기근(gluteus maximus, 대둔근), 중간볼기근(gluteus medius, 중둔근)

» 협력근 : 햄스트링스(hamstrings)

주의사항

» 종아리는 바닥과 수직을 이루고 허벅지는 바닥과 수평을 이루도록 자세를 유지한 상태에서 운동한다.

» 바가 떨어지지 않도록 운동 중 바를 계속 잡고 있는다.

» 엉덩이를 내리면서 가속도를 이용하여 반동으로 바를 들어올리지 않는다.

» 발과 어깨는 바닥과 벤치에 밀착시킨다.

[참고문헌]

(1) 이명천, 김승현, 양상진, 이용수, 한아름, 이건재(2013). 저항성 운동에서 Valsalva Maneuver 호흡기법의 효과와 위험성. 운동학 학술지. 15(2). 35-46.

(2) 임완기, 권만근, 김경식, 이덕철, 이승범, 홍길동(2006). 체력육성을 위한 페펙트 웨이트트레이닝. 서울 : 홍경.

Chapter 03

심폐지구력 트레이닝

심폐지구력 검사 지침

심폐지구력은 체력의 가장 중요한 요소로서, 안정 시와 운동 중의 기능을 평가하여야 한다. 안정 시에는 심박수·혈압·심전도 등을 평가하며, 운동 중에는 최대운동이나 최대하운동을 수행하는 능력과 반응을 평가한다. 점진적 운동검사 전·중·후에 스트레스에 대한 반응과 비정상적인 증상을 찾아내기 위하여 심박수, 심전도, 혈압, 운동자각도(RPE : ratings of perceived exertion)를 검사한다.

심박수

촉진

① 목동맥(경동맥) : 후두 바깥쪽의 목 안쪽
② 노뼈동맥(요골동맥) : 엄지기부 선으로 손목 위 전외부
③ 관자동맥(측두동맥) : 관자(측두)에서 머리의 머릿결을 따라서

심박수 구분

서맥(bradycardia) : 60회/분
정상 : 60~100회/분
빈맥(tachycardia) : 100회/분 이상

---

* 본 장은 이병근(2005)의 트레이닝과 컨디셔닝, 도서출판 태근 및 이병근 등(2013)의 트레이닝과 컨디셔닝(2판), 도서출판 태근 중 제6장과 제7장을 변형하고 추가하여 작성되었다.

혈압

혈압은 동맥의 혈류 흐름에 의해서 발생되는 힘 또는 압력으로, 수축기혈압(SBP : systolic blood pressure)과 이완기혈압(DBP : diastolic blood press)으로 구분된다.

수축기혈압은 동맥에서 관찰될 수 있는 가장 높은 혈압으로 최고 혈압이라고도 한다. 이는 심장의 수축에 기인하며, 심장의 총에너지를 뜻한다. 정상인의 최고혈압은 120mmHg 정도이다.

이완기혈압은 동맥에서 나타나는 가장 낮은 혈압으로 최저 혈압이라고도 한다. 이는 심장의 이완 시 동맥 내의 장력 저하에 기인한다. 건강한 정상인의 최저혈압은 약 80 mmHg 정도이다.

맥압(pulse pressure)은 수축기혈압과 이완기혈압의 차이이다. 이는 심장활동의 효율성과 외부저항을 극복할 수 있는 범위를 나타낸다.

평균혈압(mean pressure)은 수축기혈압과 이완기혈압을 평균한 혈압이다. 혈압곡선은 불규칙적이므로 평균혈압은 수학적인 평균치가 아니다. 다음 공식으로 평균혈압의 근사치를 구할 수 있다.

$$평균혈압(\overline{X}BP) = 이완기혈압 + 1/3맥압$$

고혈압이란 수축기혈압 140mmHg 이상, 이완기혈압 90mmHg 이상인 상태를 말하며, 저혈압이란 수축기혈압이나 이완기혈압이 정상상태보다 과다하게 낮은 상태를 말한다. 저혈압은 심장의 탄력이 약화된 것으로서 운동 시에는 고혈압보다 위험성이 높다.

혈압 측정방법은 다음과 같다.[1]

① 심장과 수평선상으로 거의 같은 높이에 해당하는 위팔 중앙부(팔꿈관절 부근)를 측정위치로 선정한다.

② 위팔의 말초부위에 청진기를 가볍게 대고, 커프(cuff)로 둘러싼 후 수은주의 눈금을 0으로 조절한다. 커프 내 공기주머니는 위팔의 최소 80% 정도를 감아야 한다.

③ 커프 내의 압력을 코로트코프(Korotkoff) 소리보다 20mmHg 높을 때까지 혹은 200mmHg까지 신속히 증대시킨다.

④ 나사를 풀어 압력을 초당 2~3mmHG 속도로 서서히 낮추면 어느 순간 코로트코프음이 들리기 시작하며 수은주의 미동을 볼 수 있다. 이때의 수치가 '수축기혈압'이다.

⑤ 음이 커지면서 잡음이 들리다가 갑자기 약해지며 소실됨과 동시에 수은주의 미동도 소실되는데, 이때의 수치가 '이완기혈압'이다. 혈압은 최소 1분 간격 이상으로 최소한 2회 측정하여 평균치를 얻는다.

표 1_ 혈압의 분류

분 류	수축기혈압(mmHg)	이완기혈압(mmHg)	대 책
정 상 혈 압	120 이하	and 80 이하	
고혈압 전단계	121 ~ 139	or 81 ~ 89	항고혈압 약물치료 지시하지 않음
고 혈 압 1 기	140 ~ 159	or 90 ~ 99	항고혈압 약물치료 지시
고 혈 압 2 기	180 이상	or 110 이상	항고혈압 약물치료 지시, 대부분 2개의 약 혼합 복용

※ James 등 (2014)[3]

운동자각도

운동자각도는 운동 시 변화하는 느낌을 생리학적 반응에 맞추어 등급을 매기는 척도로서 심리학자인 보그(Gunner Borg)에 의해 개발된 것으로, 운동자각도는 운동 중 자각하는 탈진의 강도를 수치로 표현한 지표이다.[3]

표 2_ Borg의 운동자각도	
6~7	매우 가볍다
8~9	상당히 가볍다
10~11	가볍다
12~13	약간 힘들다
14~15	힘들다
16~17	매우 힘들다
8~19	매우 매우 힘들다

운동검사는 최고부하의 운동 실험에서 운동은 보통 검사자가 자발적으로 실험을 끝낼 때까지 계속된다. 자신의 느낌 정도를 단계적인 의사표시로 나타낸다.

이 척도에서 6은 운동 중 전혀 힘이 들지 않는 강도의 최소값이다. 20은 최대의 힘을 발휘하고 있을 때 의미한다. 단계별 운동에 대한 RPE 반응은 최대산소섭취량, 심박수, 환기량, 혈중 젖산농도, 심폐 및 대사기능과 높은 상관관계를 갖고 있다. 운동자각도에 10을 곱하면 심박수에 의한 운동강도와 유사하다. 이를 변형하여 범주-비율 척도는 0~10로도 변형하여 사용하기도 한다. 운동자각도는 운동검사 중에 최대운동수준으로 진행되는 과정을 확인할 때 유용하게 사용된다.

심폐지구력 검사의 일반적 원칙

① 최초 운동강도는 선행된 최대 능력보다 현저하게 낮아야 한다.

② 운동강도는 검사의 전체 단계를 통하여 점진적으로 증가시켜야 한다.

③ 검사를 위한 금기 및 운동검사의 중단 기준을 정밀하게 관찰해야 한다.

④ 심박수, 혈압, 환자의 외관, 운동자각도, 그리고 증상을 정기적으로 검사한다.

⑤ 비정상적인 반응이 나타나지 않더라도 최소한 회복은 적어도 5분 동안 지속해야 한다.

최대운동검사

단위체중당 최대산소섭취량은 심폐체력을 측정하는 정확한 기준이다.[4] 최대운동검사란 피검자가 더 이상 운동을 지속할 수 없는 상태까지 운동을 지속시키는 방법으로, 최대수준이나 심박수가 더 이상 증가하지 않는 수준에 이를 때까지 검사를 실시한다. 체력이 약한 사람들이나 환자를 대상으로 하는 최대운동검사는 신체에 무리를 줄 수도 있으므로 매우 주의해야 한다.

트레드밀(treadmill)

피검자가 회전벨트 위에서 걷거나 달리는 도중에 회전속도와 경사도를 변경하여 운동부하를 조정하는 기자재이다. 트레드밀의 장점은 많은 근육군이 참여하는 운동이므로 가장 높은 최대산소섭취량을 나타내는 데 있다. 피검자 간의 운동효율성 차이가 적고, 어린이 대상에도 적합하다.

그러나 작업량이 피검자의 체중에 의존하므로 종

적 연구에 부적합하다는 단점이 있다. 이는 동일한 속도와 경사에서도 체중에 따라 운동부하량이 변화하기 때문이다. 동일한 속도에서도 달리기와 걷기운동을 수행할 때 에너지소비량의 차이가 존재한다.

실험 기자재가 고가라는 점과 실험장비 이동이 곤란하다는 점도 단점이다.

다음에서는 트레드밀을 이용하여 최대운동검사를 실시하는 여러 가지 프로토콜을 비교한다.[5]

Bruce 프로토콜(지속부하)(1973)[6]

① 검사대상 : 정상인, 어린이, 고위험자
② 초기부하
  • 정 상 인 : 1.7mph, 10% 3분 지속
  • 고위험자 : 1.7mph, 0.5% 3분 지속
③ 부하증가
  • 경 사 도 : 3분마다 2%씩 증가
  • 속   도 : 3분마다 0.8-0.9mph씩 증가
  • 단계마다 2~3METs씩 증가
④ 특기사항
  • 대부분 3~4단계(9~12분)에서 검사 종료
  • 심장질환자, 고령자 및 심근경색증환자 부적합

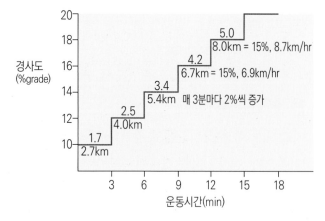

Balke 프로토콜(지속부하)(1959)[7]

① 검사대상 : 정상인(여성)
② 초기부하

  • 3.4mph, 0%, 1분 지속(4METs)
③ 부하증가
  • 3.4mph 속도에서 초기 1분 2%, 이후 1분마다 1%씩 증가
  • 단계마다 1METs씩 증가
④ 특기사항
  • 초기 부하 4METs, 1단계 5METs
  • 2단계 6METs, 3단계 7METs

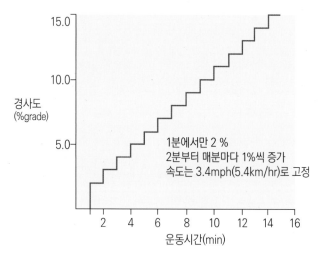

Naughton 프로토콜(지속부하)(1964)[8]

① 검사대상 : 심장질환자, 고위험자
② 초기부하 : 1.0mph, 0%, 2분지속
③ 부하증가
  • 경 사 도 : 2분마다 3.5%씩 증가
  • 속   도 : 초기 단계 이후 2.0mph로 일정

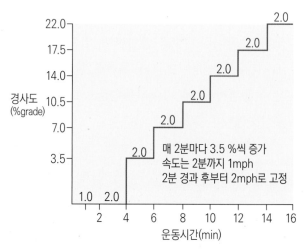

프로토콜과 산소섭취량의 관계

기능적 등급	임상적 상태	최대산소섭취량 (ml/kg/min)	스텝검사 NAGLE BALKE NAUGHTON 2분 단계 30 steps/min	트레드밀검사 BRUCE 3-min stages	KATTUS 3-min stages	BALKE** % grade at 3.4 mph	BALKE** % grade at 3mph	자전거 에르고미터 For 70kg body weight kgm/min
정상 AND I	신체적으로 활동적인 피험자	56.0	(Step height increased 4cm per 2min			26		
		52.2				24		
		49.0		km/h %gr	4 22	22		1500
		45.5	Height(cm)	6.7 16		20		
		42.0	40		4 18	18	22.5	1350
		38.5	36			16	20.0	1200
		35.0	32		4 14	14	17.5	1050
		31.5	28	5.4 14		12	15.0	900
	건강한 자 / 좌업생활자	28.0	24		4 10	10	12.5	750
		24.5	20	4.0 12		8	10.0	
II	회복된 자 / 질병을 가진 자	21.0	16		3 10	6	7.5	600
	중성적 환자	17.5	12	2.7 10	2 10	4	5.0	450
		14.0	8			2	2.5	300
III		10.5	4				0.0	150
		7.0						
VI		3.5						

Bruce protocol로 4단계로 운동을 종료하면 산소섭취량은 약 45.5ml/kg/min도가 된다. 또한 Balke protocol로 10단계(3.5mile/hr, 20% 경사)에 운동을 종료하면 산소섭취량은 약 45.5ml/kg/min가 된다. 70kg인 사람이 자전거 에르고미터 운동을 1350kpm/min에 운동을 종료하여도 산소섭취량은 약 45.5ml/kg/min가 된다. 즉 다양한 프로토콜에 따른 산소섭취량 변화를 확인할 수 있다.

그림 1_ 다양한 운동검사 프로토콜과 산소섭취량의 관계

최대하운동검사

최대하운동검사는 피검자가 최대운동 수준에 도달하기 전에 운동을 종료시키고, 그 시점에서의 신체반응을 이용하여 최대 수준의 상태를 추정하는 방법이다. 그러나 운동강도가 너무 낮으면 운동 중 신체기능의 변화가 의미 있는 자료로 인정받기 어려우므로 일정 수준까지 운동강도를 높여야 한다. 일반적으로 최대하운동검사의 종료점은 예상 최대심박수의 70~85% 정도이다.

최대하운동검사는 최대운동검사보다 검사 중의 위험성이 낮으므로 병리적 증상을 찾아내거나 외견상 건강인의 잠재적 위험인자를 알아내는 데 유용하다. 운동검사 방법이 최대 혹은 최대하 모두 운동검사에는 항상 세심한 주의가 필요하다. 운동검사는 운동부하를 높여가되, 초기에는 낮은 강도로 시작하여 점점 높은 강도로 증가시켜야 한다. 검사 시작 전에 반드시 낮은 강도에서 수 분간 준비운동을 하여야 한다. 준비운동 시의 운동강도는 트레드밀의 경우에는 낮은 경사도에서 걷기나 달리기를 저속으로 실시한다.

트레드밀

트레드밀 최대하테스트에서는 특정 강도와 심박수와의 선형적 관계를 이용하여 최대산소섭취량을 추정한다. 최대산소섭취량은 단일단계법과 다단계법을 이용하여 추정하며, 유사한 추정 정확도를 나타낸다.

다단계법

다단계법에서는 둘 이상의 최대하단계의 항정상태 심박수와 산소섭취량을 측정한 후 이 2지표의 선형관계를 이용하여 최대산소섭취량을 추정한다. 이때 항정상태 심박수는 $115\sim150$회/분 이내이어야 한다.[9] $\dot{V}O_{2(1)}$과 $\dot{V}O_{2(2)}$는 직접 측정하거나 대사량 산정 부분을 참고하여 산출한다. 각각의 운동부하에 대한 산소섭취량은 ACSM 방정식[10]을 이용하여 계산한다.

$$\dot{V}O_2max = \dot{V}O_{2(2)} + b \cdot (HRmax - HR_2)$$
$$b(slope) = (\dot{V}O_{2(2)} - \dot{V}O_{2(1)} \, / \, (HR_2 - HR_1)$$

$\dot{V}O_{2(1)}$ & $\dot{V}O_{2(2)}$: 제1단계와 제2단계의 산소섭취량
HR_1 & HR_2 : 제1단계와 제2단계의 심박수
$HRmax$: 예측 최고심박수(220−연령)

실습 활동

최대하다단계 검사자료(세, 남·여)

» $\dot{V}O_{2(2)}$=ml/kg/min−$\dot{V}O_{2(1)}$=   ml/kg/min

» HR_2 =beats/min−HR_2=   beats/min

· HRmax   220−age=220−(   )=   beats/min

· Slope   (−   ) / (−   )

=   /   =

· $\dot{V}O_2max$ +   * (−   ) =   +

=   ml/kg/min

최대하다단계 검사 자료(38세, 남자)

» $\dot{V}O_{2(2)}=24.5ml/kg/min-\dot{V}O_{2(1)}=16.1ml/kg/min$

» $HR_2=145beats/min-HR_2=130beats/min$

- HRmax $220-age=220-38=182beats/min$
- Slope $(24.5-16.1)/(14.5-130)$
           $=8.4/15=0.56$
- $\dot{V}O_2max$ $24.5+0.56(182-145)=24.5+20.72$
           $=45.2ml/kg/min$

단일단계법

단일단계법에서는 특정 단계의 최대하심박수와 산소섭취량을 측정하고, 남녀별 공식에 대입하여 최대산소섭취량을 추정한다. 이때 항정상태 심박수는 130~150회/분 이내이어야 한다.

남 자

» $\dot{V}O_2max=\dot{V}O_2sub\times(HRmax-61)/(HRsub-61)$

여 자

» $\dot{V}O_2max=\dot{V}O_2sub\times(HRmax-72)/(HRsub-72)$

최대하단일단계 검사 자료(45세, 여성)

» $\dot{V}O_2sub=5.0MET-HRsub=148beats/min$

- HRmax $220-age=220-45=175beats/min$
- $\dot{V}O_2max=5\times(175-72)/(148-72)$
           $=5\times103/76=6.8METs$

피검자가 25세 이상인 경우에 해당되는 연령수정 계수를 반영하여 연령 증가에 따른 최대산소섭취량 감소를 반영하여야 한다.[11]

필드 테스트

트레드밀이나 자전거 에르고미터를 이용한 운동부하검사는 대규모 집단을 대상으로 실시하기에는 부적합하다. 따라서 측정비용이 저렴하고 단시간에 대규모 집단을 측정할 수 있는 필드 테스트도 여러 가지 사용되고 있다.

다음에서는 가장 일반적으로 심폐기능을 평가하는 방법인 지구성 달리기와 걷기 테스트를 설명한다.

실습 활동

최대하단일단계 검사 자료(　　세, 남·여)

» $\dot{V}O_2sub=$ 　　MET 　　$-HRsub=$ 　　beats/min

- HR max $220-age=220-$ 　　$=$ 　　beats/min
- $\dot{V}O_2max$ 　　$=$ 　　$\times(\quad-\quad)/(\quad-\quad)$
           $=$ 　　$\times$ 　　$/$ 　　$=$ 　　METs

표 3_ 최대산소섭취량 연령별 수정계수									
연령(세)	15	25	35	40	45	50	55	60	65
수정계수	1.10	1.00	0.87	0.87	0.83	0.78	0.75	0.71	0.68

지구성 달리기

» 측정방법 : 1~1.5마일이나 9~12분 달리기 기록 측정

» 타당성 : $\dot{V}O_2$max의 직접측정치와 달리기의 추정치와의 상관은 0.54~0.90으로 다양하지만, 대체로 높은 수준임

» Cooper 12분 달리기 : 공군을 대상으로 가능한 한 최대로 달리도록 한 거리와 최대산소섭취량과 높은 상관관계 보고(r=.90)[12]

» 1마일(1.6km) 걷기 검사 : 1마일을 최대한 빨리 걸은 거리로 체력 수준을 측정하는 방법[13]

» 제한점 : 달리기 능력 외에 체지방, 달리기 효율성 및 무산소성 역치 등에 의해 영향받을 수 있음[14][15]

심폐지구력 운동 프로그램

심폐지구력이란 산소를 소비하는 호흡계의 능력과 근육에 산소를 공급하는 순환계의 능력 및 공급된 산소로부터 에너지를 생성해 낼 수 있는 신체능력을 의미한다. 미국스포츠의학회(ACSM)에서는 특별한 증상이 없는 성인에 대한 운동처방 관련 연구 결과를 토대로, 심폐지구력의 향상 및 유지를 위한 운동지침을 〈표 5〉와 같이 권장하였다.

트레이닝 지침

운동형태

걷기, 조깅, 달리기, 수영, 크로스컨트리 스키, 스케이팅, 롤러 스케이팅 등과 같이 저·중간강도로 장시간 지속하는 심폐지구력 운동

운동강도

운동강도는 MET, 심박수 또는 RPE 유형을 사용해 규정할 수 있다.

> MET 방법(대사당량=기초대사량{생명유지}=3.5ml/kg/min)

대사당량을 기준으로 하여 피검자의 기능적인 유산소수용 능력을 평가한다. 이 평가를 이용하여 강도를 조절하여 최저치, 평균치, 최대치를 결정한다. 일정한 MET의 강도에 해당하는 속도나 운동량을 측정하기 위해 ACSM방정식을 사용할 수 있다.

심박수 방법

심박수 방법에서는 수행하는 운동강도와 선형적 관계를 기초로 하여 운동강도를 설정한다. 즉 수행하는 운동강도가 높으면 높을수록 심박수가 직선적으로 증가하므로 이러한 선형적 관계를 이용한다.

운동자각도 방법

RPE 척도는 특히 일정한 운동강도를 파악하는 데 신뢰성이 높고 실용적인 지표이다. RPE의

표 4_ 12분 달리기 기록과 최대산소섭취량 등급						
달리기기록*	< 1.0	1.0~1.24	1.25~1.49	1.50~1.74	1.75~2.0	> 2.0
$\dot{V}O_2$max**	<25.0	25.0~33.7	33.8~42.5	42.6~51.5	51.6~60.2	> 60.2

* : mile, ** : ml/kg/min

12~13은 여유심박수(heart rate reserve)의 약 60%에 해당하고, RPE의 16은 여유심박수의 약 85%에 해당한다. 그러므로 운동 프로그램 참가자는 RPE의 12~16(약간 힘들다, 힘들다)의 운동강도로 운동을 해야 한다.

운동시간

운동강도가 증가하면 운동시간은 감소하는 반비례 관계를 가지고 있다. 최소 15분, 가능한 20~30분 동안 지속할 수 있는 초기 운동시간을 설정하도록 권장하고 있다. 훈련한 지 2주 내외가 경과하여 정상적으로 나타나는 조절반응을 보이면 운동시간을 늘릴 수 있다.

운동빈도

주당 수행하는 운동횟수를 의미하며, 최소한 주 3회의 운동을 실시하며, 운동목적과 환경에 따라 5회까지 조정한다.

진행과정

운동 프로그램의 효과는 운동계획의 6~8주 내외에 나타난다. 유산소 운동을 지속하는 시간은 첫 달 동안 3%, 두 번째 달엔 주 2%, 이후에는 주 1% 내외로 증가하는 것이 일반적이다.

▶ 초기 조절 단계

보통 4~6주로 구성하며, 스트레칭, 가볍고 활기찬 유연성 체조, 저강도의 유산소운동을 한다. 신체기능상의 수용능력을 50~80%보다 다소 낮은 정도로 설정한다. 최소 10~15분 운동을 수행하며, 2~3주가 지나면 5~10분씩 증가시킨다.

▶ 발달 단계

보통 16~20주 정도로 구성하며, 운동지속 기간은 2~3주 정도로 증가시킨다. 심장병환자와 위험요소를 보유한 고객은 운동강도를 높이기 전에 운동시간이 최소 20~30분 지속할 수 있어야 한다.

▶ 유지 단계

운동 프로그램을 시작한 지 보통 6개월 후에 시작하며, 고객의 흥미와 환경조건을 고려하여 재미있는 운동을 추가하여 실시한다.

표 5_ ACSM 심폐지구력 운동지침	
항 목	**세 부 내 용**
운동형태	대근육군을 사용하고, 장시간 행하는 율동적인 유산소 운동. 예를 들어 달리기-조깅, 걷기-하이킹, 수영, 스케이트, 자전거타기, 노젓기, 크로스컨트리 스키, 줄넘기 및 각종 지구력 운동.
운동강도	최대심박수의 55~90% 또는 최대산소섭취량의 40~85% 좌업생활자나 체력 수준이 낮은 사람은 보다 낮은 강도의 운동으로 건강상의 이점을 얻고 체력의 향상을 도모할 수 있다.
운동시간	15~60분의 지속적 또는 간헐적 유산소운동
운동빈도	주당 3~5회
운동단계	대부분의 경우 총운동량은 운동효과가 나타남에 따라 증가되어야 한다. 지구성 운동의 경우에 운동효과는 운동강도, 운동시간 또는 두 가지 모두를 고려했을 때 생긴다. 뚜렷한 운동효과는 운동 프로그램을 시작한 지 6~8주 후에 나타난다. 운동효과는 참가자의 특성, 재검사 결과, 운동능력을 고려한 조정에 의해서 발생하기 때문에 전문의와 퍼스널트레이너는 수시로 운동 프로그램을 수정해야 한다.

프로그램 사례

사례 Ⅰ

» 연 령 : 30세
» 성 별 : 여
» 체 중 : 60kg
» 운동 중 심전도 : 정상
» 안정시심박수 : 70/분
» 최대심박수 : 190회/분
» 최대산소섭취량 : −28ml/kg/min   −8.0METs
» 운동부하검사 : 자전거에르고미터 이용한 최대운동
  부하검사
» 초기 심폐지구력 수준 : 양호

위의 운동검사 자료를 바탕으로 컨디셔닝 프로그램을 작성하였다. 운동강도는 최대산소섭취량의 60~85% 수준으로 설정하였으므로, 운동 중 심박수(142~172회/분) 수준을 유지해야 한다. 초기단계에서의 첫 3주간은 최대산소섭취량의 60% 내외를 유지하며, 4주째부터는 10% 정도 높인다. 향상단계에서는 운도강도, 운동시간, 그리고 운동빈도를 단계적으로 높여가고, 유지단계에서는 운동형태의 변화를 주기 위해 테니스와 수영을 포함시켰다.[16]

» 운동형태 : 자전거타기
» 운동강도 : 최대산소섭취량의 60~85%
               16.8~23.8ml/kg/min   4.8~6.8MET
» 운동목표심박수 : 최저 142회/분
                  최고 172회/분
» 운동시간 : 15~ 60분
» 운동빈도 : 주당 3~5일

운동 프로그램

운동단계 (주)	주운동시간 (분)	운동강도 (%VO₂max)	METs	운동부하 (kgm/min)	운동빈도
초기단계					
1	25	60	4.8	300	3
2	30	60	4.8	300	3
3	40	65	5.2	300	3
4	45	60~70	4.8~5.6	300~400	3
향상단계					
5-6	40	70	5.6	450	3
7-8	40	75	6.0	450~480	3
9-10	45	75	6.0	450~480	4
11-12	45	75~80	6.0~6.4	480~530	4
13-14	50	75~80	6.0~6.4	480~530	5
15-16	50	80~85	6.6~6.8	530~575	5
유지단계					
17+	55	85	6.8	575	3
	55	테니스	6.9		1
	60	수 영	7.0		1

※ 4주 후 최대운동능력이 8.3METs로 증가

사례 Ⅱ

» 연　령 : 29세
» 성　별 : 남
» 체　중 : 70kg
» 운동 중 심전도 : 정　상
» 안정시 심박수 : 50회/분
» 최대심박수 : 191회/분
» 최대산소섭취량 : −45ml/kg/min −12.8METS
» 운동부하검사 : 트레드밀을 이용 최대운동부하검사
» 초기 심폐지구력 수준 : 우　수

최대산소섭취량과 최대심박수는 최대하부하검사를 이용하여 추정하였다. 심폐지구력은 우수 수준에 해당되므로 초기 단계 트레이닝을 거치지 않고 바로 향상 단계 트레이닝으로 구성하였다. 20주간의 향상단계 운동강도는 최대산소섭취량의 70%에서 시작하여 90%까지 증가시켰다.

운동빈도는 주당 3회에서 주당 5회로 증가하도록 하였고, 유지 단계에서는 달리기 운동, 수영과 농구를 프로그램에 포함시켰다.[17]

» 운동형태 : 조깅, 달리기
» 운동강도 : 최대산소섭취량의 70%~90%
　　　　　 31.5~40.5ml/kg/min 9.0~11.5MET
» 운동목표심박수 : 최저 147회/분
　　　　　　　　 목표 160회/분
　　　　　　　　 최고 176회/분
» 운동시간 : 20~ 60분
» 운동빈도 : 주당 3~5일

운동 프로그램

운동단계 (주)	주운동시간 (분)	운동강도 (%VO₂max)	METs	거리 (mile)	운동부하 mph(min)	운동빈도
			향상단계			
1-2	24	70	9.0	2.0	5.2(12:00)	3
3-4	25	70~80	9.0~10.2	2.5	5.2~6.0(10:00)	3
5-6	30	70~80	9.0~10.2	3.0	5.2~6.0(10:00)	4
7-8	28	80~85	10.2~10.9	3.0	6.0~6.5(9:15)	4
9-10	32	80~85	10.2~10.9	3.5	6.0~6.5(9:15)	5
11-12	30	85~90	10.9~11.7	3.5	6.5~7.0(8:30)	5
13-14	34	85	11.9	4.0	7.0(8:30)	5
15-16	32	85~90	11.9~12.6	4.0	7.0~7.5(8:00)	5
17-18	36	90	12.6	4.5	7.5(8:00)	5
19-20	40	90	12.6	5.0	7.5(8:00)	5
			유지단계			
21+	40-60	85~90	12.0~12.6		7.5(8:00)	3
	60	수 영	8.0~12.0			2
	60	농 구	8.0+			1

※ 12주 후 운동부하검사를 실시하여 운동강도를 재조.
　검사 결과 최대운능력이 14METs로 약 10% 증가.

심폐지구력 운동 컴퓨터 프로그램

기본 사용방법

» 비밀번호 : leebyungkun
» 읽기와 쓰기 용도로 2번 입력하여야 함.
» 엑셀 프로그램이므로 복사본을 만들어 사용하여야 함.
» sheet를 복사하여 명칭을 변경하여 사용하여야 함.

기본정보 입력

» 상단의 기본정보란에 연령·성별 등 각종 정보를 입력함. 특히 성별의 '남' '여'를 정확하게 표기하여야 정확한 평가가 가능해짐.
» 이상체중은 신체구성 측정 부분의 자료를 확인하여 입력함. 확인하지 못한 때에는 조절하기를 희망하는 체중을 입력하고 추후에 전문가의 도움을 받아 정확한 이상체중을 입력함.
» 연두색 부분은 퍼스널트레이너나 고객이 해당 수치를 입력하는 셀이며, 흰색이나 청색은 필요한 결과가 자동으로 계산되는 셀임.
» 흰색이나 청색에 수치를 입력하면 이후에는 자동 계산이 되지 않으므로 잘못하여 수식 칸에 숫자를 입력한 경우 되돌리기(ctrl + z) 혹은 다시 실행(ctrl + y) 기능을 이용.

심폐지구력 운동검사

» 운동유형 : w는 walking이며 r은 running임.
» 권장속도와 경사도 : 1단계는 4~5km/hr(걷기), 1~5% 경사도에서 3~5분 동안하며 항정상태의 심박수 측정을 권장함.
» 2단계는 6~9km/hr(달리기), 1~5% 경사도에서 3~5분 동안하며 항정상태의 심박수 측정을 권장함.
» 권장속도와 경사도의 범위가 벗어나면 운동유형이 달라져 산소섭취량의 차이가 발생하므로 최대산소섭취량 추정에 오류가 발생할 가능성이 높음.
» 항정상태의 심박수를 확인하여야 함. 확인하지 못한 경우에는 오차의 가능성이 당연히 크게 발생할 수 있음.
» 최대산소섭취량이 자동으로 계산됨.

유산소 운동처방 지침

» 운동강도를 40~90% 범위로 입력함
» 해당 강도의 최저와 최고심박수, 중간값인 권장 목표심박수가 자동 계산됨.
» 운동시간과 운동빈도는 입력함

유산소 운동 프로그램

» 운동시간, 운동강도의 백분율과 경사도를 입력하며 해당 강도의 운동속도(km/hr)가 자동 계산됨.
» 운동유형 : w는 walking이며 r은 running임. 둘의 선택에 따라 운동속도(km/hr)가 변화함.
» 주의사항 : 걷기 운동을 프로그램하려면 운동속도가 5km/hr 이하가 되도록 경사도를 조정하고, 달리기는 7km/hr 이상이 되도록 경사도를 조정하여야 함. 5~7km/hr는 사람에 따라 걷기와 달리기가 달라지므로 오차의 가능성이 증가함.

SM 맞춤 유산소 운동 프로그램

No.	2	
성 명	홍○○	남
연 령	38.0	세
연 락 처		
체 중	70.0	kg
안정시 심박수	76.0	회/분
최대심박수	182.0	회/분
최대산소섭취량	45.2	ml/kg/min
이상체중	65.0	kg
조절체중	-5.0	kg
유산소 등급	좋음	

유산소 운동처방 지침

운동유형	walking/running		
운동강도(%)	50.0	80.0	%
	22.6	36.1	ml/kg/min
권장최저심박수	129		회/분
권장목표심박수	145		회/분
권장최고심박수	161		회/분
운동시간	20	50	분
운동빈도	3-5회		주당

유산소 운동능력 검사

	속도(km/h)	검사도(%)	VO2	w/r	w=walk
1단계	4.4	4	16.1	w	r=run
2단계	6.3	0	24.5	r	

	2단계	1단계		b
VO2	24.5	16.1		0.559
HR	145	130		
VO2max	45.2	ml/kg/min		

유산소 운동 프로그램

단계(주)	시간(분)	은틀감도 백분율	VO2	HR	검사도 %(*)	유형 w/r	은틀거리 km	은틀속도 m/min	mile/hr	km/hr(*)	주당빈도	소비에너지 (kcal)	감량 (g)	누적감량 (g)
적응														
1	25	45	20.3	123.7	7.0	w	1.9	74	2.8	4.5	3	534	69	69
2	30	50	22.6	129	7.0	w	2.5	84	3.2	5.1	3	712	92	162
3-4	35	50	22.6	129	8.0	w	2.7	78	2.9	4.7	4	1,107	144	306
5-6	35	55	24.9	134.3	9.0	w	2.9	81	3.0	4.9	3	913	119	280
발달														280
7-8	35	60	27.1	139.6	2.0	r	3.8	108	4.0	6.5	3	996	129	410
9-10	40	60	27.1	139.6	2.0	r	4.3	108	4.0	6.5	3	1,139	148	558
11-12	40	65	29.4	144.9	2.0	r	4.8	119	4.4	7.1	3	1,234	160	718
13-14	45	65	29.4	144.9	2.0	r	5.3	119	4.4	7.1	4	1,850	240	958
15-16	45	70	31.6	150.2	2.0	r	5.8	129	4.8	7.7	4	1,993	259	1,217
17-18	50	75	33.9	155.5	2.0	r	7.0	139	5.2	8.4	4	2,372	308	1,525
19-20	60	75	33.9	155.5	2.0	r	8.4	139	5.2	8.4	4	2,847	370	1,895

연두색 셀에 입력하면 주요 수치가 자동 계산됨
1. 본인에게 너무 강한 은틀감도이면 안전사고 예방을 위하여 반드시 감도를 낮추어 사용하시기 바랍니다.
2. 검사도를 조정하여 속도(km/hr)가 5 km/hr 이하이면 걷기(w), 6.6 km/hr 이상이면 달리기(r)드 입력하여야 한다.
본 프로그램을 이용하거나 변형한 어떠한 형태의 상업적 및 비상업적 이용은 이병근 교수의 사전 서면 허락을 받아야 합니다.

그림 2_ 맞춤 유산소 운동 컴퓨터 프로그램(사례)

» 주당 빈도를 입력하면 소비에너지 감량, 누적감량이 자동 계산됨.

» 소비에너지 : 해당 운동 프로그램을 수행하였을 경우 소비하는 에너지의 총량.

» 감량 : 해당 프로그램 수행을 통해 발생하는 체중 감량.

» 누적 감량 : 해당 프로그램 기간 전체 동안 감량되는 총중량.

유의사항

» 본 프로그램은 아직 완전히 개발된 상태가 아니므로 이용을 위해서는 개발자인 이병근 교수(bklee@smu.ac.kr)에게 연락하여 베타판을 받아 사용해야 한다.

» 본 프로그램은 개인의 운동 프로그램 적용에 한해 이용을 허가해 주는 것이며, 상업적 이용이나 상업용 프로그램 개발에 사용하면 저작권법에 위배된다.

심폐지구력 트레이닝

운동 중 필요한 에너지를 유산소적인 대사과정을 통해 얻는 트레이닝 형태를 말하며, 걷기와 달리기, 자전거타기 등이 여기에 속한다. 심장호흡의 지속성을 증대시키려면 연속적으로 행하는 훈련방법이나 불연속적인 훈련방법을 사용해야 한다.

지속 트레이닝

운동 프로그램을 진행하며 휴식시간 없이 낮은 강도부터 적절한 강도까지 실행하는 연속적인 운동하는 방법이다. 일정한 템포로 운동할 때에는 규정된 운동강도가 유지된다는 이점이 있으나, 프로그램의 다양성 반영에는 다소 제한점이 있다.

일반적으로 저강도에서 적절한 강도까지의 지속적인 운동이 유산소 운동 초보자에게는 더 편안하며 안전하며 적합하다.[18] Pollock 등은 고강도 인터벌 트레이닝의 낙오 비율이 지속 프레이닝 낙오율의 2배 정도라고 하였다.[19]

인터벌 트레이닝

인터벌 트레이닝은 짧은 시간의 고강도 운동을 나누어 실시하면서 고강도 운동 사이에 휴식 또는 저강도 운동을 수행하는 형식을 반복하는 훈련이다. 이때에는 고강도 운동 후에 젖산을 감소시키기 위해 휴식이나 저강도 운동을 삽입한다. 이 시간 동안 선수들은 완전히 회복되지는 않는다. 그러므로 회복 정도를 알아보기 위해서는 심박수를 측정하여 휴식시간 및 강도를 결정할 수 있다.

인터벌 트레이닝에 영향을 주는 요소로는 운동량, 운동강도, 속도, 반복횟수, 휴식시간 등을 들 수 있는데, 이들은 개인의 능력이나 잠재력에 의해 달라진다. 예를 들어 실제 경기 거리보다 짧은 거리나 혹은 긴 거리를 계속 반복하여 수행하면 유산소와 무산소성 수행능력을 증가시킬 수 있다. 단거리를 뛸 때는 무산소성 요소들이 많이 작용한다.

처음에는 실제 경기 거리보다 짧은 거리를 반복하도록 구성하여 무산소성 시스템에 의한 에너지의 동원을 유발하고, 중간 시기에는 강도와 거리를 조금 길게 하여 유산소성 지구력을 향상시키고, 마지막 시기에는 스퍼트 능력을 발달시키기 위하여 다시 처음 상태로 돌아가는 방법이 있다.

일반적으로 무산소 시스템에 의해 에너지가 동원

되는 운동은 운동과 휴식의 비율을 1:2로 한다. 선수가 400m를 65초 동안 반복하기 위해서는 다음 400m까지 130초 동안 동적인 휴식을 취해야 한다. 많은 반복횟수를 수행하여야 능력을 향상시킬 수 있다.

» 15초~2분 : 무산소성 지구력 발달
» 2~8분의 중간 거리 : 두 가지 에너지시스템 모두 발달
» 8~15분의 긴 거리 : 유산소성 지구력 발달

파틀렉 트레이닝

자연적인 지형 위에서 빨리 달리기와 천천히 달리기를 반복하는 자유로운 훈련 형식의 트레이닝이다. 이 트레이닝 방법은 45분이나 그 이상 아주 빠른 스피드에서부터 가볍게 달리기까지 쉬지 않

고 페이스를 변화시키면서 달린다. 트레이닝 시 자유로운 유형으로 거리와 시간은 크게 고려하지 않으며, 언덕길을 이용하기도 한다. 이 방법은 주기적으로 자신의 스피드를 고강도 수준으로 도달시킬 수 있으며, 인터벌 트레이닝에 추가적으로 실시하기 위해 이용된다.

서키트 웨이트 트레이닝

인터벌 트레이닝의 한 가지 형태인 서키트 트레이닝은 일련의 선택된 운동이나 활동은 연결하여 순환하면서 실시하는 운동이다. 25~30분 동안 10~15가지의 각기 다른 웨이트 트레이닝을 2~3번 반복해서 실행한다.

팔굽혀펴기, 윗몸 일으키기, 또는 바벨 컬과 같은 선택된 종목을 각 단계마다 실시하면서 다음 단

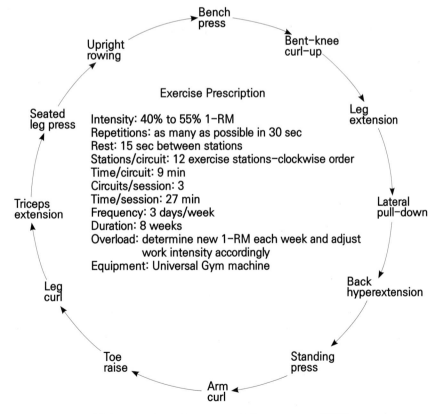

그림 3_ circuit resistance training program(사례)

계로 진행시킨다. 이 방법은 보통 각 단계마다 다른 근육그룹이 이용되는 종목을 설치하여 다른 단계마다 작용근의 휴식도 같이 이루어진다. 서키트 웨이트 트레이닝은 운동과 휴식을 1:1의 비율을 원칙으로 하고 있으나, 휴식시간을 조금씩 줄여나가면 더 큰 효과를 볼 수 있다. 각 단계로 이동할 때에는 걷거나 가볍게 뛰기로 이동하면서 최대심박수의 60%에서 90%가 유지되도록 강도를 조절한다.

예를 들어 1RM의 60%의 강도로 30초 동안 반복운동을 했다면 15초나 더 적은 휴식기간을 가져야 한다. 따라서 이 트레이닝법의 목적은 1회 순환하는 데 소용되는 시간을 단축하거나 각 단계마다 실시하는 운동종목의 횟수를 증가시키면서 트레이닝 효과를 향상시키는 데 있다. 다른 트레이닝은 15~25% 정도까지 증가시키나 서키트 웨이트 트레이닝은 심폐지구력을 5% 정도 증가시키므로 심폐지구력 증가보다 유지에 적합하다고 보고되고 있다.[20]

[참고문헌]

(1) 김완수 외 (역) (2018). ACSM′s 운동검사 운동처방 지침 (10판). 한미의학. 47, 59, 68-79. 119-131.

(2) James, P. A., Oparil, S., Carter, B. L., Cushman, W. C., et al., (2014). Evidence-Based Guideline for the Management of High Blood Pressure in Adults Report From the Panel Members Appointed to the Eighth Joint National Committee (JNC 8). JAMA. 2014; 311(5): 507-520.

(3) Borg, G. (1998). Borg's Perceived Exertion and Pain Scales. Champaign: Human Kinetics.

(4) Powers, S., & Howley, E. (2017). Exercise Physiology: Theory and Application to Fitness and Performance 10th Ed. McGraw Hill.

(5) Gibson, A. L., Wagner, D. R & Heyward, V. H. (2019). Advanced fitness assessment and exercise prescription (8th ed.), Human Kinetics. 393-405. 433-440.

(6) Bruce, R. A., Kusumi, F., & Hosmer, D. (1973). Maximal oxygen intake and nomographic assessment of functional aerobic impairment in cardiovascular disease. American Heart Journal. 85(4): 546-562.

(7) Balke B. (1959). Experimental studies on the conditioning of man for space flights. Air University Quart Rev, 11: 61-75.

(8) Naughton, J., Balke, B., & Nagle, .F. (1964). Refinements in method of evaluation and physical conditioning before and after myocardial infarction. The American Journal of Cardiology. 14(6): 837-843.

(9) Golding, L. A., Myers, C. R., & Sinning, W. E. (Eds.) (1989). Y's way to physical fitness: the complete guide to fitness testing and instruction. Human Kinetics.

(10) American College of Sports Medicine (2013). ACSM's Guidelines for Exercise Testing and Prescription(9th Ed.). Lippincott Williams & Wilkins.

(11) Heyward, V. H. (2010). Advanced fitness assessment and exercise prescription (6th ed.), Human Kinetics.

(12) Cooper, K. H. (1968). A means of assessing maximal oxygen intake: correlation between field and treadmill testing. JAMA. 203(3): 201-204.

(13) George, J. D., Fellingham, G. W., & Fisher, A. G. (1997). A modified version of the Rockport Fitness Walking Test for college men and women. Research Quarterly for Exercise and Sport. 69(2): 205-209.

(14) Costill, D. L., Fox, E. L. (1969). Energetics of marathon running. Medicine & Science in Sports & Exercise. 1: 81-86.

(15) Costill, D. L., Thomason, H., & Roberts, E. (1973). Fractional utilization of the aerobic capacity during distance running. Medicine and science in sports, 5: 248-252.

(16) Gibson, A. L., Wagner, D. R & Heyward, V. H. (2019). Advanced fitness assessment and exercise prescription (8th ed.), Human Kinetics. 393-405. 433-440.

(17) Gibson, A. L., Wagner, D. R & Heyward, V. H. (2019). Advanced fitness assessment and exercise prescription (8th ed.), Human Kinetics. 393-405. 433-440.

(18) Heyward, V. H. (2010). Advanced fitness assessment and exercise prescription (6th ed.), Human Kinetics.

(19) Pollock ML, Gettman LR, Milesis CA, Bah MD, Durstine L, Johnson RB (1977). Effects of frequency and duration of training on attrition and incidence of injury. Medicine and Science in Sports, 9(1): 31-36.

(20) Gettman, L. R., Pollock, M. L. (1981). Circuit weight training: a critical review of its physiological benefits. The Physician and Sportsmedicine, 9(1): 44-60.

Chapter 04

코어 트레이닝

코어(core)

오늘날 행복·자존감·건강 등이 대두되면서 건강하고 행복한 삶을 위해 운동이 필수가 되었다. 자기관리, 몸 만들기, 다이어트, 자세교정, 바디 프로필 등의 단어들이 일상에서 한 부분을 차지하게 된 것은 '몸'에 대한 관심과 중요성이 증가했음을 알 수 있다.

운동목표가 동일할지라도 개인의 신체적 특징과 체력, 기본 운동능력 등에는 차이가 있으므로 자신에게 맞는 효과적인 운동방법과 프로그램을 구성하려면 전문가의 도움을 받아야 한다. 최근 전문성과 다양성을 갖춘 퍼스널트레이너(personal trainer)들의 등장으로 선택의 폭이 넓고 다양해졌다.

모든 운동과 일상생활 움직임의 기초라 할 수 있는 코어(core)를 탄탄하게 하여야 자신의 운동 니즈와 목표에 효율성을 더할 수 있다.

코어의 이해

코어란 '중심부위'라는 뜻으로, 신체에서는 몸통에 해당하는 부위이다. 일반적으로 몸의 중심부위를 코어라 부른다.

몸의 중심부위는 모든 움직임의 시작점으로 동양에서는 단전, 서양에서는 power zone, power house, center, core라고 하여 그 의미는 동양과 서양에 미묘한 차이가 있다.

그러나 몸의 균형을 잡고 지탱하는 힘을 발휘하는 코어의 단련은 일상생활의 편리함을 가져오고, 단단한 코어는 운동능력 향상에 직접적인 영향을 준다는 것에는 뜻을 같이한다.

코어근육

코어근육은 신체의 안정화를 위해 주요한 가로막(횡격막), 배가로근(복횡근), 골반바닥근(골반기저근), 뭇갈래근(다열근) 등 4개의 심부근육을 말하며, 여기에 움직임을 위해 복부·등·골반·엉덩이부위의 근육을 더하기도 한다. 운동의 목적이나 분야별 전문가들의 견해에 따라 다루는 코어근육에는 약간의 차이가 있을 수 있으나, 평면적으로 보기보다는 입체적인 접근과 근육의 유기적인 연결로 본다는 본질적인 공통점이 있다. 또한 코어의 안정성과 강화, 코어운동의 필요성과 중요도를 강조하는 부분은 동일하다.

코어근육은 자신의 신체중심을 지지하는 1차적인 활동을 하면서, 내장기관의 보호는 물론 움직임을 지탱해주는 역할을 하는 부위이자 신체 밸런스 유지에도 기여한다. 각 방향으로 몸을 움직일 때도 코어근육이 사용된다.

코어근육의 위치를 정확하게 알아야 능률적인 운동에 도움이 된다. 앞면 코어근육인 복부와 복부 측면 및 윗면에 해당하는 가로막(diaphragm, 횡격막), 아랫면인 골반의 근육(pelvic floor muscles), 후면의 척주와 관련된 근육에 대해 알아보겠다.

복부의 근육은 배가로근(transversus adominis, 복횡근), 배곧은근(rectus abdominis, 복직근), 배안쪽빗근(internal oblique, 내복사근), 배바깥빗근(external oblique, 외복사근)으로 이루어져 있다.

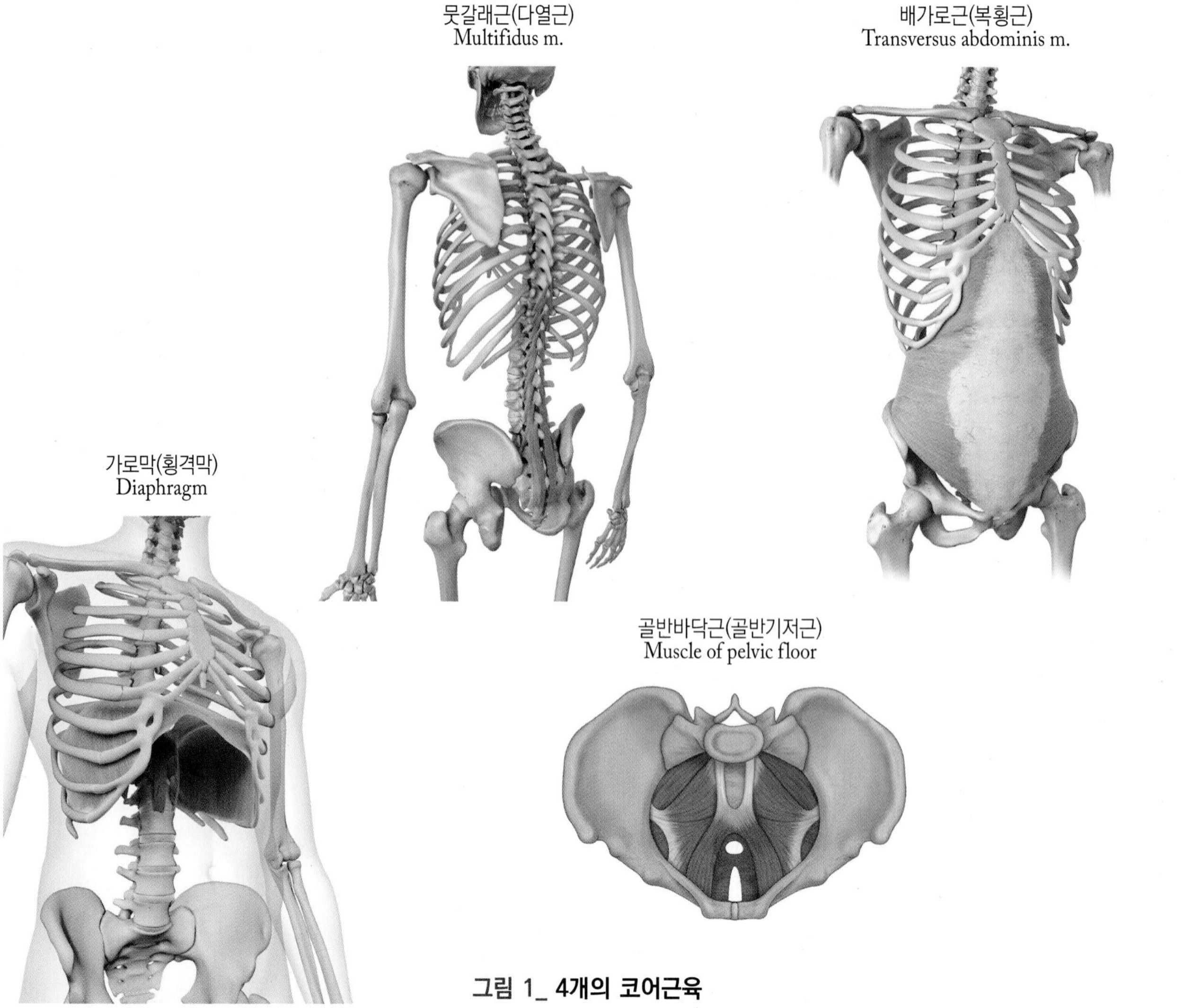

뭇갈래근(다열근)
Multifidus m.

배가로근(복횡근)
Transversus abdominis m.

가로막(횡격막)
Diaphragm

골반바닥근(골반기저근)
Muscle of pelvic floor

그림 1_ 4개의 코어근육

배가로근은 몸통을 수평으로 감싸고 있는 근육으로, 허리를 단단하게 고정시켜주고 척주와 골반의 부담을 덜어주어 신체의 중심을 잡아주는 역할을 한다. 배곧은근은 앞 배에 있는 길고 넓은 근육으로 척주의 움직임에 관여하며, 식스팩(six pack)으로 알려져 있다. 배안쪽빗근과 배바깥빗근은 몸통의 회전과 관련된 근육으로, 몸통이 좌우 어느 한 쪽으로 틀어지지 않도록 하는 역할을 한다.

가로막은 가슴과 배를 나누는 막으로, 배근육(복부근육)과 함께 상하운동을 하는 호흡의 중심근육이다.

골반의 근육은 두덩뼈(치골)와 궁둥뼈(좌골)가 연결된 마름모꼴 모양으로 단일근육이 아닌 두덩꼬리근(치골미골근), 항문올림근(항문거근), 엉덩근(장골근)으로 구성된 근육 집합이다. 하복부 장기들을 보호하고 받쳐주며 배가로근(복횡근)과 연결되어 복부 근육들의 움직임을 도와준다.

척주와 연관된 근육은 척주세움근(erector spinae muscle, 척주기립근), 허리네모근(quadratus lumborum, 요방형근), 뭇갈래근(multifidus, 다열근)이다.

척주세움근은 목에서부터 골반까지 넓게 분포되어 배곧은근과 함께 척주의 움직임에 관여하고, 우리의 일상적인 동작에 개입한다. 허리네모근(요방형근)은 허리에 가장 깊숙한 부위에 있는 네모난 근육으로 갈비뼈(늑골)와 골반 사이의 공간을 채운다. 그러므로 가로막을 보조하고 허리뼈(요추)의 안정을 도와 허리와 골반의 움직임에 관여한다. 뭇갈래근은 목 위부터 골반 아래까지의 척추뼈에 있으면서 직접적으로 척주를 잡아주면서 척주의 모든 동작에 사용된다.

호흡

호흡을 할 때는 가로막을 비롯한 가슴우리(thorax, 흉곽)에 부착된 수많은 근육들을 동시에 작용한다. 이것은 운동치료나 자세교정, 운동수행의 효과를 높이기 위해서도 중요하다. 호흡법은 복식호흡, 흉식호흡, 횡격막호흡, Hollowing호흡, Bracing호흡, 단전호흡 등 다양하다.

코어운동에 관여하는 호흡은 동작 수행마다 깊은 숨(들이쉬기-내쉬기)으로 제대로 조절되어야 자극이 효과적이고, 코어근육을 통제하는 능력을 기를 수 있다.

코어운동의 필요성

코어운동은 오래전부터 많은 관심을 받아왔다. 건강한 몸을 만들려면 안정적인 코어를 인지할 필요가 있다.

코어의 힘이 약하면 신체의 균형이 무너지면서 뼈와 근육의 밸런스가 맞지 않게 되어 척주질환이 발생할 수 있다. 이로 인해 주변 장기의 기능도 떨어지며, 혈액순환이 원활하지 못해 신진대사가 부족해지면서 쉽게 살찌는 체질로 변할 수 있다. 그러므로 자세를 개선하거나 탄탄한 신체를 위해, 그리고 유기적으로 연결된 신체의 움직임을 돕는 데에도 코어운동이 필수적이다. 힘있고 유연한 코어는 일상적인 동작을 쉽게 하는 기능상의 건강뿐만 아니라 시각적인 미(beauty)를 갖게 한다. 강력한 코어는 운동수행능력의 효율적인 향상과 고품질의 스포츠 퍼포먼스에도 영향을 미친다.

코어는 모든 근육 운동의 중앙발전소와 같은 역할과 머리, 팔, 다리로 에너지를 전달하는 연결고리 작용을 한다. 코어운동은 신체의 입체적인 중심에 위치하는 몸통을 고려하여 앞·뒤 모두 중요하고, 가슴이나 팔근육처럼 크기를 키우기 위한 운동과는 달리 크기를 줄이기 위해 하는 운동이다.

유산소와 웨이트 트레이닝이 몸의 형태를 만드는 것이라면, 코어운동은 이러한 운동의 기초이자 필수라 할 수 있다.

코어의 안정화(stability)와 강화(strengthening)

코어의 안정화란 모든 운동의 기본으로 복부와 허리, 등 그리고 엉덩이와 관련된 근육을 안정적으로 유지시키는 힘을 의미한다. 이것은 코어를 이루는 근육들의 움직임을 제어하는 능력으로 이해할 수 있다. 신체의 다양하고 복잡한 움직임과 신체의 균형은 모두 코어의 안정화를 향상시킴으로써 보다 효율적으로 이루어질 수 있다. 또한 코어가 안정화되면 일상생활의 활동뿐 아니라 운동을 수행하기 위한 신체적 능력도 자동적으로 향상될 수 있다.

코어 강화는 코어에 직접적으로 작용하여 근육을 단련하고 활성화시킴과 동시에 힘과 지구력을 생성하는 것을 의미한다. 배곧은근의 각 부분들을 두드러져 보이게 만드는 동작들로 보통 복부의 앞면과 옆면의 증대를 목표로 한다(Hollis Lance Liebman 2019).[1]

강력한 코어를 유지하여야 보조근육도 최적의 지원을 받을 수 있고, 체력과 순발력 향상은 물론 강도 있는 운동수행능력과 역동적인 동작, 고도의 스포츠 활동을 가능하게 된다.

이상적인 신체정렬(ideal alignment)

지구에 지축이 있듯이 모든 물체에는 중심축이 있다. 우리 몸에도 중심축이 존재한다. 이 축에서 벗어날수록 몸은 바른 정렬에서 벗어나 한쪽으로 기울거나 비틀어지는 현상이 나타나 몸의 불균형이 시작된다. 신체의 축은 언제나 유지되어야 한

다. 그렇지 못하면 이차적인 불편함이 유발되어 통증 혹은 증후군으로 나타날 수 있다.

신체 밸런스는 신체가 좌우대칭으로 배치되어 생기는 것이다. 우리가 기능적이고 효율적으로 움직이려면 신체가 균형을 이룬 바른 자세를 갖는 것이 중요하다. 나쁜 자세와 근육의 불균형은 부적절한 움직임과 근육의 피로도를 증가시키고, 일상생활의 불편함과 스포츠 퍼포먼스의 비효율성, 나아가 신체 손상을 가져올 수 있다. 신체에 대한 인식은 외형의 자세(포즈)가 아니라 신체정렬(aligment)에 기초를 두어야 한다.

신체의 이상적인 정렬은 몸의 중심축(line of gravity)과 수평선(frontal plane)을 통해 점검해 볼 수 있다. 몸의 중심축은 신체를 통과하는 중력선이다. 신체의 정면, 측면, 후면에서 정렬 상태를 체크해야 한다.

정면에서 보는 신체의 중심축은 두 발을 붙이고 섰을 때 정수리에서 미간→코와 턱을 지나 가슴우리의 중앙→배꼽→두덩결합(치골결합)→두 무릎 안쪽이 만나는 지점→안쪽 복사뼈 사이 가운데 지점으로 떨어지는 수직선으로, 몸을 좌우로 나누는 선이다.

측면에서는 귀→어깨→골반→엉덩관절→무릎→바깥복사뼈가 일직선으로 정렬을 이룬 상태가 이상적이다.

후면에서는 머리뼈 중앙→일직선으로 뻗은 척주→엉치뼈의 중앙과 꼬리뼈의 중앙→발꿈치 사이 중간지점을 잇는 선이 일직선이 되어야 한다. 벽에 등을 대고 앉았을 때는 뒤통수→등 윗부분(등뼈)→엉치뼈(천골)가 일직선을 이루어야 한다.

몸의 수평선(frontal plane)을 확인할 때는 머리의 회전과 기울기, 어깨와 귀의 거리, 양쪽 어깨

척주의 중립자세

척주는 태어나서 스스로 몸을 가누기 전까지 C자 모양을 이룬다. 머리를 가누면서 목(목뼈)에서, 서고 걸으면서 허리(허리뼈)에서 앞쪽으로 경사(lordosis)가 시작되어 역C자 모양을 이루는데, 이를 2차커브(secondary curve)라 한다.

등뼈(흉추)는 태어날 때부터 있는 1차커브(primary curve)로 뒤쪽 경사(kyphosis)를 이루며, 엉치뼈(천추)와 꼬리뼈(미추)가 있는 골반도 뒤쪽으로 골반경사를 이룬다.

척주는 전체적으로 매끄러운 S자곡선(curve)으로 인간의 중립자세를 만드는 기둥이다. 이 곡선은 충격을 부드럽게 흡수해주는 역할을 한다. 바른 중립자세는 일상생활에 건강함을 더해주고 운동의 효율성을 증가시킨다.

자세 점검(self check)

준비하기
일부러 취한 자세가 아닌 평소 자신의 자연스러운 자세를 위해 눈감고 제자리걸음을 8~10회 한 다음에 거울을 통해 자신의 모습을 본다.

앞모습 바라보기
오른쪽과 왼쪽이 서로 수평을 이루는지 알아본다.
양쪽 귀의 높이 / 어깨의 높이 / 골반의 높이 / 손끝의 높이 / 무릎의 높이와 두 무릎 사이의 간격 / 양발 안쪽 복사뼈의 위치 / 발끝이 벌어진 각도

뒷모습 바라보기
양쪽 어깨 높이 / 양쪽 엉덩이의 높이 및 크기 / 양발꿈치의 위치

옆모습 바라보기
일직선상에 놓여 있는지를 알아본다.
귓구멍 – 어깨관절 중심 – 엉덩관절 중심 – 무릎 중심 – 바깥복사뼈 약간 앞쪽

위의 리스트는 정적인 상태에서의 부정렬(misalignment)를 알아보는 것으로 절대적 평가는 아니다. 좀 더 정확하게 알아보기 위해서는 동작평가(movement evaluation)도 함께 이루어져야 한다. 또한 전문화된 생체인식 근육테스트 시스템의 도움을 받을 수 있다.

의 높낮이, 골반의 ASIS(Anterior superior iliac spine) 위치, 수직선을 중심으로 두 허벅지 사이의 거리, 늘어뜨린 양손끝의 높이, 그리고 넙다리뼈(대퇴골)의 내회전과 외회전의 정도와 무릎의 높낮이를 점검하여 좌우 밸런스가 같은지를 알아보아야 한다.

효과적인 코어운동은 정돈된 신체정렬과 바른자세에서 이루어져야 한다. 건강하면서 유연한 몸, 좋은 신체적 상태, 그리고 보다 단단하면서 기능적인 코어를 갖는 것은 바른 방법으로 몸을 사용하는 데에서 비롯된다.

건물을 지을 때 기초가 튼튼하지 않으면 금방 기울고 무너지듯이 몸도 똑같다. 운동 후 일시적으로 정렬이 맞아 튼튼해 보여도 기초가 튼튼하지 않다면 다시 돌아가서 금방 정렬이 무너지게 된다. 일시적인 것은 중요하지 않다. 비록 오래 걸리지만, 꾸준히 쌓아 올린 기초와 기반이 우리의 몸과 삶의 질을 높일 것이다.

이상적인 정렬은 말 그대로 '이상적인' 기준이다. 정확하게 기준점을 맞출 수 없을지라도 운동을 통해 바른 정렬을 위한 꾸준한 노력이 필요하다.

짐볼 트레이닝(gym ball training)

많이 사용되고 있는 원형의 짐볼은 이탈리아의 장난감 회사에서 개발하였다. 큰 비닐 공으로서 짐내스틱(gymnastic)이라는 이름으로 1963년에 최초로 생산된 이후 짐닉(gymnic)이라는 명칭으로 변경되었다(정진협, 2008).[2]

볼은 의료 분야에서 특정대상을 위한 치료도구로 활용되기 시작하였으며, 지금은 광범위하게 활

용되고 있다. 스위스 소아과 의사 Elsbeth Kong 박사가 뇌성마비아의 언어훈련을 위한 근육협동운동기능증진법(Bobath방법)에 볼을 사용하였고(전현선, 2003)[3], 영국의 치료생리학자 Mary Quinton은 볼을 뇌성마비 어린이의 신경재활 프로그램에 적용하였다. 스위스의 물리치료사인 Susanne Klein-Vogelbach는 정형외과적으로 비정상인 상태의 환자와 그밖에 의학적으로 문제가 있는 성인들을 대상으로 한 치료에 볼 운동을 활용하였다. 유럽에서는 수잔 클라인 포겔바흐의 영향을 받은 스위스의 물리치료사 Isabelle Gloor-Moriconi와 체코슬로바키아의 물리치료사인 Maria Kusera에 의해 볼 운동이 유럽 전역으로 확산되어 대중적인 인기를 얻게 되었다. 스위스에서는 이사벨 글루르 모리코니에 의해 거의 모든 물리치료 학교에서 볼의 사용과 기능적 역학이 기본적으로 교육되었고, 마리아 쿠세라 또한 취리히 물리치료학교에서 학생들과 환자들에게 볼을 사용하기 시작하였으며, 발간한 책《Gymnastic Mit dem Hupf Ball》은 1973년부터 유럽 물리치료사를 위한 교재가 되었다.

반면 미국에서는 1970년대 초반에 소개되었지만, 1980년 후반까지 일부 물리치료사들에 의해 뇌성마비아의 치료에만 사용되었을 뿐 대중화되지는 못했다가 Caroline Creager의 적극적인 활동과 여러 권의 저서 발표로 볼 이용이 증가하게 되었다. 1990년대 이르러서 미국의 대학은 물론 의료기관의 재활치료에 다양한 볼 운동법을 혼합하여 사용하게 되었고, 각 도시의 시민을 위한 정규 프로그램에 이르기까지 그 사용이 확대되었다(임완기 외, 2009)[4].

공의 명칭은 피지오볼(physio ball) 혹은 짐볼 (gym ball)이라고 하거나, 미국의 물리치료사가 스위스에서 임상운동에 사용되는 것을 보고 스위스 볼(swiss ball)이라고 부르게 되었다. 볼 운동은 남녀노소 누구나 장소 상관없이 안전하면서도 재미있게 운동을 할 수 있는 장점이 있어 유럽, 미국 그리고 한국에서도 병원을 비롯한 각종 의료시설, 복지관, 학교, 피트니스센터 그리고 가정에서도 활용되고 있다.

최근에는 스포츠의학 분야, 정형외과 및 신경외과에서 치료를 위해 사용하고 있다. 또한 운동선수들의 균형 및 체력 향상을 위한 프로그램 등 사용범위가 확대되고 있다.

짐볼 트레이닝의 효과

짐볼은 다른 유형의 소도구와는 달리 원형이 만들어내는 불안정한 지지면과 신축성을 지닌 표면, 가벼움 그리고 탄성이라는 특징이 있다.

짐볼 트레이닝은 볼에 지지하거나 볼 위에서 균형을 잡고 동작을 유지해야 하므로 평형감각의 발달, 신체중심 이동능력 향상 등에 도움이 된다. 나아가 평소에는 느낄 수 없는 신체의 좌우 불균형과 차이점, 그리고 잘못된 자세도 알 수 있다(자세교정). 또한 볼을 통제하면서 동작을 수행해야 하므로 집중력도 필요하다(집중력 향상).

짐볼 트레이닝은 밸런스 유지를 위해 잘 쓰지 않는 코어근육들을 지속적으로 자극하므로 코어근육을 안정화시킨다. 또 신체의 여러 부위로 볼을 지지하므로 코어근육을 강화시킬 수 있다. 이를 통하여 팔·다리의 상호 작용과 운동성을 높여주므로 전신을 고루 발달시키므로 신체의 밸런스도 높여준다.

볼의 탄성과 체중을 활용한 유산소 운동으로 지방감소 및 체중감량 효과도 있나.

짐볼 트레이닝의 모든 동작은 코어와 연결되어 이루어지며, 신체의 무게중심(the center of gravity)을 유지하기 위한 노력으로 운동성이 높다. 일상에서의 움직임, 효율적인 운동 동작, 기술적인 스포츠 퍼포먼스를 위해 짐볼을 활용한 코어운동은 근력·유연성·근지구력·순발력 등을 향상시킨다. 짐볼 트레이닝은 놀이부터 일상생활 수행능력 향상 및 전문선수 트레이닝까지 난이도를 최하에서 최상급으로 조절할 수 있는 매우 효과적인 운동이다.

짐볼의 종류와 선택

볼의 모양은 가장 많이 알려진 동그란 원모양이 일반적이고, 공기를 주입하는 방식이다. 스위스볼(swiss ball), 바디볼(body ball), 운동 볼(exercise ball), 안정화 볼(stability ball), 피지오볼(physio ball), 플렉서볼(flexi ball), 짐볼(gym ball) 등의 다양한 이름으로 불린다.

최근 기존의 볼 모양을 변형하여 활용도를 확대시켰다. 에그볼(egg ball) 또는 에그짐볼(egg gym ball)은 타원형으로, 짐볼 중에서 넓은 면적이 바닥과 접촉하므로 볼 위에 앉아 중심을 잡거나 체중을 싣는 동작의 수행이 원형의 짐볼보다 쉽고 안정성이 높다. 또한 볼을 길게 사용하거나 짧게 사용하는 등 변화를 줄 수 있어서 운동을 위한 포지션 선택이 가능하다. 오뚜기 짐볼은 무게중심이 아래에 있어 굴러가지 않으므로 운동 시 좀 더 안전

하다. 또 발란스트 짐볼은 내부에 '무게추' 역할을 하는 모래가 들어 있어 운동 중에 공의 이동이 없을 뿐만 아니라 볼을 들고, 흔들고, 움직이는 동안 사방으로 움직이는 짐볼 내부의 모래 때문에 신체의 작은근육들에 자극을 더해주는 효과가 있다(양홍석 2019).[5] 볼의 표면에 부드러운 돌기가 있는 마사지 짐볼은 운동과 함께 소프트한 마사지 효과를 더해준다. 이 외에 땅콩 모양의 땅콩 짐볼, 멀티 짐볼 등이 있다.

짐볼은 자신의 신체에 알맞은 사이즈를 선택해야 효과적인 운동을 할 수 있다. 일반적으로 짐볼을 고를 때는 높이가 무릎 정도이거나 짐볼에 앉았을 때 무릎의 각도가 직각이 되어 발이 바닥에 닿는 것이 좋다.

공기 주입량에 따라 운동효과가 다르므로 자신의 신체능력과 특징, 운동목적에 적합한 볼을 세팅한다.

브랜드별로 약간의 차이가 있으나 키를 고려하여 표 1을 참고하면 도움이 될 것이다.

짐볼 트레이닝의 기본자세

짐볼을 활용한 코어운동을 위한 준비단계로, 각 자세에서의 바른 신체정렬과 볼과의 연관성에 유의하여 기본자세를 취한다. 기본자세는 선 자세, 앉은 자세, 네발기기 자세, 누운 자세로 나눈다. 운동을 하기 전에 볼이 자신의 신체조건과 맞는지, 볼에 충분한 공기가 채워져 있는지를 확인한다.

표 1_ 신체에 적합한 짐볼 사이즈

키(신장)	155cm 이하	155~160cm	160~170cm	170~190cm
볼의 지름	45cm	55cm	65cm	75cm

선 자세

동작 | 볼의 가장 넓은 부분을 양손으로 잡고 두 발의 너비는 궁둥뼈(좌골)너비만큼 벌리고 평행 (parallel)으로 선다.

🔦 주의사항

» 공을 잡을 때 어깨에 과도한 힘을 주거나 올라 가지 않도록 한다.
» 어깨뼈(견갑골)의 위치와 귀와 어깨 사이의 공 간을 점검한다.
» 척주는 중립을 유지한다.

앉은 자세

동작 | 볼 위에 앉는다. 무릎은 직각을 이루고, 두 발은 평행으로 바닥을 딛는다.

🔦 주의사항

» 허리뼈(요추)는 중립상태를 유지한다.
» 무릎 사이의 거리와 발목 사이의 거리, 발끝의 거리는 모두 같게 한다.
» 앉은 자세에서 동작을 할 때는 몸이 볼의 접촉 면에서 이탈되지 않도록 콘트롤한다.

정면   측면

정면   측면

응용(브릿지 자세) ┃ 앉은 자세에서 상체를 뒤로 젖히고 앞으로 걸어가 볼의 높은 곳에 등을 대고 눕는다. 척주는 중립을 유지하며, 무릎의 각도는 직각이고, 두 무릎은 벌어지지 않도록 한다.

응용(푸시업 자세) ┃ 네발기기 자세에서 손으로 앞으로 걸어가 볼에 정강이를 대고 푸시업 자세를 취한다. 이때 척주는 중립을 유지한다.

네발기기 자세

동작 ┃ 볼에 복부와 명치부위의 중심을 대고 볼에 엎드린다. 다리는 안정감 있게 벌리고, 손과 무릎, 발가락으로 바닥을 지지한다.

📢 주의사항
> 손바닥은 어깨와 일직선 지점의 바닥에, 무릎은 엉덩관절(고관절)과 일직선 지점의 바닥에 댄다.
> 볼에 복부와 허벅지를 밀착시킨다.
> 목뼈(경추)를 바르게 정렬하고, 볼에 체중을 완전히 싣지 않는다.

누운 자세

동작 ┃ 바닥에 누워서 볼 위에 종아리 아랫부분와 발목을 올린다. 팔은 펴서 엉덩이 옆의 바닥에 밀착시킨다.

📢 주의사항
> 바닥에 밀착시킨 팔 뒷면이 바닥을 잘 지지할 수 있도록 강하게 누른다.
> 골반과 허리뼈(요추)의 바른 정렬이 유지되도록 콘트롤한다.

짐볼을 활용한 코어 트레이닝

각 기본자세에서 코어의 안정화를 위한 동작부터 강화운동까지 초급, 중급, 고급으로 단계를 나누어 소개한다. 소개되는 동작은 준비자세에서 시작하여 동작이 누적되어 발전하는 구조이며, 중급과 고급 단계는 복합동작으로 이루어져 있다.

준비자세 : 선 자세

초급동작 | 공을 잡은 손을 어깨 높이로 들어 스쿼트를 실시한다(10회씩 2세트).

🔊 주의사항

동작을 하는 동안 공을 누르는 힘을 유지한다.

중급동작 1 | 스쿼트 자세에서 중심을 오른다리로 이동하여 자세를 유지한다. 왼다리는 폈다가 접거나 들었다가 내리는 동작을 할 수 있다. 스쿼트 자세를 거쳐 선다(폈다가 접는 동작 10회 또는 들었다가 내리는 동작 10회, 왼쪽 반복, 3세트).

🔊 주의사항

» 한 다리를 중심으로 동작을 수행할 때 중심축이 기울거나 무너지지 않도록 한다.
» 중심이 있는 다리의 무릎이 정면을 향하는지 점검한다.

초급-스쿼트 동작   중급 1-중심이동(한 다리 중심)

중급동작 2 | 스쿼트 자세를 유지하며 상체를 오른쪽으로 트위스트시킨 후 돌아온다(트위스트 10초간 진행, 왼쪽 반복, 3세트).

 주의사항

상체를 트위스트할 때 골반이 정면을 향해 있는지, 두 어깨가 나란한지를 점검한다.

중급 2-트위스트

고급동작 | 중급동작 2에서 상체를 최고치로 트위스트한 지점에서 오른다리에 무게중심을 싣고 자세를 유지한다. 그 방향 그대로 공을 바닥에 터치하고 올라온다(10회 터치, 왼쪽 반복, 3세트).

주의사항

» 공을 바닥에 터치할 때 바닥에 공을 누르지 않도록 한다.
» 스쿼트 자세가 무너지지 않도록 한다.

고급-공높이 변화

준비자세 : 브릿지 자세(앉은 자세 응용)

📢 주의사항

초급동작 | 손은 귀 뒤쪽에 살짝 대고 팔꿈치를
벌려 자세를 만든다. 상체를 일으키고 눕는 동작을
반복한다. 상체를 일으킬 때 두 발로 바닥을 밀면
복부의 힘을 더 세게 줄 수 있다(15회 3세트).

» 손으로 머리를 무리하게 당기지 않도록 한다.
» 상체를 일으켰을 때 복부의 힘이 볼의 중심을
향하도록 한다.

초급-복근

중급동작 1 | 초급동작에서 상체를 일으킨 후 오
른무릎을 몸쪽으로 당긴다(10회 당기기, 왼쪽 동
일 횟수 반복, 3세트).

📢 주의사항

» 무릎을 몸으로 당길 때 상체 동작이 잘 유지되
도록 한다.
» 공이 이탈되지 않도록 콘트롤한다.

중급 1-무릎 당기기

중급동작 2 | 초급동작에서 상체를 일으킨 후 오른쪽으로 트위스트하고 돌아온다(10회 트위스트, 왼쪽 동일 횟수 반복, 3세트).

📢 **주의사항**

상체를 트위스트할 때 어깨를 나란히 하여 등에서 굴곡이 일어나지 않도록 한다.

중급 2-트위스트 동작

- -

고급동작 | 중급동작 2 동작에서 트위스트를 유지한 채 오른다리를 들어올린다(10회 들어올리기, 왼쪽 동일 횟수 반복, 3세트).

📢 **주의사항**

복합동작이므로 볼에서 균형을 잘 잡는다.

고급-발 띄우기

준비자세 : 네발기기 자세

초급동작 1 | 다리를 펴고 발가락으로 바닥을 지지한다. 팔을 귀 옆에서 쭉 뻗어 몸을 수평으로 유지하거나 상체를 사선으로 들어 유지한다(10초간 유지, 3세트).

📢 주의사항

» 팔을 위쪽으로 뻗을 때 어깨를 내려 귀와 팔 사이의 공간을 확보한다.

» 팔 동작이 이루어질 때 허리가 과도하게 꺾이지 않도록 한다.

» 손가락 끝까지 쭉 뻗어낸다.

초급-상체들기

초급동작 2 | 손으로 앞으로 걸어가 푸시업 자세를 취하여 유지한 후 준비자세로 돌아온다(10초간 유지, 3세트).

📢 주의사항

푸시업 자세에서 허리가 바닥쪽으로 쳐지거나 등이 위로 솟지 않도록 한다.

초급-푸시업 자세

중급동작 1 | 초급 자세에서 상체를 사선으로 유지하고 팔꿈치를 옆구리쪽으로 접어 W자를 만든다. 좁은 W자가 될 수 있도록 강하게 수축한다(15회 3세트).

📢 주의사항

» 팔을 옆구리쪽으로 접으면서 어깨가 올라가지 않도록 한다.

» 동작을 하는 동안 머리 방향은 사선을 유지한다.

중급 1-팔 W

- -

중급동작 2 | 초급자세에서 상체를 사선으로 유지한 후 오른쪽 팔꿈치를 엉덩이쪽으로 접어 상체를 트위스트하고 처음 자세로 돌아온다. 왼팔은 사선을 유지하고 시선은 접히는 팔꿈치를 본다(오른팔 7자 모양으로 접기 15회, 왼쪽 동일 횟수 반복, 3세트).

📢 주의사항

» 유지하는 팔과 움직이는 팔의 힘의 동일하도록 한다.

» 볼에서 떨어지지 않도록 콘트롤한다.

중급 2-팔 7(트위스트)

고급동작 | 상체를 수평이나 사선으로 유지하고 팔을 접어 머리 뒤쪽에 가볍게 댄다.

오른쪽 팔꿈치가 위로 향하도록 몸통을 트위스트하고 준비자세로 돌아온다(15회, 왼쪽 동일 횟수 반복, 3세트).

📢 주의사항

상체가 트위스트될 때 머리의 방향은 사선을 유지한다.

고급-사선 트위스트

준비자세 : 푸시업 자세(네발기기 자세 응용)

중급동작 | 푸시업 자세에서 몸이 A프레임 모양이 되도록 볼을 가지고 왔다가 푸시업 자세를 취한다. 좁은 A프레임이 될 수 있도록 강하게 당긴다. 볼은 발등 혹은 발바닥으로 지지할 수 있다(10회 3세트).

📢 주의사항

A프레임 모양을 만들 때 척주의 정렬이 S자를 유지할 수 있도록 한다.

중급-A프레임

고급동작 | 푸시업 자세 혹은 A프레임 자세에서 하체를 오른쪽으로 트위스트하고 시작자세로 돌아온다(10회, 왼쪽 동일 횟수 반복, 3세트).

📢 주의사항

» 트위스트 동작이 이루어질 때 상체와 하체가 잘 분리되어 움직이도록 한다.

» 무릎의 방향이 바닥으로 떨어지지 않도록 한다.

고급-트위스트

준비자세 : 누운 자세

초급동작 | 두 발로 볼을 누르면서 골반을 올렸다 내린다(10회 3세트).

📢 주의사항

» 동작은 천천히 진행한다.

» 골반을 올리고 내릴 때 두 무릎이 벌어지지 않도록 한다.

브릿지 동작

중급동작 1 | 골반을 가장 높이 위로 들어 자세를 유지한 후, 무릎을 폈다 접는다(펴고 접기 15회 3세트).

📢 주의사항

» 무릎을 펴고 접을 때 두 무릎이 벌어지지 않도록 한다.

» 골반의 높이는 할 수 있는 최고치를 유지하도록 한다.

» 볼에서 떨어지지 않도록 콘트롤한다.

중급 1-두 무릎펴고 잡기

중급동작 2 | 초급동작에서 골반을 들어올린 자세를 유지하며 하체를 오른쪽으로 트위스트시킨 후 골반을 들어올린 자세를 거쳐 내린다. 트위스트 동작 후 볼을 살짝 밀었다가 가지고 오는 동작을 추가할 수 있다(트위스트 15회, 왼쪽 동일 횟수 반복, 3세트).

📢 **주의사항**

» 트위스트 동작을 하면서 상체는 바닥을 누르는 자세를 유지한다.

» 트위스트 동작에서 볼을 밀었다 가져오는 동작을 할 때 골반의 높이가 변하지 않도록 한다.

중급 2-트위스트

고급동작 | 중급동작 2에서 오른쪽으로 트위스트한 자세를 유지한 채, 오른쪽 다리를 폈다가 접는다. 두 발로 볼을 지지하고 골반을 들어올렸다 내린다(트위스트 상태에서 오른다리 펴고 접기 15회, 왼쪽 트위스트 왼다리 동일 횟수 반복, 3세트).

📢 **주의사항**

동작을 하는 동안 가능한 볼을 안정적으로 유지한다.

고급-한 다리 들기

밴드(elastic band) 트레이닝

밴드는 1896년에 개발되었다. 1901년 시카고 일리노이 주에서 생산된 Whitely Exerciser로 불리는 탄력 저항기구를 시작으로, 1960~70년대에 재활을 목적으로 한 근육 트레이닝에서 탄력 저항 운동이 효과를 보이자 수술용 튜브를 사용하여 근육 손상이나 근육 약화를 치료하기 위한 기구로 사용되기 시작하였다(양지혜, 2019)[6]

치과용 고무와 신발 쿠션을 생산하는 미국 하이제닉 회사가 물리치료사의 권유로 1975년 개발한 세라밴드가 점진적인 탄력 저항 개념으로 활용되었다. 세라밴드는 원래 검정색만 있었으나 1978년 강도에 따른 색깔별 밴드로 Thera-Band컬러 코드 시스템이 나오게 되었다.[7]

1900년대에 들어 물리치료사들이 의료현장에서 밴드를 환자 재활에 활용하기 시작하였다. 이후 점차 일반인들의 체력향상을 위한 유산소 운동과 근력회복 운동으로, 운동선수의 코어강화와 근력강화를 위한 운동으로 그 사용대상과 범위가 확대되었다. 대상과 운동목적에 따라 여러 가지 자세나 프로그램의 개발과 연구도 진행되고 있다.

밴드운동의 효과

밴드는 가볍고 휴대가 편리하다. 운동 시 장소에 제한을 받지 않으며, 안전하고 부상이 적어 다방면으로 활용되고 있다.

밴드를 이용한 운동은 고무를 당기고 수축하는 힘에 저항하여 근육이 힘을 발휘하게 된다. 밴드의 강도와 길이는 밴드를 잡는 너비에 따라, 이중으로 겹쳐서 잡거나 신체에 감아 자유롭게 조절할 수 있다. 또한 밴드 자체가 지닌 강도가 단계별로 나누어져 있어 강도의 선택만으로도 같은 동작에서 다양한 운동의 난이도를 경험할 수 있다.

밴드의 활용방법에 따라 동작에서 발생하는 힘의 방향이 한 방향이 아닌 다각도에서 저항을 발생시킬 수 있으므로 복합적인 힘이 작용하여 운동효과를 상승시킬 수 있다.

밴드 트레이닝은 부상당한 관절의 인대와 힘줄 및 근육을 강화시켜 관절의 안정성을 가져올 수 있고(재활트레이닝 효과), 작은 근육들 및 섬세한 조직을 자극하고 큰 근육들을 강화하는 데 도움이 된다(근력과 민첩성 향상). 코어에서 가슴·등·상체·하체 등을 연결하여 콘트롤함으로써 불필요한 근육의 사용을 줄여 근육의 스트레스를 줄일 수 있다. 또한 끊임없이 근육에 자극을 줄 수 있으므로 힘이 작용하는 길을 발달시키기 쉽다(힘의 효율성 및 동작의 안정화). 모든 동작은 처음부터 끝까지 부드럽고 천천히 진행되므로 코어를 지속적으로 활성화시킨다(코어근육 강화 효과).

밴드의 탄성을 활용하여 자신의 근력에 맞춘 스트레칭과 신체 각 부위 분절의 유연한 동작을 취할 수 있고(기능적인 유연성 향상), 전신 근육의 균형적인 발달로 신체의 구조를 보다 효율적으로 정렬시킴으로서 좋은 자세를 유지하는 데 도움을 준다(자세보정 및 밸런스 향상).

밴드 트레이닝은 재활 분야에서 활용되기 시작하였다. 가벼운 부하로 장시간 운동을 하면 유산소 운동의 효과를, 무거운 부하로 단시간 운동을 하면 근력운동의 효과를 볼 수 있다.

밴드 트레이닝은 맨손으로만 하는 운동보다 동작의 정확한 길과 올바른 운동법을 인지하기 쉽고, 밴드를 이용하여 다양한 자세를 취할 수 있으므로 운동효과를 높일 수 있으며, 관절의 최대가동범위에서 최대저항으로 운동할 수 있다.

밴드 트레이닝은 운동 초보자와 고령자들의 기본적인 근력 운동, 숙련자들의 체력을 높이기 위한 저-중간도 운동, 운동선수들의 고강도 훈련 등 다방면에서 사용되고 있다.

밴드의 종류와 선택

밴드는 고무 소재로 만들어진 일자형이 일반적이다. 탄력밴드, 저항밴드, 풀업밴드, 고무밴드, 세라밴드(thera band), 탄성밴드, 샌트밴드(sanct band), 라텍스밴드 등의 이름으로 불려진다.

밴드의 재질과 모양은 다양해졌고, 핸드그립, 밴드그립바, 도어스트랩, 스파이더 등의 악세사리를 활용하기도 한다.

밴드는 저항의 단계별 강도가 색상으로 표시되므로 본인 수준에 맞는 단계의 밴드를 선택하는 것이 좋다. 가벼운 운동이나 자세교정·재활을 목적으로 한다면 저항이 가장 적은 밴드를, 근력운동을 목표로 한다면 강한 탄성력의 밴드를 추천하고, 중간 단계는 개인의 운동능력과 운동목표를 고려하여 선택한다. 운동초보자는 보다 부드러운 밴드나 지름이 넓은 밴드를 먼저 활용해 보고 단계를 높일 것을 권장한다.

밴드는 만드는 회사마다 색상과 두께, 너비, 길이, 강도의 단계는 차이가 있으나, 색상으로 강도를 구분하고 있다. 연두(피치색)→주황→노랑→빨강(핑크)→초록→파랑→검정→금색의 순으로 검정이나 금색으로 갈수록 탄성이 강하므로 선택 시 참고하면 된다.

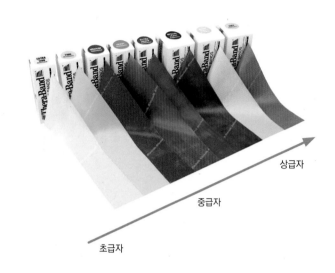

출처 : https://www.theraband.com

밴드 트레이닝의 기본자세

밴드를 활용한 효율적인 코어운동을 위하여 바른 기본자세를 알아본다.

밴드는 자신의 신체능력과 운동목적에 맞는 강도인지, 길이와 너비는 적당한지, 밴드에 흠집이나 찢겨진 곳은 없는지 확인한다.

밴드를 손으로 잡을 때는 손목이 꺾이지 않도록 바른 자세(손목 안정화)에 반드시 유의하여야 한다.

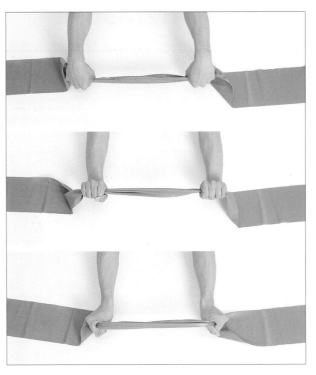

밴드를 잡는 손의 모양-바른 자세

밴드를 잡는 손의 모양-틀린 자세

선 자세

동작 | 밴드를 양손으로 어깨너비만큼 잡고 두 발은 궁둥뼈(좌골) 또는 골반너비로 평형(parallel)으로 선다.

📢 주의사항

척주의 바른 정렬에 유의한다.

평형 자세

응용 1(모은 평형 자세, 넓은 평형 자세, 턴아웃 자세) | 두 발을 모아 밴드 중앙을 밟고 서서 밴드의 양쪽 끝부분을 잡는다. 이때 두 발의 간격은 동작에 따라 모은 평형 자세, 넓은 평형 자세(wide parallel position), 두 발끝이 바깥쪽을 향하는 자연스러운 턴아웃 자세(natural turn-out position)를 취할 수 있다.

두 발끝의 방향은 항상 무릎과 같은 방향을 향하도록 한다.

모은 평형 자세

넓은 평형 자세

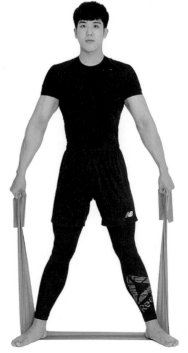

턴아웃 자세

응용 2(걷는 자세) | 두 발은 걷는 자세(walking position)를 취하여 밴드의 중앙을 밟고 밴드의 양끝을 잡거나 밴드의 양끝 부분을 밟고 밴드의 가운데를 잡는다. 두 발의 간격은 동작에 따라 자유롭게 조절할 수 있다. 걷는 자세(walking position)는 자연스럽게 걸을 때처럼 발은 앞뒤로 간격을 두고, 척주 및 골반을 바르게 정렬하여 양발에 동일한 무게를 두고 선다.

걷는 자세 / 밴드 모양을 다르게

앉은 자세

동작 | 양반다리로 앉아 밴드를 어깨너비로 잡
는다.

📢 주의사항
두 궁둥뼈(좌골)가 바닥에 수직으로 잘 닿도록
골반과 허리뼈(요추)의 정렬을 바르게 한다.

밴드 활용 1 | 앉은 자세에서 밴드를 엉덩이, 허
리, 등에 걸고 동작을 할 수 있다.

밴드 활용 2(round band) | 밴드의 양끝을 묶
어 원형으로 만들고 밴드에 앉아 밴드를 손으로 잡
고 동작을 할 수 있다.

네발기기 자세

동작 | 밴드 중앙을 어깨너비로 잡고, 두 무릎과 두 손은 바닥을 지지한다.

이때 발과 무릎은 같은 선상에 있고 골반에서 무릎, 어깨에서 손목은 수직을 이룬다.

📢 주의사항

» 다리가 너무 벌어지지 않도록 한다.

» 어깨가 솟거나 말리지 않도록 한다.

» 척주는 자연스러운 커브로 중립자세를 유지한다.

밴드 활용(square band) | 네발기기 자세에서 밴드의 중앙을 두 발바닥에 걸거나 감고, 밴드의 양끝 부분을 손으로 잡는다. 밴드 위치를 무릎 뒤쪽으로 변경할 수 있다.

응용 1(한 무릎 자세) | 밴드를 한 발에만 걸거나 감고 다른 다리의 무릎을 직각으로 세워 딛고 상체를 세운다. 이때 무게중심은 가운데에 있으며 척주를 바르게 정렬한다.

응용 2(플랭크 자세) | 네발기기 자세에서 두 무릎을 펴서 두 발로 바닥을 지지한다. 정수리에서 발까지 기능적인 중심선을 만든다. 이 자세에서 팔꿈치를 굽혀 바닥을 지지할 수 있다.

응용 3(엎드린 자세) | 바닥에 엎드려 이마를 대고 머리 위쪽이나 엉덩이쪽에서 손으로 밴드를 잡는다.

누운 자세

동작 | 바닥에 누워 두 무릎을 세우고 손으로 밴드를 잡는다.

📢 주의사항

» 척주는 중립자세를 유지한다.

» 무릎과 발목, 발끝의 방향이 일치하는지 점검한다.

밴드 활용 | 누운 자세에서 밴드를 발, 무릎 뒤, 골반, 허리, 등에 지지하여 동작을 할 수 있다.

밴드를 활용한 코어 트레이닝

각 기본자세에서 시작하는 코어 안정화 및 강화를 위한 운동 동작을 소개한다.

코어 안정화를 위한 동작은 바른 자세를 유지하며 지속적인 힘을 사용하므로 근육을 단련하는 효과가 있고, 코어 강화를 위한 운동은 동작과 동작의 연결로 여러 방향의 힘이 작용하므로 근력·지구력·순발력에 영향을 줄 수 있다.

준비자세 : 선 자세

초급동작 | 팔을 멀리 던지듯이 어깨를 수평으로 들고 유지한다(10초간 유지, 3세트).

📢 주의사항

» 동작은 시작부터 마칠 때까지 빠르지 않게 천천히 진행한다.

» 팔꿈치는 힘을 주어 펴는 것보다 살짝 굽힌다.

초급 – 수평으로 들기

중급동작 | 팔을 어깨 수평선을 거쳐 머리 위 수직까지 올려 자세를 유지한다. 올리는 동안 팔을 멀리 던지듯이 긴 지렛대처럼 움직인다(15초간 유지, 3세트).

📢 주의사항

» 팔이 움직이는 동안 어깨가 올라가지 않도록 한다.

» 수직에서 팔을 유지할 때는 귀와 팔 사이에 공간이 생기도록 한다.

» 허리가 과도하게 휘지 않도록 바른 정렬을 유지한다.

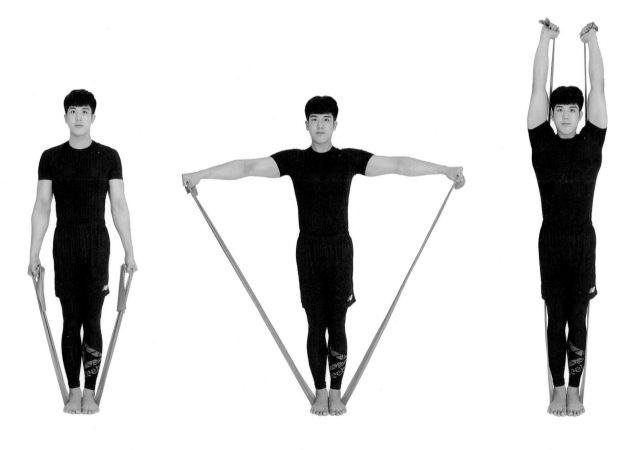

중급 – 수직 들기

고급동작 | 중급동작에서 두 손을 붙여 머리 뒤쪽 공간으로 팔을 접었다 편다(15회, 3세트).

📢 주의사항
팔을 접을 때는 팔꿈치가 벌어지지 않도록 한다.

고급 – 팔꿈치 접기

준비자세 : 걷는 자세(선 자세 응용)

초급동작 | 밴드를 잡고, 팔을 편 상태로 앞으로 어깨선상까지 들어 유지한다(10초간 유지, 3세트).

📢 주의사항
» 동작은 천천히 진행한다.
» 어깨가 올라가지 않도록 한다.
» 무게중심은 가운데로 하여 한 발에 치우지지 않도록 한다.

초급 – 팔을 어깨 앞 수평으로 들기

중급동작 | 초급동작에서 위 수직으로 들었다가 수평을 거쳐 내린다(15회, 3세트).

📢 주의사항

» 팔을 수직으로 올렸을 때 허리가 휘지 않도록 한다.

» 동작을 하는 동안 어깨와 귀의 거리가 변하지 않도록 한다.

중급 – 수직으로 들기

고급동작 | 중급동작에서 밴드를 수직으로 든 자세를 유지한 채 상체를 오른쪽으로 기울이거나 트위스트한다(15회, 왼쪽 동일 횟수 반복, 3세트).

📢 주의사항

» 동작을 할 때 무게중심이 한쪽으로 이동되지 않도록 한다.

» 골반은 기울어지지 않도록 정면을 향해 바른 정렬을 유지한다.

고급 – 기울기 / 트위스트

준비자세 : 앉은 자세(밴드 활용 2 : round band)

초급동작 | 잡은 밴드를 어깨에서 수평을 유지한 다음 머리 위 수직으로 들어 자세를 유지한다(10초간 유지, 3세트).

팔꿈치를 접었다가 어깨 높이 수평으로 펴는 동작 또는 팔꿈치를 접어 머리 위 수직으로 올리는 동작을 할 수 있다(10회, 2세트).

📢 주의사항

» 동작은 과정을 천천히 진행한다.

» 어깨가 올라가지 않도록 한다.

초급 – 수직 유지

중급동작 | 초급동작에서 두 팔을 수직으로 들어 자세를 유지한 채 오른쪽으로 몸통을 트위스트한 다음 정면으로 돌아온다(15회, 왼쪽 동일 횟수 반복, 3세트).

📢 주의사항

» 트위스트할 때 골반이 움직이지 않도록 한다.

» 두 어깨의 높이는 항상 같은 선상을 유지한다.

» 동작을 하며 턱이 들리거나 상체가 뒤쪽으로 넘어가지 않도록 한다.

중급 – 트위스트

고급동작 | 중급동작에서 트위스트를 유치한 채 팔 전체를 앞과 뒤로 마치 걷듯이 움직인 후, 상체가 정면으로 돌아와 팔을 내린다(트위스트 자세에서 팔 걷기 20회, 왼쪽 동일 횟수 반복, 3세트).

📢 주의사항

» 팔과 귀 사이에 공간이 유지되어야 한다.
» 팔을 앞과 뒤로 움직일 때 움직이는 폭이 같도록 한다.

고급 - 트위스트 상태 + 팔 앞뒤로 움직이기

준비자세 : 네발기기 자세(밴드 활용 : square band)

초급동작 | 오른다리를 펴서 엉덩이 높이까지 들어 유지한다(10회, 왼쪽 동일 횟수 반복, 2세트). 들린 다리를 윗쪽으로 좀 더 들었다가 내리기, 안쪽이나 바깥쪽으로 움직였다가 돌아오기 동작을 추가하여 강도를 높일 수 있다(동작 유지 후, 추가하여 움직이기 10회, 반대쪽 동일 횟수 반복, 2세트).

📢 주의사항

» 동작을 하는 동안 몸통에 변화가 생기지 않도록 한다.
» 들어올린 다리의 무릎이 바닥을 향하는지 점검한다.

초급 - 한 발 뒤로 펴서 유지

중급동작 | 바닥을 지지하는 오른팔을 그대로 귀 옆 높이의 수평으로 들어 유지하고 돌아온다. 어깨 유연성에 따라 팔의 높이는 올라갈 수 있다(10회, 왼쪽 동일 횟수 반복, 2세트). 들린 팔을 조금 더 윗쪽으로 들었다 내리기 혹은 안쪽이나 바깥쪽으로 이동했다가 수평자세를 취하여 동작의 강도를 높일 수 있다(동작 유지 후, 추가하여 움직이기 10

회, 반대쪽 동일 횟수 반복, 2세트).

📢 주의사항

» 팔을 수평을 들었을 때 귀와 팔의 거리를 유지한다.

» 동작을 하는 동안 척주가 움직이지 않도록 한다.

중급 – 한 팔 앞으로 펴서 유지

고급동작 | 왼다리과 오른팔로 바닥을 지지하고, 오른다리와 왼팔은 척주라인까지 들어올려 자세를 유지한다. 어깨와 골반의 유연성에 따라 팔과 다리의 높이는 달라질 수 있다(10회, 반대 손과 발로 동일 횟수 반복, 2세트).

한 다리와 한 팔을 들어 자세를 유지한 채 든 다

리와 팔로 동시에, 한 다리로만, 혹은 한 팔로만 작은 동그라미를 그린다(동그라미 그리기 10회, 반대 손과 발로 동일 횟수 반복, 3세트).

📢 주의사항

» 동작을 하는 동안 척주는 중립을 유지한다.

» 무게중심을 잃지 않도록 균형을 잘 잡는다.

고급 – 한 발과 한 팔로 유지

준비자세 : 엎드린 자세(네발기기 자세 응용)

나란히 모은 두 발에 밴드를 감거나 묶고 밴드의 양끝 부분을 손으로 잡는다.

중급동작 | 두 손과 두 발을 동시에 들어올려 자세를 유지한다. 허리와 어깨의 유연성에 따라 올라오는 정도는 달라질 수 있다(15초간 유지, 3세트).

📢 주의사항

» 동작은 시작에서 마칠 때까지 천천히 진행한다.
» 손과 발의 높이가 같도록 한다.
» 두 손 사이와 두 발의 사이가 벌어지지 않도록 한다.

중급 - 유지

고급동작 | 중급동작에서 앞, 뒤, 좌, 우 순으로 기울였다가 제자리에 돌아와 팔과 다리를 동시에 내린다(손과 발이 들린 자세를 유지하며 몸통 중심 이동 8회, 3세트).

📢 주의사항

» 앞, 뒤, 좌, 우로 기울 때 넘어가지 않는 정도까지 자신이 할 수 있는 기울기를 찾는다.
» 앞과 뒤의 움직임 각도, 오른쪽과 왼쪽의 기울기 정도는 서로 같게 한다.
» 중심을 잃고 넘어가지 않도록 균형을 유지한다.

고급 - 자세유지 + 앞, 뒤, 좌, 우 기울기

준비자세 : **누운 자세**(밴드 활용 : 골반 위치)

누운 자세에서 밴드를 잡은 손으로 골반 옆 바닥을 누른다.

초급동작 | 골반을 위로 들어 자세를 유지한다 (10초간 유지, 3세트).

📢 **주의사항**

» 팔은 어깨부터 손까지 바닥을 강하게 누른다.
» 두 무릎이 떨어지지 않도록 한다.
» 골반은 가능한 가장 높은 위치에서 유지한다.

초급 – 브릿지 동작

중급동작 | 초급동작에서 골반을 가장 높게 올린 상태를 유지하고 오른다리를 45도 혹은 위로 펴서 자세를 유지한다. 오른다리의 무릎을 접은 다음 골반을 내린다(10초간 유지, 왼다리도 동일 자세 유지, 3세트).

📢 **주의사항**

» 골반은 가능한 가장 높은 위치에서 유지한다.
» 한 다리로 움직일 때 골반의 기울기가 생기지 않도록 한다.

중급 – 한 다리 들기

고급동작 | 중급동작에서 한 다리를 펴서 자세를 유지한 채 바닥을 누르고 있는 두 팔을 바깥쪽으로 회전했다가 돌아온다. 팔을 회전하는 속도를 조절할 수 있다(자세를 유지하여 팔 회전 16회, 왼쪽 동일 횟수 반복, 3세트).

📢 주의사항

» 골반의 높이가 변하지 않도록 한다.
» 회전시키는 팔은 바닥에서 뜨지 않도록 한다.

고급 – 한 다리 들기 + 팔 회전

준비자세 : 누운 자세(밴드 활용 : 발목 위치)

누운 자세에서 두 발 또는 발목에 밴드의 중앙을 묶거나 감고 무릎을 세워 자세를 취한다.

초급동작 | 두 발을 무릎 위치로 들어 직각을 만든다. 두 팔은 골반옆 바닥을 누른다(10초간 유지, 3세트).

📢 주의사항

» 동작을 취하면서 척주가 바른 정렬을 유지하는지 점검한다.
» 어깨가 바닥에서 뜨지 않도록 강하게 누른다.

초급 – 자세유지

중급동작 | 초급자세에서 직각을 만든 다리를 사선으로 펴서 자세를 유지한다. 이때 머리와 어깨를 들어 무릎을 바라보고 손은 바닥을 누른다. 허리는 중립(neutral)을 유지하거나 바닥과의 공간을 없애는 임프린트(imprint) 자세를 취한다. 복부의 힘에 따라 다리 높이를 조절할 수 있다(15초간 유지, 3세트).

📢 **주의사항**

» 다리를 쭉 펴서 자세를 유지한다.

» 상체를 들어올릴 때 어깨가 말리지 않도록 한다.

중급 – 무릎펴기

고급동작 | 중급자세에서 다리는 사선으로 펴고 상체를 들어 자세를 유지하고 두 팔을 편 채로 위아래로 움직인다. 팔이 움직이는 속도를 조절한다(자세를 유지하고 팔 움직이기 20~40회, 5세트).

📢 주의사항

» 팔을 위아래로 움직일 때 몸의 반동이 생기지 않도록 한다.

» 움직이는 팔의 폭은 너무 크지 않도록 한다.

고급 – 헌드레드

[참고문헌]

(1) Hollis Lance Liebman, Anatomy of Core(2019). 프로제. p. 8, 12.

(2) 정진협(2008). 탄력밴드와 스위스 볼 트레이닝이 중년여성의 신체구성, 골밀도 및 근활성도에 미치는 영향, 한양대학교 일반대학원. p. 10.

(3) 전현선(2003). 뇌성마비아 언어 훈련에 대한 Bobath의 접근방법 고찰, The Educational Journal for Physical and Multiple Disabilities Vol.42. pp. 15~31 : 7.

(4) 임완기, 박진홍, 임승길, 한형구(2009). 퍼펙트 볼 운동. 광림북하우스. p. 9-10.

(5) 양홍석(2019). 임산부 및 필라테스 강사를 위한 짐볼 필라테스 교과서. 예방의학사. p. 12.

(6) 양지혜(2019). 홈 트레이닝 및 필라테스 강사를 위한 밴드 필라테스 교과서. 예방의학사. p. 8.

(7) www.theraband.com

Part 04_ 트레이닝 프로그램

Personal Training

Chapter 01

저항 트레이닝 프로그램

요구 조사 및 분석

저항 트레이닝 프로그램의 효과를 극대화하기 위해서는 고객의 필요 및 요구를 조사·분석하여 프로그램에 반영해야 한다. 고객의 요구 조사 및 분석은 고객 카운셀링과 건강 및 체력 평가를 통해 확보한 자료를 토대로 이뤄져야 한다. 퍼스널트레이너는 고객 카운셀링 시 고객의 요구를 정확하게 이해·파악하고, 이를 충족시킬 수 있도록 고객 맞춤 프로그램을 설계해야 한다.

요구 조사는 성·연령·직업 등의 인구통계학적 특성, 저항운동 경험, 운동을 위한 가용시간, 운동목적 및 동기 등과 같은 프로그램 구성정보로 이뤄져야 한다. 인구통계학적 특성은 저항 트레이닝 프로그램을 구성할 때 기본적으로 반영되어야 할 정보이다. 즉 성별이나 연령에 따라 저항 트레이닝 프로그램 구성이 달라질 수 있고, 운동강도 또한 다르게 설정될 수 있기 때문이다. 특히 프로그램 구성정보는 프로그램의 주요 구성요소인 운동빈도, 운동강도, 운동종목 및 기구, 세트와 횟수, 휴식시간 등을 결정하는 데 중요하다.

그다음 단계에서는 퍼스널트레이너의 전문지식에 의거하여 조사자료를 분석해야 한다. 퍼스널트레이너는 자료분석을 통하여 고객의 요구사항을 파악하고, 이를 충족시킬 수 있는 프로그램을 설계해야 한다. 요구 조사 및 분석은 일회성으로 끝나서는 안 되며, 월별·분기별로 주기적으로 이뤄져야 한다. 왜냐하면 고객은 설계된 저항 트레이닝 프로그램에 참가함으로써 체력이 향상될 수 있고, 이에 따라 프로그램 구성에 대한 고객의 요구도 변화할 수 있기 때문이다. 고객의 요구 조사와 함께 퍼스널트레이너는 이같은 과정을 통하여 고객에 대한 정확한 정보를 얻을 수 있으며, 효과적인 프로그램을 설계할 수 있다.

프로그램의 목적 및 목표 설정

프로그램의 목적

저항 트레이닝 프로그램을 설계할 때에는 프로그램의 목적이 명확히 설정되어야 한다. 저항 트레이닝 프로그램의 목적 설정은 전체적인 프로그램을 설계할 때 중요하게 고려해야 할 방향을 제시하는 것이다. 퍼스널트레이너는 고객의 요구 분석 결과와 함께 건강 및 체력평가 결과를 종합적으로 고려하여 프로그램의 목적을 설정해야 한다. 저항 트레이닝 프로그램의 목적은 대상에 따라 상이하게 설정될 수 있다.

일반인

일반인은 프로그램의 목적을 근력 및 근지구력 향상, 신체모습 개선, 체중조절 등에 둘 수 있다. 근력은 저항 트레이닝을 전혀 경험하지 않았던 사람이 잘 설계된 프로그램에 몇 주만 참가하여도 크게 향상될 수 있다. 근지구력은 최대근력의 60~70% 이하의 운동부하로 많이 반복했을 때 향상된다. 일반인들은 연령과 성별에 따라 프로그램의 목적이 달라질 수 있다. 젊은 연령층은 주로 신체모습 개선에 대한 요구도가 높고, 고령층은 노화에 따른 근력 및 근지구력 저하 예방이나 체력 유지에 대한 요구도가 높다. 여성들은 체중에 민감한 경향이 있기 때문에 트레이닝을 통해 체중 감량을 희망하기도 한다. 이는 전국적인 실태조사에서 여성들이 체중조절을 위해 운동에 참가한다는 높은 응답률을 통해서도 잘 드러난다.

피지크 및 보디빌딩 선수

피지크 및 보디빌딩 선수들은 대회 출전을 위해 근육량을 늘리는 근비대(muscle hypertropy) 및 벌크업(bulk up)과 근육의 선명도(definition)를 강화하기 위한 체중감량에 저항 트레이닝 프로그램의 목적을 둘 수 있다. 벌크업은 피지크 및 보디빌딩 선수들이 근육량을 증대시키기 위해 무거운 중량의 훈련과 탄수화물·단백질 등 식사량의 증대를 통하여 체중 및 근육량을 지속적으로 늘려가는 과정을 말한다. 근비대는 근육세포 크기 성장을 통한 뼈대 근육의 크기가 증가하는 것을 의미한다. 피지크 및 보디빌딩 선수들은 전국대회나 세계대회 우승을 목표로 벌크업과 체중감량, 그리고 휴식으로 반복되는 사이클을 통해 훈련 강도를 조절하게 된다.

일반 운동선수

일반 운동선수은 종목의 특성에 맞는 저항 트레이닝 프로그램의 목적을 설정할 수 있다. 예를 들면 짧은 시간 내에 폭발적인 힘을 발휘해야 하는 단거리 육상선수는 근력 및 근파워를 향상시켜야 하는 반면에, 장시간 경주해야 하는 마라톤 선수는 근지구력 강화에 프로그램의 목적을 설정할 수 있다. 근파워 향상을 목적으로 하는 저항 트레이닝 프로그램은 점진적 과부하 훈련을 통해 운동선수의 경기력이나 운동수행능력을 향상시킨다.

환자

환자들은 전문의의 진단과 소견을 토대로 재활을 위해 프로그램을 실시할 수 있다. 퍼스널트레이너는 의사의 소견을 토대로 환자의 상태를 파악하고 근력과 체력을 회복할 수 있는 프로그램을 설계할

표 1_ 대상별 프로그램의 목적

대상	프로그램의 목적
일반인	» 근력 및 근지구력 향상 » 신체모습 개선 » 체중조절
피지크 및 보디빌딩 선수	» 벌크업을 통한 근비대 및 근육량의 증가 » 체중 감량을 통한 근육의 선명도 강화
운동선수	» 근력 및 근파워 향상 » 근지구력 향상
환자	» 저항 트레이닝을 통한 재활

수 있다. 장시간 다리에 깁스를 하면 다리의 근력이 많이 떨어져 있을 것이다. 이 경우에는 프리 웨이트기구보다는 leg curl이나 leg extension과 같은 머신을 활용한 하체 근력강화 트레이닝을 실시하면 재활에 큰 도움을 준다.

프로그램의 목표 설정

저항 트레이닝 프로그램의 목적은 고객의 요구 조사 및 분석과 건강 및 체력평가 결과를 토대로 방향이 설정되어야 한다. 고객의 요구를 간과하고 건강 및 체력평가 결과와 퍼스널트레이너의 전문성에만 의존하여 저항 트레이닝 프로그램의 목표를 설정하는 것은 바람직하지 않다.

저항 트레이닝 프로그램의 목표를 설정할 때는 프로그램의 목적을 어떻게 성취할 것인가를 구체적으로 기술해야 한다.

일반적으로 저항 트레이닝 프로그램 목표의 기능은 다음과 같다.

① 저항 트레이닝 프로그램 참가 이후 도달하고 자 하는 고객의 건강 및 체력 상태와 운동능력, 체중, 체지방률과 근육량, 컨디셔닝 등을 제시한다.

② 저항 트레이닝 프로그램 참가 이후 운동경력에 따라 성취하고자 하는 근력 및 근파워와 근지구력, 훈련기술 적용 등의 수준을 제시한다.

③ 저항 트레이닝 프로그램 실행 이후 운동 대상별 프로그램 목적 및 목표 달성 정도를 평가할 수 있는 중요한 기준이 된다.

프로그램의 설계

고객의 요구를 파악하고, 프로그램의 목적 및 목표를 설정한 다음에는 고객을 위한 트레이닝 프로그램을 설계해야 한다. 저항 트레이닝 프로그램 설계는 트레이닝의 핵심적인 요인들을 토대로 고객에게 적합한 맞춤씩 프로그램을 계획하는 것이다. 저항 트레이닝 프로그램은 프로그램 계획서의 형태로 만들어져야 하며, 고객의 상태에 대한 정보, 프로그램의 목적 및 목표는 물론, 주별 또는 세션별·월별 상세한 트레이닝 프로그램을 포함해야 한다.

저항 트레이닝 프로그램 설계 시 핵심적으로 고려해야 할 요인들은 다음과 같다.

1 RM 측정과 운동강도

저항 트레이닝 프로그램을 설계할 때 중요하게 고려해야 할 요인 중의 하나는 1 RM(1 repetition maximum)이다. 1 RM은 1회를 실행할 수 있는 최대중량 또는 최대근력이다.

고객의 운동목적에 맞는 합리적인 프로그램을 설계하기 위해서는 1 RM을 활용하여야 한다. 1 RM의 85% 이상의 운동강도는 고중량 저반복으로 훈련을 실시하는 것이며, 근파워 및 근력 향상의 효

표 2_ 1 RM의 비율과 운동효과		
1 RM의 비율	반복횟수	효과
85% 이상	1~5회	근파워, 근력
75~85%	6~12회	근비대, 벌크업
70% 이하	13회 이상	근지구력 섬세한 근육발달

과를 가져온다. 1 RM의 75% 이상의 운동강도는 근비대 효과를 가져오는 반면에, 1 RM의 70% 이하의 운동강도는 저중량 고반복으로 훈련을 실시하는 것이며, 근지구력 발달에 도움이 된다. 퍼스널트레이너는 프로그램의 목적 및 목표를 달성하기 위한 고객의 운동강도를 설정해야 기대되는 효과를 가져올 수 있다.

1 RM을 측정하는 가장 정확한 방법은 고객이 1회를 들 수 있는 최대중량의 측정이다. 그러나 이 방법은 저항운동 경험이 부족한 고객의 경우 심각한 부상을 초래할 수 있다. 1 RM을 안전하게 측정하기 위해서는 몇 주의 시간을 두고 저항 트레이닝에 충분히 적응한 후에 이뤄져야 한다. 1 RM을 활용한 운동강도를 설정하는 방법은 다음의 예시를 통해 이해할 수 있다. 예를 들어 어떤 고객이 bench press를 100kg으로 1회를 수행할 수 있다면, 100kg은 bench press의 1 RM이 된다. bench press 1 RM의 80% 운동강도는 100kg× 0.8=80kg이 된다.

> 1 RM의 운동강도 설정 예시
> bench press 1 RM=100kg
> 1 RM의 80% 운동강도=100kg×0.8=80kg

1 RM은 저항 트레이닝 운동강도를 설정하는 매우 중요한 지표이다. 그렇기 때문에 1 RM은 정확

하게 측정되어야 한다. 초급자의 1 RM을 측정하는 경우 저항 트레이닝에 아직 익숙치 않고 근력도 뒷받쳐주지 않아 부상 가능성이 존재한다.

1 RM은 정확한 측정 문제와 운동손상 및 사고 위험이 발생하기 때문에, 현장에서는 주로 간접측정법이 권장되고 있다.

간접측정법은 직접측정에 따른 시간과 노력 감소, 측정의 어려움과 안전 고려, 지연성근육통 (DOMS : delayed onset muscle soreness) 발생 가능성 감소, 간편한 운동 프로그램 강도 설정, 사이버 운동처방 프로그램 활용 등의 이점이 있는 것으로 보고되고 있다.[1]

1 RM의 간접추정법은 다양하지만, 여기에서는 오코너[2]의 추정식과 브르지키[3]의 추정식을 소개한다.

오코너의 추정식

> $1 \text{ RM} = W_0 + W_1$
> $W_0 =$ 들어올린 무게
> $W_1 = W_0 \times 0.025 \times R$(반복횟수)

오코너의 추정식을 활용한 간접추정법의 사례는 다음과 같다. 고객이 스쿼트를 50kg의 무게로 7회를 최대 반복했다고 가정할 때 오코너의 추정식을 적용하여 1 RM을 산출하는 과정은 다음과 같다.

오코너의 추정식 사례

> 운동종목 : 스쿼트, 무게 : 50kg, 반복횟수 : 7
> $1 \text{ RM} = 50\text{kg} + (50\text{kg} \times 0.025 \times 7)$
> $\quad\quad = 58.75\text{kg}$

브르지키의 계수를 활용하여 1 RM을 추정하면 고객이 스쿼트를 50kg으로 7회를 반복했다면 브르지키 계수의 값은 1.200이다. 이때 1 RM 간

표 3_ 브르지키 계수										
반복횟수	1	2	3	4	5	6	7	8	9	10
계수값	1.000	1.029	1.059	1.091	1.125	1.161	1.200	1.242	1.286	1.330

접추정식은 $50kg \times 1.200 = 60kg$이며, 1 RM은 60kg이 된다. 브르지키의 계수는 저항 트레이닝 종목의 반복횟수에 따라 결정된다는 점에서 오코너의 추정식보다 간편하다.

오코너의 추정식과 브르지키의 계수를 활용한 1 RM의 무게에 약간의 편차가 있음을 알 수 있다. 간접추정식이므로 실제 측정한 값처럼 정확하게 예측하기는 어렵다. 1 RM의 예측은 무거운 무게로 저반복을 해야 정확도가 높아진다. 퍼스널트레이너는 적절한 간접추정법을 활용하여 고객의 프로그램 목적을 달성할 수 있도록 운동강도를 설정해야 한다.

프로그램의 목적이 근지구력 발달에 있다면, 운동강도는 70% 이하로 설정되어야 한다. 이 경우 1 RM을 활용한 70% 운동강도는 다음과 같다.

오코너 추정식에 의한 1RM=58.75kg
$60kg \times 0.7 = 42kg$

브르지키 계수에 의한 1RM=60kg
$58.75g \times 0.7 = 41.1kg$

운동빈도

운동빈도는 저항 트레이닝 프로그램 설계 시 중요하게 고려해야 할 요인 중의 하나이다. 운동빈도는 일주일에 운동에 참가하는 횟수를 말하며, 운동경력에 따라 다르게 설정될 수 있다. 운동경력에 따라 운동빈도는 저항 트레이닝 훈련기술 중 무분할 훈

련이나 분할 훈련과 관련하여 결정될 수 있다.

무분할 훈련은 신체부위를 구분하지 않고 1회 운동참가 시 전신의 근육을 훈련하는 기술을 의미하는 반면에, 분할훈련은 가슴과 등, 팔과 어깨, 그리고 하체 등과 같이 신체부위를 몇 개의 운동군으로 묶어서 훈련하는 기술을 말한다. 분할훈련기술을 적용하고자 할 때에는 자연적으로 운동 빈도를 고려할 수밖에 없다. 저항 트레이닝 초급자는 운동경력이 부족하고 훈련에 완전하게 적응되지 않은 상태이므로 무분할훈련이 권장된다. 그러나 저항 트레이닝에 규칙적으로 참가한 사람은 2분할, 3분할 훈련기술을 적용할 수 있고, 운동빈도를 증가시켜 운동의 효과를 극대화할 필요가 있다.

운동경력에 따른 분할훈련과 운동빈도를 살펴보면 다음과 같다.

표 4_ 운동경력별 운동빈도		
운동경력	운동빈도	훈련기술 예시
초급자	2~3회	무분할 훈련
중급자	3~4회	2분할 훈련
상급자	5회 이상	3분할 훈련

초급자

초급자의 경우 저항 트레이닝의 방법을 습득하고 저항 트레이닝에 적용하는 과정에 있기 때문에 무분할 훈련으로 신체 근육별 대표 운동종목을 활용한 전신 훈련을 실시하는 것이 권장된다. 그렇기 때문에 초급자의 운동빈도는 주 2~3회 정도가

권장된다. 예를 들어 주 2회 운동은 2~3일 간격을 두어 프로그램을 구성할 수 있다. 주 3회 운동은 격일제로 하루 훈련하고, 그 다음 날은 휴식을 취하는 방식으로 진행될 수 있다. 너무 많은 휴식은 훈련으로 지친 몸이 초과 회복되어 훈련을 재개해야 할 시점을 놓치는 것이며, 체력의 향상을 기대하기 어렵게 된다. 이러한 사실은 초과회복(super compensation) 이론을 통해 설명될 수 있다. 사람이 훈련을 통해 신체의 기능을 향상시키도록 해주는 것이 초과회복이다.

우리가 한계치에 이르는 저항 트레이닝을 한 다음 일정기간 휴식을 가지면 체력 수준이 한동안 운동하기 전보다 높아진다. 이는 우리 몸이 같은 운동부하에 다시 걸리는 상황에 대비하여 본래의 수준을 넘어서서 근육섬유를 생성하는 메커니즘을 가지고 있기 때문이다. 이러한 메커니즘을 초과회복 상태라고 한다.

초과회복 시기를 잘 맞춰서 훈련 프로그램을 실행하면 지속적인 체력의 성장을 기대할 수 있다. 피지크 및 보디빌딩 선수의 경우 훈련과 휴식, 그리고 초과회복의 과정을 반복하여 지속적으로 훈련강도를 높여감으로써 근비대와 근력의 향상을 기대할 수 있다. 초과회복을 위한 시간은 훈련의 강도와 양에 따라 달라진다. 훈련량이 적은 초급자는 저항 트레이닝을 실시한 후 48~72시간이 초과회복 상태가 된다. 이를 고려하면 초급자의 운동빈도는 주 3회 정도가 적절하다[4]. 초급자의 운동빈도는 초급자가 저항 트레이닝 방법과 기본 훈련기술을 이해하고, 신체가 저항 트레이닝에 적응하기까지 약 2~3개월간 유지될 수 있다.

분할훈련에 대해서는 저항 트레이닝 훈련기술에서 상세하게 살펴보기로 한다.

중급자

저항 트레이닝에 참가한 지 2~3개월 이후에는 운동빈도를 증가시킬 필요가 있다. 왜냐하면 우리 몸은 항상성을 지니고 있어서 일정한 시간이 지나면 신체가 저항 트레이닝에 완전히 적응하게 되어 같은 수준의 운동량으로는 체력향상과 근육 성장을 지속적으로 기대할 수 없기 때문이다. 2~3개월 이상의 저항 트레이닝을 경험한 중급자 단계에서는 일반적으로 우리 몸을 상체와 하체로 분할하여 훈련하는 것이 추천된다. 물론 특정 훈련형태에 따라 미는 운동(어깨세모근, 큰가슴근, 위팔세갈래근)과 당기는 운동(넓은등근, 위팔두갈래근) 및 하체를 운동군으로 묶어서 훈련할 수도 있다.

표 5_ 초급자의 운동과 휴식(예시)

빈도	월	화	수	목	금	토	일
2회	휴식	전신 훈련	휴식	휴식	전신 훈련	휴식	휴식
3회	전신 훈련	휴식	전신 훈련	휴식	전신 훈련	휴식	휴식

표 6_ 중급자의 운동과 휴식(예시)

빈도	월	화	수	목	금	토	일
4회	상체	하체	휴식	상체	하체	휴식	휴식
5회	상체	하체	휴식	상체	하체	유산소 운동	휴식

운동빈도는 고객의 상황에 따라 결정될 수 있다. 중급자는 저항 트레이닝에 주 3~4회 정도 참가를 권장한다. 주 4회 운동을 실시한다면, 상체와 하체를 번갈아 가며 훈련할 수 있다. 주 5회 이상 참가가 가능한 사람은 저항 트레이닝과 유산소 운동을 함께 설계하여 운동빈도를 높일 수 있다. 저항 트레이닝은 근력 및 근지구력 향상과 근비대에 도움을 주는 반면, 유산소 트레이닝은 심폐지구력 향상과 체지방 감소에 이점이 있다. 따라서 퍼스널트레이너는 프로그램 설계 시 트레이닝의 이점들을 고려하여 저항 트레이닝과 유산소 트레이닝 프로그램을 함께 구성할 필요가 있다.

이상된 상급자는 피지크 및 보디빌딩 선수들의 훈련과 같이 우리 몸을 여러 근육으로 분할하여 훈련할 수 있다. 신체를 분할하여 훈련한다는 것은 운동빈도와 강도를 높여간다는 의미이기도 하다. 예를 들어 저항 트레이닝의 형태에 따라 미는 운동, 잡아당기는 운동, 하체로 3 분할하여 훈련할 수 있다. 미는 운동으로는 어깨세모근, 위팔세갈래근, 큰가슴근을 포함할 수 있고, 잡아당기는 운동으로는 등세모근, 위팔두갈래근, 넓은등근을 구성할 수 있다. 상급자는 훈련목표에 따라 다르겠지만, 주 5~6회 정도의 강도 높은 트레이닝 프로그램에 참가하면 근 성장과 근 선명도를 촉진할 수 있다.

상급자

저항 트레이닝에 규칙적으로 참가한 지 6개월

세트와 반복횟수

저항 트레이닝 프로그램 구성에서 중요하게 고려

표 7_ 상급자의 운동과 휴식 예시

월	화	수	목	금	토	일
어깨세모근 큰가슴근 위팔세갈래근	등세모근 넓은등근	넙다리근	어깨세모근 큰가슴근 위팔세갈래근	등세모근 위팔두갈래근 넓은등근	넙다리근	휴식

표 8_ 운동유형에 따른 근육군 및 운동종목

운동유형	관련 근육군	운동종목
밀기 운동	어깨세모근	barbell shoulder press dumbbell shoulder press
	위팔세갈래근	lying barbell triceps extension triceps push-down
	큰가슴근	barbell bench press dumbbell bench press
당기기 운동	등세모근	upright low
	위팔두갈래근	barbell curl preacher curl
	넓은등근	barbell bent over row lat pull down

해야 할 요인은 세트와 반복횟수이다. 세트는 단일세트(single set)와 복합세트(multiple set)로 나눌 수 있다. 훈련효과는 운동종목별로 한 세트씩만 행하는 단일세트보다 여러 세트를 반복하는 복합세트가 탁월하다.

그러나 복합세트 훈련의 효과가 좋다고 하여 모든 훈련자에게 적용할 수 있는 훈련방법은 아니다. 세트는 운동경력에 따라 달리 적용되어야 한다. 초급자는 운동경력이 짧아 복합세트 훈련강도를 소화하기가 어렵다. 이 경우 복합세트 훈련으로 인한 부상이나 오버트레이닝 가능성이 높다. 오버트레이닝은 운동에 대한 흥미상실과 무기력, 컨디션저하, 운동손상 등을 초래하기도 한다. 초급자는 단일세트 훈련만으로도 충분한 효과를 얻을 수 있다.

복합세트는 중급자 이상이 적용할 수 있는 훈련방법에 속한다. 복합세트는 한 신체 근육부위에 최소 2~3세트 이상을 집중적으로 반복하는 훈련방법을 말한다. 복합세트는 저항 트레이닝 훈련기술 중 하나이다. 근성장은 세트별 6~12회 정도 반복횟수가 도움이 된다고 한다. 이는 6~12회를 반복할 수 있는 중량으로 훈련해야 근육성장을 경험할 수 있다는 의미이다.

세트 사이의 휴식시간

저항 트레이닝의 운동강도는 세트 사이의 휴식시간에 따라 달라진다. 고도로 숙련된 훈련자는 세트 사이의 휴식시간을 줄여서 운동강도를 높이고 펌핑감과 근피로를 극대화하려고 한다. 상급자는 세트 사이의 휴식시간을 조절하여 운동강도를 조절할 수 있으나, 초급자는 운동경험이 부족하기 때문에 휴식시간을 조절해 가며 훈련하기 어렵다.

저항 트레이닝에서 일반적으로 제시하는 세트 사이의 휴식시간은 근지구력 훈련은 30초 이하, 근비대를 목적으로 하는 훈련은 1분, 근력 향상을 목적으로 하는 훈련은 2~5분 정도가 추천된다. 세트 사이의 휴식시간에는 앉아서 휴식을 취하기보다 운동부위에 대한 스트레칭을 실시하여 근육의 유연성을 확보하고, 다음 세트 훈련에 대한 준비할 것이 권장된다.

운동순서

운동순서는 저항 트레이닝을 위한 운동종목을 순차적으로 배열한 것을 말한다. 운동순서는 일반적으로 주요운동과 보조운동, 대근육과 소근육, 트레이닝 훈련기술에 의해 결정된다.

주요운동은 다관절을 사용하기 때문에 많은 근육을 활성화시킬 수 있어 운동의 효과성이 높다. 예를 들어 벤치프레스는 어깨와 팔꿈관절을 사용하여 주로 큰가슴근을 발달시키고, 이와 함께 협력근으로 참여하는 전면 어깨세모근과 위팔세갈래근의 부수적인 효과를 기대할 수 있다.

보조운동은 단관절 운동이므로 하나의 주요 관절만을 동원하는 운동이며, 근육의 고립을 촉진하기 위해 많이 수행된다. 보조운동의 좋은 예는 dumbbell fly이다. dumbbell fly는 어깨관절만을 활용하기 때문에 큰가슴근의 발달에만 효과적이다. 일례로, 일반적인 큰가슴근훈련의 순서는 flat bench press, incline bench press, dumbbell fly 등으로 진행된다.

운동순서를 정하는 또 다른 방법은 대근육 운동 후 소근육 운동으로 이행하는 것이다. 대근육은 가슴과 등·넙다리에 있고, 소근육은 어깨·팔·종아리 등에 있다. 예를 들어 가슴과 팔을 훈련한다고 했을 때 먼저 가슴 운동 후 팔 운동을 하는 순서로 진행된다.

마지막으로 운동순서를 배열하는 방법은 트레이닝 훈련기술에 의해 결정될 수 있다. 트레이닝 훈련기술은 쉬는 시간을 최소화하여 근 피로도를 높이고 빠른 근성장을 가져오는데 초점이 맞춰져 있다. compound, superset, giant 훈련기술들은 위에서 언급한 운동순서에서 벗어나서 트레이닝 강도를 높이는데 적용되고 있다.

한편 근육우선(muscle priority) 훈련기술이 있는데, 이 기술 역시 위의 운동순서를 벗어난다. 이 기술은 프로그램 설계 시 에너지가 충만하고 집중력이 높을 때 가장 취약한 신체부위부터 훈련하는 것을 말한다. 퍼스널트레이너는 고객의 체력 및 체형 평가를 토대로 취약한 신체부위부터 운동순서를 배열할 수 있다.

운동목적별 프로그램 설계 사례

저항 트레이닝 프로그램은 운동목적에 따라 상이하게 구성하여야 한다. 운동목적은 근비대 및 벌크업과 체중감량으로 나눌 수 있다. 근비대 및 벌크업 프로그램은 체중감량 프로그램의 설계와 확연한 차이가 있다. 근비대 및 벌크업 프로그램은 1 RM의 75~85% 운동부하로 6~12회, 즉 고중량 저반복의 운동강도로 설계되어야 한다. 그밖에 훈련빈도, 종목수, 세트수는 고객의 상태에 따라 조금 다르게 설정될 수 있으나, 중요한 지침은 너무 많은 운동량을 갖지 않도록 하는 것이다.

근비대 및 벌크업을 위해서는 저항 트레이닝에 집중하고 단백질을 포함한 충분한 칼로리 섭취가 중요하다. 반면에 체중 감량 프로그램은 1 RM의 70% 운동부하로 13회 이상, 즉 저중량 고반복의 운동강도로 설계되어야 한다. 그밖의 운동지침은 운동량을 늘려 에너지 소모를 극대화하는 것이다.

표 9_ 다관절 및 단일관절운동의 장점 및 운동종목 사례

관절 사용	장점	운동종목
다관절	많은 근육군이 운동에 동원되기 때문에 근육활성화가 잘 이뤄진다.	shoulder press bench press squat deadlift
단일관절	목표로 하는 근육부위에 집중하여 펌핑감을 극대화할 수 있다.	barbell curl triceps push down leg extension

표 10_ 근비대 및 벌크업 프로그램

프로그램 구성 요인	운동지침
부위별 훈련빈도	2~4일
부위별 운동종목수	1~2개
종목별 세트수	3~5세트
세트별 반복횟수	6~12회
1 RM의 비율(%)	75~85%

표 11_ 체중감량 프로그램

프로그램 구성 요인	운동지침
부위별 훈련빈도	4~6일
부위별 운동종목수	3~4개
종목별 세트수	4~5세트
세트별 반복횟수	13회 이상
1 RM의 비율(%)	70% 이하

체중감량을 위해서는 저항 트레이닝과 함께 유산소 트레이닝, 그리고 식단관리를 함께하는 프로그램을 구성해야 한다.

트레이닝 기술 적용

저항 트레이닝의 효과를 극대화하기 위해서는 올바른 트레이닝 방법의 습득 및 실행과 함께 트레이닝 기술을 적용해야 한다. 트레이닝 기술은 초급자, 중급자, 상급자 등 운동경력에 맞게 적용했을 때 오버트레이닝으로 인한 운동손상 없이 트레이닝의 효과를 기대할 수 있다.

초급자의 트레이닝 기술

점진적 과부하 기술

점진적 과부하(progressive overload) 기술이란 근육뼈대계통 및 신경계에 점진적 스트레스를 주기 위한 근력 트레이닝 기술이다.[5] 우리의 몸은 시간이 지나면서 운동강도에 적응하는 항상성(homeostasis)을 지니고 있다. 항상 동일한 수준의 운동강도로 트레이닝을 반복한다면 근육의 성장을 기대하기 어려울 것이다.

지속적인 근육의 성장을 위해서는 점진적으로 운동강도를 늘려가는 변화를 줘야 한다. 점진적 과부하 트레이닝 기술에서 중요한 사실은 운동부하를 지나치게 증가시키지 않고 점진적으로 늘려야 한다는 것이다. 보조자를 통해 자신이 감당하기 어려운 운동부하로 훈련한다면 운동 효과를 기대하기 어렵고, 오히려 근육과 관절에 무리가 따르거나 운동손상을 초래할 수 있다.

점진적 과부하 기술의 원리는 점진적으로 조금씩 중량과 세트 및 반복횟수를 늘려가는 것이다. 예를 들면, 스쿼트를 평소 60kg으로 훈련하던 사람이 한 번에 120kg으로 중량을 늘려서 훈련할 수 없을 것이다. 스쿼트를 65kg, 70kg, 75kg과 같이 중량을 조금씩 늘려가는 방식으로 훈련하면 근비대에 매우 효과적이다. 이 트레이닝 기술은 모든 신체훈련의 근간이 된다.

세트시스템 기술

세트시스템(set system) 기술은 단일세트 시스템(single set system)과 복합세트 시스템(multiple set system) 훈련으로 나눌 수 있다. 단일세트 시스템 훈련은 운동종목별로 한 세트만을 실시하는 기술이다. 저항 트레이닝 초급자의 경우 운동을 안 하던 사람이 운동종목별로 한 세트씩만 훈련하더라도 트레이닝 초기에 효과를 경험할 수 있다. 그러나 시간이 경과하면서 단일세트 시스템 훈련만으로는 지속적인 운동효과를 기대하기 어렵다. 지속적인 근육성장을 위해서는 3세트 이상의 복합세트 시스템 기술을 적용해야 한다. 세트시스템 기술은 플러싱 기술과 함께 적용할 때 트레이닝의 효과를 더 높일 수 있다.

이 트레이닝 기술은 특정 부위의 근육에 여러 세트를 적용해 집중적으로 자극하면 스트레스를 줄 수 있으므로 근성장에 효과적인 기술이다. 이때 중요한 것은 세트와 세트 사이의 휴식이다. 운동경력과 목적에 따라 세트 사이의 휴식시간은 달라질 수 있다. 운동경력이 적은 사람은 휴식시간을 짧게 가져가기 어렵겠지만, 휴식시간을 점차 줄여가는 노력이 필요하다. 즉, 휴식시간을 단축시켜 운동강도를 높였을 때 근육발달이 극대화되기 때문이다.

세트 사이의 휴식시간이 길어지면 펌핑(pumping) 효과도 떨어지고, 적절한 자극이 전달되지 않아 운동 효과 또한 감소한다.

중급자의 트레이닝 기술

슈퍼세트 기술

슈퍼세트(super set) 트레이닝은 서로 대항작용(antagonism)을 하는 부위의 두 가지 근육운동을 하나로 묶어서 세트 사이의 휴식 없이 수행하는 기술이다.

우리가 운동할 때 관여하는 근육은 주동근(agonist), 대항근(antagonist), 협력근(synergist)으로 나눌 수 있다. 주동근은 관절을 펴거나 구부릴 때 관여하는 근육이다. 예를 들어 barbell curl 트레이닝 시 팔꿈관절을 굽혀서 무게를 들어올리려야 하기 때문에 위팔두갈래근(biceps, 상완이두근)이 주동근이 된다. 반면에 triceps pushdown 트레이닝 시에는 팔꿈관절을 펴서 무게를 밀어야 하기 때문에 주동근은 위팔세갈래근(triceps, 상완삼두근)이 된다. 대항근은 주동근과 반대되는 근육이다.

표 12_ 슈퍼세트 기술의 적용(예시)	
근육	운동종목
위팔두갈래근 위팔세갈래근	barbell curl triceps pushdown
큰가슴근 넓은등근	bench press lat pulldown
넙다리네갈래근 넙다리두갈래근	leg extension leg curl

팔꿈관절을 굽혀서 무게를 들어 올릴 때 위팔두갈래근이 주동근이라면 이에 반대 작용을 하는 위팔세갈래근은 대항근이 된다. 반대로 팔꿈관절을 펴는 운동에서는 위팔세갈래근이 주동근이며, 위팔두갈래근은 대항근이 된다. 협력근은 운동을 할 때 주동근을 도와주는 보조근이다.

슈퍼세트 기술을 적용할 수 있는 근육은 일반적으로 위팔두갈래근과 위팔세갈래근, 큰가슴근과 넓은등근, 넙다리네갈래근과 넙다리두갈래근이다(표 12 참조). 이들 근육 운동에 슈퍼세트 기술을 적용하면 트레이닝 강도를 높일 수 있으며, 펌핑의 효과를 극대화할 수 있다.

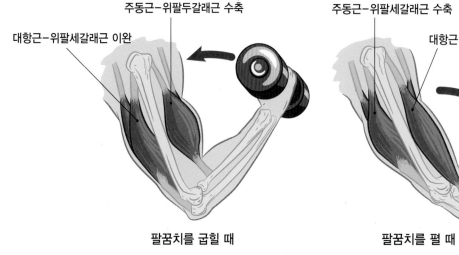

대항근-위팔세갈래근 이완   주동근-위팔두갈래근 수축

주동근-위팔세갈래근 수축   대항근-위팔두갈래근 이완

팔꿈치를 굽힐 때   팔꿈치를 펼 때

그림 1_ 주동근과 대항근의 관계

컴파운드세트 기술

컴파운드세트(compound set) 트레이닝은 수퍼세트 트레이닝과 달리 동일한 부위의 근육에 두 가지 운동종목을 묶어서 쉬는 시간없이 실시하는 기술이다. 예를 들어 큰가슴근 운동으로 bench press를 실시한 다음, 쉬지 않고 dumbbell fly를 실시할 수 있다. 이 기술은 동일한 부위의 근육에 큰 자극을 줄 수 있고 펌핑의 효과를 극대화하는데 유용하다. 그러나 동일한 부위의 근육을 집중적으로 훈련하기 때문에 다음 세트를 수행하기 위한 근력의 회복력은 떨어진다.

일반적으로 저항 트레이닝에서 적용하는 운동종목의 배열원리를 적용하면 컴파운드 트레이닝 종목의 배열은 큰 단위의 근육을 사용하는 다관절 운동과 작은 근육을 사용하는 단관절 운동을 수행하는 순서로 이뤄지도록 한다. 예를 들어 큰가슴근 운동의 경우 bench press를 먼저 실시하고 dumbbell fly를 실시할 수 있다.

플러싱 기술

플러싱(flushing) 트레이닝은 충혈훈련이라고도 하며, 한 부위의 근육에 2~3가지 이상의 운동종목을 적용하여 집중적으로 운동하는 기술을 말한다. 예를 들어 큰가슴근 트레이닝을 위해 flat bench press, incline bench press, dumbbell press, dumbbell fly 운동종목을 구성할 수 있고, 운동순서를 정하여 한 종목당 세트시스템 기술을 적용하여 여러 세트를 실시하고, 다른 종목으로 넘어가서 훈련을 할 수 있다.

이러한 방식으로 정해 놓은 큰가슴근 운동종목을 모두 마친 후에 다른 근육에 트레이닝을 동일한 방식으로 실시할 수 있다. 플러싱 기술은 특정 부위의 근육에 혈류량을 집중시키고 필요한 영양분을 공급함으로써 근육성장을 극대화할 수 있다.

드롭세트 기술

드롭세트(drop set) 트레이닝은 운동횟수를 최대한 반복하여 실패지점까지 운동을 실시하고 중량을 줄여서 다시 실패지점까지 훈련하는 기술이다. 드롭세트 훈련에서는 일반적으로 15~20% 정도의 중량을 줄여서 훈련을 실시하며, 무게를 조정하는 쉬는 시간을 최소한으로 해야 한다.

중량을 한번 더 감소시켜 운동하면 트리플 드롭세트(triple drop set)가 된다. 드롭세트 기술은 chest press, leg extension 등과 같은 머신(machine)이 편리하다. 그 이유는 머신을 이용하면 쉬는 시간을 최소한으로 단축하여 드롭세트 기술의 장점을 최대한 살릴 수 있기 때문이다. barbell과 같은 프리웨이트(free weight) 기구를 이용할 경우 중량을 감소시키려면 시간이 소요되므로 드롭세트 기술의 장점을 살려내기 어렵다는 단점이 있다.

피라미드 기술

피라미드(pyramid) 트레이닝은 가벼운 중량에서 시작하여 무거운 중량까지 무게를 늘려가면서 실시하는 기술이다. 이 기술은 가벼운 중량에서부터 운동을 하기 때문에 갑작스럽게 무거운 중량으로 훈련하는 방식보다 부상의 위험성을 줄일 수 있고, 근비대에 매우 효과적이다.

피리미드 기술에는 점진적으로 중량을 올려가는 어센딩(ascending) 방식과 중량을 감소시켜 가는 디센딩(dscending) 방식이 있다. 그리고 어센딩과

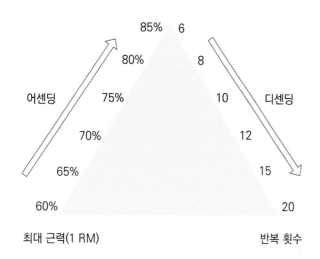

그림 2_ 피라미드 기술의 원리

디센딩을 한 번에 적용하는 훈련방식이 있다(그림 2 참조).

어센딩 방식은 가벼운 중량에서 무거운 중량까지 단계적으로 중량을 올려가며 트레이닝하기 때문에 운동손상 없이 트레이닝을 수행할 있다는 장점이 있다. 반면에 디센딩 방식은 무거운 중량에서 가벼운 중량으로 내려오며 트레이닝을 하므로 1세트를 하기 전에 가벼운 무게로 미리 워밍업(warming up)을 실시해야 한다. 왜냐하면 워밍업이 없는 고중량의 트레이닝은 몸이 충분히 풀리지 않은 상태에서 실시하므로 관절 및 근육에 상당한 무리를 가져오기 때문이다. 어센딩과 디센딩을 혼합한 트레이닝은 매우 강도 높은 훈련기술이다. 어센딩 트레이닝을 통해 몸이 지쳐 있는 상태에서 디센딩 트레이닝을 하면, 평소 가벼웠던 중량이라 하더라도 무거운 중량으로 느껴져 많은 횟수를 반복할 수 없다. 즉, 가벼운 중량으로도 강도 높은 트레이닝을 하게 되는 것이다.

분할 기술

분할(split) 트레이닝은 우리 몸의 근육들을 2~3개의 운동군으로 나누어 각 운동군을 교대로 실시하는 기술이다. 하루에 모든 부위의 근육을 훈련한다면 많은 시간이 소요되고 효과적으로 훈련을 수행하기가 어려울 뿐만 아니라 오버트레이닝(over training)으로 인한 운동손상을 유발할 수 있다.

분할 기술은 우리 몸의 근육을 상체와 하체로 나누거나 어깨세모근, 큰가슴근, 넓은등근, 위팔두갈래근과 위팔세갈래근, 넙다리근, 가자미근, 배곧은근 등 세부적으로 구분하여 훈련 프로그램을 구성할 수 있다. 이 트레이닝 방식은 특정 부위의 근육을 집중적으로 강도 높게 훈련할 수 있으며, 다른 부위의 근육은 운동을 하는 날에 충분한 휴식을 갖게 함으로써 빠른 근육 성장을 기대할 수 있다. 일반적으로 저항 트레이닝을 실시한 후에는 근피로를 회복하는데 24~48시간 이상이 소요되는 것으로 알려져 있다. 그렇기 때문에 같은 부위의 근육을 매일 훈련하는 것은 근육 성장보다는 오버트레이닝의 결과를 가져올 수 있다.

충분한 휴식과 영양공급은 계획된 트레이닝을 하기 위한 최상의 컨디셔닝을 유지하는 데 매우 중요하다.

예를 들어 2일 분할 트레이닝은 상체와 하체로 나눠서 실시할 수 있으며, 초급자에게 적용될 수 있다. 3일 분할 트레이닝은 운동 동작의 연관성에 의해 상체의 미는(push) 운동과 당기는(pull) 운동, 그리고 하체 운동으로 구성할 수 있다. 미는 운동은 어깨세모근, 큰가슴근, 위팔세갈래근 운동이 있으며, 폄근(extensor muscle)이 참여한다. 당기는 운동으로는 넓은등근, 위팔두갈래근 운동이 있으며, 굽힘근(flexor muscle)이 참여한다. 그래서 3일 분할 트레이닝은 같은 요일에 미는 운동, 당기는 운동들을 각각 구성하여 훈련한다면 효과를 높일 수 있다.

또한 3일 분할 트레이닝 프로그램은 근육의 연관성이나 슈퍼세트 기술을 활용하여 구성할 수 있다. 트레이닝 프로그램은 주기적으로 변화를 줘야 지속적인 근육 성장을 가져올 수 있다. 이러한 측면에서 슈퍼 세트 기술을 적용한 분할 트레이닝은 목표로 하는 근육에 강도 높은 훈련을 전개하여 펌핑감을 극대화할 수 있는 장점이 있다. 슈퍼세트 기술은 주동근과 대항근의 관계가 있는 큰가슴근과 넓은등근, 위팔두갈래근과 위팔세갈래근, 넙다리두갈래근과 넙다리네갈래근에 적용될 수 있는데, 이들 운동군 단위로 분할 트레이닝 프로그램이 구성될 수 있다(표 13 참조).

대회에 출전하거나 바디 프로필(body profile)을 위해 체중을 감량하고 근육의 선명도를 높이기 위해서는 이중분할 기술을 실시할 수 있다. 이중분할 기술은 오전과 오후로 나눠서 운동을 실시한다. 이중분할 기술과 같은 많은 훈련을 하면 체지방률을 줄이고, 근육의 선명도를 높일 수 있다. 대부분의 경우 이중분할 트레이닝 프로그램을 운영할 때에는 철저한 다이어트 식단을 함께 유산소 운동을

표 13_ 분할 기술의 예시

분할		월	화	수	목	금	토
2일 분할	예시1	상체	하체	상체	하체	상체	하체
	예시2	상체	하체	유산소운동	상체	하체	유산소운동
3일 분할	예시1	어깨세모근 큰가슴근 위팔세갈래근	넓은등근 위팔두갈래근 배곧은근	넙다리근 가자미근	어깨세모근 큰가슴근 위팔세갈래근	넓은등근 위팔두갈래근 배곧은근	넙다리근 가자미근
		미는 운동	당기는 운동	하체	미는 운동	당기는 운동	하체
	예시2	큰가슴근 넓은등근 배곧은근	어깨세모근 위팔두갈래근 위팔세갈래근	넙다리네갈래근 넙다리두갈래근 가자미근	큰가슴근 넓은등근 배곧은근	어깨세모근 위팔두갈래근 위팔세갈래근	넙다리네갈래근 넙다리두갈래근 가자미근
		플러싱	슈퍼세트	플러싱	플러싱	슈퍼세트	플러싱

표 14_ 이중분할 훈련의 예시

분할		월	화	수	목	금	토
예시 1	오전	큰가슴근	넓은등근 배곧은근	넙다리근	큰가슴근 배곧은근	넓은등근	넙다리근 배곧은근
	오후	어깨세모근 위팔세갈래근	위팔두갈래근 유산소 운동	가자미근 유산소 운동	어깨세모근 위팔세갈래근	위팔두갈래근 유산소 운동	가자미근 유산소 운동
예시 2	오전	큰가슴근 배곧은근	어깨세모근 유산소 운동	넙다리근 배곧은근	큰가슴근	어깨세모근 유산소 운동	넙다리근 배곧은근
	오후	넓은등근 유산소 운동	위팔두갈래근 위팔세갈래근	가자미근 유산소 운동	넓은등근 유산소 운동	위팔두갈래근 위팔세갈래근	가자미근 유산소 운동

병행하여 체지방 감소 효과를 극대화하여야 한다. 이중분할 기술은 3일 분할 기술을 활용하여 적용할 수 있다. 이중분할 기술을 적용하여 트레이닝할 경우 운동시간은 매일 약 3시간 이상이 소요될 수 있다(표 14 참조).

상급자의 트레이닝 기술

선피로 기술

선피로(pre-exhaustion) 트레이닝은 저항 트레이닝 원칙에서 벗어나서 단일관절 운동을 실시한 다음, 다관절 운동을 실시하여 근육에 더 큰 자극을 줄 수 있는 기술이다. 예를 들어 넙다리근 트레이닝을 위하여 leg extension, leg curl, squat를 수행할 수 있다. leg extension이나 leg curl과 같은 단관절 운동을 실시한 다음 squat와 같은 다관절 운동을 실시하면 이미 넙다리근이 피로해져 있기 때문에 squat는 기존에 먼저 행했던 것보다 훨씬 힘들게 된다. 단일관절 운동을 통해 선피로를 주고 다관절 운동을 실시하여 소모 훈련을 지속함으로써 근피로를 증가시킬 수 있다. 이 트레이닝 기술은 전문적인 보디빌딩 선수들이 많이 활용한다.

휴식정지 기술

휴식정지(rest pause) 트레이닝은 매우 높은 난이도를 갖고 있는 훈련으로서 근육성장에 효과적인 기술이다. 이 기술은 80~90% 정도의 고중량으로 실패지점까지 반복을 실시한 다음, 잠시 불완전한 휴식을 취한 다음 목표횟수까지 도달하는 기술이다. 예를 들어 barbell curl을 실시한다면 실패지점까지 반복한 다음, barbell을 잡은 상태에서

잠시 휴식을 취한 다음, 횟수를 반복하는 훈련방식이다. 이때 위팔두갈래근에 상당한 근통증과 피로감이 있는 상태이기 때문에 barbell curl을 실시하지 않더라도 barbell을 잡고 있는 것만으로도 위팔두갈래근에 긴장감을 줄 수 있다.

휴식정지는 목표횟수에 도달할 때까지 몇 번을 반복할 수 있다. 휴식정지 트레이닝은 보조자와 함께 실시할 수도 있고, 보조자 없이 혼자서도 행할 수 있는 기술이다. 또한 특정 근육에 상당한 피로감을 줄 수 있고, 트레이닝 후 운동에 대한 충만감과 펌핑감을 충분히 느끼게 해주는 기술이다.

강제반복 기술

강제반복(gorced repetition) 트레이닝은 실패지점까지 최대한 반복한 다음 보조자의 도움으로 몇 회 더 반복하는 기술이다. 이 기술은 자신의 체력한계를 뛰어넘는 운동강도를 적용하는 것이므로 근피로와 근성장을 가져오는데 매우 효과적이다.

강제반복 시 퍼스널트레이너는 고객에 필요한 만큼의 적절한 힘으로 보조하여 강제반복 트레이닝에 도움을 주는 것이 중요하다. 이때 적절한 힘보다 더 큰 힘으로 보조하면 강제반복에 의한 운동효과를 기대하기 어렵다. 반대로, 적절한 힘보다 낮은 힘으로 보조하더라도 고객은 이미 지쳐서 실패지점까지 근접해 있으므로 강제반복을 효과적으로 진행할 수 없다.

주기화 기술

주기화(cycle) 트레이닝은 지속적인 근성장을 위해 필요한 기술이다. 트레이닝 주기에 따라 근지구력, 근력, 근비대 및 벌크업, 체지방 감소를 통

한 체중감량 등 상이한 운동목적을 추구하게 된다. 고강도 훈련만을 지속적으로 실시하면 부상위험이 증가하고, 우리 몸의 항상성으로 인하여 지속적인 근성장을 기대하기 어렵게 된다. 고강도와 저강도를 반복하는 훈련주기는 지속적인 근성장에 도움이 된다.

주기화 모델은 저항 트레이닝 프로그램을 단주기(microcycle), 중주기(mesocycle), 장주기(macrocycle)로 구분하여 각 시기별로 적절한 운동형태와 강도의 프로그램을 체계적으로 디자인하는 것을 말한다. 주기화 모델을 저항 트레이닝에 적용한다면, 저항 트레이닝은 휴식기, 준비기, 근비대기, 시합기로 나눠서 트레이닝 프로그램을 적용할 수 있다.

휴식기는 시합 후 일정기간 동안 저항 트레이닝을 하지 않고 다른 운동을 하면서 근력을 향상시키려고 노력하지 않는 쉬는 시기를 말한다.

준비기는 비시즌으로 낮은 강도의 트레이닝 프로그램을 구성한다. 이때 운동강도는 근지구력 강화를 위해 1 RM의 70% 이하로 설정될 수 있다. 근비대기는 시합시즌 전 단계이므로 높은 운동강도의 트레이닝 프로그램을 구성하게 된다. 근비대기의 운동강도는 근비대 및 벌크업을 위해 1 RM의 75%~85% 이상으로 설정될 수 있다.

시합기는 최고의 강도로 설정하여 트레이닝을 하며 운동량을 최대로 늘려야 하는 시기이며, 몸의 세퍼레이션(seperation)과 데피니션(definition)을 극대화해야 한다. 세퍼레이션은 근육과 근육의 분리 및 구분이 뚜렷하게 나타내는 것을 의미하며, 근육별로 근육이 큰 줄기로 갈라진 멋진 근육의 형태를 말한다. 데피니션은 근육의 섬세함을 뜻한다.

프로그램의 실행

퍼스널트레이너는 고객들의 요구 분석, 프로그램 목적 및 목표 설정, 프로그램 설계와 저항훈련 기술 적용을 통해 저항 트레이닝 프로그램을 실행할 수 있다. 저항 트레이닝 프로그램을 실행할 때에는 저항 트레이닝 프로그램 실행 전 과정에서 퍼스널트레이너와 고객 간의 인간적 상호신뢰가 바탕이 되어야 한다. 트레이너는 고객 개인별 맞춤씩 프로그램을 토대로 저항 트레이닝을 실행해야 하지만 트레이너가 기존에 수행해 왔거나 이미 수행한 프로그램 가운데 성공적인 프로그램을 적용하여 실행할 수 있다. 저항 트레이닝 프로그램 실행 과정에서 고객이 특별한 흥미와 욕구를 표출하거나 새로운 프로그램 설계의 필요성을 요구한다면 트레이너는 새로운 저항 트레이닝 프로그램을 설계할 필요가 있다.

저항 트레이닝 프로그램 전개의 핵심 주체는 고객이다. 고객의 트레이닝 참가의욕을 고취시키기 위해서는 운동목적을 상기시키고 끊임없이 운동동기를 부여해야 한다. 운동동기를 부여하는 방법은 칭찬과 같은 내적 동기유발, 성취된 목표의 확인, 시청각자료, 운동순서의 변화 등을 들 수 있다. 시청각자료 중 음악은 운동 모티베이션을 일으키는 중요한 요인 중 하나이다. 동일한 저항 트레이닝 프로그램이라 하더라도 고객의 개인차를 고려해 개인별로 성취수준을 다르게 설정할 필요가 있다.

프로그램의 평가와 수정 및 보완

퍼스널트레이너는 고객에게 저항 트레이닝 프로그램을 적용한 결과를 평가할 필요가 있다. 저항 트레이닝 프로그램 평가의 목적은 다음과 같은 측면에서 설명할 수 있다.

첫째, 프로그램 설계가 합리적으로 잘 이뤄졌는지, 그리고 설계한 프로그램의 실행과정에 문제가 없었는지 등을 점검하고, 이의 개선점을 파악하여 추후 프로그램의 성과나 효과성을 증진하기 위해 프로그램을 수정·보완할 수 있다.

둘째, 프로그램의 목적 및 목표를 성취한 정도를 파악하고 프로그램의 지속성 여부를 결정할 수 있다.

결국 프로그램 평가는 고객의 요구를 효과적으로 충족시켰는지를 판단하고 개선을 하는데 매우 유용한 단서를 제공한다. 이러한 평가는 고객의 만족도를 높이기 위해 필요한 과정이다.

저항 트레이닝 프로그램은 주기적인 프로그램의 평가를 통해 수정 및 보완되어야 한다. 퍼스널트레이너는 설계된 프로그램의 목적 및 목표가 어느 정도 달성되었는지를 냉철하게 판단하고 그 결과에 따라 프로그램을 수정 및 보완하는 과정을 거쳐야 한다. 퍼스널트레이너는 프로그램의 수정 및 보완 과정을 통하여 고객의 필요 및 요구를 충족시킬 수 있도록 노력해야 한다.

한편 프로그램의 목적 및 목표가 달성되었다고 하더라도, 퍼스널트레이너는 고객의 체력향상 정도에 따라 운동효과의 극대화를 위하여 저항 트레이닝 프로그램을 보완해야 한다. 우리 몸은 항상성을 지니고 있어서 동일한 프로그램과 운동강도에 적응이 되어 있으므로, 지속적인 운동효과를 기대하기 위해서는 프로그램의 주요소인 운동강도, 운동순서, 트레이닝 기술 등에 다양한 변화를 줄 필요가 있다.

[참고문헌]

(1) 이병근, 황종문, 김용권(2007). 성인 남성의 웨이트 트레이닝 운동강도 설정을 위한 1-RM 간편 추정법 및 평가기준 개발. 운동과학, 16(2). 151-164.

(2) O'Conner, B., Simmons, J., & O'Shea, P.(1989). Weight Training Today. St. Paul, MN: West Publishing.

(3) Brzycki, M. (1993). Strength testing-predicting a one-rep max from reps to fatigue. Journal of Physical Education, Recreation and Dance, 64(1). 88-90.

(4) 중앙일보(2007.05.09.). 초과회복의 메커니즘. https://www.joongang.co.kr/article/2722450#home

(5) Taylor, J. L., Amann, M., Duchateau, J., Meeusen, R., & Rice, C. L. (2016). Neural contributions to muscle fatigue: From the brain to the muscle and back again. Medicine and Science in Sports and Exercise, 48(11), 2294–2306. doi:10.1249/MSS.0000000000000923.

심폐체력 향상을 위한 프로그램

심폐체력 향상을 위한 프로그램 요소

심폐체력(cardiorespiratory fitness) 향상을 위한 운동 프로그램 요소는 크게 워밍업(warm-up), 지구력 단계(endurance phase), 운동마무리(cool-down) 단계로 나뉘어진다.

워밍업 단계는 본 운동 시작 전에 적절한 운동강도에 도달할 수 있게하는 예비운동이라 보면 된다. 운동마무리 단계에서는 휴식단계에 도달할 수 있게하는 단계로 정의된다.

심폐체력 향상을 위한 프로그램의 단계별 내용을 설명하면 다음과 같다.

심폐체력 향상을 위한 프로그램의 기본 요소

워밍업(warm-up) 단계

적절하게 구성된 운동 프로그램은 휴식단계 부터 목표한 운동강도를 수행할 수 있도록 포함해야 한다. 이러한 휴식단계에서 목표하는 운동단계로 이행하는 단계를 워밍업 단계라고 정의한다.[1] 심폐체력 향상을 위해 목표한 운동강도를 수행하기 이전에 안전하게 운동을 하기 위해서는 낮은 강도의 운동을 적용하여 점진적으로 체온을 증가시켜야 한다. 가벼운 걸음과 스트레칭이 주로 워밍업 단계에서 많이 적용되고 있다. 특히 겨울철 추운 환경에서 무리한 스트레칭은 주의가 필요하다. 이러한 워밍업 단계는 목표하는 심폐체력 운동에 따라 달라질 수 있다. 일반적으로 워밍업 단계는 대근육을 중심으로 5~10분간의 저강도 운동으로 구성한다.

특히 워밍업 단계는 목표하는 운동단계에서 적절한 근육과 심혈관계 적응에 대비하는 과정이므로 심박수(heart rate), 호흡(respiration), 체온이 점진적으로 증가되어야 한다. 지구력 단계로 진입 하기 전에 충분한 시간을 가지고 워밍업 단계를 구성해야 한다.

적절한 워밍업 단계는 목표하는 운동단계에서 아래와 같은 긍정적 효과를 나타낸다.[2]

» 워밍업 단계를 통해 근육 간 연결된 조직을 유연하게 함으로써 부상으로 인한 근육 또는 관절의 민감성 감소
» 관절가동범위(range of motion : ROM)와 기능 개선
» 근육기능 개선
» 갑작스런 심장근육의 수축으로 인한 국소 빈혈(ischemia) 예방

지구력 단계(endurance phase)

지구력 단계는 적절한 심폐기능 향상을 위한 운동의 과부하(overload)라고 정의된다.[1] 따라서 운동처방사 또는 퍼스널트레이너는 적절한 FITT-VP에 따라 운동처방을 진행해야 된다. 심폐체력 향상을 위한 FITT-VP 이론은 다음의 "심폐체력 향상을 위한 운동 프로그램 디자인"에서 설명한다.

FITT-VP

» F(frequency) : 빈도
» I(intenstity) : 강도
» T(type) : 운동형태
» T(time) : 시간
» V(volume) : 총운동량
» P(progression) : 운동의 점진성 과부하

운동마무리(cool-down) 단계

운동마무리 단계는 목표한 높은 운동단계에서 휴식단계로 이행하는 단계로 정의된다. 본 단계에서는 심박수, 혈압, 호흡의 비율이 떨어지는 상태이고, 휴식단계에 나타나는 수치로 되돌아가게 된다. 특히 본 단계에서는 갑작스러운 운동 중단 보다는 점진적으로 운동강도를 낮추는 것이 필요하다. 갑작스러운 운동 중단 및 휴식은 과도한 혈압감소로 인한 현기증(dizziness)이 나타나기 때문에 점진적으로 운동강도를 낮춰야 한다. 점진적인 운동강도를 낮추면 운동으로 인한 대사적 산물(예 : 젖산)을 제거하여 긴장된 근육을 빠르게 회복하는 데 도움을 준다.[2]

일반적으로 권고 되는 운동마무리 단계는 적절한 강도로 줄인 최소 10분간 이루어져야 한다. 이 때에는 5분간의 가벼운 걸음과 5분간의 스트레칭(stretching)으로 이루어진 운동이 가장 적합하다. 만약 높은 강도의 지구력 단계를 수행했다면 더 긴 운동마무리 단계의 시간이 필요하다.

심폐체력 향상을 위한 운동 프로그램 디자인

심폐체력 향상을 위해 장거리 위주의 트레이닝(장시간의 운동, 느린 장거리 운동으로 불림)은 크게 두 개의 목표를 가지고 있다. ① 최대산소섭취량($\dot{V}O_2max$)과 ② 조직호흡(미토콘드리아) 능력 증가로 인한 호흡능력을 증가시켜 심폐체력을 향상시키는 것이다.[3]

심폐체력을 향상시키기 위해서는 규칙적이고 전

략적인 운동 프로그램 또는 트레이닝이 필요하다. 즉, 적절한 운동 프로그램을 통해 운동 지속과 운동수행능력에 대한 일지를 기록하면서 불충분한 과부화(Overload)가 적용되는 것을 막아야 한다.

심폐체력을 향상을 위한 과부하, 특수성, 가역성, 개별화 방법

이러한 심폐체력 향상을 위한 운동프로그램은 과부하(overload), 특수성(specification), 가역성(retrogression) 그리고 개별화(Individualized) 등의 기본적인 트레이닝 원칙들을 포함한다.[3]

과부화의 원리를 보면 적절한 운동강도(자극)에 따라 이에 상응하는 운동적응 현상을 보인다. 즉 운동강도가 크면 클수록 운동적응도 크게 반응한다. 특수성의 원리는 이러한 운동적응을 통해 운동 종류에 따라 다양하고 이에 맞는 특수한 형태로 나타난다. 이때에는 오직 자극받은 조직과 기관에서만 운동적응이 일어난다. 가역성의 원칙은 앞서 말한 과부화의 적응이 지속적이지 않고, 운동 중단으로 인한 이전 상태로 돌아가는 것을 말한다. 정리하면 과부화와 특수성의 원칙에 따른 적절한 심폐체력 향상 프로그램이 필요하고, 개인별 적절한 운동 프로그램이 필요하다.

최근 심폐체력을 향상시키는 운동 프로그램에서 지구력 운동방법이 가장 최적의 방법이라 소개되었다. 특히 이러한 지구력 운동을 바탕으로 한 심폐체력 프로그램은 'one-size-fits-all'이라는 의미로 권고되고 있다.[1]

심폐체력 향상을 위한 FITT-VP 이론

심폐체력 향상을 위한 과부화, 특수성, 가역성, 개별화를 고려한 심폐체력 운동 프로그램은 FITT-VP 이론에 따라 적용할 수 있다[5]. Frequency (F)은 운동빈도로 주 몇 회의 운동횟수, Intensity (I)

표 1_ 과학적 근거에 기반한 심폐체력 향상을 위한 권고기준		
구성요소	과학적 근거에 기반한 결과	근거 기반 카테고리
Frequency (F): 운동빈도	≥5일/주 중간강도(moderate) 운동 ≥3일/주 고강도(vigorous) 운동 ≥3-5일/주 중간강도+고강도 복합운동	A
Intensity (I): 운동강도	정상 성인 : 중간강도에서 고강도 운동 권고 체력 수준이 낮은 성인 : 저강도에서 고강도 사이 운동 권고	A
Type (T): 운동종류	반복적인 대 근육 위주의 규칙적이고 목적 있는 운동종류	A
Volume: 운동볼륨	≥ 500-1000 MET·minwk^{-1}	C
Pattern: 운동패턴	당일 지속적인 운동 한 가지 당일 목표하는 운동시간과 볼륨을 합쳐 ≥10분 이상 몸의 컨디션 저하는 한 운동 섹션당 <10 분 미만	A
Progression: 운동의 점진적 과부하 정도	목표하는 운동 유지가 될 때까지 운동 볼륨을 운동시간, 운동빈도 또는 강도에 맞추어 점진적으로 증가	B

A = randomized controlled trials (충분한 결과 데이터 확보)
B = randomized controlled trials (불충분한 결과 데이터 또는 제한점 존재)
C = non-randomized trials observational studies

는 운동강도로 운동의 과부화 정도, Time (T)은 운동시간(분), Type (T)은 운동종류, Volume (V)은 운동볼륨으로 주당 운동으로 인한 전체 에너지소비량(energy expenditure), Progression (P)는 점진적 과부화 정도를 의미한다[4]. 이러한 FITT-VP에 맞춘 심폐체력 향상을 위한 과학적 근거에 기반하는 운동처방의 설명 및 권고 기준은 표 1과 같다.[4]

운동빈도(frequency)

심폐체력 향상을 위한 운동 프로그램은 미국스프츠의학회(American College of Sports Medicine : ACSM)의 가이드라인에서 주 3~5회의 유산소 운동, 주 5회 높은 고강도 이상의 유산소 운동은 권고하지 않고 있다.[4] 하지만 고강도의 심폐체력을 요하는 운동이나 경기를 위해서는 적절한 운동강도(moderate-intensity)로 주 6회 이상을 권고하고 있다. 하지만 심한 고강도 운동은 운동경기력 향상을 배제한 일반성인들에게는 추천하고 있지 않다. 즉, 심폐체력 향상을 위해서는 개인별로 목표하는 운동목적에 따라 다르며, 이에 맞는 적절한 운동빈도를 선택하는 것이 매우 좋다. 만약

체력수준이 낮거나 심폐체력 향상 운동 프로그램이 처음인 성인들은 짧은 시간의 운동을 저강도 수준으로 진행하는 것이 바람직하다.

운동강도(intensity)

심폐체력 향상을 위한 운동 프로그램의 강도는 ① 심폐체력이 낮은 수준인 사람 : ~40% $\dot{V}O_2R$ ($\dot{V}O_2max$를 높이는 목표), ② 심폐체력이 중간 수준인 사람 : 70~80% $\dot{V}O_2max$, ③ 심폐체력이 높은 수준인 사람 : > 90% $\dot{V}O_2max$를 목표로 한다. 심폐체력 향상을 위해 운동강도는 다양한 방법으로 조절되는데, 그것은 표 2와 같다.[5] 특히 표 2를 기준으로 개인별 적절한 운동강도를 파악해야 한다. 이때 심박수를 모니터링하고, RPE(rating of perceived exertion) 수치를 적절한 간격으로 점검해야 한다.

특히 심박수를 모니터링할 때에는 심박수에 영향을 줄 수 있는 약물(예 : 베타차단제)의 복용 여부를 확인하여 최대심박수 도달에 영향을 주는지 확인할 필요가 있다. 일반적인 심폐체력 향상을 위한 운동 프로그램에서 운동강도를 설정할 때에는

표 2_ 심폐체력 향상을 운동강도 예측방법

운동강도	상대적 운동강도				상대적 최대운동능력(%$\dot{V}O_2max$ 대비)			절대적 강도 (METs)
	%HRR (%$\dot{V}O_2R$)	%HRmax	%$\dot{V}O_2max$	RPE (6-20 Scale)	20MET	10MET	5MET	
매우 낮은 강도	≤30	≤57	≤37	≤9	≤34	≤37	≤44	≤2
낮은 강도	30-40	57-64	37-45	9-11	34-43	37-46	44-52	2.0-2.9
중간강도	40-59	64-76	46-63	12-13	43-61	46-63	52-67	3.0-5.9
고강도	60-89	77-95	64-90	14-17	62-90	64090	68091	6.0-8.7
매우 높은 고강도	≥90	≥96	≥91	≥18	≥91	≥91	≥92	≥8.8

MET = metabolic energy equivalents, HRR = heart rate reserve, HRmax = maximum heart rate, $\dot{V}O_2max$ = maximum oxygen consumption, $\dot{V}O_2R$ = oxygen uptake reserve, RPE = rating of perceived exertion

최대심박수와 나이로 계산되는 '220-나이'로 계산하여 간접적으로 최대심박수를 확인할 수 있다. 이러한 '220-나이'에서 얻은 간접적 최대심박수의 오차범위는 '1 표준편차(standard deviation: SD)±10-12 bpm'이다.[4] 이를 반영하여 운동강도를 설정해야 한다.

운동자각도(rating of perceived exertion : RPE)는 심박수만큼 중요한 운동강도를 설정하는 요소이다. 특히 고령자일수록 운동자각도를 일정한 간격을 통한 모니터링이 필요하다. 보통 6~20 범위인 Borg Scale을 많이 사용하는데, 이는 심박수를 기반으로 한 자각도이다. RPE 수치 12~16은 심폐지구력 향상에 긍정적 도움을 주는 운동강도라 볼 수 있다. 이러한 두 가지 요소들뿐만 아니라 최대산소섭취량도 활용하여 운동강도를 설정할 수 있지만, 본 수치를 확보하기 위한 기계 접근성이 떨어지므로 심박수와 운동자각도의 활용을 추천한다.

운동종류(type)

심폐체력 향상을 위한 적절한 운동종류의 선택은 매우 중요하다. 운동종류는 목표로 하는 운동의 성취, 건강, 재미를 동시에 가져올 수 있으므로 매우 신중하게 선택해야 되는 항목이다. 예를 들어 재미 위주의 심폐체력 향상을 위한 운동종류는 운동수행자의 재미를 증가시켜 지속적으로 심폐체력 관련 운동참여를 높일 수 있다.

일반적으로 심폐체력 향상 운동 프로그램은 대근육 중심의 규칙적이고 반복적인 운동을 말한다. 몸무게(body weight)에 영향을 받는 걷기·달리기가 있고, 몸무게에 영향을 받지 않는 사이클·수영 등이 대표적인 운동이다. 특히 운동수준이 낮은 성인·노인·환자에게는 몸무게에 영향을 받지 않는 운동이 권고된다.[5] 그 이유는 다리의 과도한 사용으로 인한 손상을 피할 수 있기 때문이다.

미국스포츠의학회(ACSM)에서는 크게 심폐체력 향상을 위한 운동은 4그룹으로 나눠 권고하고 있다. A그룹에게는 최소한의 스킬과 체력을 요구하는 지구력 운동종류(가벼운 걷기)를 권고한다. A그룹에게는 건강한 성인·노인·환자 등 운동을 시작하는 성인들이 할 수 있는 운동이다. B그룹은 A그룹보다 조금 더 높은 강도이며, 조깅과 달리기가 대표적인 예이다. 이 그룹은 규칙적이고 평균적

표 3_ 심폐체력 향상을 위한 운동종류

운동 그룹	운동 설명	대상자	예시
A	최소한의 운동 스킬과 체력을 요구하는 지구력 운동	모든 대상자	걷기, 레저 목적 자전거 타기, 아쿠아 에어로빅, 정적 댄스 운동
B	전문적 운동 스킬을 요구하지 않는 고강도 지구력 운동	평상시 규칙적인 운동 참여자 또는 평균 정도의 체력 수준인 대상자	조깅, 달리기, 빠른 템포의 댄스, 빠른 자전거 타기
C	전문적 운동 스킬을 요구하는 지구력 운동	참여하고자 하는 운동의 기술이 있는 자 또는 적어도 평균 이상의 체력 수준인 대상자	수영, 크로스컨트리 스키, 스케이팅
D	레크리에이션 운동	규칙적인 운동에 참여하고, 적어도 평균 이상의 운동 체력인 대상자	라켓 관련 운동, 농구, 축구, 하이킹, 스키 점프

인 체력 수준을 요한다. C그룹은 수영과 크로스컨 트리 스키 같은 고도의 기술과 에너지 소비를 요하 는 운동을 권고한다. C그룹 같은 운동 적용 시 운 동처방사 또는 퍼스널트레이너는 이 운동을 할 때 심폐체력 수준과 운동별 스킬을 유심히 지켜봐야 한다. 축구·테니스·농구 등처럼 규칙을 요하고 중간·고강도 운동종류는 D그룹에 속한다. 표 3 에 제시된 봐와 같이 권고되는 운동종류는 A그룹 에서 시작하여 점차적으로 운동의 강도와 빈도를 높여 최종 D그룹으로 도달하면 운동 자체의 재미 를 높여 지속적인 심폐체력 향상을 위한 운동 참여 를 권고한다.

운동시간(time)

운동시간은 운동강도와 반비례관계가 있다. 만약 운동시간이 증가하면 운동강도는 감소하게 된다. 즉 운동강도는 운동시간을 필수적으로 고려 해야 된다. 미국대학스포츠의학회에서는 일반적으로 하 루 30~60분(주당 총 150분)의 중간강도의 운동과 하루 20~60분(주당 총 75분)의 고강도 운동을 적 절하게 혼합하여 심폐체력을 증가하도록 권고하고 있다.

또한 중간강도의 운동과 고강도 운동을 혼합할 때는 최소 10분간의 간격을 두어 점진적으로 운동 시간을 늘리는 것도 좋은 한 예이다. 만약 평소에 운동을 하지 않거나 체력이 낮은 사람들에게는 5 분 정도 짧은 간격을 두고 저강도 운동을 실시하면 심폐체력 향상을 도모할 수 있다. 이러한 운동시간 과 강도는 두 가지 모두 필수적인 조건이다. 따라 서 운동체력과 평상시 운동횟수를 고려하여 적절 한 운동시간 처방이 필요하다. 이러한 운동시간은

본 운동이며 워밍업 단계와 운동마무리 단계는 포 함되지 않는다.[6]

운동볼륨(volume or energy expenditure)

운동볼륨은 운동의 빈도·강도·시간에 따라 나 오는 결과물이라 보면 된다. 운동볼륨은 개인별 운 동 프로그램에 대한 전체적인 에너지 소비량을 추 측할 수 있다. 특히 운동볼륨을 설정하는 시기는 심폐체력 향상을 위해 몸무게 조절이나 체성분을 조절할 때 사용한다.

운동 볼륨의 단위는 kcal/day, kcal/week, MET-min/week이다. 이러한 단위를 사용하여 최 종 운동을 통한 에너지 소비량을 계산할 수 있다.

운동의 점진적 과부화 정도(progression)

운동의 점진적 과부하 정도(progression)는 과 부화가 필수적 요소는 아니며, FITT 이론에 따라 과부화가 필요할지를 결정한다. 심폐체력 향상을 위해 체력의 수준, 건강상태, 운동목표 등을 고려 하여 주당 5~10분 정도씩 심폐체력을 향상시키는 운동시간을 증가해야 한다. 이후 운동빈도는 주당 3~5회로 점차적으로 늘려 최종 심폐체력 향상을 도모한다.

이는 FITT 이론을 바탕으로 점진적으로 운동의 과부화가 진행된 것으로 판단된다. 하지만 부상으 로 인해 점진적 운동의 과부화가 감소하거나 운동 을 그만하게 된다면 운동의 빈도·강도·시간이 모 두 처음으로 되돌아가게 된다. 만약 중단 후 FITT 이론에 맞게 운동강도를 높인다면 이는 'Reentry' 단계로 일상생활의 신체활동 증가와 동시에 운동 프로그램에 다시 참여하는 것을 의미한다.

심폐체력을 향상을 위한 프로그램(예시)

표 4_ 심폐체력 향상을 위한 프로그램

운동목표 단계	운동단계	워밍업	본 운동	마무리 단계
운동 시작 단계	1주	가벼운 걸음으로 천천히 운동	» 하루 최소 2번 10분 정도의 운동(총 20분) » 주 3회 운동 » 운동시간 총 60분 » 트레드밀 또는 자전거로 선택	몇 분 정도의 가벼운 걷기
	Progression (파트 1)	가벼운 걸음 5분 간 운동	» 최소 운동 섹션별 30분 » 주 4회 운동 » 운동시간 총 120분 » 트레드밀, 자전거 운동, 계단 오르기 » 저강도에서 중간강도 운동으로 넘어가는 시기 » 중간강도 목표 달성 시 10~15분/주 추가 운동 시간 총 150분으로 수정	5분간 가벼운 걷기
	Progression (파트 2)	5~10분 정도의 가벼운 걷기	» 10~15분/주로 중간강도 운동 » 목표는 총 150분/주이지만, 200분/주로 운동하는 것을 목표	5~10분 정도 가벼운 걷기
	Final Week	5~10분 정도의 가벼운 걷기	» 중간강도 30~60분 운동 » 3~5회/주 » 트레드밀 위에서 걷기, 자전거 운동, 계단 오르기 기구, 노르딕 스키 » 총 200분/주 목표	5~10분 정도 가벼운 걷기
운동 중간 단계	Initial 단계	5~10분 정도 가벼운 걷기	» 중간강도 운동 » 30~60분 운동 » 3~5회/주 » 총 200분/주 운동 » 트레드밀 위에서 걷기, 자전거 운동, 계단 오르기 기구, 노르딕 스키	5~10분 정도 가벼운 걷기
	Progression 단계	5~10분 정도 가벼운 걷기	» 10~15분/주 운동 » 총 300분/주 중간강도 운동 » 고강도 운동 추가 시 주 1~2회 정도는 추가 하여도 됨(2분 중간강도 운동=1분 고강도 운동) » 조깅, 트레드밀에서 뛰기, 에어로빅 운동	5~10분 정도 가벼운 걷기
	Final 단계	5~10분 정도 가벼운 걷기	» 45~90분 운동 » 3~5회/주 운동 » 300분/주(중간강도 운동 시) » 중간강도와 고강도 걷기 운동 추가(예: 200분 중간강도 운동+50분 고강도 운동)	5~10분 정도 가벼운 걷기
최종 목표 단계	지속/ 유지 단계	5~10분 정도 가벼운 걷기	» 최소 300분/주 중간강도 운동으로 구성 » 최소 150분/주 고강도 운동으로 구성 » 중간강도+고강도 운동(예: 200분 중간강도+50분 고강도)	5~10분 정도 가벼운 걷기

[참고문헌]

(1) Bushman, B. A., Battista, R., Swan, P., Ransdell, L., & Thompson, W. R. (2013). ACSM's Resources for the Personal Trainer: Wolters Kluwer Health Adis (ESP).

(2) Ferguson, B. (2014). ACSM's guidelines for exercise testing and prescription 9th Ed. 2014. The Journal of the Canadian Chiropractic Association, 58(3). 328.

(3) Brooks, G. A., Fahey, T. D., & Baldwin, K. M. (2005). Exercise Physiology: Human Bioenergetics and its Applications.

(4) Garber, C. E., Blissmer, B., Deschenes, M. R., Franklin, B. A., Lamonte, M. J., Lee, I.-M., Swain, D. P. (2011). Quantity and quality of exercise for developing and maintaining cardiorespiratory, musculoskeletal, and neuromotor fitness in apparently healthy adults: guidance for prescribing exercise.

(5) Swain, D. P., Brawner, C. A., & Medicine, A. C. o. S. (2014). ACSM's resource manual for guidelines for exercise testing and prescription: Wolters Kluwer Health/Lippincott Williams & Wilkins.

(6) Bushman, B., & Medicine, A. C. o. S. (2017). ACSM's Complete Guide to Fitness & Health, 2E: Human Kinetics.

Chapter 03

특수집단 트레이닝 프로그램

이 장은 특수한 집단(질병이 없는)을 대상으로 하는 트레이닝 방법의 가이드라인을 제시한다.

일반적으로 운동프로그램의 가이드라인은 FITT(F : frequency 빈도, I : intensity 강도, T : time 시간, T : type 유형)에 기초한다. 이 장에서는 아동(children)과 청소년(adolescents), 허리통증(low back pain), 노인(older adults), 임산부(pregant women)의 트레이닝 방법을 서술한다.

아동(children)과 청소년(adolescents)

6세부터 17세까지를 의미하는 아동(children)과 청소년(adolescents) 시기는 성인에 비해 더 많은 신체활동(physical activity)을 한다.

6세에서 7세 아동들은 건강한 상태를 유지하기 위한 권장 신체활동 수준을 충족하지만, 10세 이상부터는 권장 신체활동 가이드라인을 충족하기가 쉽지 않다.[1] 2008년 미국의 신체활동 가이드라인에서는 아동과 청소년은 하루에 적어도 60분 이상 중간강도에서 고강도의 신체활동을 시행하기를 권장한다.[2,3,4] 특히 고강도 신체활동을 수행하기 위해서는 1주일에 3일은 저항성 운동과 중력부하운동을 포함시켜야 한다.[5] 미국에서는 6세에서 11세 아동의 42%, 12세에서 19세 청소년의 8%가 가이드라인을 충족하고 있다.

많은 전문가들은 아동기에 신체적 비활동(TV시청, 게임, 인터넷)을 하루에 2시간 이내로 제한할 것을 권장한다. 5세에서 17세에 신체적 비활동은 지방량 증가, 체력 감소, 혈압 상승, 혈중지방 증가와 밀접한 관련이 있다. 이 시기에 신체적 비활동의 생활습관은 생리학적인 변화와 함께 생활 습관이 성인으로 확대된다. 따라서 청소년기부터 높은

수준의 신체활동 수준을 유지하는 것이 매우 중요하다.[6, 7]

또한 이 시기에는 유산소 운동, 저항성 운동과 중력부하 운동을 하는 것이 매우 중요하다.[8] 특히 사춘기 전 아동의 저항성 운동 수행은 청소년 시기에 근력 향상, 심대사기능 향상, 체중조절, 골대사 향상 등을 촉진시킨다. 이런 운동의 효과들은 스포츠 현장에서 발생할 수 있는 상해를 예방하는 데 도움을 주고, 심리적 안정에도 큰 도움이 된다.[9, 10, 11]

대부분의 건강한 사람들은 건강검진 없이도 중간강도 운동을 시작하는데 아무런 문제가 없다. 하지만 사춘기 전 아동들은 뼈대근육이 아직 미성숙단계이기 때문에 고강도 운동을 실시하기 위해서는 중간강도 운동을 안정적으로 수행을 한 후 운동강도를 점진적으로 증가시켜야 한다. 또 운동의 효과에 대한 반응이 성인과 다르기 때문에 고강도 운동을 권장하기보다는 낮은 강도의 저항성 운동을 제안하고 있다.[12]

운동 테스트(exercise testing)

일반적으로 운동 테스트 방법은 어른과 유사하게 실시하면 되지만, 운동 중 생리학적인 반응은 어른과 다르기 때문에 아래와 같은 방법들을 고려할 필요가 있다.

» 의학적인 질병 관련 문제가 있는지를 확인한 후 실시한다.
» 운동기능학적 능력을 기본적으로 고려해야 한다.
» 운동 테스트를 적용할 수 있도록 사전에 연습을 충분히 해야 한다.
» 트레드밀과 사이클 에르고미터는 운동 테스트를 위해 사용된다. 트레드밀은 최대 $\dot{V}O_2peak$와 HRmax를 유도하는데 효과적이다. 사이클 에르고미터는 상해를 줄이는데 효과적이지만, 정확한 강도의 측정에는 한계가 있다.
» 성인과 다르게 외적인 동기유발이 필요하다.

$\dot{V}O_2peak$: 최대산소섭취량 peak.
HRmax : 최대심박수

운동 테스트는 신체구성(신체질량지수, 피하두께 측정 또는 생체전기저항측정법), 심폐체력(1분 걷기 또는 점진적 유산소 지구력 달리기), 근력(컬업, 풀업, 푸시업)과 유연성 테스트가 있다.

아동과 청소년이 운동 테스트에서 성인과 다르게 반응하는 생리학적인 변화는 표 1과 같다.

표 1_ 아동기 운동 시 생리학적인 반응 (성인에 비교하여)	
절대적 산소섭취량	감소
상대적 산소섭취량	증가
심박수	증가
심박출량	감소
1회박출량	감소
수축기혈압	감소
이완기혈압	감소
호흡량	증가

운동 프로그램

아동과 청소년의 건강과 체력을 유지하기 위한 기본적인 운동방법은 다음과 같다. 먼저 아동과 청소년들이 고강도 운동을 수행하기 위해서는 즐겁게 할 수 있는 동기가 부여되어야 하고, 나이에 맞는 운동프로그램의 실시가 중요하다. 또한 운동강도가 높아질수록 휴식기간도 적절히 유지시켜줘야 한다. 따라시 FITT에 맞는 운동 프로그램을 설정

표 2_ FITT 권장 운동 프로그램			
Items	유산소운동	저항성운동	중력부하운동
F (frequency, 빈도)	매일	1주일에 3일 이상	1주일에 3일 이상
I (intensity, 강도)	중간강도에서 시작하여 심박수를 점점 높일 수 있는 고강도 운동을 해야 한다.	고강도 운동은 1주일에 3일 이상 실시한다.	체중부하를 이용하여 8~15회 최대하 반복운동을 한다.
T (time, 시간)	하루에 60분 이상	하루에 60분 이상	하루에 60분 이상
T (type, 운동형태)	달리기, 수영, 댄싱, 자전거 타기, 축구, 농구, 테니스와 같이 즐겁게 즐길 수 있는 운동을 한다.	나무 오르기와 같은 놀이운동을 실시하거나 밴드트레이닝을 실시한다.	달리기, 점프, 줄넘기, 농구와 같은 운동을 실시한다.

해야 한다. FITT를 기본으로 표 2와 같은 운동 프로그램을 권장할 수 있다.[1]

특별히 고려할 사항

» 아동기와 청소년기에는 전문지도자의 관리하에 운동상해를 유발하지 않는 범위 내에 안전한 저항성 운동을 실시하여야 한다.

» 아직까지 체온조절이 완벽하지 않은 상태이므로, 더운 환경에 장기간 노출되는 운동을 할 때는 탈수 유발을 방지해야 한다.

» 과체중이나 신체활동 수준이 저하된 아동과 청소년들은 중간강도에서 고강도의 운동을 60분 이상 실시하려면 많은 어려움이 있다. 그러므로 중간강도의 운동에서 시작하여 점진적으로 빈도 및 시간을 증가시켜 하루에 60분 운동을 실시할 것을 권장한다. 적어도 고강도의 신체활동은 일주일에 3일은 수행하는 것이 좋다.

» 천식, 비만, 당뇨, 뇌성마비 등의 질환을 가진 아동과 청소년은 정확한 체력측정과 전문의의 진단을 받은 후 운동을 실시해야 한다.

» 비디오 게임, TV시청, 컴퓨터 게임 등의 좌업생활을 지속적으로 감소시켜야 하고, 걷기·자전거 타기 등으로 신체활동량을 증가시키도록 권장해야 한다.

허리통증(low back pain)

허리통증(low back pain)이란 허리부위의 근육 및 힘줄의 경직으로 인한 통증을 의미한다. 일반적으로 허리통증이 있으며 일상생활의 84% 이상 활동에 제약을 받는다. 대부분의 성인들은 4~33%는 허리통증을 경험하고 있고, 약 20%는 지속적으로 고통을 겪고 있다. 그중 10%는 일상생활을 할 수가 없다.[13]

허리통증은 3가지로 분류할 수 있다.[14,15]

» 특별한 상황(암, 골절, 감염)에 의한 신경장애가 원인

» 척추협착증 또는 신경근병증이 원인

» 85% 이상은 비특이적 케이스

급성으로 유발되는 허리통증의 90%는 6주 내에 치료가 된다. 일상생활에 복귀하기 위해서는 허리통증으로 인한 제한된 범위 내에서 지속적으로 운

동을 실시해야 한다. 통증 완화를 위한 노력이 6주 이상이 지속되면, 심리적인 요인을 포함한 복합적인 치료가 필요하다. 대다수의 허리통증자는 지속적인 통증으로 인한 우울증, 운동에 대한 두려움, 운동에 대한 역효과가 있을 것이라는 잘못된 인식을 가지고 있다. 고통에 대한 정확한 정보를 교육함과 동시에 유산소 운동을 복합적으로 실시하여야 운동에 대한 태도, 인식 및 통증에 대한 역치를 개선시킬 수 있다.[16]

현재 많은 연구에서도 허리통증 초기의 원인에 대해서는 정확하게 알려진 바는 없지만, 허리통증으로 발전할 가능성이 높다고 예측할 수 있는 것은 몇 가지가 있다. 허리통증 재발을 예측할 수 있는 인자로는 의료비용 증가, 일상생활 복귀 기간 연장 등이 있다. 하지만 현재 허리통증 치료의 가장 대표적인 인자로는 신체활동 수준을 유지할 수 있는지에 대한 것이다.[17]

허리통증자들이 운동수행 중 지속적인 통증과 부상의 위험률 증가에도 불구하고 운동을 수행할 때는 주의해야 한다. 왜냐하면 운동수행 중 통증의 재발과 조직의 손상 등으로 척추상태를 악화할 수 있기 때문이다. 그러므로 적당한 강도의 운동을 한다면 만성적인 허리통증을 완화할 수 있다. 특히 다른 합병증(암, 병리학적인 소견)이 동반된 허리통증은 의학적 검사 및 처방을 우선으로 고려해야 한다.[18,19]

운동 테스트(exercise testing)

급성 또는 만성 허리통증은 통증으로 인한 장애 정도에 따라 운동능력을 판단할 수 있다. 만성 허리통증자는 높은 강도의 운동수행보다 낮은 강도의 운동수행을 추천할 수 있다. 또한 허리통증 정도에 따라 운동수행 정도에도 차이가 있다.[20]

심폐체력(cardiorespiratory fitness)

통증으로 인한 신체활동 수준의 감소는 심폐체력을 감소시키는 원인이 되지만, 정확한 상관관계에 대해서는 아직 보고되고 있지 않다. 왜냐하면 허리통증환자들에게 운동 테스트를 실시한 연구가 현재 없기 때문이다. 최대하 운동 테스트는 신뢰성이 높고 유요한 것으로 알려져 있어 많이 실시하고 있지만, 실제로 이 운동 테스트를 실시하려면 많은 제약이 따른다.[21]

근력과 근지구력(muscular strength and endurance)

허리통증자들은 근력과 근지구력이 많이 악화되어 있다. 하지만 약화된 근력과 근지구력은 허리통증 치료기간 지연과는 특별한 상관이 없는 것으로 알려져 있다. 근력과 근지구력 테스트 방법은 일반인과 동일한 방법으로 수행을 하고 있지만, 허리통증자들은 허리통증의 재발에 대한 두려움 때문에 운동수행을 동일하게 수행하지 못한다.[22,23]

운동 프로그램

허리통증자들에게 좌업생활을 피하고 규칙적인 신체활동을 하도록 권장한다. 규칙적인 걷기는 허리통증자들도 운동에 참여할 수 있도록 심리적인 동기유발이 될 수도 있고, 허리통증 증상을 완화시킬 수 있다.

비록 이런 운동의 효과가 많이 보고되고 있지만, 운동수행방법이 개인의 신체상태에 따라 다를 수 있기 때문에 꼭 전문가와 상의한 후 운동 프로그램을 권장해야 한다. 이런 운동방법으로는 복합운동 (저항운동, 유산소운동, 유연성 운동)을 많이 추천하고 있다. 이런 복합운동은 심리적인 스트레스를 완화시켜주고, 개인의 만족도가 높으며, 통증 완화에 도움이 된다.[24,25]

특별히 고려할 사항

» 허리 협응력, 근력, 근지구력 운동들은 허리통증을 완화시키는 이점이 많다. 하지만 복부근력의 한 포인트에만 강조하다 보면 운동이 역효과를 나타낼 수 있다.

» 허리통증증후군은 신체활동을 권장하면 90% 이상 특별한 치료 없이 증상이 완화될 수 있다.

» 코어의 안정성을 측정하는 방법을 사용하는 것은 운동의 타당성이 합리적이지 않을 수도 있다.

» 특정운동이나 자세는 허리통증증후군이 악화될 수도 있다. 특히 다운힐 걷기는 척추협착을 유도할 수 있다.

» 허리통증환자들은 말초화 현상(지속적인 부하에 의해 하지에 통증이 퍼지는 현상)을 경험할 수 있다.

» 푸시업과 같은 반복적인 운동은 하지의 통증을 약화시켜주므로 허리통증환자의 증상을 완화시켜준다.

» 유연성 운동은 운동 프로그램에 필수적으로 포함되어야 한다. 하지만 허리 유연성 운동은 허리통증을 완화시키는 목적으로 사용되어서는 안 된다.

» 일반적인 허리통증환자에게는 낮은 강도의 유산소 운동을 권장한다.

노인(older adults)

노인은 65세 이상을 의미한다. 그런데 50~64세의 임상적으로 신체활동 및 체력에 제한이 있는 사람들도 여기에 포함한다.[26] 연령이 다양한 이유는 연령에 따라 생리적 변화가 다르게 발생하고, 운동효과가 다르게 나타날 수 있기 때문이다.[27] 노화에 따라 컨디션 저하 및 질병의 변화를 구별하는 것은 상당히 어렵다. 노화에 따른 생리학적인 변화는 표 3과 같다.

표 3_ 노화에 따른 생리학적인 변화

심박수	변화 없음
최대심박수	감소
최대심박출량	감소
안정시혈압	증가
근력	감소
유연성	감소
골밀도	감소
글루코스 대사능력	증가
체지방률	증가
제지방량	감소

신체적 활동의 효과는 다음과 같다.

» 노화에 따른 급격한 생리적 변화를 지연시켜준다.

» 나이에 맞는 신체구성을 유지시켜준다.

» 심리적인 안정과 인지장애를 개선시켜준다.

» 만성질환을 조절한다.

» 신체적 기능이상을 개선시켜준다.

» 수명연장에 도움을 준다.

오늘날 65세 이상의 노인들 중 유산소 운동과 근력운동을 실시하는 것은 11%에 불과하고, 85세 이상으로 운동 가이드라인을 준수하는 노인들은 5% 미만으로 조사되고 있다.

운동 테스트(exercise testing)

대부분의 노인들이 중간강도 운동을 실시할 때는 운동 테스트가 필요 없다. 그러나 운동 테스트를 실시한다면, 심전도를 꼭 측정해야 한다. 심전도 측정이 필요한 이유는 노화가 되면 좌심실 비대가 유발될 수 있어서 운동수행에 제한을 줄 수 있기 때문이다.

노인들을 위한 특별한 운동 테스트 기준은 없지만, 운동이 심장질환, 대사장애 및 정형외과적인 문제점을 유발할 수 있다는 점을 유념해야 한다. 또한 노인에게 운동 테스트를 실시할 때 의사 및 운동지도자의 제안에 따라 측정방법을 다르게 할 필요가 있다.

노인에게 운동 테스트를 실시할 때 특별히 고려해야 할 사항은 다음과 같다.[28, 30]

- » 처음 운동을 실시할 때 METs 3 이하의 가벼운 운동을 수행해야 한다.
- » 노인들의 신체적 특징은 균형이상, 신경운동장애, 보행장애, 체중부하 제한 및 외과적인 문제로 인하여 트레드밀 운동보다는 사이클 에르고미터가 더 효과적이다. 하지만 사이클 에르고미터는 국지적인 피로에 의해 운동능력을 제대로 평가할 수 없는 제한점이 있다.
- » 트레드밀을 사용할 때는 근력의 감소, 신경근의 불균형에 의해 손잡이가 꼭 필요하다. 그러므로 운동지속능력 및 운동량의 정확한 측정에는 한계가 있다.
- » 트레드밀 사용 시 걷기 적응을 위한 시간이 필요하므로 운동 스피드는 점진적으로 올려야 한다.

일반적으로 75세 이상의 노인은 하나 이상의 만성질병을 가지고 있으므로, 내과의사 진단 후 나이에 맞는 운동수행 정보를 확보해야 한다. 또한 개인별로 신체활동 수준에 제약이 있을 수 있으므로 정형화된 운동 테스트를 실시해서는 안 된다.

신체활동 테스트(physcial performance testing)

노인들은 젊은 사람들에 비해 유산소 능력, 근력 및 신체기능이 감소되어 있다. 이런 원인들로 인하여 건강한 생활을 하는데 많은 제한이 있다. 그러므로 건강한 생활을 위해서는 유산소 운동, 근력 · 근지구력과 유산소 운동을 지속적으로 수행해야 한다. 복합적인 운동(균형, 민첩성, 고유수용성 운동)은 낙상사고 유발 및 움직임의 불균형을 개선시키고, 건강체력 향상에 도움을 준다.

운동강도 설정은 매우 중요하다. 일반적으로 건강한 성인들의 중간강도에서 고강도 운동 기준은 3~5.9 Mets이고, 고강도 운동은 6 Mets 이상이다. 반대로 노인들의 신체기능 수준의 판단 기준은 RPE 0~10이며, 중간강도는 RPE 5~6, 고강도는 RPE 7 이상으로 구분한다.

낙상사고가 빈번한 노인들을 대상으로 하는 균형운동

균형, 민첩성 및 고유수용성 훈련이 포함된 신경운동은 일주일에 2~3일 실시를 하면 낙상사고 예방에 효과적이다. ① 두 발서기, 외발서기를 통하여 균형감각 향상 ② 중력을 이용한 원돌기 ③ 근

표 4_ FITT 권장 운동 프로그램

Items	유산소운동	저항성운동	유연성운동
F (frequency, 빈도)	1주일에 5일 이상 중간강도 운동 1주일에 3일 이상 고강도 운동 1주일에 3~5일은 중간강도에서 고강도 운동	1주일 2일 이상	1주일 2일 이상
I (intensity, 강도)	중간강도 운동 : RPE 5~6 고강도 운동 : 7~8	초보자 : 1RM 40~50%에서 시작하여 점진적으로 1RM 60~80%로 증가 중간강도 운동 : RPE 5~6 고강도 운동 : 7~8	약간 불편할 정도의 스트레칭
T (time, 시간)	중간강도 운동은 30~60분 고강도운동은 20~30분 복합운동 : 중간강도 10분+고강도 10분	대근육군을 사용하는 8~10가지 운동 : 1~3세트, 8~12 반복	30~60초동안 유지할 수 있는 스트레칭
T (type, 운동형태)	정형외과적인 문제를 동반하지 않는 걷기 중력부하를 피할 수 있는 아쿠아로빅	계단 걷기와 같이 체중부하를 줄 수 있는 대근육운동	정적인 자세에서 천천히 스트레칭할 수 있는 스트레칭

육수축운동 (발뒤꿈치들기, 앞꿈치들기) ④ 태극권. 위의 운동 중 2개 이상의 근력, 균형, 근지구력, 유연성 운동들은 낙상사고를 예방할 수 있다. 하지만 운동 관리자가 참여한 상태에서 이루어져야 하고, 운동 중 있을 상해에 대해 면밀히 주시할 필요가 있다. FITT를 기본으로 권장 운동 프로그램은 표 4와 같다.[31]

운동 프로그램 실시를 위한 고려 사항

» 초보자들에게는 단기간 저강도의 운동을 권장한다.

» 운동강도는 개인별 운동수행 정도에 따라 점진적으로 증가시킨다.

» 50세 이상이 되면 근력이 급격하게 감소하므로 노화에 따른 저항성 운동의 중요성을 항상 인지하고 있어야 한다.

» 머신을 이용한 저항성 운동은 전문가의 감독하에 실시한다.

» 노년기에도 파워 트레이닝이 필요할 수 있다. 왜냐하면 노화에 따라 근력이 감소하고 있으며, 이로 인하여 낙상사고를 유발하기 때문이다. 그러므로 근파워를 증가시키기 위해서는 1RM의 30~60%를 6~10번 반복한다.

» 근감소증을 가진 노년기에는 유산소 운동을 실시하고 난 다음 저항성 운동을 실시한다.

» 운동이 필요한 노년기에는 좌업생활을 피해야 한다.

» 중간강도 운동을 권장하며, 인지기능장애가 개선된다는 것을 지속적으로 교육해야 한다.

» 본 운동 후 마무리 운동을 꼭 실시해야 하며, 마무리 운동은 유연성 운동을 권장한다.

» 운동을 실시 후 운동전문가에 정기적인 피드백을 받아 운동 프로그램을 수정할 필요가 있다.

임산부(pregnancy)

임신기간 동안 운동을 하지 않으면 심리적 불안 및 신체기능이상을 유발할 수 있기 때문에 운동은 적극적으로 권장하고 있다. 임신기간 중 운동을 중단해야 하는 상황은 표 5와 같다.[32]

표 5_ 임신기간 중 운동을 중단해야 하는 사항	
상대적 기준	절대적 기준
심각한 빈혈	심각한 심장질환
심장부정맥	폐질환
만성기관지염	조기 진통의 위험
제1형당뇨병 조절이상	간헐적인 출혈
심각한 비만 또는 심각한 저체중	조산증상
조절되지 않은 고혈압	파열된 막
정형외과적인 제한	임신성 고혈압
갑상선기능항진증	

운동에 대한 효과는 표 6과 같다.

표 6_ 운동에 대한 효과
» 과도한 체중증가 예방 » 임신성 당뇨병 예방 » 허리통증의 감소 » 소변의 불편함 해소 » 우울증 예방 및 개선 » 체력 증가 » 출산 후 체중 유지

운동 테스트(exercise testing)

최대운동테스트는 의학적 검사가 필요한 경우가 아니면 실시해서는 안 된다. 만약 최대운동테스트가 필요하다면 의사의 감독하에 실시하며, 운동 시의 금기사항을 명확하게 알려줘야 한다. 표 7에서 운동 시 임산부와 비임산부의 생리학적 반응을 비교하였다.

표 7_ 운동 시 임산부와 비임산부의 생리학적인 반응	
체중 대비 산소섭취량	증가
심박수	증가
1회 박출량	증가
심박출량	증가
호흡량	증가
분당환기량	증가
수축기혈압	변화 없음/감소
이완기혈압	변화 없음/감소

운동 프로그램

임상적인 합병증이 없으면 임신 중 운동방법은 정상성인과 동일한 가이드라인을 권장한다. 예를 들어 중간강도 유산소운동은 1주일에 150분 실시하거나 고강도 운동은 1주일에 75분 실시한다. 그러나 임산부들은 의학적인 체크 리스트를 통해 운동방법들을 수정할 필요가 있다. 특히 표 8과 같은 증상이 나타나면 운동을 즉각 중단해야 한다.

표 8_ 임산부 운동 시 운동을 금지해야 하는 요인
» 출혈 및 체액 누출 » 운동 실시 전 숨가쁨 » 현기증, 두통 » 흉통 » 근육위축 » 종아리 종 및 통증 » 태아의 움직임 » 조산의 위험

운동 중 고려사항

» 비록 정확한 운동빈도를 단정지을 수는 없으나 규칙적으로 시행되어야 하고, 1주일 내 실시할 운동량을 잘 파악해야 한다. 특히 운동량이 적은 임산부는 낮은 운동강도로 단기간 할 것을 권장한다.

» 본 운동은 15분 실시하며, 준비운동 15분, 정리운동 15분은 꼭 실시하여야 한다.

» 운동경험이 없는 임산부는 일주일에 3일 이하, 하루에 15~30분 실시한다. 운동의 목적은 임신기간에 따라 다르므로 개인의 건강상태에 따라 유연하게 대처할 필요가 있다.

» 정기적으로 저항성 운동을 실시했던 임산부는 운동전문가와 상담을 통해 운동 프로그램을 조정해야 한다.

» 임신과 출산 후 골반의 불편함을 해소하기 위해 케켈운동(Kegel exercise)을 권장한다.

특별히 고려할 사항

» 누운 자세에서 운동을 하는 것은 피해야 한다. 왜냐하면 장기간 누운 자세를 취하면 정맥혈 복귀가 감소되어 심박출량을 감소시키므로 태아에게 위험을 줄 수 있다.

» 임산부는 탈수를 방지하기 위하여 덥고 습한 곳에서 운동하는 것을 피하고, 운동 중 수분을 충분히 섭취하고, 열방출을 잘 할 수 있는 운동복을 입어야 한다.

» 임신 중에는 하루에 300kcal 이상의 칼로리를 섭취해야 한다. 또한 운동 중에는 지속적으로 칼로리 섭취량을 증가시켜야 한다. 만약 임산부 권장량에 미달 또는 초과 섭취하면 체중의 변화가 생기는데, 이것은 태아에 부정적인 영향을 야기할 수 있다.

» 과도한 체중증가를 방지하기 위해 임신 중에는 적절한 체중을 유지시켜야 하므로, 식이요법 전문가와 지속적인 모니터링을 통해 칼로리 섭취량을 조절해야 한다.

» 고도비만, 임신성당뇨병 또는 고혈압을 가진 임산부는 전문의의 검진을 통하여 임산부의 컨디션 및 체력을 정확하게 진단받은 뒤 운동을 실시한다.

» 운동은 임산부의 체중 조절에 유익하며, 특히 비만과 임신성당뇨병 예방에 효과적이다.

» 임산부는 자기 또는 태아에게 외부의 충격을 줄 수 있는 접촉 스포츠는 피해야 한다.

» 임신 초기에는 저강도 운동을 실시하며, 점진적으로 증가시켜야 한다.

» 저강도에서 중간강도 운동은 임신 전 BMI를 회복하는데 도움이 되며, 모유 수유에는 방해를 주지 않는다.

[참고문헌]

(1) U.S. Department of Health and Human Services. 2008 Physical Activity Guidelines for Americans [Internet]. Washington (DC): U.S. Department of Health and Human Services; 2008 [cited 2016 Jun 16].

(2) Faigenbaum AD, Kraemer WJ, Blimkie CJ, et al. Youth resistance training: updated position statement paper from the National Strength and Conditioning Association. J Strength Cond Res. 2009;23(Suppl 5):S60–79.

(3) Plowman SA, Meredith M. FITNESSGRAM/ACTIVITY-GRAM Reference Guide. 4th ed. Dallas (TX): The Cooper Institute; 2013. 202 p.

(4) Rowland T. Oxygen uptake and endurance fitness in children, revisited. Pediatr Exerc Sci. 2013;25(4):508–14.

(5) Donnelly JE, Hillman CH, Castelli D, et al. Physical activity, fitness, cognitive function, and academic achievement in children: a systematic review. Med Sci Sports Exerc. 2016:48(6):1223–4.

(6) Telama R. Tracking of physical activity from childhood to adulthood: a review. Obes Facts. 2009;2(3):187–95.

(7) Tremblay MS, LeBlanc AG, Kho ME, et al. Systematic review of sedentary behaviour and health indicators in school-aged children and youth. Int J Behav Nutr Phys Act. 2011;8:98.

(8) Troiano RP, Berrigan D, Dodd KW, Masse LC, Tilert T, Mc-

Dowell M. Physical activity in the United States measured by accelerometer. Med Sci Sports Exerc. 2008;40(1):181–8.

(9) American College of Sports Medicine, Sawka MN, Burke LM, et al. American College of Sports Medicine position stand. Exercise and fluid replacement. Med Sci Sports Exerc. 2007;39(2):377–90.

(10) Barakat R, Lucia A, Ruiz JR. Resistance exercise training during pregnancy and newborn's birth size: a randomised controlled trial. Int J Obes (Lond). 2009;33(9):1048–57.

(11) Tan VP, Macdonald HM, Kim S, et al. Influence of physical activity on bone strength in children and adolescents: a systematic review and narrative synthesis. J Bone Miner Res. 2014;29(10):2161–81.

(12) Tudor-Locke C, Craig CL, Beets MW, et al. How many steps/day are enough? for children and adolescents. Int J Behav Nutr Phys Act. 2011;8:78.

(13) Balagué F, Mannion AF, Pellisé F, Cedraschi C. Non-specific low back pain. Lancet. 2012;379(9814):482–91. ㄴ

(14) Almoallim H, Alwafi S, Albazli K, Alotaibi M, Bazuhair T. A simple approach of low back pain. Intern J Clin Med. 2014;5:1087–98.

(15) Casazza BA. Diagnosis and treatment of acute low back pain. Am Fam Physician. 2012;85(4):343–50.

(16) Chou R, Qaseem A, Snow V, et al. Diagnosis and treatment of low back pain: a joint clinical practice guideline from the American College of Physicians and the American Pain Society. Ann Intern Med. 2007;147:478–91.

(17) Delitto A, George SZ, Van Dillen LR, et al. Low back pain. J Orthop Sports Phys Ther. 2012;42(4):A1–57.

(18) Bouwmeester W, van Enst A, van Tulder M. Quality of low back pain guidelines improved. Spine. 2009;34(23):2562–7.

(19) Gruther W, Wick F, Paul B, et al. Diagnostic accuracy and reliability of muscle strength and endurance measurements in patients with chronic low back pain. J Rehabil Med. 2009;41(8):613–9.

(20) Hasenbring M, Hallner D, Rusu A. Fear-avoidance- and endurance-related responses to pain: development and validation of the Avoidance-Endurance Questionnaire (AEQ). Eur J Pain. 2009;13(6):620–8.

(21) Louw A, Diener I, Butler DS, Puentedura EJ. The effect of neuroscience education on pain, disability, anxiety, and stress in chronic musculoskeletal pain. Arch Phys Med Rehabil. 2011;92(12):2041–56.

(22) Majewski-Schrage T, Evans TA, Ragan B. Development of a core-stability model: a Delphi approach. J Sport Rehabil. 2014;23(2):95–106.

(23) Marshall PW, Desai I, Robbins DW. Core stability exercises in individuals with and without chronic nonspecific low back pain. J Strength Cond Res. 2011;25(12):3404–11.

(24) O'Sullivan P. It's time for change with the management of non-specific chronic low back pain. Br J Sports Med. 2012;46(4):224–7.

(25) Sullivan M, Shoaf L, Riddle D. The relationship of lumbar flexion to disability in patients with low back pain. Phys Ther. 2000;80(3):240–50.

(26) Perera S, Mody SH, Woodman RC, Studenski SA. Meaningful change and responsiveness in common physical performance measures in older adults. J Am Geriatr Soc. 2006;54(5):743–9.

(27) Rikli RE, Jones C. Development and validation of criterion-referenced clinically relevant fitness standards for maintaining physical independence in later years. Gerontologist. 2013;53(2):255–67.

(28) Bonnefoy M, Jauffret M, Jusot JF. Muscle power of lower extremities in relation to functional ability and nutritional status in very elderly people. J Nutr Health Aging. 2007;11(3):223–8.

(29) Rikli RE, Jones C. Senior Fitness Test Manual. Champaign (IL): Human Kinetics; 2001. 161 p.

(30) Singh MA. Exercise comes of age: rationale and recommendations for a geriatric exercise prescription. J Gerontol A Biol Sci Med Sci. 2002;57(5):M262–82.

(31) Nelson ME, Rejeski WJ, Blair SN, et al. Physical activity and public health in older adults: recommendation from the American College of Sports Medicine and the American Heart Association. Med Sci Sports Exerc. 2007;39(8):1435–45.

(32) Davies GA, Wolfe LA, Mottola MF, MacKinnon C, Society of Obstetricians and Gynecologists of Canada, SOGC Clinical Practice Obstetrics Committee. Joint SOGC/CSEP clinical practice guideline: exercise in pregnancy and the postpartum period. Can J Appl Physiol. 2003;28(3):330–41.

NOTE

Part 05_ 영양과 보충제

Chapter 01

영양

필수 영양소

영양(nutrition)은 식품의 섭취와 이용에 대한 모든 과정을 말한다. 우리가 섭취하는 음식물은 다양한 영양소가 함유하고 있지만 체내에서 기능을 하는 6대 영양소는 탄수화물, 지방, 단백질, 비타민, 무기질, 물이다. 이들 6대 영양소는 모두 체내에서 일정한 화학반응을 일으켜 에너지원이 된다.

스스로가 에너지를 갖고 있으면서 분해에 의해 에너지를 발생하는 것은 3대 영양소인 탄수화물, 지방, 단백질이다. 3대 영양소는 음식물 가운데 함유되어 있는 분량이 아주 많다. 영양소가 체내에서 하는 역할은 에너지의 급원, 체성분의 구성에 관여, 소모한 체성분 보충, 생활기능의 조절 등이다. 이와 같은 목적에 의해서 영양소를 열량소, 구성소, 보급소, 조절소라고 부르기도 한다[1].

영양의 역할

스포츠 선수들에게 트레이닝과 영양은 자동차의 바퀴와 같은 것이며, 영양을 고려하지 않은 트레이닝은 운동 수행 중 여러 가지 스포츠 상해를 유발할 수 있다. 그러나 영양만을 고려한 트레이닝 방법은 성공적인 운동수행을 하는데 많은 제약을 초래할 수 있다. 과학적인 트레이닝을 통해 향상된 체력과 균형잡힌 영양(balanced nutrition), 그리고 적절한 휴식이 성공적인 운동수행을 할 수 있다. 그러므로 트레이닝이나 경기에서 영양은 무엇보다 중요하다.

① 트레이닝이나 스포츠 활동에 소비되는 에너지를 충분히 보급할 만한 고칼로리 영양섭취가 이루어져야 한다.

② 단순히 에너지를 섭취하는 것이 아니라 근수축의 직접적인 에너지원이 될 ATP를 재합성

하기 위해 탄수화물이나 지방이 분해되어 에너지가 발생하고, 체내에서 화학적 반응이 원활하게 이루어지기 위해서는 비타민 B_1, B_2, 니코틴산 등을 충분히 섭취해야 한다.

③ 트레이닝을 통한 근육의 발달을 위해서는 근육을 구성하는 단백질이 식사 속에 일정량 포함되어야 한다. 즉, 근육의 발달에 필요한 다량의 단백질 섭취가 필요하다. 격렬한 트레이닝에 의한 빈혈의 발생(스포츠 빈혈)을 예방하기 위해서도 적당량의 철분과 함께 단백질을 충분히 섭취해야 한다.

④ 격렬한 트레이닝이나 스포츠를 수행하려면 식염·철·칼슘 등의 미네랄과 비타민류의 섭취가 필요하다. 이것은 신체의 컨디션 조절, 지구력 유지, 피로회복 촉진 등과 밀접한 관계가 있다.

⑤ 스포츠 종목에는 체급종목(태권도, 레슬링, 복싱, 유도 등)과 비체급종목(체조, 장거리 달리기, 테니스 등)이 있는데, 특히 체급종목의 선수들은 체지방량을 최소한으로 유지하는 것이 유리하다. 따라서 적당한 체중의 유지와 감소는 식사구성과 밀접한 관계가 있다.

영양과 운동수행

영양소는 신체활동 중의 에너지의 공급, 운반 그리고 운동 수행 시 에너지 항상성 조절에 관여한다. 6대 영양소들은 신체가 생명유지에 필요한 여러 종류의 과정을 수행할 때 사용되는 기본물질이 된다. 이 과정들은 신체조직의 유지와 보수, 세포 내에서 일어나는 화학반응의 조절, 근육수축을 위한 에너지 공급, 신경자극의 전도, 내분비샘의 분비, 신체조직의 화합물 합성·성장 등이다[2].

탄수화물과 운동수행

탄수화물은 양적으로 가장 많은 영양물질로, 조직에서 산화작용을 통한 에너지원의 기초가 된다. 이는 당질이라고 하며, 지방·단백질과 같이 생물체를 구성하는 유기화합물로서 자연계에 다량으로 존재한다.

탄수화물 1g은 약 4kcal의 열량을 함유하고 있고, 섭취된 모든 탄수화물은 글루코스로 변환된 다음 혈액에 의해 근육에 공급되며, 일부는 글리코겐으로 변환되어 간과 근육에 저장되었다가 사용된다[5].

에너지원

탄소화물 섭취에 따라 근육에 저장되어 있는 근 글리코겐은 운동 중 ATP를 생산하는데 가장 중요한 에너지원이다.

인체는 탄수화물로부터 혈중 글루코스, 간 글리코겐, 근 글리코겐 등 3가지 형태의 에너지원을 가지고 있다. 혈중 글루코스는 에너지로 사용되며, 특히 대사를 위해 우선적으로 뇌에서 하루에 전체 혈중 글루코스의 절반 정도인 120g(분당 80mg)을 사용하며, 나머지는 적혈구(분당 25mg), 뼈대근육, 신경계, 그밖의 부분에 사용되어진다. 혈중 글루코스는 간 및 근 글리코겐으로 전환되며, 간 글리코겐은 혈중 글루코스로 전환된다.

그러나 근 글리코겐은 에너지를 생성하는 동안 대부분이 근육 속에 갇힌 형태에서 글루코스로 전

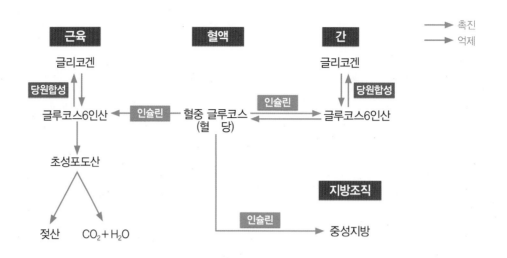

그림 1_ 혈당의 조정경로

환된다. 운동 동안의 혈장 글루코스 농도는 근육의 글루코스 흡수와 간으로부터의 글루코스 방출 사이의 균형에 의해 좌우된다(그림 1).

단시간 격렬한 운동수행

단시간 격렬한 운동을 수행할 경우 아주 적은 양의 탄수화물 변화가 일어난다. 모든 탄수화물은 무산소적 해당과정으로 에너지를 생성한다. 1~2분 정도의 강한 부하로 운동을 하는 동안에 근육에 저장되어 있는 40%의 CP(크레아틴인산)는 단지 10초 후에 소모되고, 50%의 CP(크레아틴인산)는 20초 후에, 70%의 CP는 60초 후에 연소된다. 단거리 달리기, 단거리 수영, 높이뛰기, 단거리 자전거 경기, 기계체조, 역도 등 비교적 짧은 시간에 격렬한 운동을 수행하는 경우에는 ATP와 CP, 그리고 근 글리코겐이 주된 에너지로 사용된다.

또한 짧은 시간의 격렬한 운동에서 완만한 강도로 변화되는 운동 시에는 탄수화물이 무산소적과 유산소적 양쪽으로 분해되므로 매우 중요한 연료이다[7].

경기력 향상

경기력을 향상시키려면 체내에 글리코겐을 최대한으로 축적하고 그 연료를 보다 효율적으로 연소시켜 에너지를 발생시키는 것이 중요하다. 글리코겐을 보다 많이 효율적으로 축적하기 위한 방법은 식사와 트레이닝의 병행을 시합 6일 전부터 시작하는 것이다. 최초 3일간은 쌀·밀가루(빵, 국수) 등의 탄수화물 음식을 적게 섭취하는 반면, 육류·어류·알 등 고지방·고단백질이 많이 포함된 음식을 많이 섭취함과 동시에 격렬한 트레이닝을 실시하여 글리코겐을 고갈시킨다. 다음 3일간은 정반대로 트레이닝은 가볍게 하며, 탄수화물 중심의 식사를 하여 평상시보다 높은 수준의 글리코겐을 근육 내에 축적시키는 것이다.

근 글리코겐 부하는 근육의 수분 증가를 초래하여 종종 뻣뻣함과 무거운 느낌을 준다. 이는 근경직과 조기피로를 유발할 수도 있다. 그러므로 적용할 때에는 신중을 기해야 한다.

지방과 운동수행

지방(fat)은 실제로는 지질로 구분되는 여러 성분으로 구성된다. 지질(lipid)은 유기물질로 구분되며, 불수용성이지만 알코올이나 에테르와 같은 특정 용매에 용해되기도 한다. 체내에서 중요한 기능을 수행하고 있는 지질은 중성지방, 콜레스테롤, 인지질이다. 상온에서 액체 상태로 있는 것을 기름(oil), 고체 상태로 있는 것을 지방(fat)이라 부르며, 이것을 총칭하여 지질이라고 한다. 지질은 단순지질, 복합지질, 유도지질로 분류된다[6].

지방의 기능

지방은 체지방조직의 구성성분일 뿐만 아니라 세포의 원형질 중에도 존재하고 있다. 호르몬·신경보호막·소화분비액의 구성요소이며, 뇌조직·신경조직·간 등에 있으면서 중요한 생리작용을 수행하고 있다. 우리가 매일 섭취하는 열량은 글리코겐 상태로 체내에 저장되고, 남은 모든 열량은 지방으로 전환되어 피부밑(피하)·배속공간(복강)·근육 등의 조직에 저장된다. 지방은 글리코겐이나 단백질과는 달리 체내에 저장될 때 수분함량이 극히 낮으므로 지방조직은 1kg 당 7,000kcal 정도의 열량을 저장할 수 있다. 이러한 저장지방은 운동 시 에너지로 사용된다.

탄수화물과 마찬가지로 지방도 기본적으로 체내에서 이용할 수 있는 형태로 저장되어 있다. 섭취된 지방은 소화가 되어서 지방산과 글리세롤이라는 물질이 된다. 지방산은 장의 세포에 의해서 흡수된 뒤에 중성지방으로 바뀐다. 중성지방은 1몰의 글리세롤과 3몰의 지방산을 함유하고 있어 중성지방이 분해될 때는 1몰의 글리세롤과 3몰의 지방산이 방출된다. 운동 시 사용되는 지방의 에너지 형태는 유리지방산(free fatty acid : FFA)이다.

중성지방은 FFA의 저장형태이다. 중성지방은 지방 조직과 뼈대근육에 저장된다. 근육에서 필요할 때는 중성지방이 유리지방산으로 분해되어 혈액을 통해 근육으로 수송되어 여기에서 산화된다. 중간 정도 강도의 지구성 운동 중에는 유산소시스템이 ATP를 생산할 때 FFA가 중요한 연료원이 된다.

단백질과 운동수행

단백질은 동식물의 조직에 있는 모든 세포의 구조적·기능적 특성을 위해서 필수적인 역할을 담당하고 있으며, 모든 생물이 단백질 없이는 생명을 유지할 수 없으므로 필수적인 영양소이다. 단백질은 탄소(C), 수소(H), 산소(O), 질소(N) 등의 원소로 구성되어 있는 크고 복잡한 유기화합물이다. 단백질은 질소(N)를 함유하고 있는 점이 탄수화물이나 지방과 다른 점이다. 단백질의 질소함량은 평균 16%로 보고 있다.

단백질의 기본성분

단백질의 기본성분은 아미노산(amino acid)으로, 수백~수천 개의 아미노산이 결합하여 단백질을 이룬다. 아미노산은 1개의 아민(amine)기를 가진 유기산이다. 아민기는 알칼리성이고, 카르복실기는 산성이므로 아미노산은 산성인 동시에 알칼리성을 이루고 있다. 질소를 함유하고 있는 아미노산은 펩타이드 결합을 형성하여 연쇄적으로 연결되어 단백질을 만든다.

아미노산은 체내에서의 합성 여부에 따라 필수아미노산과 비필수아미노산으로 나뉜다. 비필수아미노산은 체내에서 합성되며, 필수아미노산은 체내에서 합성되지 않기 때문에 음식을 통해 섭취하여야 한다. 필수아미노산만 부족해도 단백질의 합성이 제한되어 심각한 단백질부족 현상이 나타난다. 고기·우유·달걀·치즈 등의 식품에 포함된 단백질은 완전 단백질로, 인체에서 필요로 하는 모든 필수아미노산을 제공할 수 있다.

스포츠 빈혈

스포츠 빈혈(sports anemia)은 운동 초기에 인체가 운동에 적응하여 산소 이용에 필수적인 헤모글로빈을 희생하여, 마이오글로빈, 미토콘드리아 및 다른 근육단백질 합성을 위하여 단백질을 사용하기 때문에 발생하는 현상이다. 따라서 일시적인 헤모글로빈 수준이 감소되어 일어나는 빈혈이다.

지구력 트레이닝 프로그램 실시 초기에 스포츠 빈혈을 예방하기 위하여 여분의 단백질 섭취를 권하고 있다. 단백질은 헤모글로빈과 적혈구의 생성을 위해서 필수적이다.

단기간 스포츠 빈혈은 훈련량이 아주 많이 증가되었을 때 초기 훈련기간 동안 몇몇 보디빌딩 선수들에게 나타난다. 이와 같은 원인은 훈련 초기에 근육운동이 스트레스로 작용하여 부신피질의 글루코코티코이드(glucocorticoid)가 동원되어 단백질의 이화작용을 촉진하기 때문이다.

그렇지만 지구력 트레이닝의 효과 중 하나는 혈장량과 적혈구의 수를 증가시키는 것이다. 혈장 확장이 더 크게 나타나 적혈구의 희석과 헤모글로빈 농축의 감소를 가져온다. 이러한 영향은 혈액의 점도와 농도를 감소시키고 더 쉽게 순환할 수 있게 하므로 보디빌딩 선수들에게 유익할 수 있다. 많은 보디빌딩 선수들의 헤모글로빈 농축 정도는 훈련기간의 첫 달 후에 정상적으로 돌아온다. 이러한 현상은 선수들이 훈련에 익숙하게 되어 생체에 적응하게 됨으로서 단백질의 동화작용이 증대되어 근육의 비대가 나타나기 때문이다.

일반적으로 이러한 빈혈이 발생하면 먼저 좋은 영양상태를 유지·회복시키는 것이 무엇보다 중요하다. 또한 조혈작용에 관여하는 단백질·철분·구리 등의 무기질과 적혈구의 성숙에 필요한 비타민 B_{12}·엽산 등의 비타민류가 풍부한 식품의 섭취가 필요하다. 동물성 식품 중에서 간은 신선한 상태로 이용하면 조혈식품으로 매우 효과적이다. 송아지 고기는 철분함량도 많고, 흡수율도 좋다. 녹색채소류 중 시금치는 철분흡수율이 낮으므로 좋은 방법이 아니며, 과일류가 더 효과적이다. 과일류 중 조혈효과가 좋은 것은 살구, 복숭아, 건포도, 포도, 사과 순이다. 또한 오렌지쥬스, 토마토쥬스 등에 함유되어 있는 비타민 C는 환원제의 역할을 하며, 체내 철분 이용률을 높이는 작용을 하기 때문에 효과적이다.

무기질과 운동수행

무기질

우리 몸은 적어도 31가지의 원소들로 구성되어 있는데, 그중 24개는 생명을 유지하는 데 필수적인 것들이다. 이 필수적인 원소들은 체내의 여러 구조물을 형성하기 위해 수천 가지의 다른 방법으로 결합된다.

가장 많이 들어 있는 비금속원소들이 사람 체중의 31%를 차지하는데, 탄소(18%), 수소(10%), 질소(3%) 등이다. 유기원소인 산소, 탄소, 수소, 질소 외에 나머지 4%, 즉 체중 57kg의 여성이라면 약 2.3kg에 해당되는 22개의 금속원소로 구성된 무기질이다. 체내에서 무기질이 차지하는 양은 비교적 적지만, 그들 각각은 세포기능을 적절하게 수행하기 위해서 꼭 필요하다. 무기질은 근육, 결체조직, 여러 가지 체액에서도 발견된다.

무기질의 기능

무기질은 살아 있는 모든 세포에 존재한다. 이들은 세포막, 핵, 기타 식품의 영양소를 에너지로 전환시키는 세포 내의 동력실(power house)이라고 할 수 있는 미토콘드리아와 같은 여러 세포구조물 속에 들어 있다. 무기질은 세포 내에서 화학반응을 조절하는 여러 가지 호르몬·효소 등 다른 물질들을 구성하는 중요 부분이 되기도 한다.

각 무기질은 체내에서 각각 다른 생리적인 작용을 하지만 일반적으로 조직의 형성, 수분과 산·염기의 평형조절, 효소와 호르몬의 합성작용으로 신체기능의 정상화와 신경전도와 근수축을 용이하게 하는 작용을 한다.

칼슘

칼슘은 근수축에 중요한 역할을 담당한다. 운동을 하면 칼슘 손실을 예방할 수 있다. 이는 운동이 직접적으로 뼈를 재구성시키는 역학적인 힘이 있을 뿐만 아니라 뼈에서 칼슘 방출을 감소시키는 칼시토닌(calcitonin)의 농도를 증가시키기 때문이다.

또한 부갑상선호르몬(parathormone)은 부갑상선(상피소체)에서 만들어지는 84개의 아미노산으로 된 폴리펩타이드로, 혈중의 칼슘농도에 의해 조절된다. 칼슘농도가 저하하면 촉진하고 상승하면 억제하는 작용을 담당한다. 운동은 부갑상선호르몬의 농도를 감소시키는 것으로 알려져 있다. 더욱이 칼슘 손실은 근경련의 원인이 되기도 한다.

인

체액에 전해질 상태로 존재하는 인은 체내에서 산·알칼리 조절에 중요한 역할을 담당하기 때문에 인의 결핍은 체내 산·알칼리 조절에 부정적인 영향을 줄 수 있다.

인산염은 지방과 단백질의 완전 연소과정에 관여한다. 인산염을 섭취하면 적혈구농도를 유의하게 증가시킬 수 있어서 산소섭취량을 증가시키고 젖산농도를 감소시킬 수 있기 때문에 지구성 운동수행능력을 향상시킬 수 있다.

마그네슘

마그네슘은 칼슘·인과 함께 골격대사에 중요한 기능을 수행하며, 생명을 유지하기 위한 효소반응을 촉매하는 필수적인 무기질이다. 또한 칼슘·나트륨·칼륨과 더불어 신경자극전달과 근육을 이완시키고, 신경을 안정시키는데 매우 중요한 역할을 담당한다. 그리고 ATP 생성 및 글루코스의 인산화반응에 관련된 포스포키나아제를 포함한 많은 효소 활성에 중요한 역할을 하고 있다.

마그네슘은 보디빌딩 선수들에게 중요하다. 운동 전에 마그네슘을 섭취하면 운동 중에 야기되는 근경련·경직 예방 및 피로회복에 도움을 준다.

칼륨

칼륨은 삼투압 조절, 산·염기평형, 근육의 수축 및 이완에 관여한다. 또한 신경자극의 전달과 인슐린의 공급에도 중요하게 작용하며, 세포 내에서 열량의 방출, 글리코겐의 형성, 단백질 합성에도 관여한다.

칼륨이 부족하면 조직손상, 저혈압증, 불안, 근육쇠약, 피로 등의 증세가 나타난다. 땀으로 손실되는 칼륨의 양은 매우 적기 때문에 훈련 후 섭취하는 일상의 식품만으로도 손실된 양을 충분히 보충할 수 있다.

나트륨

나트륨은 세포외액 중의 대표적인 양이온 물질이며, 삼투압과 수분조절을 하는 주요 전해질이다. 일반적으로 물 1ℓ를 섭취하려면 1g의 소금이 필요하다고 한다. 혈액 나트륨이 증가되면, 뇌의 시상하부에 존재하는 갈증감각을 자극하여 갈증을 느끼게 하고, 갈증으로 인한 다량의 수분섭취는 소변으로 나트륨을 체외로 방출한다.

무더운 환경에서 고강도의 운동을 하면 신체적응력을 길러주며, 신장과 내분비샘이 협동하여 나트륨의 손실을 최대한으로 억제한다.

훈련기간 철분섭취

훈련기간 동안은 보디빌딩 선수의 철분 필요량이 증가하는데, 이는 훈련에 따른 혈액량 및 근육량의 변화 때문이라고 할 수 있다. 따라서 보디빌딩 선수들에게 식사 지도를 할 때는 철분이 풍부하게 함

유된 식품의 섭취를 강조해야 한다.

비타민과 운동수행

비타민

비타민은 탄수화물·지방·단백질과 같은 에너지원은 아니지만, 몸의 움직임을 원활히 하는 미량의 유기물로, 수용성 비타민과 지용성 비타민으로 나뉜다.

현재 사용되고 있는 비타민(vitamin)이라는 말은 1911년 런던의 래스터연구소에서 일하던 폴란드계 유태인 생화학자 카시미르 펑크(Casimir Funk)가 vital(생명력)과 amine(-NH₂)을 결합하여 'vitamine'라 명명하였으나, 티아민(thiamine)만이 amine기를 가지고 있으므로 모든 비타민에 적용하는 것은 부적당하다고 하여 1919년 Drummond의 제의에 의해 'e'를 뺀 'vitamin'이라는 용어로 사용하게 되었다.

비타민의 종류

비타민의 종류는 20여 종이지만, 용해도에 따라 물에 녹기 쉬운 수용성 비타민과 지방 및 세제에 녹기 쉬운 지용성 비타민으로 크게 나눌 수 있다.

비타민 결핍증에는 2가지가 있는데, 하나는 모든 비타민의 공통인 발육장애이고, 또 하나는 각 비타민 고유의 결핍증상이다. 수용성 비타민은 물에 용해되며, 과잉섭취는 체내에 저장되지 않고 쉽게 소변으로 방출된다. 매일 필요량을 공급받지 못하면 결핍증세가 빨리 나타나기 때문에 매일 필요량을 절대적으로 공급해야 한다. 그리고 지용성 비타민

과 같은 전구체가 존재하지 않는다. 지용성 비타민은 기름과 유기용매에 녹고, 하루의 섭취량이 조직의 포화상태를 능가하면 체내에 저장된다. 따라서 체외로 좀처럼 방출되지 않으며, 결핍증세가 서서히 나타난다.

운동 시 비타민 필요량

근력운동이나 스포츠활동 시에는 에너지 소비량에 따라서 요구량이 증대하는 비타민이 있다. 보디빌딩 선수의 비타민 소요량은 1일 3,500kcal의 에너지 소비일 때는 비타민 B_1 $2\mu g$, 비타민 C $50\mu g$이, 4,500kcal일 때는 각각 $5\mu g$, $100\mu g$이, 5,000kcal일 때는 $10\mu g$, $150\mu g$이 더 필요하다.

운동의 종류에 따라 필요한 비타민의 종류와 양이 다르다. 단거리 달리기와 같은 순발력을 필요한 운동에서는 $2\mu g$, $30\mu g$ 정도가 필요하다. 비타민 B_1이나 C는 과잉으로 섭취해도 축적되지 않고 체외로 배출되기 때문에 필요량을 매일 보급하지 않으면 안 된다. 지구력을 요하는 선수는 민첩성이나 근력을 주로 하는 보디빌딩 선수보다도 B_1, B_2, C의 비타민을 더 많이 필요로 한다.

어떤 종류의 비타민은 조금만 부족해도 신체활동력이 떨어지고, 권태감이 나타나며, 또 저항력이 떨어져 두통·불면·변비·주의 산만·화를 잘 내는 등의 증상이 나타난다. 이와 같은 증상들은 다른 질병과 확실히 구별하기가 쉽지 않다. 더욱이 많이 결핍되면 각기 특유의 증상이 나타나고 신체 전 기능이 저하되어 생활력이 약해진다. 이러한 상황을 보면 비타민 부족은 스포츠 선수의 컨디션을 악화시킨다는 것을 추정할 수 있다. 신체 운동에 의해서 각 비타민의 결핍증상이 안정 시보다 빨리

나타난다거나, 섭취량 부족이 운동능력을 저하시키며, 피로가 빨리 오고, 또 섭취량이 부족한 스포츠 선수에게 비타민제를 투여하면 운동능력이 증진한다는 보고의 예는 많이 있다.

수분과 운동수행

수분

물은 산소와 더불어 인간의 생존에 가장 중요한 요소이다. 인간은 산소 없이 단 몇 분밖에 살지 못한다. 음식을 섭취하지 못하면 길게는 60일을 견디지만, 물을 마시지 않은 상태에서는 신진대사가 원활히 이루어지지 않아 체내의 독소를 배출시키지 못하여 자가중독을 일으켜 4~5일도 견디기 힘들다. 체내의 수분이 10%가 상실되면 위험하고, 20%가 상실되면 생명의 위험을 초래한다.

운동 시 탈수현상과 경기력

수분은 약 60%의 세포내액(intracellular fluid)과 혈장, 사이질액(간질액), 뼈 속의 성분, 림프액 등으로 구성된 약 40%의 세포외액(extracellular fluid)으로 나뉘어져 있는데, 이것을 합하면 체액의 총량인 체수분(total body water)이 된다.

장시간 운동을 하면 체온 상승, 혈액의 삼투압 증가, 혈장량 감소, 글리코겐 고갈 등으로 인해 세포 내·외액 간에 심각한 불균형이 일어난다. 장시간 운동 시 적절한 운동능력의 효율적인 발휘와 관련하여 영향을 미치는 제한요인은 에너지원의 고갈 및 대사부산물의 축적현상에 의한 피로요인과 함께 체온의 증가 및 탈수현상을 들 수 있다. 그러

므로 체온증가 및 탈수현상을 방지하기 위해서는 적절한 음료의 공급이 요구된다.

체중의 약 2% 정도의 탈수는 운동수행능력을 감소시키며, 체중의 5~6% 정도의 탈수는 운동능력을 약 30% 정도 감소시킨다. 또한 탈수에 의한 땀의 분비는 체수분의 손실뿐만 아니라 전해질의 불균형을 초래하여 경기력에 부정적인 영향을 미친다.

운동 시 수분섭취의 목적

운동을 수행하는 동안 수분을 섭취하는 목적은 혈장의 농도와 전해질 상태를 유지하고, 체온의 비정상적인 상승 예방과 활동 중인 근육에 연료를 제공하기 위해서이다. 이렇게 하면 운동을 수행하는 동안 수분의 불균형과 피로를 예방 내지 지연시킬 수 있다.

운동을 수행하는 동안 야기되는 탈수의 가장 심각한 문제는 체온의 비정상적인 상승에 있다 (>40℃). 수분보충의 효율성은 운동기간과 강도, 수분의 구성과 흡수속도, 환경조건, 수분섭취 빈도, 그리고 운동 전 개인의 영양학적 상태 등에 달려 있다.

운동 전·운동 중·운동 후의 수분 섭취방법을 알아보자.

운동 전 수분섭취

체내의 수분에 대한 개개인의 수준을 체크하는 방법 중 하나는 소변의 색깔과 냄새, 그리고 속도 등이다. 만약 소변에서 독한 냄새가 나거나 색깔이 어둡거나 소변의 속도가 평소보다 느리게 나타나는 선수는 이미 탈수가 진행된 상태이므로 추가적인 수분보충(약 500㎖)이 필요하다.

ACSM(American College of Sports Medicine. 2018)은 보디빌딩 선수나 활동량이 많은 사람들은 운동이나 작업을 시작하기 전에 약 400~600㎖의 음료를 섭취할 것을 권장하였다. 이는 운동이나 작업 도중 탈수에 의한 상해를 방지하거나 연기시키는데 도움을 주며, 운동 전에 나타날 수 있는 수분 불균형을 균형 있게 만드는데 도움이 되기 때문이다. 그리고 무더운 날씨에는 추가적으로 250~500 ㎖ 정도의 수분을 보충하라고 주장하고 있다. 일반적으로 경기시작 20~30분 전에 0.5~1.0ℓ의 물을 섭취하더라도 부작용이 없다고 한다.

운동 시 수분보충

장시간의 운동 특히 고온환경에서 운동할 때 적절한 수분섭취는 피부혈류량 감소방지에 의한 체온상승 방지, 발한에 의해 손실된 수분과 전해질의 공급, 운동능력의 유지 및 향상, 피로회복, 에너지원의 보급, 정신적 스트레스 경감 등에 효과가 있다.

ACSM(2018)은 1시간 이상 지속적인 운동을 수행하는 동안 탄수화물과 전해질(주로 sodium chloride)이 포함된 대체음료를 600~1,050㎖ 섭취할 것을 권장하고 있다. 이와 같은 스포츠음료나 대체음료는 적어도 ℓ당 나트륨 0.5~0.7g과 탄수화물 4~8%를 포함해야 한다. 보디빌딩 선수들은 운동 후 자신의 체중을 측정해보면 여러 가지 환경조건 아래에서 운동을 수행하는 동안 손실된 체중을 알 수 있다. 연습 시 이것을 응용하면 자신의 체중손실을 최소화 내지 예방할 수 있을 것이다[3].

운동 후의 수분섭취

운동 후 수분섭취의 목적은 운동수행 동안 손실

된 수분과 전해질을 보충하는 데 있다. 이와 같은 보충은 운동강도, 운동시간, 환경, 개인의 체력 등과 같은 많은 요인에 좌우된다. 수분보충량은 운동 전 체중의 2% 정도를 계산해서 활용하는 것이 보통이다. 만일 운동 전의 체중이 70kg이라면 체중의 2%는 70×0.02=1.4kg이다. 운동 후의 체중이 68kg이었다면 이것은 체중의 2%보다는 무거운 것이다. 감소된 체중의 대부분은 인체수분의 손실이라고 할 수 있으며, 다음 날 연습 전에는 69kg 이상이 되어야 한다. 그리고 1ℓ 정도의 수분을 보충하고 균형 있는 식사로 그 차이를 보충하여야 한다.

보디빌딩 선수의 식사구성

컨디션 조절기의 식사구성

대회 참가 직전 컨디션 조절을 위한 수일간(스포츠종목이나 개인의 체중에 따라 다르나 일반적으로는 4~5일간)의 식사는 다음 세 가지 점에 주의해서 실시한다[4].

적당한 체중 유지

조정기에 들어가면 트레이닝 양은 일반적으로 감소된다. 따라서 섭취에너지는 트레이닝기에 운동 능력을 최고로 발휘하고 적정한 체중을 유지하도록 에너지 밸런스에 주의한다.

탄수화물 섭취

글리코겐저장법을 시행할 때에는 섭취열량의 70~80%, 1일 600g 이상을 탄수화물에서 섭취하도록 권장하고 있다. 지방 열량비를 줄이고 탄수화물 열량비를 높인다.

미네랄·비타민류 섭취

최상의 컨디션을 운동 수행을 유지하고, 지구성을 높이기 위해 미네랄·비타민류를 포화될 때까지 충분히 섭취할 필요가 있다.

시합 당일의 식사

모든 보디빌딩 선수들의 식사 수준을 충족시킬 수 있는 식단을 권장할 수는 없지만, 기본적인 요소는 균형 잡힌 식단에서 찾아낼 수 있다. 보디빌딩 선수들의 식단 속에는 필요한 에너지, 비타민, 무기질, 열량공급원이 될 여러 식품, 장기적 건강 유지에 관해 알려진 지식 등이 포함되어야 한다.

경기 일정이 확정되면 시합 전의 식사는 시합에 지장이 없고 전력을 다할 수 있도록 구성하여야 한다. 시합에 필요한 에너지 공급과 영양소의 에너지 발생 반응을 원활하게 진행시키고 피로의 조기발생을 막기 위해 비타민 및 미네랄이 체내에서 포화 상태가 될 때까지 충분히 섭취하게 한다. 이는 시합 중에 포만감, 위통, 구토 등을 예방하기 위해서 이다. 일반적으로 위에서 소화가 거의 완료되는 시간과 공복감을 느끼지 않을 시간을 고려해서 시합 전 2시간 30분~3시간 전후가 적당하다. 물론 이 시간은 식사의 섭취량과 관계된다.

그러나 시합시간이 짧고 섭취에너지가 500kcal 이하로 적을 경우에는 1시간 30분 전이라도 영향은 없다. 시합 전의 식사는 양이 너무 많지 않은 것이 좋다. 일반적으로는 500~1,000kcal로 한다. 식사의 구성은 탄수화물 위주로 하고, 지방과 단백질은 최소 필요량에 그친다.

평상시의 식사에서 유의할 점

시즌 오프기의 평상시 식사도 스포츠맨에게는 체력유지를 위해서 중요하다. 일상생활에 영양에 주의하지 않으면 스포츠맨은 스포츠맨으로서의 자격과 조건을 잃었다고 할 수 있다.

이 시기의 식사 시 주의점은 다음과 같다.

비만 방지

시즌오프에 들어가도 훈련기의 식습관이 남아 상대적으로 과식하면 비만하게 되기 쉽다. 시즌오프에도 가벼운 트레이닝을 계속한다면 에너지섭취량은 약간 중간강도로 한다. 적당한 체중이 유지되도록 에너지의 밸런스를 고려하는 것이 중요하다.

지방의 과잉섭취 금지

트레이닝기에 고에너지를 섭취할 때에는 지방의 섭취량도 많아 지방의 에너지 섭취비율이 30~35% 된다. 그러나 시즌오프에는 지방의 섭취량은 에너지 섭취비율로서 20~25% 정도로 한다. 특히 동물성지방을 많이 먹지 않도록 주의한다. 이것은 혈액 속의 콜레스테롤 상승을 막고, 동맥경화증 발생을 예방하는 등 건강을 유지하기 위해서도 중요하다. 또 지방을 많이 섭취하면 에너지 과잉으로 되기 쉽다.

칼슘 · 비타민 섭취

칼슘과 비타민류, 비타민 중에서도 특히 비타민 A는 부족하기 쉬운 영양소이므로 이것들의 섭취에 노력하도록 한다. 그러기 위해서는 우유와 녹황색 야채를 충분히 섭취한다. 시즌오프기의 영양결손은 체력이나 스태미너를 줄이고, 훈련기에 들어가면 빈혈이 생기기 쉽고, 트레이닝의 효과 및 운동능력을 저해할 수 있다. 시즌오프는 오히려 기초체력을 만드는 중요한 기간이다.

[참고문헌]

(1) 백영호, 염종우, 임백빈, 최승욱(2008). 운동영양학. 부산대학교 출판부

(2) 이명천, 차광석, 이대택, 제갈윤석, 김윤명, 윤병곤, 이정아, 권인수(2021). 건강, 스포츠 영양학 길라잡이, 라이프사이언스.

(3) American College of Sports Medicine. (2018). "ACSM's Guidelines for exercise testing and prescription", 10th ed. Baltimore : Lippincott Williams & Wilkins. Inc, USA.

(4) Malina, R. M. (2007). Body composition in athletes: assesment and estimated fatness. Journal of Clinical Sports Medicine, 26. 37-68.

(5) Messonnier, L. Dennis, C. Prieur, F. & Lacour, J. R. (2005). "Are the effects of training on fat metabolism involved in the improvement of performance during high-intensity exercise", European Journal of Applied Physiology. 94(4). 434-441.

(6) WHO. (2000). Obesity: preventing and managing the global epidemic. Report of a WHO consultation. World Health Organ Tech Rep Ser. 894, 1-12.

(7) Williams, M. H. (2004). Nutrition for Health, Fitness, & Sport. McGraw-Hill Co.

Chapter 02

체중조절과 식단

체중조절

체성분

신체 크기, 형태 및 성분은 분리되어 있지만, 사실은 몸을 형성하는 과정에서 서로 밀접한 관계가 있다. 신체 크기는 신체의 크기, 표면적, 질량, 양을 의미한다. 또한 신체 형태는 지방, 근육, 골격과 동일한 신체부위들의 배열과 분포를 말한다. 체성분은 성분의 양을 의미한다. 신체의 크기·형태 및 성분은 운동수행능력에 영향을 미친다.

달리기·수직점프와 같이 수평적 체중이동을 필요로 하는 운동수행능력과 지방량은 역행적 관계가 있다. 운동수행능력은 대부분 체지방률이 상대적으로 작을 때 역학적·대사적으로 유익하다. 보디빌딩 선수의 체지방률은 남자 5~8%, 여자 6~12%이다.

스포츠 종목에 따라 체지방량은 다르다. 제지방과 체지방의 변화를 보면 체성분을 변화시키는 다양한 변위와 에너지 신진대사를 더 잘 이해할 수 있다. 이것으로 영양실조, 노화, 부상, 특정질병 등과 관련된 제지방 손실을 막아줄 수 있는효과적인 영양과 운동조정 전략을 발달시킬 수 있다[5].

비만

비만은 지방조직에 관련된 질환 또는 이상이 있거나 지방이 지방조직에 과잉침착된 상태로 정의할 수 있다. 여기에는 유전적, 문화적, 심리적, 지방분해 효소의 활성도, 열량조절 활성도, 지방섭취, 지방식이, 운동부족 등의 환경적 요소들이 복합적으로 관련되어 있다. WHO에서는 비만을 '치료가 필요한 비전염성 질병'으로 규정하고 있다.

최근에 미국 국립보건원(National Institutes of Health Conference)에서는 비만의 주요한 불이익을 심리적 부담, 고혈압, 고콜레스테롤혈증(hypercholesterolemia), 당뇨병, 암, 사망률, 심장동맥질환 등의 증가로 요약하였다[7].

증식형 및 비대형 비만

사람의 체지방률은 출생 시 체중의 12~13%, 1개월 후 16%, 생후 6개월 23~25%, 1년 후 30%가 된다. 그 후 감소되어 6~7세경에 다시 12~13%로 저하되며, 12세 때 15~20%로, 그 이후 연령증가에 따라 다시 늘어나고, 40세 이후 현저한 증가를 보인다. 여자는 사춘기와 폐경기에서 급증한다.

그런데 지방세포의 수는 임신 30주 후 경부터 생후 1년까지 급속하게 증가하고, 그 이후는 조금씩 증가한다. 지방세포의 크기는 사춘기 전후에 결정되며, 사춘기를 지나면서 안정상태로 된다.

그러나 지방세포 수가 집중적으로 증식되는 소아비만은 지방세포의 크기가 주로 증식되는 성인비만보다 치료도 힘들어서 소아비만의 조기진단 및 예방이 관건이 된다.

비만인의 전체 지방세포 수는 750억 개이지만, 정상인은 1/3인 수준인 270억 개이다. 또한 지방세포의 크기도 비만인은 0.9μg, 정상인은 0.5~0.6μg이다. 성인의 경우 체중감소 후 지방세포의 크기는 감소되지만, 세포 수는 변화가 없다.

비만 이론

비만을 설명하는 이론 중에서 지방세포변화 이론, 식이지방 이론, 세트포인트 이론, 웨이트 사이클링(weight cycling) 또는 요-요 다이어트(yo-yo diet) 등의 이론이 지지를 받고 있다.

지방세포변화 이론은 비만을 일으키는 대표적인 메커니즘이다. 지방세포는 에너지의 저장과 방출이라는 고유한 기능을 수행하는 정교한 세포이다. 과잉의 에너지는 지방세포에서 동화되어 중성지방의 형태로 저장된다. 지방세포는 에너지 저장에 적응하기 위하여 지름을 20배까지 변화시킬 수 있고, 그 결과 세포의 용적은 수천 배까지 증가된다.

식이지방 이론은 현대사회에서 비만이 증가하는 이유를 대부분 칼로리가 높고 과잉지방섭취 습관 때문이라고 하는 관점의 이론이다. 지방이 풍부한 식사를 하면 운동 시 지방대사를 증가시킴과 동시에 간과 근육 속에 저장되어 있는 에너지원인 당원질이 절약되어 탄수화물 이용이 감소된다.

세트포인트 이론은 사람이 많이 먹거나 적게 먹었을 때 에너지소비를 생체 스스로가 일정한 체중을 유지하도록 조절한다는 것이다. 이 세트포인트 체중은 고지방 음식을 통해 높아질 수 있고, 운동을 통해서 낮아질 수도 있다.

한편 비만을 치료할 목적으로 초저칼로리식(very low calorie diet : VLCD, 800~1,000kcal/day)을 하는 것이 일반적인데, 이러한 식사법은 식욕을 무리하게 억제하기 때문에 체중감량에 실패하고 체중이 원래로 돌아가는 경우가 많다. 따라서 비만치료는 감량 이후의 체중유지가 관건이 된다. 그러나 이것은 실제로 대단히 어렵기 때문에 감량→회복→감량→회복을 반복하는 방법을 사용하게 된다. 이러한 방법을 이른바 웨이트 사이클링(weight cycling) 또는 요-요 다이어트(yo-yo diet)라고 한다. 그런데 이러한 방법으로 체중을 감량하려고 할 때 웨이트 사이클링이 반복되면 반복될수록 감량하기가 점점 어렵게 되고, 최후에는 웨이트 사이클링을 시작할 때의 체중 이상으로 증가하게 된다.

Wheeler 등은 웨이트 사이클링을 하면 체지방 축적량과 지방조직의 중량이 증가하지만, 회복 시 식사형태에 의해 식이효율과 체지방량이 변할 수 있다고 밝히고 있다. 즉 1일 2회로 나누어 먹는 것에 비해 9회로 나누어 먹는 방법이 체지방량과 식이효율이 적다고 하였다.

이러한 비만판정을 검토해 보면 "표준체중(kg)=[신장(cm)−100]×0.9", "[실제체중(kg)/표준체중(kg)]×100"으로 산출한 체질량지수(BMI)는 저체중(20 이하), 정상체중(20~24), 과체중(25~30), 고도비만(30 이상)으로 분류된다.

식이유발성 열발생

안정시대사는 음식물을 섭취하지 않은 기초대사 상태에서 발생한다. 육체나 정신이 함께 안정을 유지하여 조용히 앉아 있는 상태일 때의 에너지대사라고 할 수 있다. 이러한 안정시대사율은 보통 신체기능과 항상성, 교감신경계의 활동유지를 위해 소모되는 에너지를 측정한 것이다. 비만인들은 보통체중을 가진 사람들보다 큰 지방질을 가지기 때문에 체중이 증가한다.

식이유발성 열발생이란 운동을 실시하고 난 후 식사를 하면, 식후 몇 시간 동안 소화, 흡수, 신진대사, 음식저장, 교감신경계의 활성화 등으로 운동을 하지 않은 상태보다 더 많은 칼로리가 소비되는 것을 말한다. 비만인은 정상체중인 사람과 같은 양의 음식을 섭취하여도 식이유발성 열발생이 낮은 반응을 보이므로 체중이 증가하기 쉬운 조건을 형성하게 된다. 식사 후의 적당한 운동은 식이유발성 열발생을 증대시켜주므로 점프 등과 같은 수직운동을 제외한 걷기 등의 가벼운 운동은 체내에 에너지가 축적되는 현상을 방지하는 좋은 방법의 하나라고 하겠다. 비만인들은 과식을 하면 안정시기초대사율이 정상체중인 사람들 보다 적게 증가하므로 과식을 피하는 게 현명하다.

신체활동과 에너지 소비

안정시대사율(resting metabolic rate : RMR)은 에너지 소비에서 중요한 구성요소이다. 운동을 하면 안정시대사율을 높여 에너지 소비를 증가시킨다. 운동 후 안정시대사율의 증가는 운동 후 산소 소비량 또는 운동 후 초과산소 소비량(excess postexercise oxygen consumption : EPOC)으로 측정한다. 충분히 긴 시간 동안 운동과 일정 이상의 운동강도로 운동한 후에는 EPOC가 증가한다.

또한 운동시간과 강도라고 했지만, 운동 후 안정시대사율 증가는 일시적이고 상대적으로 적었고, 몇 시간 후 안정시대사율은 원래 상태로 돌아온다. 안정시대사율은 만성적으로 증가한다는 의견은 반박됐고, 심지어 안정시대사율이 증가한다는 연구에 불구하고 다른 연구에서 트레이닝 후 안정시대사율은 감소한다는 보고도 있다. 여러 트레이닝의 효과는 근육량을 증가할 수 있고 대사적 활동조직은 증가된다. 이러한 결과는 단지 저항성 운동으로 일어날 수 있다.

운동은 안정시대사율에서 짧은 기간 효과를 볼 수 있을 것이다. 장기간의 효과는 불확실하고 중요하지도 않다. 특히 유산소 운동은 탄수화물·지방의 대사를 촉진한다. 증가된 미토콘드리아 밀도와 증가된 모세혈관은 기질 공급과 근육의 산소 공급을 증가시켰으며, 산소와 기질을 사용하는 능력을 증가시킨다. 이러한 연구들은 지속적으로 4주간의 트레이닝만으로 탄수화물의 의존도 감소 및 지방산화능력의 증가를 보여주었다. 지방산화능력 증가는 제한적인 에너지의 경우에 지방량의 감소에 도움을 줄 수도 있을 것이다[2].

체중조절을 위한 식이요법

식이요법의 기본적인 방법

감식요법(1일 1,200kcal 정도까지)

평소 섭취하는 총 칼로리양 보다 적게 섭취하는 것을 권장하는 식이요법이다.

저칼로리 식이요법(1일 600~1,000kcal)

감식요법보다도 좀더 엄격하게 에너지를 제한하는 요법으로, 식사내용을 어떻게 하는가에 따라 두 가지 종류가 있다.

» 일반식 저칼로리 식이요법 : 일반적인 균형식에 의한 것
» 특수식 저칼로리 식이요법 : 고지방식 저칼로리요법이나 고단백질식 저칼로리요법은 에너지는 제한하고 특수한 영양소를 많이 취하는 것. 장기적으로 이 두 가지의 감량효과는 차가 없음이 판명되었다. 그래서 현재는 영양 밸런스가 취해진 일반식, 즉 3대 영양소와 비타민, 미네랄의 소요량을 충족시킨 식사내용에 의한 저에너지 식이요법이 일반적이다.

초저칼로리 식이요법(1일 200~600kcal)

중증 비만자를 대상으로 하고, 섭취 에너지를 기초대사 이하로 억제한 요법이다. 신체에 미치는 영향이 강하고, 영양 밸런스도 상실하기 쉬우므로 의사의 관리하에서 주의 깊게 실시하지 않으면 안 된다.

식이요법의 내용

식이요법을 병행할 때 우선 생각하지 않으면 안 되는 것은 건강에 장애를 주지 않고 체지방을 줄이는 것이다(그림 1).

섭취 에너지의 설정

과도하게 축적된 체지방을 에너지 소비원을 사용하기 위해서는 위해서는 섭취 에너지를 소비 에너지보다 낮게 할 필요가 있다. 생명유지나 일상활동에 사용되는 소비 에너지는 성별·체격·직업 등에 의해서도 다른데, 그보다도 낮은 섭취 에너지를 설정한다.

영양소의 배분

섭취에너지 전체를 억제하는 가운데 에너지를 갖는 3대 영양소(단백질, 탄수화물, 지방)에 관해 활동에 따라서 적정하게 배분하지 않으면 안 된다. 또 에너지를 갖지 않는 비타민이나 미네랄의 배분도 건강을 유지하기 위해 잊어서는 안 된다.

식습관의 개선

섭취 에너지를 아무리 억제해도 체지방이 저장되기 쉬운 상태를 만드는 것과 같은 바르지 못한 식습관이 있으면 식이요법의 효과는 기대할 수 없다.

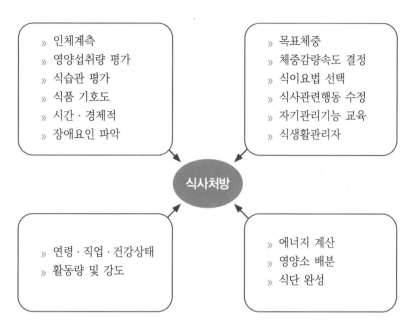

그림 1_ 체중조절을 위한 식사처방

이때에는 행동요법을 병용하는 것이 효과적이다.

섭취에너지 설정방법

체지방을 줄이기 위해 섭취 에너지를 제한한다는 것은 어떤 뜻인가? 우선 그 이미지를 구체적으로 잡기 위해 아래와 같은 계산을 해본다.

1kg의 체지방은 7,000kcal의 에너지를 가지고 있다. 단순화하여 생각하면 일정 기간에 체중 1kg을 감량하기 위해서는 그 기간 내에 섭취 에너지를 합계 7,000kcal 줄이면 된다는 것이 된다. 1개월에 2kg의 감량을 목표로 할 경우 하루당 섭취 에너지 양을 얼마만큼 줄이면 좋은가를 계산해 보자.

우선 줄일 섭취 에너지량은 다음과 같다.

$$7,000kcal \times 2kg = 14,000kcal$$

이것을 30일로 나누면, 하루당 줄여야 할 에너지량은 다음과 같다.

$$14,000kcal \div 30 = 466kcal$$

이것은 밥으로 말하면 가볍게 3그릇 분(1그릇= 쌀밥 110g 상당)이다. 신체를 건강하게 유지하고 일상생활을 행할 때 어느 정도의 에너지 섭취가 필요한가는 성, 연령, 운동량 등에 따라 다르다.

영양소의 배분방법

영양소 비율

하루의 에너지 섭취량이 정해지면 이번에는 각 영양소를 어느 정도 비율로 섭취할 것인지를 결정한다. 현재 성인 1인당 평균 배분은 단백질 15%,

지방 25%, 탄수화물 60%이다. 비만증의 식이요법에서는 단백질을 많은 듯이 하는 대신에 지방을 적은 듯이 억제하고 단백질 25%, 지방 15%, 탄수화물 65% 정도의 배분으로 하는 것이 적절하다[1].

단백질 섭취량

단백질은 내장 기관이나 근육 등 몸의 활성조직을 만든다. 체중 감량을 하려면 단백질을 섭취하면서 여분의 지방을 줄여야 한다. 단백질은 매일 대사되므로 확실히 공급되지 않으면 조직의 소모나 위축 때문에 전신권태나 탈력감을 초래하여 일상생활에 지장을 일으킬 수 있다.

최저량을 확보하기 위해 하루당 섭취해야 할 단백질량은 다음과 같다.

> 표준체중(kg) $1.0 \times 1.2 =$ 단백질의 하루당 섭취 필요량(g)

지방 섭취량

지방은 에너지량이 많기 때문에 섭취를 제한할 필요가 있다. 특히 구미형의 식사에 가깝고, 지방 섭취가 많아지기 쉬운 어린이들은 주의하지 않으면 안 된다. 그러나 지용성 비타민 A, D, E, K는 지방과 함께 흡수되기 때문에 지방은 극단적으로 제한하면 이것의 흡수를 방해하게 된다. 지용성 비타민의 결핍은 야맹증, 골다공증, 피부의 광택 상실 등의 원인이 된다.

한편 지방의 구성성분인 지방산 중 다중불포화지방산인 리놀산, 리놀렌산, 아라키톤산은 없어서는 안 된다. 이들이 부족하면 발육장애나 피부염의 원인이 된다. 그러므로 지방도 하루에 최저 10~20g은 섭취하지 않으면 안 된다. 그런데 단백질 식품 60~80g당 20~30g의 지방이 포함되어 있으므로 특별히 지방의 섭취에 유의하지 않아도 무방하다. 또 조리용 기름이나 버터·마요네즈 등의 조미료에도 지방이 포함되어 있다. 동맥경화를 예방하려면 동물성 지방과 식물성 지방의 비율을 1.0~2.0으로 섭취하는 것이 바람직하다.

탄수화물 섭취량

탄수화물 섭취를 지나치게 제한하면 체내에서 혈당조절이 제대로 되지 않아 저혈당을 일으킬 수 있다. 또 탄수화물 결핍에 의해 체내의 단백질이나 지방질이 급격하게 에너지원으로 동원되면 체단백질의 붕괴나 케토시스 등을 일으킬 수도 있다. 그래서 하루에 최저 80~100g의 탄수화물을 섭취해야 한다. 이것이 밥이라면 가볍게 한 그릇, 빵이라면 두 조각 정도에 해당된다. 에너지 함유량이 많은 과자류, 체지방으로 변하기 쉬운 과당이 많이 포함된 과일을 섭취할 때에는 주의할 필요가 있다.

알코올 섭취 주의

알코올은 체내에서 지방으로 전환되기 쉬운 탄수화물이다. 에너지 함유량도 많고 함께 먹는 안주도 과잉에너지의 한 요인이 된다. 더욱이 알코올은 억제심을 없애므로 과식의 원인으로도 되기 쉽다. 그러므로 알코올 섭취는 가능한 피하고, 하루 80~160kcal 정도로 억제하는 것이 식이요법을 성공시키는데도 중요하다.

비타민·미네랄 섭취

비타민이나 미네랄이 결핍되면 몸의 기능에 이

상을 초래하고, 전신권태나 피로해지기 쉬운 등의 슬럼프가 나타난다. 섭취 에너지를 전체적으로 줄이면서도 비타민 · 미네랄은 하루 필요량을 충족시키지 않으면 안 된다. 이들 중 특히 부족되기 쉬운 것은 지용성 비타민은 A와 D, 수용성 비타민은 B_1, B_2, 나이아신, C, 미네랄은 칼슘과 철이다. 이들을 많이 포함하는 콩류, 내장류, 우유나 치즈 등의 유제품, 녹황색 채소를 듬뿍 먹으면 비타민 · 미네랄 부족을 방지할 수 있다.

바람직한 체중조절 방법

많은 사람들이 운동량의 증가와 섭취 칼로리의 감소로 체중을 감소시키지만, 불행하게도 이 체중은 오래가지 못하고 다시 원래 체중으로 돌아가는 경향이 높다. 이는 생활습관의 변화를 가져오지 못하기 때문이다.

올바른 체중조절을 위해서는 다음과 같은 지침으로 이행하는 것이 좋다[6].

① 보통 성인의 경우 영양적 측면에서 최소한 1,200kcal는 공급해야 한다.

② 식이요법 시 식습관, 미각, 경비 및 관련된 자료를 쉽게 얻고 준비할 수 있어야 한다.

③ 하루에 500~1,000kcal 이상의 칼로리 저하를 하지 말고, 일주일에 최대한 1kg 이상의 체중이 줄지 않도록 해야 한다.

④ 행동변화의 기술을 포함해서 나쁜 식습관을 찾아내고 제거해야 한다.

⑤ 지구력 운동을 일주일에 3번 이상 그리고 한 번에 20~30분 정도 하고, 최고심박수의 최소

한 60% 이상의 강도로 운동한다.

보디빌더와 영양

보디빌더들은 근육량의 수준을 높이기 위해 노력한다. 다량의 근육량 유지는 고에너지원으로 사용할 수 있다. 이와 같이 다량의 근육량을 유지하기 위해 요구되는 단백질의 전체량은 단백질의 비율면에서 보면 실제적으로 같은 양을 식품에 의해 제공받는다. 사실 보디빌더들은 체중 kg당 1.5g의 단백질을 소비한다. 보디빌더들이 제지방량을 증가시킬 때 그들이 섭취하는 식품만으로 초과되는 단백질량을 충족시키지 못한다고 믿고 있다. 그러므로 섭취된 잉여분의 단백질은 에너지 수요에 대한 격차를 채우는 데 도움을 준다.

그러나 명백한 사실은 보디빌더의 에너지 수요는 단백질보다 탄수화물이 더 효과적이라는 사실이다. 보디빌더들의 근육량에 대한 영양학적 핵심요소는 더 많은 제지방량을 만들기 위해 지원하는 충분한 열량 섭취에 있다.

식사방법

보디빌더들은 대단히 적은 체지방을 만들기 위해서 노력하고 있다. 체지방비율은 그 사람의 유전적 특성에 의해 결정된다. 그러나 식이섭취와 운동습관에 의해서 영향을 받는다는 사실 또한 명백하다. 식이섭취의 관점에서 지방을 낮은 비율로 섭취하는 것은 확실히 중요하다. 왜냐하면 식사로 섭취하는 지방을 저장지방으로 변환시키는데는 매우 적은 에너지가 필요하기 때문이다.

반면에 탄수화물은 근육이 고강도의 운동을 실시한 경우 효율적인 연료로 사용된다. 다시 말하면 보디빌더들이 지방으로부터 얻는 총량의 섭취비율은 일반인들의 약 30%보다 낮은 15~25% 수준을 유지하는 것이 바람직하다. 이와 같은 사실은 보디빌더들이 자주 육식을 하는 것이 도움이 된다는 뜻이다. 만일 보디빌더가 한 번에 한 종류의 육류를 1,500kcal를 섭취했다면, 지방으로 초과 저장되는 상황을 피할 수 없다. 그러나 1,500kcal를 두 종류의 육류를 시간간격을 두고 육류당 750kcal를 세 시간에 걸쳐 섭취하였다면 신체는 지방을 저장하지 않고 에너지로 사용할 수 있다. 그러므로 보디빌더가 저지방 식사와 적은 양을 자주 먹는 습관을 유지하는 것은 저체지방률 유지에 매우 중요하다[8].

탄수화물 및 보조식품

보디빌더는 보통 체지방 수준의 감소보다는 근육 형성을 위해 체중을 늘린다든가 감소하는 반복적인 형태를 취한다. 시합시즌 동안 보디빌더가 경험했던 체중감소는 평균 6.8kg이며, 체중증가는 평균 6.2kg으로 보고되고 있다. 이와 같은 식사 사이클이 생리적 스트레스뿐만 아니라 시합 후 식사에 대한 과도한 열중과 집착을 초래하여 결국 보디빌더들이 운동을 포기하도록 만든다. 보디빌더들이 안정적인 방법으로 근육을 만들기 위한 훨씬 논리적인 접근은 탄수화물로부터 300~500kcal를 섭취하는 것이다[4].

보디빌더는 자신들이 원하는 몸을 만들기 위해 에르고제닉 에이드(ergogenic aids)와 영양보조식품, 그리고 영양학적으로 과도할 정도로 집착하는 것으로 보인다. 에르고제닉 에이드와 영양보조식품과 함께 선수 자신의 경험을 많은 스포츠에서 일반적인 사항들이다. 그러나 보디빌더들은 이와 같은 품목들의 수요 노력에 있어 특히 관심을 보인다. 이와 같이 위약효과(placebo effect)가 영양학적인 측면에서 효과가 있는 것으로 보고되고 있는 상황에서 이와 같은 품목들에 대해 보디빌더들이 확신을 가지는 것은 어려운 일이 아니다. 어떤 식품들이 신체적·생리적으로 개선의 효과가 없다 할지라도 여러 사람이 도움이 된다고 믿는다면 그것은 도움이 될 수 있다.

그러나 최고의 시나리오는 선수들을 위한 섭취식품과 생산품들은 생리학적·신체적으로 개선될 수 있어야 하고, 선수들은 그들의 섭취가 효과가 있다고 믿는 것이다. 이와 같은 믿음은 선수들의 운동수행에 효과적으로 작용할 것이다.

수분 및 기타

보디빌더는 보통 자신들이 원하는 외모를 만들기를 과도한 수분 손실에 의존하는 경우가 많다. 탈수는 위험할 뿐만 아니라 운동수행능력을 감소시키는 원인이 된다. 비록 보디빌더들에게 말쑥한 외모가 중요하다고 할지라도 탈수를 통해서 자신이 원하는 외모를 만드는 것은 신체기관의 생리적 기능 저하와 죽음을 초래할 수 있기 때문에 허용할 수 없는 전략이다. 따라서 보디빌더는 힘든 훈련과 상대적으로 낮은 체지방 수준을 통해서 그들이 원하는 외모를 만드는 것이 바람직하다.

마지막으로 비타민, 무기질 등과 같은 영양보조식품의 섭취는 보디빌더에게 부적합한 것으로 보인다. 보디빌더의 영양학적 위험요소는 일반적인 보충식품보다는 영양보조식품 즉 단백질 파우다, 아미노산 보충제, 크레아틴 보충제와 같은 것들에 초점을 맞추고 있다는 사실이다. 다양한 식품들에서 적절한 열량을 공급할 수 있는 저지방·고탄수화물, 보통 단백질의 섭취가 훨씬 더 중요하다는 사실이다. 비타민, 미네랄 보충제와 같은 것들은 영양학적으로 결핍되었다고 단정될 때 사용하는 것이 바람직하다.

벌크업 식단

정확한 활동대사량을 구하기 위해서는 나이, 성별, 운동량을 통한 일일 칼로리를 계산하여야 한다. 생체 전기 임피던스 측정기법(bioelectrical impedance analysis, BIA)을 통한 기초대사량을 알고 있다면 개인의 특성에 맞게 활동대사량을 구하면 된다[3].

» 활동대사량은 기초대사량×활동지수

(운동을 하지 않거나 적은 활동 1.02, 주 1~3일 가벼운 활동 1.375, 주 3~5일 보통 활동 1.555, 주 6~7일 활발한 활동 1.725이다)

» 활동대사량을 구했다면 여기에 300~500kcal 더해주면 섭취 칼로리를 구할 수 있다.

» 단백질은 kg당 1.8~2g 정도를 섭취해주면 된다.

» 지방의 섭취비율은 섭취 칼로리의 30% 미만으로 정한다.

» 탄수화물의 섭취는 단백질과 지방 칼로리를 제외한 나머지를 섭취하면 된다.

예를 들어 체중이 75kg이고, 하루 섭취 칼로리

가 2,700kcal이면

단백질은 75×1.8=135g(단백질은 1g 당 4kcal) 즉 540kcal

지방은 2,700kcal×0.3(30%)(지방은 1g 당 9kcal)=810kcal(90g)

탄수화물은 2,700kcal-단백질 540kcal-지방 810kcal=1,350kcal(337.5g)

를 섭취하면 된다.

[참고문헌]

(1) 백영호, 염종우, 임백빈, 최승욱(2008). 운동영양학. 부산대학교 출판부.

(2) 이명천, 차광석, 이대택, 제갈윤석, 김윤명, 윤병곤, 이정아, 권인수(2021). 건강, 스포츠 영양학 길라잡이. 라이프사이언스.

(3) American College of Sports Medicine. (2018). "ACSM's Guidelines for exercise testing and prescription", 10th ed. Baltimore : Lippincott Williams & Wilkins. Inc. USA.

(4) Byrne, J.M., Jeannette, M., Bishop, N.S., Caines, A.M., Fraver, A.M. (2014). "Effect of using a suspension training on muscle activarion during performance of a front plank exercise". Journal of Strength and Conditioning Research, 28(11). pp. 3049-3055.

(5) Haus, J. M., Solomon, T. P., Marchetti, C. M., O'Lery, V. B., Brools, L., M., Gonzalez, F. (2009). Decreased vis fatin after exercise training correlates with improved glucose tolerance, Medicine and Science in Sports and Exercise, 41(6). 1255-1260.

(6) Kelly, T., Yang, W., Chen, C. S., Reynolds, K., & He, J. (2008). "Global burden of obesity in 2005 and projections to 2030". International journal of obesity, 32(9). pp. 1431-1437.

(7) Khoo, E. Y. H., Wallis, J., Tsintzas, Mackonald, I, A., and Mansell, P.(2010). Effects of exenatide on circulating glucose, insulin, glucagon, cortisol and catecholamines in healthy volunteers during exercise. Diabetologia. 53139-143.

(8) Williams, M. H. (2004). Nutrition for Health, Fitness, & Sport. McGraw-Hill Co.

Chapter 03

보충제

개요

식품 보충제 시장은 매년 꾸준히 성장하고 있다. 운동선수들은 매일 십여 개의 보충제를 복용하기도 한다. 지금까지 수행된 많은 연구에서 보충제의 효과를 뒷받침하는 근거와 보충제를 통한 경기력 향상 가능성을 강조하였다. 이러한 풍토 속에서 보충제 시장은 점차적으로 거대해졌다.

보충제 섭취는 운동선수들이 추가적인 영양 공급을 통하여 경기력을 향상시키려는 노력이다. 최근에는 프로선수들 이외에도 아마추어선수들도 보충제를 섭취하고 있다. 문제는 아마추어선수는 프로선수들과는 달리 보충제에 대한 과학적인 가이드를 얻기 어려워 대부분이 입소문이나 광고에 의존해 보충제를 구입한다는 사실이다. 사실 보충제의 홍수 속에서 운동선수들의 경기력 향상에 가장 적합한 최적 보충제를 찾아내는 건 쉬운 일이 아니다.

간혹 더 이상 사용하지 않는 오래된 성분들이 새로운 효능을 보이는 것처럼 재등장하기도 하고, 효능이 검증되지 않은 보충제가 절찬리에 판매되기도 한다.

본 장에서는 그 수를 헤아리기 어려운 보충제의 종류별 효능과 섭취방법, 주의사항 등을 살펴보기로 한다.

※ 본 장에서 사용한 제품 사진들은 보충제 설명을 위한 하나의 예시임을 밝혀둔다.

보충제의 종류 및 섭취방법

단백질

단백질 대사

보충제를 떠올릴 때 가장 먼저 생각나는 것이 단백질이다. 우리 몸의 근육섬유는 수분과 함께 단백질이 주요 구성성분이기 때문이다. 이 때문에 근육량을 늘리려고 하는 많은 사람들이 단백질 보충제부터 연상한다.

단백질을 이해하려면 단백질의 회전율(turnover)을 이해해야 한다. 건강한 일반인을 예로 들면 체내 단백질 분해속도, 즉 이화작용은 하루 300g을 약간 상회한다. 그리고 약 80%의 단백질이 동화작용을 위해 재생되고 재활용되며, 나머지 20%는 완전파괴되기 때문에 식이섭취로 채워줘야 한다(James, 1976). 실제로 일반성인의 하루 단백질 필요량은 체중 1kg당 0.6~0.8g으로 알려져 있다. 이처럼 분해와 재생이 반복적으로 일어나는 과정을 단백질의 회전율, 즉 턴오버라고 한다.

성인은 단백질의 이화작용에 의해 분해되는 양과 동화작용으로 생성되는 양이 비슷하여 회전율 주기는 대체로 제로섬(zero sum)이 된다. 예외적으로 성장기에 있는 청소년은 동화작용이 이화작용을 능가하기 때문에 회전율 주기는 앞당겨진다. 반대로 노령자는 이화작용으로는 분해된 양의 일부만 보충되기 때문에 회전율 주기는 더뎌진다. 나이가 들면서 점차 근육량이 줄어드는 이유가 바로 여기에 있다. 따라서 단백질의 회전율을 조절하기 위해선 단백질 공급과 운동을 늦추어서는 안 된다.

유청 단백질

단백질 보충제는 대체로 우유에서 얻는다. 먼저 우유에서 수분을 제거하면 단백질, 지방, 당분, 유당(lactose, 젖당)이 포함되어 있는 분유 형태가 된다. 여기에서 지방과 당분마저 제거하면 단백질만 남는다. 유청 단백질의 단백질 함유량은 65%이다. 그러나 여기에서 당분과 지방을 추출하면 단백질 비중이 95%까지 올라가는데, 이를 농축 유청 단백질이라 한다. 여기에 감미료를 첨가하여 맛을 좋게 한 제품이 단백질 보충제란 이름으로 시중에 판매되는 것이다.

우유에 함유되어 있는 단백질은 카세인(casein) 80%, 유청 20%로 구성되어 있다. 우리가 흔히 볼 수 있는 야쿠르트 위에 떠 있는 액체가 유청이다. 유청은 귀하기도 하지만 생물학적으로 질이 높은 단백질로서 몸에서 소화흡수가 가장 잘되는 아미노산이 함유되어 있다(Sindayikengera, 2006).

유청은 여과과정에 따라 치즈유청과 우유유청으로 나뉜다. 가장 많이 사용되는 치즈유청은 말 그대로 치즈를 만들고 남은 부산물로 만들어 가격이 저렴하다. 반면 우유유청은 우유에서 직접 추출한 것으로, 아미노산이 적게 분해된다는 장점이 있다. 단백질 보충제 라벨을 보면 생리활성(bioactive) 유청 혹은 천연 유청으로 표시되어 있는데, 만약 이와 같은 정보가 제시되지 않았다면 치즈유청으로 보면 된다. 우유유청은 치즈유청보다 값이 비싸다.

단백질 보충제 라벨에서 볼 수 있는 또 다른 정보는 WPC, WPI, WPH 등과 같은 것들이다. 이는 단백질을 추출하는 유청 여과과정을 말하는데, 각각의 특징은 다음과 같다.

» 농축유청(WPC : Whey Protein Concentrate) : 여과과정이 가장 간단하여 가격이 저렴하다. 유당 농도가 높아 더부룩함, 위통, 설사 등의 발생 가능성이 있다. 보충제 라벨에 WPC라고 표기되어 있다면 저가제품으로 이해하면 된다.

» 분리유청(WPI : Whey Protein Isolate) : 가장 순도가 높은 최고등급의 유청 단백질로 80% 이상이 유청 성분으로 이루어진 단백질이다. 다소 고가이며, 고급 보충제에 속한다.

» 가수분해유청(WPH : Whey Protein Hydro-lysate) : WPC의 아미노산 분자구조를 더욱 미세하게 분리하여 고속으로 단백동화작용을 할 수 있게 하였다. 유청 단백질 중 가장 고가이며, 효소를 추가하여 소화 문제를 최소화했다. 단점은 맛이 좋지 않아 제조사에서 인공향을 첨가한 뒤 판매한다는 것이다. 가수분해유청은 한때 유행했었지만, 비싼 가격 때문에 지금엔 보기 힘들어졌다.

결과적으로 우유유청이 치즈유청보다 고급제품이며, 농축유청제품보다 분리유청제품이 질이 좋은 단백질로 이해하면 된다.

한편 판매사의 제품 표기도 잘 살펴봐야 한다. 예를 들어 가수분해 유청 100%라고 표기되어 있는 제품이 있다고 하자. 그렇다면 이것이 해당 제품의 가수분해도 100%를 의미하는지에 대해서는 유심히 살펴보아야 한다. 사실 여기에서 말하는 퍼센티지(%)는 가수분해도가 아니라 가수분해된 유청의 비율을 뜻한다. 가수분해도 10%를 넘는 제품은 찾아보기 어렵다. 그 이유는 제품에서 발생하는 토사물 냄새 때문이다. 카세인이 함유된 제품은 가수분해도를 30%까지 높일 수 있으나, 특유의 맛 때문에 여기까지가 제품으로 만들 수 있는 한계치다. 즉 100% 가수분해도를 자랑하는 가수분해유청은 없다.

카세인(Caseinate)

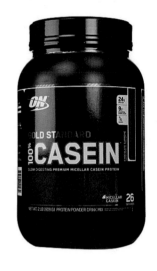

카세인은 우유에 함유된 단백질이다. 우유에서 추출할 수 있는 단백질의 80%가 카세인이다. 카세인에는 글루타메이트와 타이로신이 매우 풍부하지만, 반면 아르기닌과 시스테인의 함유량은 제한적이다. 유청 단백질보다 저렴한 것이 장점이다.

카세인 또한 유청 단백질과 같이 세 가지 종류로 나뉜다.

» 카세인 나트륨(sodium caseinate) : 가장 오래된 카세인으로 다른 종류의 카세인보다 아미노산 흡수율이 낮다. 보충제에 카세인 나트륨이 많이 함유되었다면 질 좋은 제품으로 보기 어렵다.

» 카세인 미셀(casein micelle) : 우유에 들어 있는 여러 카세인 성분들을 한군데로 모은 콜로이드 입자이다. 우유의 주요 단백질인 카세인은 칼슘·무기인산염과 결합되어 콜로이드가 되는데, 카세인 미셀은 이 콜로이드 입자를 뜻한다.

카세인 나트륨보다 아미노산 흡수율이 높으며, 효과가 작용하는 시간이 길어 밤 사이 근육의 이화작용이 일어나지 않게 보호하는 역할을 한다. 보통 카세인 미셀에는 유청이 10~20% 함유되어 있는데, 이는 카세인 미셀이 추출된 우유의 성분구성이 반영된 것이다. 유청을 제거한 뒤 판매하는 제품도 있는데, 경우에는 라벨에 설명되어 있다.

» 카세인 가수분해물(casein hydrolyzate) : 카세인을 산 또는 효소로 가수분해하여 얻어지는 물질이다. 산분해에서는 완전히 아미노산만의 혼합물을 만드는 것이 가능하지만, 효소분해에서는 아미노산과 펩티드의 혼합물이 된다. 가수분해 유청과 같이 가격이 가장 높다. 식용으로 사용하기 위해 분해공정이 발달했지만 여전히 맛은 좋지 않다. 다량섭취하면 설사를 유발하는데, 이는 그만큼 흡수가 빠르다는 의미다.

유청＋카세인 혼합물

이 혼합물은 유청과 카세인을 약 50%씩 혼합하여 모유를 모방해 제조한 것이다. 이 혼합물에는 필수 아미노산(전체의 40%)과 BCAA(전체의 20%)가 함유되어 있다. 이 조합은 모유 수유가 불가능한 산모의 자녀에게 제공되는 우유에 적용되기도 한다.

유청＋카세인 혼합물은 보통 유청 40%, 카세인 45%, 아미노산 15%로 구성된다. 이 혼합물이 개발된 기본 전제는 신생아의 성장을 도왔던 해당 혼합물이 근육 성장에도 유의미한 효과를 발휘할 것이라는 데 있다. 게다가 흡수속도가 빠른 유청 단백질의 동화작용이 카세인의 장시간 유지되는 항

이화작용과 만나 조화를 이룬다는 점도 유청＋카세인 혼합물 탄생의 전제가 되었다(Soop, 2012).

Kerksick(2006)는 유청과 카세인의 조합으로 긍정적 결과를 얻을 수 있다는 연구결과를 발표하였다. 실험에서는 근육강화 운동 남성을 세 집단으로 나누고 집단별로 유청과 카세인 혼합물, 유청과 BCAA, 글루타민 혼합물, 위약(탄수화물)을 섭취하게 하여 그 결과를 살펴보았다. 실험 결과 세 집단 중 유청/카세인 혼합물을 섭취한 그룹에서 건조제중이 1.8kg의 근육량 증가를 보였다. 근력에 있어서도 유청/카세인 혼합물 섭취 집단에서 다른 집단보다 상대적으로 높은 수치가 측정되었다.

육 단백질

최근 소고기나 닭고기를 원료로 하는 육 단백질의 소비가 점차 늘어나고 있다. 그러나 육 단백질 섭취는 신중한 고려가 필요하다. 먼저 육류는 동물에서 얻은 식품 전체를 말한다. 보통사람들은 육류라 하면 소고기나 닭고기를 떠올리겠지만, 보충제로 쓰이는 육류는 소고기나 닭고기의 내장과 허드레 고기를 사용한다. 혹자는 이런 단백질은 패스트푸드업체에서도 사용하지 않는 육류 부산물로 폄하하기도 한다. 따라서 육 단백질을 섭취하고자 하면 육류의 출처와 위생상태를 유심히 살펴보고 구입해야 한다.

계란 단백질

유청 단백질이 개발되기 전에는 대부분 계란 흰자에 많이 포함된 계란 단백질에 의존하였다. 이 단백질은 황함유 아미노산과 페닐알라닌이 풍부하지만, 짠맛과 고가로 인해 최근에는 소비자의 외면

을 받아왔다. 그럼에도 액체형 계란흰자의 섭취를 원하는 사람들이 있는데, 그들은 보통 육 단백질 소화에 어려움을 겪는 운동선수들이다. 계란 단백질은 유청 단백질의 차선택으로 섭취한다. 계란 단백질은 염분이 제거되었더라도 나트륨을 다량 함유하고 있다. 따라서 섭취할 때는 이 점을 유의해야한다.

식물성 단백질

식물성 단백질은 식물성 오일을 만들고 남은 소위 '찌꺼기'다. 이것은 동물들도 먹지 않기 때문에 생산비용이 거의 들지 않는다.

식물성 단백질이 인기가 낮은 이유는 단백질 추출과정이 화학적 방식에 의존하고 있기 때문이다. 즉 추출방식을 개선하고는 있지만 분자들로부터 단백질을 분리하는 데 화학적 방식을 쓸 수 밖에 없고, 맛도 없어서 또 다른 화학물질인 감미료를 사용할 수밖에 없다. 업계에서는 식물성 단백질을 개선하려는 노력을 기울이고 있지만, 혹자들은 회의적인 입장을 보이고 있어 당분간 식물성 단백질 섭취는 유보하는 게 낫다.

대두 단백질

대두 단백질은 채식주의자들을 위한 단백질이다.

육류를 원료로 사용하지 않기 때문이다. 대두 단백질에는 아르기닌이 풍부하며 (100g 당 8g 함유), 동화작용 잠재력은 동물성 단백질보다 떨어져 다소 아쉬운 측면이 있지만 다행히 카세인보다 아미노산흡수가 신속히 이루어지는 장점이 있다. 즉 대두는 섭취하고 나서 2시간 30분이 지나면 아미노산 수치가 최대치를 기록한다. 반면, 유 단백질은 4시간이 필요하다.

단점은 신속한 소화로 인해 흡수율이 떨어진다는 것이다. 유 단백질과 비교할 때 대두 단백질은 소화과정에서 20% 더 많이 파괴되는 연구결과가 있다(Bos, 2003). 유 단백질은 섭취량의 92%까지 흡수되어 동화작용을 촉진할 수 있지만, 대두 단백질은 78%가 최대치다. 이러한 한계로 인해 대두 단백질은 단백질 보충제로서 최고의 자리에 올라서지 못하고 있다. 그래도 채식주의자를 위한 단백질 보충제로 이만한 것은 없다.

아미노산

단백질과 관련된 동화작용의 메커니즘에는 아미노산이 크게 영향을 미친다. 실제 연구결과에 따르면, 일반인의 경우 아미노산을 섭취할 때 근육의 단백질 합성속도가 60% 증가했으며, 반대로 아미노산 수치가 낮을 땐 근육의 동화작용이 억제되었다. 따라서 근육의 아미노산 수치와 혈장의 아미노산 농도는 근육 내 동화작용의 속도를 조절하는 중요한 요인으로 알려져 있다(Paddon-Jones, 2004).

BCAA(Balanced-Chain Amino Acid)

BCAA(가지사슬아미노산)은 3개 이상의 탄소 원자와 결합하고 있는 중심 탄소원자인 가지사슬(분지쇄)과 지방족 곁사슬을 가지고 있는 아미노산이다. 단백질 생성 아미노산 중  BCAA는 필수 아미노산인 류신, 아이소류신, 그리고 발린 등 세 종류다. 이 세 종류의 아미노산이 근육 단백질의 약 33%를 구성하고 있다. 그러나 불행히도 신체는 BCAA를 생성할 수 있는 효소가 없다. 따라서 이에 필요한 BCAA는 음식으로 섭취해야 한다.

앞서 제시한 세 종류의 BCAA 중 류신이 가장 강력한 아미노산이다. 그러나 아이소류신과 발린이 있어야만 류신의 지속적인 작용이 가능하다. Stein(1999)은 일반인을 대상으로 6일간 신체활동을 제한한 다음 이들의 단백질 합성속도를 측정했다. 그 결과 신체활동을 안 한 실험대상의 단백질 합성속도는 감소했다. BCAA를 50g 섭취하자 단백질 합성속도가 원상태로 회복되었고, 체내 단백질 배출량을 반영하는 지표인 소변을 통한 질소 배출량이 20% 감소했다. 이렇게 BCAA가 단백질의 회전율을 단축시킬 수 있는 것은 그만큼 근육의 성장과 회복을 촉진한다는 의미로 받아들일 수 있다.

Karlsson(2004)도 BCAA의 효능에 대한 연구를 진행하였다. 그는 한 집단에는 BCAA를, 다른 한 집단에는 위약을 섭취하게 하고 운동 전·중간·후의 동화반응 속도를 측정하였다. 연구 결과는 놀라웠다. BCAA를 섭취한 집단이 위약을 섭취한 집단보다 3.5배 더 강력한 동화반응을 보인 것이다. 이 연구 결과로 인해 운동과 BCAA의 시너지 효과가 입증되었다. BCAA 섭취를 통해 동화반응을 강화할 수 있는데, 이는 단기적 효능을 넘어 장기적 근육량의 증가로 이어질 수 있다는 결론을 내리게 되었다.

일반적으로 아미노산은 근육에 흡수되기 전에 파괴되는 것으로 알려져 있다. 그러나 BCAA는 경구 섭취 시 소화계와 간의 분해과정을 통과한 다음 혈액과 근육의 BCAA 수치를 올릴 수 있었다. BCAA는 운동 전, 운동 중, 운동 직후, 저녁 혹은 밤에 섭취하면 된다.

글루타민(Glutamine)

글루타민은 조건부 필수 아미노산군에 속하는 아미노산으로, 체내에 가장 풍부하게 들어 있다. 글루타민은 근육 형성에 매우 중요한 역할을 하는데, 근육 내 글루타민 비율이 높아  질수록 동화작용이 강력해지기 때문이다. 관련 연구에서도 근육의 글루타민 수치가 감소하면 단백질 합성속도가 11% 감소하는 것을 확인하였다.

글루타민은 오로지 동화작용을 촉진하기 위해 섭취한다. 그러나 근육 내 글루타민 수치를 높이기가 어려워 연구 현장에서는 링거를 이용하여 혈관에 직접 주입하기도 한다. 다행히 이러한 한계를 극복하기 위해 글루타민을 펩타이드 형태로 함유한 보충제가 출시되고 있는데, 펩타이드형 글루타민이

매우 풍부한 밀 단백질(글루타민 25% 함유)이 그것이다. 이외에도 글루타민을 직접 섭취하지 않고도 글루타민 수치를 유지하는 방법은 운동하는 동안 탄수화물을 섭취하는 것이다. 이렇게 하면 글루타민 수치가 떨어지는 것을 완화시킬 수 있다.

아르기닌(Arginine)

아르기닌에는 성장호르몬 분비를 촉진하여 근육 생성과 지방손실을 방지하는 효능이 있다. 최근에는 일산화질소가 크레아틴 합성을 향상시키는 것이 밝혀졌다.

일산화질소는 근육의 산소화와 동화작용을 촉진하며, 아르기닌은 크레아틴 전구체로서 크레아틴 합성능력을 향상시켜 근력과 회복력을 높인다. 아르기닌은 일반인들에게는 준 필수 아미노산이며, 운동선수에게는 필수 아미노산으로 식품으로 섭취해야 한다. 아르기닌은 글루타민과 같이 흡수율이 매우 저조하여 심하면 소화장애도 유발한다. 아르기닌 섭취로 성장호르몬 증가를 원한다면 취침 전에 섭취하는 것이 효과적이며, 최적 섭취량은 9g이다.

호르몬 부스터

보충제를 통해 호르몬 수치를 조절하는 데 대해 거부감이 있을 수 있다. 그러나 동화작용 호르몬과 이화작용 호르몬 사이의 균형이 신체의 회복속도를 결정한다는 점을 놓고 보면 운동수행능력 향상을 위해 호르몬 부스터 사용은 피할 수 없는 선택이다. 실제로 운동선수들은 동화작용 호르몬을 촉진하여 지구력·근력·근육량을 키우거나 이화작용 인자 생성을 최소화하기 위해 보충제를 섭취한다.

테스토스테론 부스터

테스토스테론은 대표적인 동화작용 호르몬으로, 체내에서 자연스럽게 생성된다. 근육 형성을 돕고 회복을 촉진하는 테스토스테론은 체내에서 많이 생산될수록 운동수행능력에 긍정적으로 작용한다. 이로 인해 많은 보충제 제조사에서는 테스토스테론의 자연 분비를 극대화하는 부스터를 만들어내고 있다. 그중 한동안 상당한 인기를 누린 보충제가 ZMA다. ZMA는 아연 3㎎과 마그네슘 450㎎에 비타민 B6 10㎎을 배합한 혼합물이다. Brilla(2000)가 진행한 한 실험에서 테스토스테론 부스터가 테스토스테론 수치를 33% 상승시켰고,

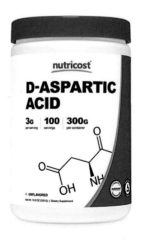

근육의 폭발력은 위약 집단에 비해 두 배 향상시켜 화제가 되었다. 그러나 또 다른 연구(Willborn, 2004)에서는 근력과 근육량 향상에는 ZMA의 효과가 발견되지 않아 현장에서는 당혹감을 보이기도 했다.

결과적으로 ZMA는 아연과 마그네슘을 비싸게 포장한 상품으로 폄하하기도 한다. 대신 최근엔 D-아스파르틱산을 베이스로 한 제품들이 테스토스테론 분비를 촉진하는 용도로 판매되고 있다. 임상실험은 아니지만 D-아르파르트산을 동물에게 매일 섭취시킨 결과 테스토스테론 생성이 증가하는 효과가 검증되었다(Burrone, 2012).

성장호르몬 부스터

또 다른 동화작용 호르몬인 성장호르몬은 지방분해작용을 돕는 펩타이드 호르몬이다. 성장호르몬이 지방조직에서 동원한 지방분자들은 근육과 간에서 에너지로 전환된다.

이때 지방이 근육에 미치는 효과는 의견이 나뉘는데, 영양공급이 풍부하면 근육생성을 촉진하지만 반대로 영양공급이 부족하면 오히려 동화작용의 특성을 잃어버리기 때문이다. 그럼에도 성장호르몬 분비를 자극하는 부스터가 시판되고 있다. 이 보충제들은 아르기닌, 글루타민, BCAA 등의 아미노산을 주로 사용한다.

이화작용 호르몬

동화작용 호르몬 부스터와는 달리 이화작용 인자 생성을 최소화하기 위한 보충제에는 코르티솔 억제제, 마이오스타틴 억제제, 사이토카인 억제제 등이 있다. 이중 코르티솔 억제제는 말 그대로 코르티솔 수치를 억제하는 역할을 한다.

코르티솔은 일종의 스트레스 호르몬으로, 신체가 근력운동을 할 때 코르티솔 수치는 증가시킨다. 예를 들어 젊은 남성이 60분간 근육강화 운동을 하면 코르티솔 수치는 두 배로 증가한다(Bird, 2006). 그리고 코르티솔 호르몬은 근육분해를 촉진해 근육의 성장을 방해한다. 따라서 코르티솔 억제제를 섭취하면 코르티솔이 근육분해를 방해하는 것을 막을 수 있다.

한편 마이오스타틴 억제제는 비교적 최근에 개발된 보충제로, 동화작용을 억제하여 근육의 성장을 방해하는 마이오스타틴의 작용을 감소시키는 효과가 있다. 대표적으로 시스토세이라 카나리엔시스(Cystoseira Canariensis)가 있다.

ATP 부스터 : 크레아틴

고강도 운동은 근육 내 ATP 수치를 떨어뜨린다. ATP의 수명은 1분이 채 되지 않기 때문이다. 또한 오버트레이닝을 하기라도 하면 ATP 수치는 정상보다 낮은 상태에 머물게 된다. 이렇게 되면 동화작용이 늦어지고, 이화작용은 활발해진다. 이때 필요한 것이 ATP 부스터다.

현재까지 ATP 부스터로 가장 주목받는 물질은 단연 크레아틴(Creatine)이다. 크레아틴은 세포에 수분을 공급하여 단백질 합성속도를 높여주고, 근육 내 동화작용 호르몬인 IGF-1(인슐린유사성장인자-1)과 MGF(기계적 성장인자) 분비를 촉진하여 근육량 증진과 근력 향상에 효과적인 보충제다. 근육의 동화작용에는 많은 양의 ATP가 필요하지만, 운동으로 인해 세포의 에너지 수준이 떨어지면 동화작용이 대기 상태가 된다. 따라서 휴식과 영양 섭취만 하기보다 크레아틴을 섭취하면 더욱 능동적인 동화과정을 촉진할 수 있다. 현재까지 크레아틴의 부작용도 없는 것으로 알려져 있다.

크레아틴을 처음 시작할 땐 최대 용량의 섭취를 권장한다. 즉 일주일간 매일 20~25g을 섭취한 뒤 점차 섭취량을 줄여 3~5g을 유지하는 것이 좋다. 이러한 방법은 운동선수들에게도 권장되는 복용법으로, 아마추어 스포츠인들에게도 적용할 수 있다. 반면 3~5g 이상의 섭취는 유익한 점이 없고 소변을 통해 배출되므로 무리한 섭취는 낭비가 된다. 운동 직후 섭취하는 것이 ATP 보유력 향상에 가장 좋으며 식사 중 육류와 함께 섭취해도 효과가 좋다. 크레아틴은 운동 직전에는 섭취하지 않도록 한다.

비타민과 미네랄

운동을 하면 신체에서 미량 영양소가 손실된다. 아마추어 스포츠인들의 규칙적인 운동과 선수들의 과격한 운동 모두 그렇다. 운동을 하지 않는 일반인의 경우에도 최소 필요량을 밑돌고 있으며, 더군다나 운동하는 사람들의 미량 영양소 결핍은 어쩔 수 없는 결과다. 때문에 적합한 미량 영양소의 공급이 필요해졌다.

항산화제

항산화제를 이해하기 위해 활성산소(free radical)의 개념을 살펴볼 필요가 있다. 활성산소란 전자가 1개 부족한 분자를 뜻한다. 활성산소는 부족한 전자를 보충하기 위해 몸속 세포를 공격한다. 이 과정에서 세포손상이 발생하게 된다.

신체는 활성산소를 지속적으로 생성하며 운동은 활성산소를 2~10% 증가시킨다. 즉 운동을 할수록 몸속 세포는 공격을 받는다는 뜻이다. 다행인 점은 운동선수들은 활성산소 수치가 높아지더라도 동시에 인체의 항산화 능력 또한 높아지기 때문에 균형을 맞출 수 있다(Brites, 1999).

항산화제란 신체에서 발생하는 활성산소를 제거하여 산화적 스트레스를 낮추어 인체를 방어하는 물질이다. 비타민 A, 비타민 E, 비타민 C, 셀레늄, 코엔자임큐 10, 카테킨을 포함한 폴리페놀류 물질이 항산화작용을 한다.

항산화제와 관련한 연구를 살펴보자. Watson (2005)은 운동선수들에게 항산화 성분이 부족한 식단을 2주간 제공하고 그 결과를 살펴보았더니 산화 스트레스가 증가하고 운동 중에 느끼는 피로감이 높아진 사실을 발견하였다. 결국 활성산소가 근육의 피로가 쌓이는 데 영향을 미친 것으로 결론 내렸다.

항산화제는 크게 두 가지 유형으로 나눌 수 있다. 첫째는 외부에서 섭취하는 방식으로 비타민 A,

C, E와 아연, 셀레늄 등의 미네랄이다. 둘째는 신체에서 생성하는 항산화제로서 대표적으로 그루타치온과 SOD이다.

필수 지방산

지방이라고 해서 모두 나쁜 것은 아니다. 건강을 위해 꼭 필요한 필수 지방산을 알아보자.

지방산은 크게 세 가지 종류로 구분된다.

» 포화지방산 : 일반적으로 나쁜 기름으로 알려져 있으며, 저온에서 고체로 변한다.

» 단일불포화지방산 : 분자구조에서 탄소와 탄소 사이에 한 개 이상의 이중결합이 있는 지방산이다. 이중결합이 한 개인 것이 단일불포화지방산이다. 식물성 기름과 물고기 기름에 많이 들어 있으며, 혈장 콜레스테롤을 낮추는 기능이 있다.

» 다중불포화지방산 : 오메가 6, 오메가 3, CLA(공액리놀레산) 등이다.

이 중 다중불포화지방산에 주목할 필요가 있다. 다중불포화지방산은 우리몸을 위해 꼭 필요하지만, 체내에서 만들지 못하기 때문에 음식으로 섭취해야 한다. 이 지방산이 중요한 것은 세포의 보호막을 살펴보면 알 수 있다. 세포는 각각이 보호막 역할을 하고있는 지질로 둘러싸여 있다(Andersson, 2002). 그런데 포화지방산이 풍부한 지질로 된 세포는 성능과 기능이 다중불포화지방산으로 둘러싸여 있는 세포보다 현저히 떨어진다. 즉 지방산이 무엇이냐에 따라 운동수행능력도 차이가 나는 것이다(Agren, 1991; Brilla, 1990).

한 연구에 따르면 수영선수들의 80%가 필수지방산 결핍상태였으며, 오메가 3과 오메가 6 교란도 발견되었다(Chos, 2001). 즉 연구대상 수영선수들의 포화지방산 공급은 과다한 반면, 필수지방산 소비량은 저조한 것으로 나타났다. 이 경우 수영능력 향상을 위해 오메가 6과 오메가 3의 섭취를 권장해야 한다.

프로바이오틱스 & 프리바이오틱스

프로바이오틱스와 프리바이오틱스는 비피더스와 같이 신체에 좋은 유익균이 풍부한 유제품이 등장하면서 알려지게 되었다.

프로바이오틱스는 소화계 안에 있는 세균들을 건강하게 한다. 유익한 미생물의 수를 늘림과 동시에 해로운 미생물을 제거한다. 과거에는 냉장보관을 해야 하므로 보존에 취약했는데, 최근에는 실온에서도 잘 견디는 균주를 개발하여 상업화되었다. 대표적으로 바실러스 코아귤런스(Bacillus coagulans)는 단백질 분말에 혼합하여 섭취하면 좋은데, 그 이유는 아미노산의 흡수율을 높이고 복부팽만감 등 소화장애를 낮추기 때문이다. 바실러스 코아귤런스는 위산에도 강해 고단백 보충제 혹은 게이너와도 이상적으로 배합해 섭취할 수 있다.

반면, 프리바이오틱스는 박테리아가 포함되어 있지 않아 열에 의해 변질될 우려가 없는 장내 유익균 발달을 돕는 식이섬유다. 프락토올리고당과 이눌린이 프리바이오틱스의 대표적인 제품이다. 효과를 높이기 위해 프리바이오틱스와 프로바이오틱스를 동시에 섭취하면 좋다.

보충제 섭취 시 주의점

유통기간

보충제도 유통기간이 있다. 따라서 섭취 전 유통기간을 잘 확인해야 한다. 유통기간이 지났다고 모두 버려야 하는 건 아니다. 유통기간이 지난 지 아주 오래되지 않았고, 또 보관이 잘되어 있었다면 섭취가 가능하다. 단백질 분말, 아미노산, 탄수화물은 비교적 안정적이다.

그러나 유통기간이 지난 지 몇 년이 지난 건 겉으로 보이는 것과 상관없이 폐기해야 한다. 반면, 유통기간이 남았더라도 제품에 습기가 찼다면 섭취하면 안 된다. 특히 비타민과 오메가 3은 시간이 지나면 변질되니 유통기간을 잘 지켜야 한다.

섭취 시기

보충제 섭취에도 황금률이 있다. 자신에게 필요한 보충제를 찾아서 먹기 시작할 때 갑자기 식단을 바꾸거나 보충제 섭취량을 단번에 높이면 안 된다(크레아틴 제외). 처음 보충제를 먹기 시작한다면 서서히 늘리기 바란다.

보충제를 먹는 타이밍은 운동 후 보충제를 바로 먹는 경우가 뒤늦게 먹는 경우에 비해 근육 내 포도당 흡수율이 3.5배 높았고, 근육의 동화작용도 3배 높았다. 만약 운동시간이 45분 미만으로 짧다면 단백질을 운동 전에 미리 섭취해 두는 게 좋다. 운동을 마칠 때쯤 단백질이 혈액에 흡수되어 동화작용이 바로 진행될 것이다. 동화작용의 효율도 80% 끌어올릴 수 있다.

반면 운동시간이 2시간 이상인 경우 운동종료 10~15분 전에 단백질을 섭취하는 게 좋다. 이렇게 하면 단백질 흡수가 뇌의 피로를 덜어주어 마지막까지 전력을 다할 수 있고, 운동종료 후 신속한 동화작용을 시작할 수 있다.

보관상의 유의점

비타민과 필수지방산은 시간이 지날수록 분자가 분해되기 때문에 냉장 보관하는 것이 좋다. 또한 비타민과 오메가 3이 투명용기에 담겨 있다면 불투명용기에 옮겨 담아 놓으면 변질을 늦출 수 있다.

단백질, 아미노산, 크레아틴 등의 분말들은 분자가 안정적이어서 냉장 보관할 필요는 없다. 고온과 습도만 잘 피해 주면 된다. 그러나 직사광선에 노출하는 건 피해야 한다.

단백질 분말을 물이나 우유에 탔다면 최대한 서둘러 섭취해야 한다. 이는 세균번식 때문인데, 시간이 지나면 냄새도 난다. 당연한 말이지만, 이상한 냄새가 나면 폐기해야 한다.

[참고문헌]

(1) Agren, J. J., Pekkarinen, H., Litmanen, H., & Hanninen, O. (1991). Fish diet and physical fitness in relation to membrane and serum lipids, prostanoid metabolism and platelet aggregation in female students. European Journal of Applied Physiology and Occupational Physiology, 63(5). 393-398.

(2) Andersson, A., Nälsén, C., Tengblad, S., & Vessby, B. (2002). Fatty acid composition of skeletal muscle reflects dietary fat composition in humans. The American Journal of Clinical Nutrition, 76(6). 1222–1229.

(3) Bird, S. P., Tarpenning, K. M., & Marino, F. E. (2006). Independent and combined effects of liquid carbohydrate/essential amino acid ingestion on hormonal and muscular adaptations following resistance training in untrained men. European Journal of Applied Physiology, 97(2). 225–238.

(4) Bos, C., Metges, C. C., Gaudichon, C., Petzke, K. J., Pueyo, M. E., Morens, C., Everwand, J., Benamouzig, R., & Tomé, D. (2003). Postprandial kinetics of dietary amino acids are the main determinant of their metabolism after soy or milk protein ingestion in humans. The Journal of nutrition, 133(5). 1308–1315.

(5) Brilla, L., & Conte, V. (2000). Effects of a novel zinc-magnesium formulation on hormones and strength. Journal of Exercise Physiology Online, 3(4). 26-36.

(6) Brilla, L. R., & Landerholm, T. E. (1990). Effect of fish oil supplementation and exercise on serum lipids and aerobic fitness. The Journal of Sports Medicine and Physical Fitness, 30(2). 173–180.

(7) Brites, F. D., Evelson, P. A., Christiansen, M. G., Nicol, M. F., Basílico, M. J., Wikinski, R. W., & Llesuy, S. F. (1999). Soccer players under regular training show oxidative stress but an improved plasma antioxidant status. Clinical Ccience, 96(4). 381–385.

(8) Burrone, L., Raucci, F., & Di Fiore, M. M. (2012). Steroidogenic gene expression following D-aspartate treatment in frog testis. General and Comparative Endocrinology, 175(1). 109–117.

(9) Chos, D. (2003). Biologie et suivi nutritionnel du sportif de haut niveau. Revue Francaise des Laboratoires, 350. 31-40.

(10) James, W. P., Garlick, P. J., Sender, P. M., & Waterlow, W. C. (1976). Studies of amino acid and protein metabolism in normal man with L-[U-14C]tyrosine. Clinical Science and Molecular Medicine, 50(6). 525-532.

(11) Karlsson, H. K., Nilsson, P. A., Nilsson, J., Chibalin, A. V., Zierath, J. R., & Blomstrand, E. (2004). Branched-chain amino acids increase p70S6k phosphorylation in human skeletal muscle after resistance exercise. American Journal of Physiology-Endocrinology and Metabolism, 287(1). E1-E7.

(12) Kerksick, M., Rasmussen, J., Lancaster, L., Magu, B., Smith, P., Melton, C., Greenwood, M. Almada. L, Earnest, P., & Kreider, R. (2006). The effects of protein and amino acid supplementation on performance and training adaptations during ten weeks of resistance training. Journal of Strength and Conditioning Research, 20(3). 643-653.

(13) Paddon-Jones, D., Sheffield-Moore, M., Zhang, X. J., Volpi, E., Wolf, S. E., Aarsland, A., & Wolfe, R. R. (2004). Amino acid ingestion improves muscle protein synthesis in the young and elderly. American Journal of Physiology-Endocrinology and Metabolism, 286(3). E321-E328.

(14) Sindayikengera, S., & Xia, W. S. (2006). Nutritional evaluation of caseins and whey proteins and their hydrolysates from Protamex. Journal of Zhejiang University Science B, 7(2). 90-98.

(15) Soop, M., Nehra, V., Henderson, G. C., Boirie, Y., Ford, G. C., & Nair, K. S. (2012). Coingestion of whey protein and casein in a mixed meal: demonstration of a more sustained anabolic effect of casein. American Journal of Physiology-Endocrinology and Metabolism, 303(1). E152-E162.

(16) Stein, T. P., Schluter, M. D., Leskiw, M. J., & Boden, G. (1999). Attenuation of the protein wasting associated with bed rest by branched-chain amino acids. Nutrition, 15(9). 656-660.

(17) Watson, T. A., Blake, R. J., Callister, R., & Garg, M. L. (2005). Antioxidant-restricted diet reduces plasma nonesterified fatty acids in trained athletes. Lipids, 40(4). 433-435.

(18) Wilborn, C. D., Kerksick, C. M., Campbell, B. I., Taylor, L. W., Marcello, B. M., Rasmussen, C. J., ... & Kreider, R. B. (2004). Effects of zinc magnesium aspartate (ZMA) supplementation on training adaptations and markers of anabolism and catabolism. Journal of the International Society of Sports Nutrition, 1(2). 1-9.

Part 06_ 시설 및 안전 관리

Personal Training

Chapter 01

시설 설치 및 배치

트레이닝 시설의 설치

퍼스널트레이닝 시설은 성공적 프로그램 운영을 위한 토대이다. 한번 설치된 시설은 변경이 쉽지 않기 때문에 설치 전 기획단계부터 신중하게 시설에 관한 청사진을 마련하여야 한다.

시설을 설치할 때에는 프로그램의 목적, 고객의 요구, 공간 효율성, 고객의 동선, 안전 등 다양한 요인을 고려하여야 한다.

시설 설치를 위해 필요한 공간

퍼스널트레이닝에 필요한 공간은 어느 정도일까? 다양한 트레이닝 활동을 할 수 있는 구역을 충분히 확보하고, 휴식과 사교 등 다양한 운동 외적 활동까지 가능한 공간이 확보된다면 좋을 것이다. 그러나 임대료 등 경제적인 문제도 고려해야 하기 때문에 무작정 넓은 공간이 좋다고만 할 수는 없다. 따라서 트레이닝을 위한 시설은 필요성과 경제성을 종합적으로 고려하여 주어진 공간을 효율적으로 사용하여야 한다.

트레이닝 시설 설치를 위해 필요한 공간 확보에는 다양한 기준이 있다. 먼저 등록회원 수를 기준으로 필요공간을 가늠할 수 있다. Burgess[2]는 전체 등록회원 수의 10%를 동시에 수용할 수 있는 정도의 공간이 적절하다고 주장한다. 예를 들어 등록된 클럽회원이 총 200명이라고 한다면 적어도 20명이 동시에 운동할 수 있는 공간이 확보되어야 한다. 또 회원 수에 따라 필요한 공간의 면적을 특정하기도 한다. Daniel[4]은 2001년에 있었던 한 설문조사 결과를 인용하여 3,000명인 경우 500㎡(약 151평)

정도의 공간을 확보해야 한다고 하였다.

트레이닝 공간을 계약할 때 고려해야 할 두 가지 현실적인 요소는 임대료와 회원 수이다. 다시 말해 예상수입과 지출에 대한 예측이 정확해야 규모에 맞는 트레이닝 공간을 선택할 수 있다. 무턱대고 큰 규모의 트레이닝장을 임차하면 얼마 가지 않아 운영이 어려워질 수 있다.

다목적 열린 공간의 설치

최근의 퍼스널트레이닝 프로그램의 수행에는 다양한 활동이 가능한 다목적 공간이 선호되고 있다. 전통적인 피트니스 시설에서는 머신 운동이나 프리웨이트와 같은 기구 운동을 위한 공간이 절대적이었다. 그러나 퍼스널트레이닝에서는 플로어에서 맨몸 웨이트 트레이닝이나 플라이오메트릭 트레이닝 같은 운동 프로그램을 트레이너와 고객이 1대1로 진행하는 경우가 많다. 다시 말해서 퍼스널트레이닝을 위해서는 고객과 트레이너가 맨몸 근력운동을 비롯하여 스트레칭, 코어 트레이닝, 플라이오메트릭 트레이닝 등 다양한 활동을 할 수 있는 열린 공간이 필요하다는 얘기이다.

퍼스널트레이너는 전체 공간에서 고객과 트레이너가 다양한 활동을 할 수 있는 열린 공간을 얼마나 확보할지 고민해야 한다. 과거에는 이와 같은 다목적 열린 공간이 10% 정도였다. 그런데 이곳에서 1:1 트레이닝뿐 아니라 그룹운동도 실시할 계획이라면 전체 공간의 30~35%까지 확보해야 한다[2].

프로그램과의 연계성 고려

퍼스널트레이닝을 위한 공간을 설계할 때는 프로그램과 밀접한 관련성을 고려해야 한다. 기구운동을 할 것인지, 맨몸운동을 할 것인지 등 미리 짜인 계획에 따라 정해진 공간에 어떤 시설을 설치하고 공간을 활용할지 결정해야 한다. 최근에는 근력운동뿐 아니라 요가, 필라테스 또는 소규모 그룹 운동 등 다양한 활동이 하나의 공간에서 이루어질 때도 있어 공간의 복합적 활용도 고려해야 한다.

이처럼 퍼스널트레이너가 어떤 프로그램을 운영할 것인지 미리 계획하고 있어야 적절한 기구를 배치하고, 공간의 분위기를 연출하는 등, 퍼스널트레이닝을 위한 맞춤형 공간을 설계할 수 있다. 따라서 트레이너는 트레이닝 시설의 기획단계에서부터 실행할 프로그램을 염두에 두고 공간 배치의 청사진을 구상해야 한다.

적절한 온도와 습도

트레이닝 시설은 운동을 하는 곳이니 만큼 적절한 온도와 습도가 유지할 수 있도록 시설을 설치해야 한다. 흘리는 땀방울은 마땅히 운동의 결과물이어야지, 높은 실내온도의 결과여서는 안 되기 때문이다. 적절한 실내온도를 유지를 위해 겨울철에는 난방, 여름철에는 냉방, 습도유지를 위한 가습·제습장치 등도 고려해야 한다. 또한 시설 내부에 외부의 신선한 공기와 내부의 탁한 공기가 충분히 순환될 수 있도록 설치하는 것이 바람직하다.

퍼스널트레이닝을 위한 트레이닝 시설의 권장온도는 시설의 구조나 사용하는 상황에 따라 달라질 수 있기 때문에 몇 도를 유지해야 한다고 특정하기는 어렵다. 전문가들은 피트니스센터의 적정온도는 20~22°로 유지할 것을 권장한다[9]. 런닝머신을 뛰든, 기구 웨이트트레이닝을 하든 활동에 상관없이 이 정도의 온도가 적절하다는 것이다. 이 온도는 미국 듀크대학의 운동생리학자인 Endress가 피트니스센터의 가장 적절한 실내온도는 21°라는 연구결과에 착안한 것이다[5]. 만일 열이 많아 많은 땀을 흘리는 고객이 더 낮은 실내온도를 요구한다면 추가적으로 선풍기를 배치하면 된다.

트레이닝 공간의 편안함과 청결함을 유지하려면 가습과 제습을 함께 콘트롤할 수 있는 냉·난방시스템을 설치한다. 전문가들은 트레이닝 공간의 습도가 최소 40% 이상 유지할 것을 권장한다. 습도가 너무 낮으면 감기·독감·코로나 등 바이러스의 전염성이 높아질 수 있으므로 연중 습도를 40~55% 정도로 일정하게 유지할 필요가 있다.

트레이닝 공간의 온도와 습도를 일정하게 유지하면 장비와 시설도 효과적으로 보호하게 된다. 계절의 변화에 따라 온도와 습도는 바뀔 수밖에 없지만, 시설 유지를 위해 온도와 습도 수준의 급격한 급상승이나 하강을 피하는 것이 좋다[10].

창문 및 환기 시스템

건강을 위한 실내 환경 조성에 가장 중요한 요소는 환기이다. 그 때문에 트레이닝 공간의 채광은 조명보다는 자연광을 최대한 활용할 수 있도록 넓은 창문을 설치하는 것이 좋다.

냉·난방시스템은 실내온도를 일정하게 유지하는 데는 효과적이지만, 창문이 없는 폐쇄된 공간의 공기가 반복적으로 재활용되면 결코 건강한 실내환경을 유지할 수 없다. 환기 없이 폐쇄된 공간에서 공기가 반복적으로 재사용되면 현기증과 호흡곤란을 초래하는 원인이 되기도 한다.

넓은 창문을 통한 신선한 공기의 환기는 러닝머신과 같은 유산소성 운동을 하는 데 중요한 요인이다. 그 때문에 가능하다면 유산소성 운동기구는 환기가 잘되는 창가에 배치하는 것이 좋다. 다만 눈부심이 문제가 될 수 있으므로 가리개 또는 블라인드를 통해 빛을 차단할 수 있어야 한다.

공간의 특성상 창문을 통한 환기가 여의치 않으면 전열교환기(환기장치)를 설치해야 한다. 전열교환기는 열교환장치라고도 하는데, 환기시스템 내부의 필터를 통해 오염물질을 걸러 실외로 배출하고, 신선한 외부공기를 유입하지만 실내온도와 습도는 유지해주는 장치이다. 이 장치는 실내외 공기의 열교환을 통해 발생하는 열에너지를 재활용하기 때문에 냉·난방 비용을 절감하는 효과도 있다.

조명

스트레칭, 요가, 필라테스와 같은 정적인 프로그램을 운영한다면 어떤 조명이 적절할까? 근력운동이나 유산소운동 프로그램을 위한 조명은 어떻게 설치해야 할까?

프로그램의 성격에 따라 자연적이고 평화로운 분위기를 연출하는 조명이 필요하기도 하고, 운동에 활력을 불러일으킬 수 있는 역동적인 분위기를 연출하는 조명이 필요할 때도 있다. 트레이닝 시설의 조명은 운동공간의 분위기를 연출하고, 운동욕구를 높여주는 중요한 역할을 한다. 퍼스널트레이너는 프로그램의 성격에 따라 연출하고자 하는 공간 분위기를 고려하여 어떻게 조명을 설치할 것인지 계획을 세워야 한다.

조명 설치 시 현실적인 측면의 고려해야 한다. 조명에서 발산하는 열이 지나치게 높아 공간의 온도를 상승시켜서는 안 된다. 또한 자연광을 활용할 수 없는 폐쇄된 공간에서 장시간 조명에 의지하면 전기료가 많아지는 점도 고려해야 한다.

바닥 설치

트레이닝 시설의 바닥재질은 소음과 밀접한 관련성이 있으므로 주의가 필요하다. 체육시설 설치·이용에 관한 법률 제22조에 따르면 체육시설업자는 "소음·진동관리법 등 개별법의 규정을 초과하는 소음·진동으로 지역 주민의 주거환경을 해치지 아니하도록 할 것"을 명시하고 있다. 실내체육시설 내 다른 시설에 대한 특별한 규정은 명시되어 있지 않지만, 바닥에 관한 규정이 명시되어 있는 이유는 그만큼 트레이닝장의 바닥소음이 지속적으로 문제가 되어 왔다는 방증이기도 한다.

트레이닝장의 바닥은 소음·진동 방지의 효과도 고려해야 하지만, 미끄러짐을 방지하여 안전사고에 대비해야 하는 점도 중요하다. 매트는 다양한 재질이 있지만 주로 합성고무 재질이 많이 활용되고 있다. 다만 품질이 낮은 고무는 내구성이 떨어져 쉽게 변형되고 부서져 바닥 보호의 기능이 떨어진다. 매트와 매트를 붙인 경우에는 그사이에 이물질이 끼고 땀이 스며들어 냄새를 유발하고 위생적으로 관리가 어려운 단점이 있다. 결국 정기적으로 교체해야 한다는 점을 염두에 두어야 하고, 내구성 및 안전성 그리고 소음 및 진동을 종합적으로 고려하여 설치해야 한다.

퍼스널트레이닝 시설의 배치

퍼스널트레이닝을 위한 시설 배치는 운동 프로그램의 효과를 극대화하고, 사용시간대에 따른 효율적인 공간활용을 가능하게 해준다(임완기 외, 2004). 따라서 성공적 프로그램 운영을 위해 시설의 배치는 매우 중요하다. 시설은 기능적 측면, 미학적 측면, 효율적 측면, 안전 등 다양한 요소를 고려해 설치해야 한다.

트레이닝 구역의 설정

트레이닝 구역은 크게 스트레칭, 유산소 운동, 머신 운동, 프리웨이트 운동, 휴식 공간, 리셉션 장소 등으로 구역을 나누는 구분하는 것이 일반적이다. 또한 가슴, 등, 하체와 같이 운동부위 및 형태별로 한 구역에 배치하는 것이 좋다.

트레이닝 구역의 구분은 운동의 형태나 기구의 목적에 따라 분류해야 하고, 동시에 기능성, 안전성, 효율성, 편의성도 고려하여야 한다. 이를 실현하기 위해 퍼스널트레이너는 트레이닝 구역을 설정하기에 앞서 명확한 기준과 방향이 있어야 한다.

머신 운동기구의 구역 배치

머신 운동기구란 '랫풀다운머신', '체스트프레스머신'처럼 특정 운동을 위해 고정되어 있는 기구를 의미한다. 머신 운동기구들은 점진적인 무게 증가가 프리웨이트보다 쉽고, 동작이 정형화되어 있어서 초보자도 쉽게 접근할 수 있고, 부상의 위험도 상대적으로 낮다.

위에서 설명한 바와 같이 머신 운동기구도 유사한 목적을 가진 기구끼리 그룹화하여 배치해야 한다. 머신 운동기구를 그룹화하는 방법은 다양하다. 가장 대표적인 것은 상체 운동기구는 상체 운동기구 끼리, 하체 운동기구는 하체 운동기구끼리 운동부위에 따라 배치하는 방법이다. 이밖에도 프레스 운동머신은 프레스 운동머신끼리 배열하고, 풀 동작기구들은 풀 동작기구끼리 그 특성에 따라 배치하기도 한다. 또한 가슴 운동기구인 시티드체스트프레스머신과 시티드플라이머신은 나란히 배치하는 게 운동의 효율성을 높여주며, 하체 운동기구인 레그컬과 레그익스텐션도 나란히 배치하는 게 좋다. 하나의 부위에 몇 가지 운동을 연속적으로 실시하는 자이언트세트를 실시한다고 했을 때, 이와 같은 연속적 배치가 운동의 효율성을 높여준다는 것을 알 수 있다.

머신 운동기구는 무게 증감이 상대적으로 쉬워 세팅이 간단한 장점이 있다. 그 때문에 여러 근육을 짧은 휴식시간을 두고 돌아가면서 자극하는 서킷트레이닝에 활용되기도 한다. 머신 운동기구를 이용하여 하나의 운동을 실시하고, 30초 정도 휴식 후 옆에 설치된 다른 머신운동을 실시하는 방식으로 서킷트레이닝을 하는 것이다. 이 경우 이동 간 불편함이 없도록 기구와 기구 사이를 연결하는 충분한 통로가 마련되어 있어야 한다. 즉 충분한 이동공간이 확보되어야 공간의 혼잡을 막고, 서킷레이닝을 시행하는 고객이 편하게 이동할 수 있다.

NSCA 연구에 따르면 원활한 서킷트레이닝이 이루어지기 위해서는 머신과 머신 사이의 거리가 최소 61cm 떨어져야 하고, 가능하면 91cm 정도 떨어뜨리는 것이 바람직하다[3]. 또한 서킷트레이닝을 진행하면서 다음 기구로 자유롭게 이동하기 위해서는 1.2~2.1m 정도 너비의 통로를 확보하여야 이동을 원활하게 하여 충돌이나 혼잡을 막을 수 있다[6].

이처럼 기구와 기구 사이의 간격과 이동통로의 넓이는 주어진 시설의 공간 여건에 따라 달라지기 때문에 위에서 제시한 것처럼 명확한 수치로 특정하기에는 어려움이 있지만, 서킷트레이닝을 위한 동선과 일반 고객들의 이동경로 등을 고려하면 적절한 간격과 넓이를 가늠할 수 있을 것이다. 머신 운동기구의 배열은 벽쪽으로도 하지 않고 중앙에 배치하는 것도 통로를 양쪽으로 확보할 수 있는 좋은 방법 중의 하나이다.

머신 운동기구를 설치할 때에도 안전사고에 유의하여야 한다. 높이가 있는 기구는 넘어질 가능성이 있으므로 바닥이나 기둥 또는 벽에 단단히 고정시켜야 한다.

프리웨이트 운동 구역의 배치

프리웨이트 운동 구역은 머신을 이용하지 않고 덤벨·바벨 등으로 운동할 수 있는 공간이다. 프리웨이트 운동 구역은 덤벨·바벨 등을 비치하는 공간과 운동을 실시하는 운동 공간으로 구분할 수 있다.

프리웨이트 장비들은 랙(rack)이라 불리는 거치대를 이용하여 정리하는데, 덤벨랙, 바벨랙, 웨이트원판을 비치하는 웨이트랙 등이 있다. 프리웨이트 존에는 그밖에도 케틀벨, 스쿼트랙, 플랫 및 인클라인, 디클라인 벤치 등이 위치한다.

일반적으로 프리웨이트 랙은 창문, 거울, 출입구에서 멀리 떨어진 공간에 배치한다. 이는 기구의 파손과 혼잡 및 운동상해를 방지하기 위해서이다. 덤벨과 바벨을 비치해 놓은 랙은 벽과 충분히 떨어져 있어야 한다. 특히 웨이트 원판을 걸어 놓는 웨이트랙은 벽에서 1m 이상 떨어지는 것이 좋다. 충분한 공간이 필요한 이유는 웨이트원판이 굴러 벽이나 거울에 충돌하면 파손될 위험성이 있기 때문이다. 프리웨이트 기구를 거치해 놓은 랙들은 무게가 많이 나가기 때문에 청소를 위해서도 벽으로부터 충분한 공간을 확보할 필요가 있다. 또한 바벨을 거치해 놓은 바벨랙과 웨이트랙 또한 1m 정도 거리를 두어야 한다. 이는 웨이트원판을 들고 몸을 돌려 프리웨이트존이나 벤치프레스로 움직일 수 있는 최소한의 공간이 필요하기 때문이다.

거치대인 랙에는 덤벨, 웨이트원판, 바는 모두 무게별로 정돈하여 거치한다. 케틀벨은 일반적으로 덤벨랙 아래 두지만, 자체 공간을 마련하여 무게별로 정리하는 방법도 있다.

프리웨이트 운동이 이루어지는 운동공간은 안전사고 방지를 위해 충분히 넓어야 한다. 데드리프트, 밀리터리프레스, 케틀벨 등의 프리웨이트 운동은 대부분 역동적인 동작을 포함하므로 충분한 공간이 확보되어야 한다. 할당된 공간에서는 1명만 운동을 실시하는 것이 바람직하다.

유산소성 운동 구역의 배치

유산소성 운동 구역은 고정식 자전거, 트레드밀, 스텝퍼, 일립티컬, 로잉머신 등을 배치하는 구역이다. Kroll[7]은 트레드밀의 배치는 최소 $4.2m^2$가 필요하며, 로잉머신은 $3.7m^2$, 고정식 자전거와 스테퍼는 최소 $2.2m^2$의 공간이 필요하다고 주장하였다. 기구 설치에 필요한 공간은 고객의 이동공간을 보장하고, 기구의 낙상사고를 방지할 수 있도록 충분히 확보할 필요가 있다.

최근에는 트레드밀과 같은 유산소성 운동시설에 모니터를 설치하는 경우가 대부분이다. 간혹 운동 중 화면을 보다가 사고가 발생할 수 있는데, 안전사고방지를 위해 모니터는 고객의 시선보다 너무 높거나 낮아서는 안 되며, 시선의 연장선이나 약간 높은 곳에 있도록 설치한다[8].

트레드밀과 같은 기구들은 전기의 연결이 필요하다. 코드연결선이 통로쪽으로 노출되면 걸려 넘어질 수 있다. 안전사고의 가능성을 최소화하기 위해 코드연결선은 통로에서 멀리 떨어져 있어야 한다. 또한 트레드밀과 같은 유산소성 기구들은 한쪽 벽을 따라 배치하여 전기코드가 최대한 보이지 않게 설치한다.

맨몸운동 구역의 배치

과거에는 주로 스트레칭이나 준비 운동 정도의 활동이 맨몸운동 구역에서 이루어졌다. 그러나 퍼스널트레이닝의 보급에 따라 이 구역에서 트레이너와 고객의 1대1 맞춤형 맨몸 웨이트 트레이닝, 플라이오메트릭 트레이닝, TRX 서스펜션 트레이닝 등 다양한 운동이 이루어지고 있다. 즉 이 구역에서는 런지나 버피점프, 코어 트레이닝과 같은 도구를 사용하지 않고 이루어지는 맨몸 트레이닝이 트레이너와 고객의 1:1로 이루어지기도 한다. 따라서 트레이너와 소그룹 GX 프로그램이 이루어질 수 있는 충분한 공간이 확보되어야 한다. 또한 메디신볼 운동이나 플라이오메트릭 트레이닝과 같은 도구를 활용하려면 그에 따른 충분한 공간이 확보되어야 한다.

맨몸운동 구역은 트레이닝장의 특정 구역을 활용할 수도 있지만, 공간이 허락된다면 별도의 분리된 장소에서 이루어지는 것이 좋다. 퍼스널트레이닝은 고객과 트레이너 사이에서 1:1 또는 소수 인원이 참가하여 이루어지는 트레이닝 교육 프로그램이기 때문에 일반 고객이 자유롭게 운동을 하고 있는 오픈된 공간에서는 집중력이 떨어질 수 있다.

만일 프리웨이트 운동과 머신 운동이 함께 이루어
지는 오픈된 공간에 맨몸운동 구역을 마련해야 한
다면, 퍼스널트레이너와 고객 간 교육에 지장이 없
도록 별도의 조치가 이루어져야 한다.

[참고문헌]

(1) 임완기, 강형숙, 고병구, 김경래, 김기홍, 김남주 & 홍길동 (2004). 저항운동의 이해. 서울: 홍경. 267-289.

(2) Burgess. B. (2022). 5 Basic Rules of Thumb For Sizing Fitness Centers and Clubs. Retrieved from https://heartlinefitness.com/5-basic-rules-thumb-sizing-fitness-centers-clubs/

(3) Coburn, J. W., & Malek, M. H. (2012). NSCA's Essentials of Personal Training 2nd Edition. Human Kinetics.

(4) Daniel, R. (2022). How Fit Is Your Fitness Center? Retrieved from https://www.lib.niu.edu/2001/ip010934.html

(5) DeCosta, S. (2012.07.01.). Gym Temperature & Humidity Requirements. Retrieved from https://www.livestrong.com/article/400991-gym-temperature-humidity-requirements/

(6) Haff, G. G., & Triplett, N. T. (Eds.). (2015). Essentials of strength Training and Conditioning 4th edition. Human kinetics.

(7) Kroll, W.(1991). "Structural and functional considerations in designing the facility, part I," NSCA Journal 13(1): 51-58.

(8) Peterson, J. A., & Tharrett, S. J. (1997). ACSM's health/fitness facility standards and guidelines. Human Kinetics, PO Box 5076, Champaign, IL 61825-5076.

(9) Stenson, J. (2008.03.04.). Is a good sweat necessary for a good workout?. Retrieved from https://www.nbcnews.com/id/wbna23344876

(10) Tague, A. (2021.02.18.). What Is The Ideal Temperature And Humidity For A Gym? Retrieved from https://www.vaporfresh.com/blog/what-is-the-ideal-temperature-and-humidity-for-a-gym.

Chapter 02

안전 관리

시설안전

고객에게 운동참여의 기쁨과 성취했을 때 만족감을 주는 것도 중요한 요인이지만, 최고의 선물은 안전한 스포츠활동의 지속이라 할 수 있다. 이와 관련하여 퍼스널트레이너는 고객이 안전하게 스포츠활동을 할 수 있도록 도와주고, 고객은 자신의 안전과 회원들의 지속적이고 안전한 운동을 영위할 수 있도록 시설안전에 대해 다양한 지식을 알고 있어야 한다.

스포츠 사고

스포츠 사고의 개념

'사고'란 일반적으로 '의도하지 않은 상황에서 불안전하게 형성된 습관과 행동으로 예기치 못하게 발생된 상해'를 뜻한다. 스포츠 현장에서는 늘 예기치 않은 다양한 사고가 발생하고 있다. 특히 현대 스포츠는 다양한 시설 및 도구를 이용한 익스트림(extreme)적 레저활동이 활성화되면서 사고발생률이 지속적으로 증가하고 있다.

이러한 사회적 문제점으로 대두되고 있는 '사고'의 개념에 대한 세계보건기구(WHO)와 미국의 공중위생부의 정의는 다음과 같다.

세계보건기구 (WHO)	미국 공중위생부 (National Health Survey)
'알아 볼 수 있는 상처를 입히는 우발적 사건'	'적어도 하루 정도는 일상 활동이 제한되는 손상'

스포츠센터 사고의 원인

트레이닝은 현대인들의 삶의 질에 매우 중요한 영향을 미친다. 특히 우리는 일상생활에서 건강과 즐거움을 영위하기 위하여 다양한 트레이닝에 참여하고 있지만, 크고 작은 사고를 경험하게 된다.

스포츠 현장에서 다양한 사고가 발생하는데, 이것을 일으키는 큰 잠재적 원인이 있어서라고 생각하기보다는 단순한 개인의 실수 또는 시설의 미흡 정도로 간과해 버린다. 특히 체육관을 처음 방문한 초보자는 일반적으로 숙련자보다 상해를 입기 쉽다. 이는 대부분의 초보자들이 스포츠센터의 안전 정책 및 장비 사용에 익숙하지 않기 때문이다. 스포츠센터 회원의 안전 보장은 매우 중요한 일이지만, 직원·계약자 및 프리랜스 강사도 고려해야 할 중요한 그룹이라는 것을 명심해야 한다.

스포츠 안전의식

스포츠 현장에서의 안전의식은 회원 모두가 인지하고 실천해야 할 실천행동이라 할 수 있다. 스포츠 안전의식은 각 종목을 대상으로 한 스포츠 현장 중심의 안전교육을 통해 이루어져야 한다. 이는 안전에 대한 전반적인 인식뿐만 아니라 규칙, 예방,

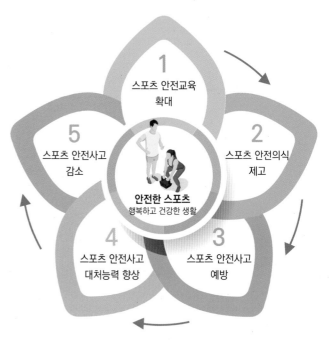

그림 1_ 안전한 스포츠와 건강생활

출처 : 스포츠안전재단(2022). https://www.sportssafety.or.kr

사후대처 등과 관련된 전반적인 내용을 습득하여야 얻어질 수 있다.

스포츠 안전사고 위험요인 대처법

트레이닝 참가 및 지도 과정에서는 개인의 내적·외적 위험요인에 의해 발생할 수 있는 부상 및 사고를 예방하고 적절히 대처할 수 있어야 한다.

표 1_ 스포츠 안전사고의 내·외적 요인	
내적 요인	외적 요인
» 스포츠 안전 인식의 부재	» 시설물 및 장비의 안전점검 부실
» 참여자의 개인적 특징	» 고르지 못한 지면 상태
» 개인의 건강상태 인식 부족	» 적절치 못한 온도 및 습도
» 준비 및 정리운동의 미실시	» 스포츠 안전에 관한 제도적 장치 미흡
» 부적절한 기술 습득	» 스포츠 안전에 관한 체계적 시스템 부재
» 경기규칙 및 방법의 이해 부족	» 이동 중 사고
» 부적절한 개인장비의 선택 및 사용	» 천재지변
» 운동 과다 현상	» 관중들의 폭력사태
» 참여자의 부주의	» 경기장 테러
» 참여자 간의 신체적 접촉	» 참여자의 특성을 고려하지 않은 운동 프로그램

출처 : 스포츠안전재단(2022). https://www.sportssafety.or.kr

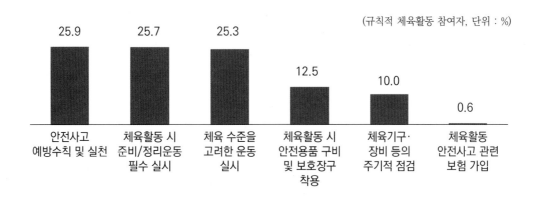

그림 2_ 트레이닝 시 안전사고 예방에 가장 중요한 요인

출처 : 문화체육관광부(2021). 국민생활체육조사. p.147.

안전한 퍼스널트레이닝을 위해서는 트레이닝에 참여하면서 발생할 수 있는 위험요인을 사전에 학습하여 발생 가능한 위험요인을 제거함으로써 최대한 안전활동에 대비하려는 노력이 필요하다. 〈그림 2〉는 트레이닝 시 안전사고 예방수칙 및 실천이 가장 중요한 요인(25.9%)임을 설명해주고 있다.

스포츠 안전교육과 생각의 함정

스포츠 안전교육의 중요성

최근 생활체육의 저변확대와 레저스포츠에 대한 사회적 참여 인식이 높아지면서 가족 단위로 여가 및 레저 스포츠를 즐기는 가정이 늘어나고 있다. 이러한 사회적 현상은 자연스럽게 영·유아기부터 스포츠를 접하게 되는 기회를 증가 시키고 있다. 대부분의 스포츠 현장에서는 내가 다칠 것이라고는 생각을 하지 않고 있다. 특히 스포츠 초보자들은 위험한 상황을 인식하고 그에 대처할 수 있는 능력이 부족하기 때문에 실내·외 스포츠를 즐기는 과정에서 안전사고가 자주 발생하고 있다. 따라서 종목별 특성이 반영된 적절한 안전교육이 수반되어야 한다.

① 스포츠 안전사고는 트레이닝 시설의 설치, 장비 사용, 관리상의 문제 등으로 발생함.

② 공공체육시설, 스포츠 참여 활동, 개인의 여가 활동 등의 다양한 장소 및 환경에서 발생함.

③ 스포츠 안전사고 중 등산 시의 낙상사고, 자전거 충돌사고, 트레이닝 기구 사고 등이 지속적으로 증가하고 있음.

스포츠인의 생각의 함정

안전한 트레이닝을 위해서는 잘못된 선입견으로 인한 생각의 함정에 빠지지 않고, 주위 환경과 본인의 심신 상태에 세심한 주의를 기울여야 한다.

건강에 대한 착각

'나는 항상 건강한 상태로 트레이닝을 하고 있다.'는 생각은 자칫하면 큰 안전사고로 이어질 수 있음을 명심해야 한다.

주의에 대한 착각

'나는 안전에 항상 주의하면서 트레이닝을 하고 있다.'라는 생각은 버려야 한다. 인간의 집중력이 평균 20~30분 정도로 매우 짧기 때문에 피곤할 때는 본인의 몸상태에 더욱 집중해야 한다.

상식에 대한 착각

'이 정도는 상식으로 알고 지킬 것이다.'라는 생각은 환경의 변화와 함께 긴박한 상황에서는 원활한 의사소통은 물론 사고판단력의 저해요인으로 작용할 수 있다.

교육에 대한 착각

'안전교육을 통해 배운 것을 트레이닝 중에 반드시 실천할 것이다.'라는 생각은 실제 현장의 상황이 바뀔 때마다 실천행동으로 연결되지 않을 수 있다.

퍼스널트레이닝 회원에 대한 직접적인 안전조치

모든 퍼스널트레이닝장의 안전조치는 결국 회원을 대상으로 전문 트레이너들이 안전한 트레이닝 방법을 관철시키는 데 있다. 특히 초보자에게는 트레이닝 중에 사용하는 각종 장비사용법을 반드시 사전 교육하여야 한다. 이러한 예방활동이 트레이닝장에서 부상과 사고의 가능성을 줄일 수 있는 방법이다.

회원의 건강상태 확인

회원에게 신체활동 준비 설문지(PAR-Q) 작성을 하도록 요청하면서 운동 프로그램을 시작하기 전에 의사의 승인이 부분적으로 필요한지에 대한 여부를 사전에 파악하는 노력도 필요하다. 뿐만 아니라 트레이닝장 사용자의 조기 피로 가능성을 줄이고 모든 구성원이 편안한 적정온도를 유지하려면 트레이닝장 실내의 온도를 정기적으로 체크하여야 한다.

대부분의 트레이닝장은 실내에 위치하고 있기 때문에 소음 수준이 불편함을 방지할 수 있을 만큼 충분한지에 대한 꾸준한 관리가 필요하다. 뿐만 아니라 새로운 트레이너나 강사가 첫날부터 잘 알 수 있도록 회원들의 고유한 건강상태, 제한사항 및 진행상황을 충분히 숙지해야 한다.

일반적 위생

회원들이 트레이닝장에서 운동을 하기 전에 적절한 의복과 운동화를 착용하도록 안내한다. 또한 땀을 통한 교차감염 가능성을 줄이기 위해 사용 후 장비를 닦도록 안내한다.

퍼스널트레이닝 시의 안전규칙

퍼스널트레이닝은 좁은 실내에서 기구를 이용하기 때문에 부상 위험에 항시 노출되고 있다. 트레이너와 회원은 최대한 안전거리를 유지하면서 운동을 할 수 있도록 노력하여야 한다.

운동을 할 때는 자신의 체력 수준에 맞는 장비를 올바르게 사용하여야 운동효과를 증대시킬 수 있다. 학습된 좋은 운동자세는 향후 발생될 상해 발생 위험으로부터 나를 지켜줄 수 있는 최선의 방법이다.

퍼스널트레이닝 시의 안전사고 예방메뉴얼

퍼스널트레이닝은 자신의 건강을 증진 및 유지하는 운동으로, 일상 생활에서 접근이 쉽고 좁은 공간에서도 다양한 운동을 할 수 있는 실내운동으로 각광을 받고 있다. 퍼스널트레이닝은 걷기, 등산 다음으로 수요가 많은 스포츠 종목이다.

그런데 보디빌딩 인구 10명 중 연평균 2.4회 '부

상경험'이 있는 것으로 나타났다. 결국 부상 및 사고는 지속적인 트레이닝 참여를 저해하는 요인이 되고 있다. 〈그림 3〉은 종목별 생활체육 참여율을 나타내고 있다.

〈표 2〉는 퍼스널트레이닝 시에 발생하는 안전사고의 내·외적 요인을 나타내고 있다.

퍼스널트레이닝센터 위험관리의 3가지 핵심 요인

퍼스널트레이닝센터 위험관리의 3가지 요인과 트레이닝시설의 위험 프로필 개선방법은 다음과 같다.

(1) 센터의 안전과 관련된 부서의 정기적인 예방 및 유지·관리(PM) 프로그램을 수립하여 퍼스널트레이닝센터의 안전을 최우선으로 하여야 한다. 퍼스널트레이닝센터 PM에는 다음과 같은 활동이 포함된다.

① 심혈관 장비(러닝머신, 리컴번트 및 업라이트 바이크, 일립티컬, 스테퍼, 크로스 트레이너, 스피너, 조정자) 테스트

② 심혈관 장비의 사양에 따른 정기적인 청소 및 유지·관리

③ 트레드밀 벨트 및 데크의 마모 흔적에 대한 정기적인 검사

④ 트레드밀 모터 덮개 제거 및 내부 진공 청소

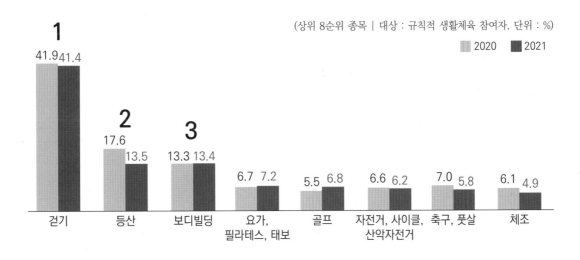

(상위 8순위 종목 | 대상 : 규칙적 생활체육 참여자, 단위 : %)

그림 3_ 종목별 생활체육 참여율(1+2+3순위 기준)

출처 : 문화체육관광부(2021). 국민생활체육조사. p.4.

표 2_ 퍼스널트레이닝 시의 안전사고 내·외적 요인	
내적 요인	외적 요인
» 운동 전 스트레칭과 워밍업, 쿨다운을 실시한다. » 본인의 신체 수준에 맞는 무게와 강도로 운동한다. » 자기 과신을 삼가고 정확한 동작으로 실시한다. » 운동 후 피로한 근육은 충분히 휴식하고 영양을 섭취한다. » 적합한 복장과 신발을 착용한다.	» 기구의 올바른 사용법과 운동효과를 숙지한다. » 다른 이용자의 운동에 방해되지 않도록 한다. » 건강상 문제가 있으면 반드시 전문가의 도움을 받는다.

출처 : 스포츠안전재단(2022). https://www.sportssafety.or.kr

⑤ 장비의 사양에 따라 트레드밀 벨트 및 데크에 윤활유 사용

⑥ 기계 및 부품의 정기적인 마모 검사

⑦ 자전거 체인, 크랭크, 페달 및 스트랩을 확인하고 필요할 때 교체

⑧ 케이블·벨트·풀리 정렬, 볼트 조이기 및 모션캠 조정 범위를 포함하되, 이에 포함되지 않는 모든 근력훈련장비의 검사 및 일반적인 유지·보수

(2) 퍼스널트레이닝 시의 안전지침은 시설 레이아웃 및 장비를 배치할 때부터 완벽하게 설계되어야 한다. 이를 통해 안전한 트레이닝센터 환경을 설계하고 유지하기 위해 모든 노력을 기울여야 한다.

(3) 퍼스널트레이닝센터의 서비스 계약자에게는 센터의 시설이용 시 '추가피보험자'로 지정하여 보험증명서를 제공하도록 요구하는 것이 좋다. 서비스 제공자의 보험증권이 단지 '건물전용' 보험이 아니라 '완전한 운영' 보험 구축이 더욱 중요하다.

확인해야 할 퍼스널트레이닝센터의 기능

퍼스널트레이닝센터의 장비가 사용하기에 충분한 상태이고, 손상된 부분이 없는지 수시로 확인해야 한다. 특히 유산소 운동기구 및 프리웨이트 운동에 필요한 도구는 정기적인 안전검사를 실시해야 한다.

① 모든 퍼스널트레이닝센터 소유자는 장비의 유지·관리에 필요한 체크리스트를 보유할 것을 적극 권장한다. 안전 중심 체크리스트는 고객의 안전활동에 중요한 요인으로 작용할 수 있

기 때문이다.

② 혹시라도 결함이 있는 운동기구는 수리하기 전에 사용하지 못하도록 안내해야 한다.

③ 자신이 잘 알지 못하는 장비에 문제가 발생하면 그 해결은 전문가에게 위임한다.

④ 결함이 있는 장비를 수리한 경우에는 그 내용을 항상 기록한다.

⑤ 전자운동기구의 기능을 올바르게 이해하고 사용해야 한다. 예를 들면 케이블의 올바른 사용과 적재용량 등을 확인할 필요가 있다.

⑥ 기구를 사용하지 않을 때에는 반드시 정리·정돈을 실시한다.

⑦ 매 세션 후에 트레이닝장을 이용한 고객에게 무료 웨이트와 매트를 보관 랙에 반납하도록 요청해야 한다.

⑧ 관리자들은 항상 어수선하지 않은 깨끗한 트레이닝장 바닥을 유지해야 한다.

⑨ 연장된 전원코드가 발에 걸리지 않도록 정리·정돈하여야 한다.

트레이닝장의 보건 및 안전 지침

퍼스널트레이닝장은 회원이 건강한 라이프스타일을 위해 운동하는 장소이다. 그러나 자신의 건강과 안전에 집중적인 투자를 하지 않으면 트레이닝장은 상당히 위험한 공간으로 바뀔 수 있다. 즉 고객과 동료를 모두 보호하고 고객이 트레이닝장에서 안전하게 운동할 수 있도록 하는 것은 관리자들의 최우선 의무이다.

위험평가 수행

관리자는 법적으로 트레이닝장에 대한 위험 평

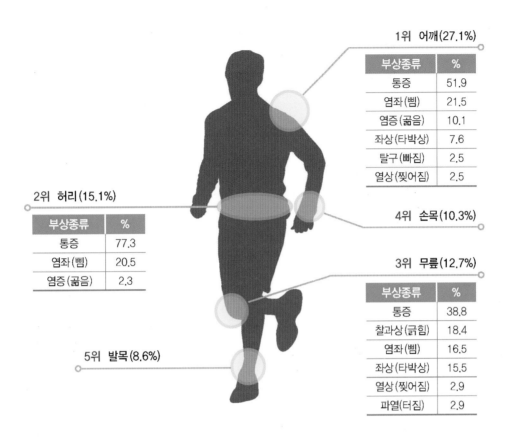

그림 4_ 웨이트트레이닝 시 주요 부상부위 및 종류

출처 : 스포츠안전재단(2022). https://www.sportsafety.or.kr

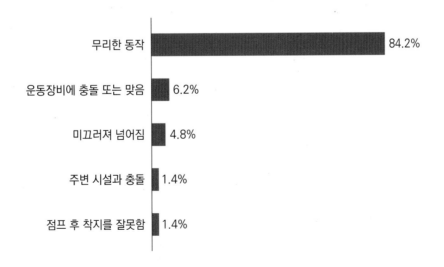

그림 5_ 웨이트트레이닝 시 주요 부상 이유

출처 : 스포츠안전재단(2022). https://www.sportsafety.or.kr

[유니폼 하의]
[허리보호대]
[유니폼 상의]
[헤어밴드]
[무릎보호대&발토시]
[팔토시]
[발목보호대]
[손목보호대]
[전용화]

그림 6_ 웨이트트레이닝 시의 안전 용품

출처 : 스포츠안전재단(2022). https://www.sportsafety.or.kr

가를 수행하여 운동시설의 위험요소를 사전에 예방하고 직접적으로 해결할 수 있어야 한다. 상황에 따라서 트레이너가 직접 수행하거나 다른 '유능한 전문가'를 지명하여 위험평가를 수행할 수도 있다.

트레이닝장의 철저한 위험평가 및 안전을 유지하기 위해서는 다음의 사항을 숙지하여야 한다.

① 위험요인을 사전에 식별할 수 있어야 한다. 위험요인을 사전에 식별하려면 트레이너가 트레이닝장을 돌아다니면서 모든 시설과 장비를 철저히 검사해야 한다. 모든 장비 및 기계에 대한 제조업체의 매뉴얼 중심으로 검토해야 한다. 또한 관리자가 놓친 추가 위험을 트레이너가 발견했을 수도 있으므로 관리자와 수시로 상의해야 한다.

② 누가 어떠한 동작과 기계로 상대방에게 해를 입힐 수 있을지에 대해 다양한 사례를 중심으로 학습해야 한다. 신규 또는 처음 트레이닝장 방문 회원, 청소년 및 노인 회원, 장애가 있는 회원 등은 전문그룹보다 다양한 위험에 처할 수 있으므로 항상 숙련자 및 트레이너와 함께 운동을 수행해야 한다.

③ 위험을 평가하고 통제조치를 빠르게 결정해야 한다. 위험의 우선순위를 지정하고, 위험을 제거, 격리 또는 수용 가능한 수준으로 줄이는 제어방법을 빠르게 시행해야 한다. 구체적인 예로는 부상을 방지하기 위한 기계의 경고 표지판 및 정보 알림, 트레이닝장 바닥의 미끄러움, 직원 교육 및 트레이닝장 장비에 대

한 자세한 설명이 포함된다.

트레이너 및 직원의 안전교육

퍼스널트레이닝장의 지속적인 안전을 유지하기 위해서는 트레이너 및 직원에게 적절한 교육을 제공하여 회원들을 안전하게 보호할 수 있는 지식을 갖추게 하는 것이 중요하다.

① 피트니스 훈련 : 직원은 트레이닝장에 있는 모든 장비의 안전하고 효과적인 사용법을 알아야 한다. 이는 회원이 올바른 절차를 따르게 하고 안전하지 않은 관행을 중단하게 하는데 도움이 되기 때문이다.

② 건강 및 안전교육 : 직원들이 안전하게 직무를 수행할 수 있도록 보건 및 안전교육의 실시는 법적 의무이기 때문에 반드시 숙지하여야 한다.

③ 응급치료 훈련 : 모든 응급처치 교육은 대면교육으로 실시하여 트레이너가 현장에서 응급처치를 할 수 있도록 한다. 응급처치 교육에는 심폐소생술(CPR)이 반드시 포함되어야 하며, 트레이너 및 직원이 인증을 받기 전에 응급처치기술을 연습할 수 있는 기회를 충분히 제공해야 한다.

회원의 안전의식 유무 파악

회원은 건강과 체력을 향상시키기 위해 트레이닝장에 등록하고 방문한다. 그러나 장비를 올바르게 사용하도록 훈련하지 않으면 장·단기적으로 다양한 부상을 입을 수 있다. 따라서 모든 신규 회원이 체육관을 사용하기 전에 자세한 안내를 받았는지 반드시 확인해야 한다. 이러한 상호간의 노력은 고객이 회원 자격을 최대한 활용하고 안전하게 운동하는 데 큰 도움이 된다.

트레이닝장 보건규칙

① 건강 및 위생 정보 : 위생 위험의 개요와 구성원들이 이를 줄이기 위해 취할 수 있는 단계부터 시작한다. 예를 들면 트레이너는 기계에 땀이 맺히는 것을 최소화하기 위해 사용 후 모든 장비를 닦도록 회원에게 학습시키는 것이다.

② 스트레칭 전략 : 적절한 스트레칭은 힘든 운동 후 부상과 피로의 가능성을 현저히 줄일 수 있다. 회원이 스트레칭의 이점을 잘 알고 있는지에 대해 사전에 확인한다.

③ 자판기 및 정수기 : 회원이 운동하는 동안 수분을 충분히 유지할 수 있도록 자판기와 정수기를 제공해야 한다. 운동을 최대한 활용하려면 모든 사람이 적절한 영양 및 수분 요구 사항을 이해하는 것이 중요하다.

안전관리 중심의 학습을 회원들이 트레이닝 장비를 안전하게 사용하는 방법을 알도록 하는 좋은 방법이 될 수 있다. 회원이 트레이닝장의 환경에 익숙해지면 더 무거운 무게의 복잡한 머신을 사용할 용기가 생기거나 건강 및 안전 관련 정보를 쉽게 잊어버릴 수 있기 때문에 관리자 및 트레이너의 예방활동이 무엇보다 중요하다. 따라서 트레이닝장 시설 및 바닥을 수시로 모니터링하고 부상 가능성을 줄이기 위해 회원에게 장비사용법을 조언할 수 있는 트레이너와 관리직원의 전문성이 무엇보다 중요하다.

퍼스널트레이닝장 안전관리 체크리스트

퍼스널트레이닝장 입장 및 활동을 위해서는 사전에 안전교육 체크리스트를 만들어 안전의식을 고취시킬 필요가 있다. 퍼스널트레이닝 시설의 지속적인 안전관리를 위해서는 각 현장에 맞는 안전관리 체크리스트를 활용하면 사고를 사전에 예방할 수 있다. 〈표 3〉은 안전관리 체크리스트이다.

[참고문헌]

(1) 문화체육관광부(2019). 체력단련장 시설 안전관리 점검 가이드.
(2) 문화체육관광부(2021). 국민생활체육조사. p.147.
(3) 스포츠안전재단(2022). https://www.sportsafety.or.kr
(4) 스포츠안전재단(2022). 안전사고는 왜 일어날까? https://post. naver.com/my.naver?memberNo=19565598
(5) 스포츠안전재단(2022). https://post.naver.co

표 3_ 안전관리 체크리스트(예시)

웨이트트레이닝장 입장 전		
1-1	몸 상태 확인하기	» 음주를 했습니다. » 잠을 제대로 못 자서 피곤합니다. » 강도 높은 외부 활동으로 몸이 무겁습니다. » 병원에서 당분간 무리한 운동은 하지 말라고 권고받았습니다. ※ 이 중에서 한 가지라도 해당되면 오늘 운동은 쉬기!
1-2	장비 착용하기	» 운동복과 운동화는 꼭 착용 » 하고자 하는 운동에 알맞은 장비착용 　• 손목보호대 : 중량을 이용한 운동 시 손목을 보호해 줍니다. 　• 웨이트벨트 : 복부의 힘을 강화시켜 척추를 보호합니다. 　• 무릎보호대 : 무릎의 좌우 움직임을 막아 무릎을 보호해 줍니다. 　• 스트랩 : 손목과 바를 연결하고, 미끄럼을 방지해 줍니다.
운동 시작 전		
2-1	지도자 위치 확인하기	» 트레이너(지도자)가 배석한 상황에서 안전사고 예방 및 대처 관련 교육을 실시하면 부상 후 응급대처를 제대로 할 수 있어 안전사고 감소에 중요한 역할을 합니다.
2-2	준비운동	» 준비운동은 심박수를 점진적으로 증가시켜 갑작스런 혈압 상승을 방지하고, 스트레칭은 관절과 근육을 풀어주어 부상을 방지해줍니다.
운동 시작 후		
3-1	미끄러지거나 걸려 넘어질 물건이 주변에 있는지 확인하기	» 트레이닝장에서 일어나는 부상 중 10%는 '미끄러져 넘어져서' 발생합니다.
3-2	운동기구의 고정쇠나 접합상태 확인하기	» 운동기구의 고정쇠나 접합상태를 확인해 안전사고를 예방합니다.
3-3	본인의 운동능력에 적합한 운동하기	» 자신에게 맞는 중량의 기본은 10회 운동했을 때 힘들다고 느끼는 정도입니다. » 헬스장에서 '무리한 동작'으로 10명 중 7명이 부상을 경험합니다.
3-4	운동 중 적정거리 유지하기	» 다른 사람과의 적절한 안전거리를 유지합니다.
운동 종료 후		
4-1	정리운동하기	» 긴장된 근육을 원상태로 회복하기 위해 정리운동을 합니다. » 스트레칭과 15~20분 정도 가볍게 유산소 운동이 좋습니다.
4-2	정리·정돈하기	» 다음 운동자를 위해 사용하던 덤벨 및 바벨 등의 운동기구를 정리합니다.

본 체크리스트는 스포츠 안전재단 헬스장 안전수칙을 바탕으로 재구성됐습니다.

출처: 문화체육관광부(2019). 체력단련장 시설 안전관리 점검가이드. p.62.

NOTE

부록

Personal Training

bodybuilding

Appendix

생활스포츠지도사를 위한 보디빌딩 운동지식

01 보디빌딩 복장규정(남/여)에 대해 말하시오.

남자 선수는 단색의 투명하지 않은 깔끔하고 단정한 라인 두께가 1인치(2.5cm)인 팬티식 선수복을 착용해야 한다. 여자 선수는 복부와 등근육이 드러나는 비키니 상의와 최소 둔부 2/3 이상을 가리는 비키니 하의를 착용해야 한다. 색상은 무늬가 없는 단색이어야 한다. 결혼반지를 제외한 시계, 반지, 목걸이 등 금속 악세사리는 착용이 불가하다.

02 복장규정 위반에 대해 말하시오.

복장의 색상·두께·길이·장식 등은 규정되어 있는데, 이것을 위반하면 복장규정 위반이 된다. 예를 들어 줄무늬 등의 화려함을 주는 복장은 위반이다. 남성과 여성 모두 결혼반지를 제외한 악세사리 착용은 금지한다. 황금빛 컬러링이나 오일의 과도한 사용은 금지한다. 태닝 로션 및 크림 등은 24시간 이전에 사용해야 한다.

03 시합 무대의 포즈대 규격에 대해 말하시오.

시합 무대의 포즈대 규격의 길이는 최소 6m, 넓이는 1m 50cm, 높이는 60cm이다. 포즈대는 무대 중앙에 위치해야 한다. 조명은 선수의 근육이 잘 보이도록 설치되어야 한다. 단상의 정면에는 IBBF 로고가 붙어야 하며, 바닥에는 카펫이 깔려 있어야 한다. 무대에는 가로선과 중앙라인을 표시한다. 카펫의 색상은 검정, 청색, 녹색만을 허용한다.

04 남자 경기규정 포즈 7가지를 말하시오.

- 1번 포즈 : 프론트 더블 바이셉스(Front Double Biceps)
- 2번 포즈 : 프론트 랫 스프레드(Front Lat Spread)
- 3번 포즈 : 사이드 체스트(Side Chest)
- 4번 포즈 : 백 더블 바이셉스(Back Double Biceps)
- 5번 포즈 : 백 랫 스프레드(Back Lat Spread)
- 6번 포즈 : 사이드 트라이셉스(Side Triceps)
- 7번 포즈 : 앱도미널 앤 타이(Abdominal & Thighs)

05 여자 경기규정 포즈 5가지를 말하시오.

- 1번 포즈 : 프론트 더블 바이셉스(Front Double Biceps)
- 2번 포즈 : 사이드 체스트(Side Chest)
- 3번 포즈 : 백 더블 바이셉스(Back Double Biceps)
- 4번 포즈 : 사이드 트라이셉스(Side Triceps)
- 5번 포즈 : 앱도미널 앤 타이(Abdominal & Thighs)

06 본선 시합 1라운드의 경기방식에 대해 말하시오.

1라운드는 자유포즈로 진행한다. 남자는 1분, 여자는 1분 30초 동안 개인이 준비한 음악에 맞추어 다양한 포즈를 취한다. 본선 2라운드는 7가지 규정포즈(여자는 5가지)로 진행하며, 우수한 선수는 3라운드 비교심사로 진출한다. 규정포즈 및 비교포즈가 끝난 후 사회자가 포즈다운의 멘트를 하면 무대 위의 모든 선수들이 사회자가 중지를 하기 전까지 자신 있는 다양한 포즈를 취한다.

07 예선 시합 제 2라운드의 경기방식에 대해 말하시오.

예선 2라운드는 프론트더블바이셉스, 사이드체스트, 백더블바이셉스, 앱도미널 4가지 규정포즈로 심사한다. 예선 1라운드는 자연미 심사로 라인업 상태로 우향우 4번을 실시한다. 예선 3라운드는 비교 심사를 실시한다.

08 보디빌딩의 심사규정에서 심판원의 주의사항에 대해 말하시오.

심판원은 공정한 심사를 해야 하며, 다른 심판원과 대화를 나눌 수 없다. 또한 다른 심판원의 판정에 의도적인 영향을 미치지 않아야 하며, 참가선수를 지도하는 행위를 해서는 안 된다. 그리고 심사하기 직전이나 심사하는 동안 알코올이 포함된 음료를 마실 수 없으며, 심사하는 동안 사진을 찍을 수 없다.

09 인공 피부 착색약 사용 위반에 대해 말하시오.

인공 피부 착색약은 사용할 수 있지만, 반드시 예선 24시간 전에 사용해야 한다. 경기 당일에는 혈관을 왕성하게 하는 핫 스터프 및 피부를 반짝이게 하는 무색의 오일과 컬러 크림의 사용은 금지한다. 피부용품이 땀과 함께 과도하게 흘러내리면 감점 요인이다. 적발 시에는 감점이나 대회 출전 불가 요인이 될 수 있다.

10 도핑방지 규정 위반에 대해 말하시오.

도핑은 경기력 향상을 위하여 해당 종목에서 금지하는 약물을 복용하는 행위이다. 도핑 행위를 한 선수는 일정 기간의 자격정지와 해당 경기와 관련된 일체의 메달, 점수, 포상, 경기기록 등이 몰수된다. 또한 제재받은 선수의 실명이 1년 이상 웹페이지에 게시되어 일반에게 공개된다.

11 의도하지 않은 도핑에 대해 말하시오.

의도하지 않은 도핑은 시합을 앞둔 선수가 경기력 향상의 목적이 아닌 다른 이유로 섭취한 약물에서 도핑 양성반응을 일으키는 성분이 검출된 경우를 말한다. 선수는 질병이나 부상치료를 목적으로 필요한 약물을 사용할 권리가 있다. 그러나 처방받은 의약품에 금지약물이 포함될 가능성이 있고, 선수 본인이 알지 못했다고 해도 책임을 면책받는 경우는 드물다. 그렇기 때문에 시합 전에는 음식이나 약물의 섭취에 신중을 기할 필요가 있다. 질병 또는 부상의 치료를 목적으로 도핑방지위원회에 승인 신청을 하여 승인을 받은 후에는 사용해도 된다.

12 컴파운드(compound set)와 슈퍼 세트(super set) 훈련 원칙의 차이점을 말하시오.

컴파운드 세트 훈련은 동일한 근육에 두 가지 운동 종목을 연속적으로 휴식없이 진행하는 훈련기술이다. 예를 들면 벤치프레스를 수행한 후 휴식없이 덤벨플라이를 진행하면 큰가슴근(대흉근)에 많은 자극을 줄 수 있다. 이 훈련은 다관절 운동을 수행한 후에 단일관절 운동을 수행하는 방식으로 진행하는 것이 권장된다. 반면에 슈퍼 세트 훈련은 서로 반대되는 근육 즉, 대항작용을 하는 두 가지 근육을 하나의 세트로 묶어서 훈련하는 기술을 말한다. 주동근과 대항근 관계에 있는 근육은 위팔두갈래근(상완이두근)과 위팔세갈래근(상완삼두근), 넙다리네갈래근(대퇴사두근)과 넙다리두갈래근(대퇴이두근), 가슴과 등이다. 이 훈련기술을 적용하면, 바벨컬을 수행한 후 휴식없이 트라이셉스 푸시다운을 수행할 수 있다. 이 훈련기술은 빠른 시간에 근육의 펌핑감을 최대로 높일 수 있다는 장점이 있다.

13 점진적 과부하의 원리를 말하시오.

점진적 과부하의 원리는 근육뼈대계 및 신경계에 점진적 스트레스를 주기 위한 근력 트레이닝 기술이다. 우리의 몸은 시간이 지나면서 운동강도에 적응하는 항상성이 있다. 항상 동일한 수준의 운동강도로 트레이닝을 반복하면 근육의 성장을 기대하기 어렵다. 근육의 지속적인 성장을 위해서는 점진적으로 운동강도를 늘려가는 변화를 줘야 한다. 점진적 과부하 트레이닝 기술에서 중요한 사실은 운동 부하를 지나치게 증가시키지 않고 점진적으로 늘려야 한다는 것이다.

14 의식이 있는 환자의 응급처치법에 대해 말하시오.

의식이 있는 환자에게는 대화를 통해 상황을 파악하며, 자신의 정확한 신분을 밝히고 환자에게 명시적 동의를 얻은 후 응급처치를 실시해야 한다. 환자 확인 시 성인의 경우 머리부터 발끝, 8세 이하 어린이 경우 발부터 머리로 올라가며 외상 및 내상을 확인한다. 확인 후 119 신고 여부를 판단하며, 환자가 구토증 없이 움직일 수 있는지 확인한 다음 편안한 자세를 취하도록 하고 보온에 유의한다. 필요 시 의복을 부분적으로 제거할 수 있으며, 위험한 환경이 아닐 경우 되도록이면 환자를 이동시키지 않는 것이 좋다.

15 의식이 없는 환자의 응급처치법에 대해 설명하시오.

의식이 없는 환자는 묵시적 동의를 한 것으로 간주되며, 환자의 의식 유·무를 정확히 확인하고 의식이 없다면 주의에 있는 특정인을 정확히 지목한 후 119에 신고를 부탁한다. 이후 기도개방을 유지하고 흉부압박을 실시하는데, 흉부의 중앙에 양손을 깍지 낀 후 팔을 수직으로 펴고 분당 100회 이상의 속도로 성인기준 5~7cm 깊이로 흉부를 30(압박) : 2(불어넣기)로 압박한다. 이 동작은 환자의 의식이 돌아오거나 전문 응급의료진이 올 때까지 지속적으로 반복하여 실시한다. 주의할 점으로는 현장에서 반드시 불어넣기를 실시하지 않고 가슴(흉부) 압박만 해도 큰 도움이 된다.

16 응급처치 시 일반적인 주의사항을 말하시오.

응급처치 시 주의사항은 다음의 6가지이다. 첫째, 자신의 안전을 먼저 생각하고 환자에게 자신은 응급처치자임을 알린다. 둘째, 심정지 등 가장 중대한 의료적 상황을 먼저 해결한다. 셋째, 보호장비와 보호복을 최대한 착용한다. 넷째, 오염이 의심될 때는 함부로 환자와 접촉하지 않는다. 다섯째, 급할 때는 장갑·마스크 등 최소한의 보호장비를 갖춘 후 실시한다. 여섯째, 최대한 빠른 시간 내에 전문 응급의료진에게 인계한다.

17 보디빌딩에 맞는 영양섭취 계획에 대하여 말하시오.

보디빌더들은 근육량의 수준을 위해 많은 노력을 한다. 식이섭취의 관점에서 지방을 낮은 비율로 섭취하는 것은 확실히 중요하다. 식사로 섭취한 지방을 저장지방으로 변환시키는데는 매우 적은 에너지가 필요하기 때문이다. 반면에 탄수화물은 근육이 고강도의 운동을 실시할 때 효율적인 연료로 사용된다. 보디빌더들은 지방으로부터 얻는 총량의 섭취비율은 일반인들의 약 30% 보다 낮은 15~25% 수준을 유지하는 것이 바람직하다. 이와 같은 사실은 보디빌더들은 식품을 적게 먹고 자주 육식을 하는 것이 도움이 된다는 뜻이다. 그러므로 보디빌더가 저지방 식사와 적은 양을 자주 먹는 습관을 유지하는 것은 저체지방률 유지에 매우 중요하다.

18 대상별 영양섭취 방법에 대하여 말하시오.

마른 체형은 영양소의 체내 흡수율이 떨어지고, 빠른 신진대사로 인해 에너지 손실이 많은 편이다. 그러므로 마른 체형은 한 끼에 많은 식사보다는 3~4시간 간격으로 지속적인 섭취가 필요하다. 근육질이나 덩치가 큰 비만인 체형은 영양소의 체내 흡수율이 좋고, 신진대사가 느리기 때문에 지방과 단백질 조절이 필요하다. 그러므로 고칼로리의 음식·술·가공식품 등은 가급적 피하는 것이 좋으며, 균형 있는 식단을 구성하여 양질의 식품을 섭취해야 한다. 그밖에 대사성 질환에 해당하는 사람은 질환에 따른 식단의 구성이 필요하다.

19 보디빌더 초보자에게 가장 중요한 것을 말하시오.

운동을 시작하기 전 준비운동과 스트레칭을 충분히 하여 몸을 부드럽게 하고 정확한 자세와 동작에 신경을 쓰도록 한다. 프리웨이트보다 머신을 이용하여 부상의 위험성을 줄이고, 자세가 숙달되고 근력이 향상되면 프리웨이트로 운동을 시작한다. 급하게 무게를 올리거나 무리한 운동보다는 안전한 훈련계획을 세워 꾸준하게 운동을 실천하는 것이 중요하다. 금지약물에 현혹되지 않고 균형 잡힌 영양섭취를 하는 것이 좋다.

20 전문 보디빌더를 위한 가장 중요한 훈련양상이 무엇인지를 말하시오.

몸 전체의 균형적인 발달이 중요하며, 소홀할 수 있는 작은 부위(아래팔, 종아리 등)까지 고르게 운동하여 근육의 균형미를 높여야 한다. 근육성장을 위해 1RM 최대반복횟수(repetition maximum)에 도전하며, 운동 후 근육의 휴식과 영양섭취를 충분하게 해준다. 스트레스를 받으면 테스토스테론의 분비가 줄어들기 때문에 평소 긍정적인 생각을 하는 것이 근육성장에 도움을 준다.

21 여성과 남성의 훈련방법 차이를 말하시오.

여성과 남성의 골격근은 똑같기 때문에 훈련방법은 거의 차이가 없다. 단지 여성은 남성보다 상대적으로 근력이 떨어지므로 무거운 중량을 들지 못할 뿐이다.

22 나이든 사람이 젊은 사람과 다르게 운동해야 하는 이유를 말하시오.

연령이 증가할수록 ① 심폐기능이 저하되어 혈압은 높아지고 폐활량은 감소하므로, 운동 전·후 준비운동과 정리운동을 반드시 해야한다. ② 주위환경에 대한 적응력과 면역능력이 저하되므로, 움직임이 복잡하고 불규칙한 운동은 피해야 한다. ③ 골밀도 감소와 관절 약화 및 근력 감소가 진행되므로, 관절가동범위 및 중량을 줄여 다치지 않고 안전하게 운동해야 한다. ④ 과거에 해본 운동이라도 오랫동안 하지 않은 상태에서 지나치게 실시하는 것은 위험하므로, 자신의 몸상태를 고려하면서 운동해야 한다.

23 근력 증가를 위한 가장 좋은 반복횟수를 말하시오.

엄격한 자세와 동작을 유지하면서 8~12회 이하로 반복할 수 있는 무게로 운동을 실시하면 근력과 근지구력을 함께 증가시킬 수 있다. 그러나 운동목표를 근력과 근파워 증가에만 두고 있다면 자신의 최대근력(1RM)의 60% 운동부하로 시작하여 점차적으로 90% 이상의 운동부하로 증가시켜야 한다. 이때 반복횟수는 5회 이하가 된다.

24 얼마나 자주 저반복 횟수를 사용해야 하는지를 말하시오.

근육의 성장을 위해서 자주 사용하는 것이 좋으나 그날의 컨디션에 따라 무리하게 운동하지 않는다. 운동을 처음 시작하는 종목은 1RM에 도전하고, 이후 중량을 조절하면서 운동한다.

25 보디빌딩을 할 경우 저횟수 방법을 피해야 하는지를 말하시오.

저횟수 방법이란 고중량 운동으로 1RM 최대반복횟수를 말한다. 벤치프레스 · 스쿼트 등 다관절 복합운동에서는 저횟수 고중량 운동을 하고, 덤벨컬 · 크런치와 같은 단일관절 운동은 저중량으로 반복횟수를 증가시킨다. 한계를 넘어 저횟수 고중량으로 운동을 해야 근육이 잘 발달되고, 트레이닝의 방법(빈도, 강도, 시간 등)을 변화시켜야 근육에 자극을 줄 수 있다.

26 근육량 증가를 위해 가장 좋은 반복횟수 범위를 말하시오.

근육량을 증가시키기 위해서는 근육의 성장이 필수적이다. 운동을 통해 근육섬유는 미세하게 손상되는데, 휴식과 회복의 과정을 통해 근육은 더욱 강화된다. 같은 무게로 운동을 하는 것보다 평소보다 강한 자극을 주어 근육량을 증가시켜야 하며, 근비대를 위해서는 최대근력의 75~80%의 운동강도로 최대반복횟수 8~12RM 범위 내에서 운동을 실시하는 것이 효과적이다. 또한 근력의 향상은 최대근력의 85~100%의 운동강도로 최대반복횟수 1~5RM 범위내에서 운동하며, 근지구력의 향상은 최대근력의 60~70%의 운동강도로 최대반복횟수 15RM 이상으로 운동을 실시한다.

27 1주일에 몇 일 훈련을 해야 하는지를 말하시오.

개인별 체력 수준에 따라 초보자, 중급자, 고급자에 따라 운동빈도는 달라진다. 기본적으로 주 3회 이상, 주 6회 이하로 훈련이 진행되어야 한다. 특히 첫 훈련은 하루 훈련 후 하루 쉬는 정도로 시작하는 것이 좋다. 적응기간 후에는 이틀 훈련 후 하루 쉬다가 점차적으로 훈련기간을 늘려 가는 것이 좋다.

28 근력 운동 시 피로를 회복하려면 24~48 시간이 걸리는 이유를 설명하시오.

근력운동을 하면 몸의 신경계, 근육, 인대, 뼈 등 다양한 조직에 대한 물리적 스트레스와 피로로 인한 정신적 스트레스가 발생한다. 이러한 스트레스로부터 회복되는 과정에서 근육이 강화되는 것이다. 실제로 운동하는 도중 피로가 쌓여 뼈와 근육을 연결하는 부위인 힘줄(건) 혹은 인대에 마모 또는 파손이 조금씩 일어나며, 근육섬유 자체에 미세손상 및 근육 내 에너지원인 글리코겐의 고갈, 젖산축적 등의 여러 가지 원인에 의해 근육에 손상이 발생한다. 하지만 휴식을 취하면 마모된 근육들이 스스로 마모 부분들을 치료하며 피로를 없애고, 붙는 와중에 근육의 크기가 커진다. 즉, 근육이 불어나는 때는 휴식할 때이다. 운동으로 수축하고 손상 입은 근육이 두꺼운 근육섬유로 변하기까지 약 48시간 정도의 시간이 필요하므로 2일 정도의 간격을 두면 근육은 대체로 회복된다. 그러므로 근육을 단련하기 위해서는 근육에 자극을 주어야 하지만, 운동 후에 갖는 휴식도 훈련만큼 중요하다.

29 근육 사이즈와 근력의 상관관계를 말하시오.

근력은 근육 사이즈와 상관관계가 있다. 즉, 근육은 근육의 횡단면적에 비례한다. 보디빌더의 경우 경량급이 높은 체급보다 근육 사이즈가 작기 때문에 최대근력이 낮은 사례에서 잘 알 수 있다.

30 근육의 종류를 말하시오.

근육의 종류는 크게 뼈대근육(골격근)과 심장근 그리고 평활근이다. 골격근은 의식적으로 조절이 가능한 수의근(voluntary muscle)이며, 심장근과 평활근은 의식적으로 조절이 불가능한 불수의근(involuntary muscle)이다.

31 근육수축의 종류를 말하시오.

근육수축은 크게 정적(등척성) 수축과 동적 수축으로 분류할 수 있다. 정적 수축이란 관절이 움직이지 않고 근육의 길이가 변하지 않는 수축으로 벽밀기, 플랭크 등과 같은 운동 시에 발생하는 근육수축 유형이다. 그리고 동적 수축은 등장성 수축과 등속성 수축으로 분류되는데, 이 중 등장성 수축은 단축성 수축과 신장성 수축을 의미한다. 이것은 근육의 길이가 변하면서 힘을 발생하는 수축으로 턱걸이, 팔굽혀펴기 등과 같은 운동 시에 발생하는 근육수축 유형이다. 또한 등속성 수축은 등장성 수축과 유사하지만, 기계적 장비를 통해 관절의 각도·속도 등 일정한 부하를 제공하여 운동할 때 근육이 수축하는 유형을 말한다.

32 근육섬유의 종류를 말하시오.

근육섬유는 Type Ⅰ 섬유(ST, 혹은 지근)와 Type Ⅱ 섬유(FT 혹은 속근)로 분류하는데, 이 중에서 Type Ⅱ 섬유는 Type Ⅱa와 Type Ⅱb 섬유로 구분된다. 일반적으로 Type Ⅰ 섬유는 유산소 운동 중 주로 사용되며, Type Ⅱ 섬유는 무산소 운동 중 주로 사용된다.

33 1RM(one repetition maximum)이 무엇인지 말하시오.

근력운동에서 운동강도는 1RM을 이용하여 결정한다. 1RM이란 최대노력으로 저항에 대항하여 1회에 발휘할 수 있는 근력, 즉 최대근력을 의미한다. 벤치 프레스나 레그 프레스 등의 동작에서 최대힘을 다하여 1회 수행할 수 있는 무게를 의미한다.

> 1RM(1Repetition Maximum)=1회 최대로
>   들어 올릴 수 있는 중량
> 10RM=10회를 수행하면 더 이상 지속할 수

없는 중량

1RM의 직접 측정은 어렵기도 하고 위험하므로 일반적으로 같은 간접 추정식을 사용한다. 벤치 프레스에서 30kg로 무게로 12회 반복하였을 경우 WI 값은 30kg×0.025×12회=9kg이다. 따라서 1RM 은 30kg+9kg=39kg이라고 추정할 수 있다.

> 1RM 추정 공식(간접법)
> 1RM=Wo+WI

> * Wo=충분한 준비운동 후 약간 무겁다고 생각되는 중량
>   (7~8회 반복 가능한 무게)
> * WI=Wo×0.025×R(*R=실제로 반복한 횟수)

34 근육비대를 위한 적절한 운동부하는 1RM의 몇 % 가 적절한지를 말하시오.

근육비대를 위해서는 1RM의 75~85% 사이의 부하로 세트별 6~12회를 실시하는 것이 효과적이다.

35 오버트레이닝을 말하시오.

오버트레이닝은 자신의 체력보다 높은 강도로 훈련을 하는 것을 의미한다. 오버트레이닝은 신체손상, 훈련과 회복 사이의 불균형이 일어나고, 근육성장에 부정적 영향을 미친다.

36 자신이 오버트레이닝을 하고 있다는 것을 어떻게 알 수 있는지를 말하시오.

근력 획득의 감소로 인한 고원 현상, 수면 방해, 다이어트를 하지 않을 때 제지방질량의 감소, 식욕 감퇴, 오한의 지속, 발열 증상의 지속, 트레이닝 프로그램에 대한 흥미저하, 과도한 근육 통증 등의 증상이 나타난다.

37 에너지 대사과정을 설명하시오.

ATP-PC시스템, 젖산시스템, 유산소시스템이 있다. ATP-PC시스템은 포스포크레아틴이 분해되면서 방출되는 에너지로부터 ATP를 재합성하는 무산소에너지시스템이다. 이 시스템에서는 강도가 높고 짧은 시간 내에 수행될 수 있는 운동에서 주로 사용되는 제한된 에너지원이다. 젖산시스템은 글리코겐이 젖산으로 분해되면서 방출하는 에너지로부터 ATP를 재합성하며, 젖산의 축적은 근육의 피로를 초래한다. 이 시스템은 주로 1~3분 사이에 이루어지는 운동에 사용된다. 유산소시스템은 글리코겐과 지방을 에너지원으로 사용하며, 세포의 미토콘드리아에서 일어나는 화학반응에 의해 에너지를 생산한다. 이 시스템은 주로 지구력 운동에 사용된다.

38 세트시스템 훈련 기술을 말하시오.

특정 근육부위에 한 세트만 실시하면 지속적인 훈련 효과를 기대하기 어렵다. 그래서 근육비대를 위해 3~4세트 이상의 반복이 필요하다. 특정 근육부위를 집중훈련하여 스트레스를 주는 효과를 가져올 수 있다.

39 운동 시 고원현상을 말하시오.

운동을 시작하면 운동강도와 비례하여 심박수(HR)는 빠르게 증가한다. 특히 이러한 심박수의 증가는 신체가 완전하게 지칠 때까지 증가하는데, 흔히 기진맥진 상태인 탈진(all-out)상태가 되면 심박수는 더 이상 증가하지 않고 고원상태(plateau)가 된다. 이러한 고원현상은 운동자의 최대노력을 의미할 수도 있다.

40 유산소운동의 필요성과 효과를 말하시오.

유산소운동은 혈액순환, 기초체력, 심폐지구력 향상에 도움이 되며, 지방을 에너지로 사용하기 때문에 비만 해소에도 효과가 있다.

40 웨이트트레이닝 시의 호흡법은?

웨이트트레이닝에서 일반적인 호흡법은 근육이 수축할 때 숨을 내쉬고 근육이 이완될 때 숨을 들이마신다. 즉, 가장 힘든 구간(sticking point)을 지나 숨을 내쉬고, 처음 준비 자세로 돌아올 때 숨을 들이마신다. 바벨 컬을 예로 들면 바를 들어 올리기 전에 숨을 들이마시고, 바를 들어 올리고 숨을 내쉰다.

42 웨이트트레이닝 시 프리웨이트 운동과 머신 운동의 장점과 단점을 말하시오.

프리웨이트 운동의 장점은 운동 프로그램을 다양하게 구성할 수 있고, 운동의 목적과 특성에 맞게 동작을 변형하여 사용할 수 있다. 프리웨이트는 중력에 저항하여 운동하기 때문에 근력의 향상과 근육의 안정화 그리고 근육의 협응성을 향상시킬 수 있는 장점이 있다. 반면에 부상의 위험성이 높고 운동을 처음 시작하는 입문자에게는 기구의 숙달이 요구된다. 머신을 이용한 트레이닝은 운동을 시작한 초보자나 여성, 고령층에게 적합하며, 프리웨이트 트레이닝을 보강하는 목적으로 사용될 수 있다. 머신 운동은 프리웨이트 운동에 비해 상대적으로 안정성이 높으며 한 방향으로 근육을 고립시켜 운동하므로 근육비대에 도움을 줄 수 있지만, 이러한 고립화는 다른 근육군의 협응성을 감소시킬 수 있다는 단점이 있다.

43 자각성의 원칙이 무엇인지 설명하시오.

트레이닝을 할 때 운동의 목적, 목표 및 필요성을 잘 이해하고, 계획을 수립하여 자발적으로 수행하는 것을 의미한다.

44 웨이트트레이닝의 생리학적 효과는?

웨이트 트레이닝을 꾸준히 실시하면 근력과 골밀도가 높아지고 기초대사량이 증가한다. 기초대사량이 증가하면 에너지 소비가 많아지기 때문에 다이어트에 도움이 된다.

45 웨이트트레이닝을 하면 근육이 비대해지는 이유를 설명하시오.

웨이트트레이닝을 체계적으로 반복하면 반응 및 적응현상을 일으켜 근육에 생리적 변화와 구조적 변화를 가져온다. 이러한 변화들은 신체에 나타나는 특이적 적응의 결과로서 운동량, 운동강도, 운동빈도 등에 의하여 그 정도가 좌우된다. 적응역치(adaptation threshold) 이상의 적정한 운동부하는 근육의 크기를 증가시켜 근력을 발달시킨다. 이는 근육섬유의 횡단면적을 증가시키는데, 이것은 근육원섬유의 크기와 수, 미오신세사의 단백질량, 모세혈관의 밀도 등의 증가에 의한 것이다. 웨이트트레이닝에 의한 생리적 적응에 의한 근육크기의 증가현상은 크게 2가지 종류가 있는데, 그것은 단기적 근육비대(short-term hypertrophy)와 장기적 근육비대(chronic hypertrophy)이다. 단기적 근육비대는 세포 내에 수분이 증가함으로써 일어나는 것으로 수분이 수시간 후에 혈액으로 돌아가면 그 효과는 사라지게 되며, 힘의 증가도 거의 이루어지지 않는다. 그러나 장기적 근육비대는 근육의 구조적 변화에 의한 것으로 주로 근육세사의 수와 크기의 증가에 의한 현상이다. 사람마다 개인이 가지고 있는 근육섬유의 수는 유전적으로 결정되므로 선천적으로 힘이 좋은 사람이 있을 수 있다. 그러나 강한 부하로 웨이트트레이닝을 하면 근육섬유의 분할(muscle splitting) 혹은 근육증식(muscle hyperplasia)을 유발한다.

46 근육비대를 목적으로 하는 트레이닝에서 세트와 운동 사이에 적절한 휴식시간을 말하시오.

몸풀기 1~3세트, 본운동 4~5세트로 설정한다. 최대근력의 60~100%의 강도로 운동을 실시한다. 세트와 세트 사이의 휴식시간은 보통 2분 이하로 한다. 왜냐하면 휴식시간이 2분 이상으로 길어지면 운동리듬이 끊어지기 때문이다. 하지만 고중량 운동의 경우(스쿼트, 레그프레스 등) 2분 이상 3분 이하로 쉴 수 있다.

47 준비운동의 필요성과 효과를 설명하시오.

준비운동을 통한 체온의 상승은 인체의 각 관절부위를 잇는 인대·근육·힘줄 등의 상해 위험성을 최소화하고, 운동 초기에 나타날 수 있는 심장손상의 위험을 감소시킨다. 뿐만 아니라 운동으로 인해 발생되는 피로의 조기발현을 예방할 수 있으며, 인체의 조정능력을 높여 신경계통의 통합적 조정기능을 향상시킬 수 있다.

48 피라미드식 훈련원칙을 설명하시오.

피라미드식 훈련이란, 근력운동 시 부상위험이 상대적으로 낮은 훈련방법이다. 피라미드식 훈련은 낮은 중량에서부터 시작하여 점진적으로 높은 중량으로 늘리고, 반복횟수를 줄이는 훈련방법이다.

49 자이언트 세트 훈련원칙을 설명하시오.

같은 근육군을 사용하는 운동종류를 4~5가지 이상으로 묶어서 실시하는 트레이닝 방법이다. 운동 종목의 기구들을 미리 준비해 두어서 운동종목과 바꾸는 과정(이동)을 신속하게 쉬지 않고 연속적으로 실시하도록 한다.

50 강제반복법을 설명하시오.

혼자서 더 이상 반복할 수 없는 상황에서 보조자의 도움을 받아서 2~3회 더 반복하는 것을 말한다. 강한 훈련에 속하는 방법으로 보디빌더들이 많은 강제 반복으로 운동할 경우 오버트레이닝이 되기 때문에 상급자들이 때때로 사용하는 방법이다. 근육섬유에 정상적인 피로 이상으로 자극을 주므로 근육의 밀도와 성장 발달에 매우 효과적이다. 예를 들어 100kg으로 벤치프레스를 8회 반복할 수 있다면 보조자의 도움을 받아서 2~3회 정도 강제반복을 통해 시행할 수 있다. 주의할 점으로는 한계지점에서 최대점을 리프팅하는 방법인 만큼 체력의 한계를 넘을 수 있는 극한의 정신력이 요구되며, 더 중요하게는 그 상황에서도 자세가 흐트러지지 않도록 집중을 유지해야 한다.

51 분할법을 설명하시오.

몸 전체 근육을 한 번에 운동한다면 강도 높은 트레이닝은 불가능할 것이다. 근육의 적절한 휴식과 효율성을 고려하여 신체부위별로 나누어 운동하는 방법을 분할법이라고 한다. 초급자는 무분할법, 중급자는 상하체로 구분하여 운동하는 2분할법, 고급자는 2개 이상의 부위를 묶어 3개의 분할로 운동하며, 선수는 1일 1부위 운동으로 가슴, 등, 어깨, 하체 등 4분할법으로 운동할 수 있다.

52 치팅 시스템(cheating system)을 설명하시오.

무거운 중량을 사용하여도 정확한 동작으로 실시해야 한다. 하지만 이것이 어려울 경우 운동 시 속임 동작을 이용하는 것을 '치팅(cheating)'이라고 한다. 예를 들면 바벨 컬을 실시할 때 마지막 2~3회 정도가 남아 있는 상태에서 정확한 자세로 실시하기 어렵다면 반동을 이용하여 마지막 남은 횟수를 수행할 수 있다. 그러나 벤치프레스, 스쿼트 등의 운동 시에는 부상의 위험이 크기 때문에 치팅 동작을 특히 삼가해야 한다.

53 운동목표에 따른 운동부하와 반복횟수를 말하시오.

근력 및 근파워 향상을 위해서는 자신의 최대근력(1RM)의 60% 운동부하로 시작하여 점차적으로 90% 이상의 운동부하로 증가시켜야 한다. 이때 반복횟수는 1~5회 정도이다. 근비대를 위해서는 1RM의 75~85% 운동부하로 실시해야 한다. 반복횟수는 6~12회 사이이다. 근지구력 증가를 위해서는 1RM의 70% 이하의 운동부하로 실시해야 한다. 반복횟수는 13회 이상이다.

54 유산소운동 시 운동강도를 결정하고 싶을 때 사용되는 운동강도의 종류를 설명하시오.

① 심박수 방법 : 심박수는 수행하는 운동강도와 선형적 관계를 기초로 하여 운동강도를 설정하는 방법이다. 즉, 수행하는 운동강도가 높으면 높을수록 심박수가 직선적으로 증가하므로 이러한 선형적 관계를 이용한다.

② 운동자각도 방법 : 운동자각도(ratings of perceived exertion : RPE)란 운동 시 변화하는 느낌을 생리학적 반응에 맞추어 등급을 매기는 척도로서 심리학자인 보그(Gunner Borg)에 의해 개발되었다. 이 척도에서 6이라는 숫자는 운동 중 전혀 힘이 들지 않는 수준인 최소값(baseline)이다. 최대값 20은 최대의 힘을 발휘하고 있을 때 의미한다. RPE 척도는 특히 일정한 운동강도를 파악할 때 신뢰성이 높고 실용적인 지표이다.

③ 최대산소섭취량 방법 : 최대유산소능력의 지표인 최대산소섭취량을 활용하는 방법이다.
　체중감소 : 최대산소섭취량의 50% 이하
　유산소능력 향상 : 최대산소섭취량의 60~70%

④ MET 방법(대사당량=기초대사량=3.5ml/kg/min) : 대사당량을 기준으로 하여 대상자의 기능적인 유산소 수용능력을 평가한다. 이 평가를 이용하여 강도를 조절하여 최저치, 평균치, 최대치를 결정한다. 일정한 MET의 강도에 해당하는 속도나 운동량을 측정하기 위해 ACSM방정식을 사용할 수 있다.

55 스티프 레그 데드 리프트(stiff leg dead lift) 운동 동작 시 어느 근육에 가장 자극이 큰지를 설명하시오.

스티프 레그 데드리프트는 넙다리두갈래근(대퇴이두근), 반힘줄근(반건양근), 반막근(반막양근), 척주세움근(척주기립근), 큰볼기근(대둔근)을 발달시킬 수 있는 운동이다. 이 운동은 컨벤셔널 데드리프트(conventional dead lift)보다 양발의 폭이 좁고 무릎을 거의 편 상태에서 엉덩이가 수직방향으로 올린다는 느낌으로 운동하기 때문에 큰볼기근에 보다 많은 자극을 줄 수 있다.

56 웨이트트레이닝 시 운동배열의 원리를 설명하시오.

운동배열의 원리는 크게 '프로그램 구성', '근육을 자극시키는 순서', '복합관절 운동 후 단일관절 운동'으로 나뉘어진다. 프로그램은 준비운동(가볍게 걷기, 스트레칭), 본운동(근력운동 후 유산소 운동), 마무리운동(가볍게 걷기 후 스트레칭)으로 구성된다. 또한 구성내용에 따라 운동의 순서와 강도는 달라질 수 있다. 체력 향상이 목적이면 강도가 높은 유산소운동 후 저강도의 근력운동을 진행한다. 근육을 자극시키는 순서는 큰근육을 먼저 운동한 후 작은근육을 운동하는 것을 말한다. 복합관절 운동 후 단일관절 운동이란 복합관절을 운동한 다음 단일관절 운동을 진행하는 것을 말한다. 복합관절은 2개 이상의 관절을 이용하므로 큰 힘을 발휘하고, 단일관절은 1개의 관절을 이용하므로 보다 더 작은 힘을 발휘한다. 하지만 단일관절은 목표근육에 많은 자극을 줄 수 있는 이점이 있다.

57 저항운동 시 발생하는 지연성 근육통을 설명하시오.

지연성 근육통(delayed onset muscle soreness)은 익숙하지 않은 신체운동이나 활동 이후 흔히 나타나는 통증을 말하며, 근육성장의 원천이 된다. 운동 후 운동부위의 통증이 24~72시간 동안 발생되며, 이 시간 동안 충분한 휴식과 영양섭취를 해줘야 근육성장을 기대할 수 있다.

58 도핑(doping)을 설명하시오.

도핑(doping)이란 경기력 향상을 목적으로 인체의 생리기능을 인위적으로 조절하는 일체의 행위이다. 가장 대표적인 도핑행위에는 금지 약물복용이 있는데, 세계도핑방지기구(WADA)에 따르면 금지한 약물의 복용·흡입·주사·피부접착 및 혈액제제·수혈·인위적 산소섭취 등 금지된 방법을 사용하거나, 사용 행위를 은폐하거나, 부정거래를 하는 모든 행위뿐만 아니라 그러한 행위를 시도하는 것을 도핑으로 정의하고 있다.

59 도핑 테스트를 설명하시오.

도핑 테스트는 금지약물 검사를 의미한다. 세계도핑방지기구(World Anti-Doping Agency : WADA)는 매년 9월 금지약물이나 방법을 선정·목록화하여 발표한다. 이것을 '금지목록 국제표준'이라고 하며, 이듬 해인 1월 1일부터 효력이 발생한다. 한국의 도핑 테스트는 세계도핑방지기구(World Anti-Doping Agency : WADA)가 정하는 바에 따라 '세계도핑방지규약' 및 '검사 및 조사 국제표준'을 바탕으로 한국도핑방지위원회가 시행하고 있다.

60 유소년기의 운동에 맞는 영양섭취를 설명하시오.

유소년기는 발육촉진이 왕성한 시기이므로 양질의 단백질, 뼈 형성 및 조혈에 필요한 각종 미네랄, 당 대사에 필요한 각종 비타민 등이 포함된 식품을 충분히 섭취해야 한다. 무리한 다이어트는 성장에 방해가 되고 과자·음료·인스턴트 식품의 과다섭취로 인한 성장호르몬의 불균형은 성조숙증 등을 유발할 수 있으므로 주의해야 한다.

61 유소년기의 신체적·정신적 변화에 따른 지도방법에 대해 말하시오.

유소년기는 성장 및 신체능력 발달이 중요하고 신체활동에 대한 욕구가 매우 왕성한 시기이다. 지도방법으로는 정기적인 건강평가, 예방접종, 영양공급, 안전대책, 질병관리 등을 확인하고, 뛰어오르기, 달리기, 던지기 등 기본동작을 포함하여 다양한 운동동작을 경험하도록 지도해야 한다. 또한 지나친 운동강도는 발육발달에 부정적 영향을 미칠 수 있으므로 유의해야 한다. 지도자는 재미와 흥미 유발을 통해 신체활동 강도를 적절히 조절하여 지도해야 한다.

62 유소년기의 운동지도 시 주의할 점을 말하시오.

유소년기는 과도한 운동이 성장에 방해를 줄 수 있기 때문에 피하는 것이 좋다. 또한 어느 한 종목에만 치우치지 않고 다양한 종목을 경험할 수 있도록 하고, 흥미를 갖고 운동에 참여할 수 있도록 유소년의 능력과 수준에 적합한 프로그램을 운영해야 한다. 그리고 지도자는 유소년의 안전사고에 대비하여 지속적으로 주의를 갖고 관찰해야 한다.

63 체지방감량을 위한 가장 효과적인 유산소운동 방법을 설명하시오.

① 운동형태 : 자전거타기, 걷기, 조깅, 달리기, 수영
② 운동강도 : 최대산소섭취량의 70% 이하
③ 운동시간 : 30분 이상
④ 운동빈도 : 주당 최소 3일
⑤ 운동기간 : 최소 8주간

신체둘레나 체성분을 변화시킬 때에는 특정부위의 집중감소 운동이 일반적인 유산소운동보다 효과적이지 못하다. 즉, 복부지방을 감소시키기 위해 윗몸일으키기만 집중적으로 수행하기보다 유산소운동을 중심으로 수행하고, 보조적으로 윗몸일으키기를 수행하는 것이 효과적이다.

64 운동기구를 잡는 그립의 종류를 설명하시오.

웨이트트레이닝 기구를 잡는 그립법에는 손의 방향에 따라 프로네이티드 그립, 서피네이트 그립, 얼터네이티드 그립, 패럴랠 그립, 섬리스 그립, 훅 그립 등이 있다. 첫째, 프로네이티드 그립(pronated grip)은 바를 감싸 쥐어 엄지가 마주 보게 잡는 그립법이다. 벤치 프레스와 숄더 프레스를 비롯하여 가장 일반적으로 활용되는 방법이며, 오버핸드 그립 또는 회내 그립이라고도 한다. 둘째, 서피네이티드 그립(supinated grip)은 프로네이티드 그립의 반대로, 바를 아래에서 감싸 양새끼손가락이 마주 보게 잡는 그립법이다. 바벨컬, 친업, 랫풀다운 등에서 활용하며 언더핸드 그립 또는 회외 그립이라고도 한다. 셋째, 얼터네이티드 그립(alternated grip)은 한 손은 프로네이티드 그립으로, 다른 손은 서피네이티드 그립으로 잡는 그립법이다. 얼터네이티드 그립은 데드리프트와 같이 고중량의 운동을 할 때 활용하며 리버스 그립(reverse grip) 또는 믹스드 그립(mixed grip)이라고도 한다. 넷째, 패럴렐 그립(parallel grip)은 양손을 마주 보듯이 잡는 그립으로 뉴트럴 그립(neutral grip)이라고도 한다. 패럴렐 그립은 해머 컬 같은 운동을 할 때 활용한다. 다섯째, 섬리스 그립(Thumbless grip) 바를 잡을 때 엄지가 바를 감싸지 않고, 검지 옆에 두는 그립법이다. 섬리스 그립은 프레스 운동을 할 때 손목을 더

좋은 위치에 놓고, 어깨를 더 안전하게 하고, 위팔 세갈래근을 더 활성화시킬 수 있는 장점이 있다. 그러나 손이 미끄러져서 부상 가능성이 높아 자살그립(suicide grip) 또는 잘못된 그립(false grip)이라고도 불린다. 여섯째, 훅 그립(hook grip)은 엄지손가락을 나머지 손가락으로 감싸 그립법이다. 주로 역도에서 활용하고 아래팔(전완)에 힘이 빠지거나 무거운 중량을 들어 올릴 때 활용한다. 이밖에도 바를 잡는 손의 간격에 따라서 좁은 그립(narrow grip), 넓은 그립(wide grip), 스탠다드 그립(standard grip) 등이 있다.

65 노년기의 보디빌딩에 맞는 영양섭취를 설명하시오.

노년기는 일일 권장 칼로리기준으로 영양섭취가 권장된다. 이때에는 탄수화물·단백질·지방의 비율을 50:30:20으로 섭취하도록 권장된다. 너무 많은 양의 단백질 섭취는 간이나 콩팥(신장)에 부담을 줄 수 있으므로 주의해야 한다. 영양 섭취는 생선, 가금류, 야채가 권장된다. 또한 노년기는 각종 질병에 따른 영양섭취가 권장된다. 노년기는 젊었을 때보다 활동에너지 소비가 적어진다. 따라서 열량은 적으며 모든 영양소를 골고루 섭취할 수 있는 식습관 형성이 중요하다.

66 노년기의 신체적·정신적 변화에 따른 지도방법을 말하시오.

노년기는 신체기능과 체력의 저하가 나타나며, 신체활동의 감소와 퇴행이 나타난다. 그리고 역할상실과 핵가족화에 따른 소외감, 고독감, 만성적인 무료함, 우울증 등이 나타난다. 이러한 신체적·정신적 변화에 따른 지도방법은 지나친 신체활동과 움직임을 자제하고 무리하지 않은 범위 내에서 지속적인 신체활동을 수행하도록 해야 한다. 그리고 신체기능과 체력저하의 지연을 위한 근력강화 운동, 노화방지에

도움이 되는 운동, 에너지 소비가 적고 사교적인 단체활동을 다양하게 구성해야 한다.

67 노년기의 운동지도 시 주의할 점을 말하시오.

지도자는 준비운동, 본운동, 정리운동의 순으로 운동을 지도하여 운동상해를 예방해야 한다. 과도한 운동은 금물이며, 모든 운동의 진행은 자세조절능력에 근거하여 서서히 이루어져야 한다. 운동은 앉아서 하는 운동에서부터 서서 하는 운동으로 진행한다. 특히 운동지도 시에는 노인들로 하여금 수분섭취와 영양섭취를 조금씩 자주하도록 안내한다. 무엇보다 중요한 것은 운동 시 안전사고에 대한 주의이다. 안전사고 발생 시에는 신속한 조치를 하도록 잘 관찰해야 한다.

68 웨이트트레이닝에서 근력과 근지구력 훈련의 차이를 설명하시오.

근력훈련은 자신의 최대근력의 60% 강도에서 시작하여 80~100%까지 강도를 증가하는 훈련을 말한다. 특히 근력은 속근섬유와 큰 연관성이 있어 속근육을 발달시킬 수 있는 고중량 저반복 훈련이 중요하다. 근지구력 훈련은 자신의 최대근력 중 30% 강도 수준에 적응 후 40~50%의 강도로 증가하는 훈련을 말한다. 특히 근지구력 훈련은 지근섬유와 큰 연관성이 있으므로 지근섬유를 발달시킬 수 있는 저중량 고반복 훈련이 중점이 되어야 한다.

69 웨이트트레이닝 시 여성이나 40대 이상의 성인들에게 권장할 최적의 부하강도와 세트 수를 설명하시오.

성별과 연령을 고려한 혈압이 높아지는 근력운동보다는 근지구력 운동이 권장된다. 부하강도는 1RM 기준 50~70% 강도이고, 반복횟수는 15회 이상 30회 이하로 권장된다. 또한 세트 수는 몸 풀기 세트 1~2세트와 본운동 3세트로, 총세트 수는 4~5세트로 권장된다.

70 노인들의 건강증진을 위한 가장 효과적인 저항운동을 2개 이상 예를 들어 설명하시오.

효과적인 노인들의 저항운동으로는 첫 번째로 스쿼트(하체 발달을 통해 심장으로 혈액을 신속하게 운반)와 데드리프트(허리 강화를 통한 몸의 중심 유지 능력 발달)이다. 두 번째로는 복근강화 운동이다. 이는 척주가 제 위치에 있을 수 있도록 하기 위함이다. 마지막으로는 상체 중심부위의 저항운동이다. 특히 노인들에게 운동을 실시할 때는 운동전문가에게 정기적인 피드백을 받고, 운동프로그램을 수정할 필요가 있다.

71 팔부위 강화를 위한 수퍼 세트와 컴파운드 세트를 설명하시오.

수퍼 세트 훈련법은 세트 사이에 휴식 없이 서로 반대되는 근육을 훈련하는 방법이다. 예를 들면, 위팔두갈래근 1세트와 위팔세갈래근 1세트를 한 종류로 묶어 세트 사이에 휴식 없이 실시하는 방법이다. 컴파운드 세트 훈련법은 동일한 부위에 2가지 운동을 같이 실시하는 방법이다. 예를 들면, 플랫 바벨 벤치 프레스(flat barbell bench press)와 플랫 덤벨 프라이(flat dumbbell fly)를 연속해서 세트 사이의 휴식 없이 실시하는 방법이다. 이러한 방법은 동일 부위에 휴식 없이 운동자극을 주는 강도 높은 훈련법이므로, 초보자보다는 숙련자에게 적합한 운동방법이다.

72 어깨와 등(back)을 동시에 발달시킬 수 있는 운동을 설명하시오.

① 원암 덤벨로우는 넓은등근(광배근), 등세모근(승모근), 어깨세모근(삼각근), 위팔세갈래근(상완삼두근)의 단련에 좋다(플랫 벤치 및 덤벨). ② 클로즈 그립 풀업은 풀업 운동의 변형 중 하나로 넓은등근과 위팔두갈래근을 발달시킬 때 좋다(철봉). ③ 와이드 그립 풀업은 등, 가슴, 어깨, 팔에 효과가 좋다(풀업 바). ④ 스탠딩 케이블 풀오버는 등, 가슴, 위팔세갈래근부위의 발달에 좋다(케이블 머신). ⑤ 리버스 그립 벤트 오버 로우는 등부위의 발달에 좋다(바벨). ⑥ 스트레이트 암 덤벨 풀오버는 등근육, 가슴, 팔, 복근을 발달시키는 간단하면서도 효과적인 운동이다(덤벨 및 벤치). ⑦ 랫 풀다운 운동은 넓은등근의 발달에 좋다(케이블 머신). ⑧ 시트 케이블 로우는 등 중간부위의 근육을 단련하는 데 좋다(V-바 로우 풀리 로우 머신). ⑨ 인버티드 바디웨이트 로우는 등 중간부위의 근육 단련에 좋다(허리 높이의 막대 및 스미스 머신). ⑩ 스트레이트 암 풀다운 운동은 넓은등근(광배근), 등 상부, 어깨세모근(삼각근), 위팔세갈래근(상완삼두근), 가슴 및 코어근육의 단련에 좋다(케이블 스테이션 및 로프 핸들).

73 어깨세모근(삼각근)과 등세모근(승모근)을 동시에 강화할 수 있는 운동을 말하시오.

어깨세모근과 등세모근을 동시에 강화하는 운동으로는 업라이트 로우가 매우 적절하다. 측면어깨세모근과 등세모근, 위팔두갈래근을 동시에 집중적으로 발달시킬 수 있다. 바벨이 아닌 덤벨을 이용해서도 할 수 있다. 덤벨로 할 때는 몸의 균형이 한쪽으로 쏠리지 않게 집중해주는 것이 좋다. 덤벨은 바벨과 달리 가동범위가 넓어서 콘트롤하기가 어렵다. 공통점은 운동기구, 바벨이나 덤벨이 가급적이면 몸과 가깝게 붙어 있어야 좋으며, 손목이 아닌 팔꿈치, 그중에서도 위팔두갈래근(상완이두근)의 힘을 적극적으로 사용해야 한다. 최대의 수축을 이루려면 바벨을 들어올릴 때 호흡을 뱉고, 정확한 자세 및 동작을 위해 적절한 무게의 운동기구를 선택하는 것이 중요하다. 다만 돌림근띠(회전근개)에 무리를 주기 쉽기 때문에 운동 시 세심한 주의가 필요하다.

74 복부비만을 해결하기 위한 저항성운동의 예를 들어 설명하시오.

윗배는 크런치, 아랫배는 행인 레그업, 옆구리는 덤벨 사이드밴드가 효과적이다. 배근육(복근)운동을 집중적으로 한다고 하여 복부의 지방을 빼기 어렵다. 왜냐하면 우리 몸은 같은 비율로 지방이 빠지기 때문이다.

75 등이 굽은 사람을 위한 교정방법을 설명하시오.

가장 좋은 교정방법은 일상생활에서 올바른 자세를 유지하려는 노력이다. 또한 스트레칭을 통해 수축된 근육을 이완시켜주고, 근력운동으로 늘어난 근육을 제자리로 돌아가게 하여 근육의 균형을 잡아준다. 특히 '비하인드 바벨 슈러그 운동'을 추가 진행하는 것이 좋다. 뒤로 걷기는 상체가 자연스러운 아치형을 하도록 교정하므로 등이 굽은 사람들에게 좋은 운동이다.

76 허리통증을 예방할 수 있는 운동을 설명하시오.

허리통증은 허리부위의 근육 및 힘줄의 경직으로 인한 통증을 의미한다. 허리와 관련된 배근육과 허리근육의 균형이 맞아야 척추가 제 위치에 있을 수 있으며, 배근육(복근)운동과 허리운동을 같이 하여야 한다. 이러한 운동은 근력·근지구력 운동들을 통한 허리통증 완화에 중점을 둔다.

77 허리(low back)를 발달시킬 수 있는 운동을 말하시오.

허리는 크게 넓은등근(광배근) 하부와 척주세움근으로 나뉘어진다. 넓은등근 하부를 발달시킬 수 있는 대표적 운동방법은 '뉴트럴 그립 풀 다운 머신'이다. 그리고 척주세움근을 발달시킬 수 있는 대표적 운동은 '데드리프트', '백 익스텐션'이다.

78 스쿼트 운동 종류를 말하시오.

① 풀 스쿼트(full squat) : 엉덩이가 무릎보다 더 내려가도록 않는 자세로, 볼기근(둔근)에 큰 자극이 가해진다. 무릎과 다리 사이의 간격과 발끝 각도를 약간 넓게 해야 허리의 부담을 감소시킬 수 있다.
② 백 스쿼트(back squat) : 바벨이나 덤벨을 어깨 뒤쪽(등세모근)에 올리고 스쿼트 동작을 수행한다. 척주세움근에 자극이 많이 가는 동작이다.
③ 프론트 스쿼트(front squat) : 바벨이나 덤벨을 빗장뼈(쇄골) 앞쪽으로 올려 스쿼트 동작을 수행한다. 허리가 많이 굽지 않게 하는 동작으로 넙다리네갈래근에 더 많은 자극을 주는 동작이다.
④ 와이드 스쿼트(wide squat) : 양다리를 넓게 벌리고 스쿼트를 수행하며, 허벅지 안쪽을 단련시킨다.
⑤ 내로우 스쿼트(narrow squat) : 양다리를 좁게 하고 수행하며, 오다리 교정에 좋다.
⑥ 사이드 스쿼트(side squat) : 다리를 벌린 상태로 번갈아가며 한쪽으로 체중을 실어준다.

79 넙다리두갈래근(대퇴이두근)과 힙을 발달시킬 수 있는 운동을 말하시오.

① 다관절 운동 : 루마니안 데드 리프트, 굿모닝
② 단일관절 운동 : 레그컬(leg curl)
③ 기타 운동 : 런지, 스쿼트 등의 하체 운동 중 풀 동작으로 하면 자극을 증가시킨다.

80 파워 존(Power zone)은 무엇이며, 파워 존을 강화하기 위해 실시하는 운동을 말하시오.

파워존은 엉덩관절(고관절)을 중심으로 배꼽아래 단전부위·엉덩이·허벅지 등으로, 우리 몸에서 가장 길고 큰근육이 모여 있다. 파워존을 강화하는 대표적인 운동은 데드 리프트, 스쿼트가 있다.

81 트레이닝의 주기화를 설명하시오.

운동목표 달성을 위한 훈련계획의 주기를 작성하는 것이 주기화이다. 비시즌과 시합전기, 시합기, 그리고 시합후기의 단기 사이클로 구성된 연간계획을 가지고 있다. 1년 계획, 분기계획, 월계획, 주계획, 일계획으로 세부적으로 작성할 수도 있다.

① 비시즌(off-season) : 비시즌은 종목에 따라 다양하나 차기 연도의 첫 시합시즌 이전과 전년도의 마지막 시합기 사이에 있는 기간을 의미한다. 이 시즌은 준비기의 대부분을 포함하고 있다. 과비대/지구력과 기초 근력단계를 2회 또는 그 이상을 순환반복 할 수 있다.

② 시합전기(preseason) : 최초시합의 바로 앞 단계에 오며 준비기의 마지막 단계와 1차 전환기를 포함한다.

③ 시합기(in-season) : 연간계획에 의해 구성된 모든 경기기간을 포함한다. 대부분의 종목은 가장 중요한 시합을 둘러싸고 있는 여러 개의 단기 사이클을 필요로 하는 긴 시합기를 가지고 있다. 훈련프로그램이 가장 중요한 시합을 위해서 최고치에 이를 수 있도록 초고강도와 저운동량으로 구성하는 것을 의미한다. 다른 접근방법은 중간강도와 저 → 중간 운동량의 프로그램을 구성하는 것이다.

④ 시합후기(postseason) : 동적 또는 상대적 휴식을 제공하기 위한 기간이다. 짧은 동적 휴식기간은 단기훈련기간 동안 이용될 수 있다. 각각의 단기 사이클 후 일주일 정도 상대적 휴식을 갖는 단기주기(즉 저강도 저운동량 훈련)는 차기 단기주기의 시작 이전에 계획될 수 있다.

82 점프력을 강화시키기 위한 운동을 말하시오.

점프력은 하체 순발력과 밀접한 관련이 있다. 점프력은 제자리멀리뛰기나 높이뛰기 등과 같이 신체를 멀리 혹은 높이 도약시키는 능력이다. 스쿼트, 점프 스쿼트, 카르 레이즈, 데드리프트도 파워를 생성하는 데 중요한 작용을 하는 하체와 엉덩관절의 근육을 강화하는 운동이다. 플라이오메트릭 트레이닝은 연속 박스점프, 허들넘기, 뜀틀넘기 등이 있다.

83 척주세움근을 발달시킬 수 있는 운동을 말하시오.

백 익스텐션, 데드 리프트, 굿모닝, 브릿지 등의 운동이 있다.

① 백 익스텐션(back extension) : 척주세움근, 큰볼기근, 햄스트링스, 배근육(복근)
② 백 스쿼트(back squat) : 큰볼기근, 넙다리네갈래근, 배근육, 넙다리두갈래근, 척주세움근
③ 데드 리프트(dead lift) : 넓은등근, 뒤어깨세모근, 척주세움근, 넙다리두갈래근, 큰볼기근
④ 굿모닝 운동 : 척주세움근 강화 및 스트레칭
⑤ 브릿지 : 척주세움근, 큰볼기근, 배곧은근

84 무거운 중량 사용 시 준비운동 세트를 말하시오.

본 운동을 하기 전 목적에 맞게 워밍업(warming up)으로 1~3세트 운동을 해주는 것이 좋다. 10~12회 정도 가벼운 무게로 체온을 높이고 근육과 관절에 부담감을 감소시켜 부상과 운동상해를 예방하고 운동의 효과를 높인다.

85 복부를 발달시킬 수 있는 운동을 말하시오.

대표적인 배근육(복근)운동은 싯업(sit-up), 니업 시티드(knee-up seated), 크런치(crunch), 케이블 크런치(cable crunch), 리버스 크런치(reverse crunch), 사이드 크런치(side crunch), 오블리크 크런치(oblique crunch), 플랭크(plank), 행잉 레그 레이즈(hanging leg raises), 덤벨 사이드 밴드(dumbbell side bend), V업(v-up), 리버스 트렁크 트위스트(reverse trunk twist) 등이다.

86 유산소성 운동의 필요성과 효과를 설명하시오.

① 심장호흡계 기능의 개선(향상) : 최대산소섭취량 증가, 고혈압환자의 안정 시 수축기와 이완기 혈압의 감소
② 비만의 개선 : 비만 정도의 감소, 혈청고밀도 지질단백(HDL) 콜레스테롤의 증가와 중성지방의 감소
③ 사망률 및 질병 이환율의 감소 : 심혈관질환 사망률을 낮춤, 운동이 장수에 긍정적인 영향을 초래
④ 기타 : 불안과 우울증의 감소, 행복감의 증가, 노인들의 신체기능과 독립적 생활 증진

87 훈련을 하기에 가장 좋은 시간은 언제인지 말하시오.

결론적으로 훈련하기에 가장 좋은 시간은 자신이 규칙적으로 훈련할 수 있는 시간이다. 다이어트를 위해서는 오전 훈련이 추천된다. 오전은 남성호르몬이 많이 분비되고 지방을 태우는 수치가 높아 지방세포 분해에 도움이 된다. 오후는 생체리듬이 가장 원활하고 근육의 유연성이 좋다. 또한 부상의 위험이 낮아 웨이트트레이닝을 수행하기에 좋다.

88 동화작용(anabolism)과 이화작용(catabolism)을 설명하시오.

동화작용은 근육이 더 비대해지도록 에너지 등의 반응물질들과 결합하는 것을 말한다. 이화작용은 근육 안의 에너지를 사용하여 근육이 분해되는 것을 말한다. 예를 들어 보디빌더가 이화작용을 줄이고 동화작용을 유지하기 위해 3~4시간 간격을 식사하는 이유다.

89 근육 운동 시 '고통 없이 얻을 수 없다(No pain, no gain)'는 슬로건이 진실인지 거짓인지 말하시오.

고통이 무엇을 의미하는지에 따라 다를 수 있지만, 힘들게 운동한 만큼 근육성장이 이루어진다는 측면에서 보면 진실이다. 그러나 그 고통이 근육통이라면 좀 생각을 해봐야 한다. 근육통은 근육에 미세한 손상을 입었을 때 발생하고 근력운동이 효과적으로 수행되었는지에 대한 여러 지표 중 하나이기도 하다. 즉, 근육성장은 보다 다양한 메커니즘을 통해 이루어지기 때문에 근육통을 느껴야만 근육성장이 이루어진다고는 할 수 없다. 오히려 통증이 심할 땐 주의가 필요하다. 특히 운동에 익숙하지 않은 사람일수록 운동으로 인한 통증을 간과하기 쉬운데, 운동량이 갑자기 늘어나면 척추·관절·인대 등에 부상을 입을 수 있으므로 자신의 체력에 맞는 균형잡힌 운동을 해야 한다.

90 근력·근지구력 향상을 위한 부하와 반복횟수를 설명하시오.

근력증가를 위해서는 1RM의 85~100% 이상의 중량으로 1~6회의 반복횟수로 3세트 이상을 실시하고, 근비대 향상을 위해서는 1RM의 75~85%의 중량으로 6~12회 반복횟수로 3세트 이상을 실시한다. 근지구력을 강화하려면 1RM의 70% 이하의 무게로 13~20회 반복횟수로 1세트 이상을 실시한다.

유 형	세트	강도	반복	운동빈도
근력(초보자)	1세트 이상	70~80% 1RM	8~12	3
근력(중급 이상)	3세트 이상	85~100% 1RM	1~6	5~6
근지구력	1세트 이상	70% 이하 1RM	13~20	3
근비대(중급 이상)	3세트 이상	75~85% 1RM	6~12	5~6

91 위팔두갈래근을 발달시킬 수 있는 운동을 말하시오.

위팔두갈래근(상완삼두근)을 발달시킬 수 있는 운동에는 킥백(kickbacks), 딥스(dips), 오버헤드 트라이셉 익스텐션(overhead triceps extensions), 케이블 푸시다운(cable pushdowns), 라잉 트라이셉 익스텐션(lying triceps extensions), 클로즈 그립 벤치 프레스(close grip bench presses), 엄지와 검지를 붙여 다이아몬드 형으로 만들어 바닥을 짚고 실시하는 다이아몬드 푸시업(diamond push-ups) 등이 있다.

92 혈당과 적정수준에 대해 설명하시오.

혈당은 혈액 속에 함유되어 있는 포도당을 의미하며, 혈액 내에서 적절한 농도를 유지해야 한다. 공복혈당은 8시간 이상 금식 후 측정한 혈당농도로, 100mg/dL 미만이면 정상이며, 100~125mg/dL이면 공복혈당장애, 126mg/dL 이상이면 당뇨병으로 의심할 수 있다.

93 나이든 사람의 운동방법을 설명하시오.

나이가 들면 운동 중에 관절, 뼈, 근육 등에 사고나 부상을 특히 조심하여야 한다. 균형감각이 떨어지기 때문에 러닝머신을 사용할 때는 손잡이를 잡거나, 앉아서 하는 자전거 운동을 권장한다. 또한, 하체근력이 약화되어 있으므로 하체근력을 향상시킬 수 있는 운동을 권장한다.

94 저항운동의 필요성과 효과를 말하시오.

저항운동을 통한 근력의 증가는 대사질환 위험의 감소, 모든 원인의 사망위험 저하, 심혈관질환의 감소 등과 유의한 관계가 있다. 아울러 우울증과 불안을 개선시키고 활력을 증가시키며 피로를 줄일 수 있다. 또한, 저항운동을 통한 근력의 증가는 기초대사량을 증가시키는 데 도움을 준다.

95 RPE와 최대산소섭취량을 설명하시오.

RPE(운동자각도)란 "Ratings of Perceived Exertion"이다. 이것은 운동 시 피험자에 의해 기록된 자각도가 생리적 변수와 이론적으로 일치되도록 특정 순서표로 구성되어 있으며, 실제로 운동 시 심박수와 상당한 상관관계를 가지고 있다. 아울러 훈련기간 중 운동강도를 조절하기 위해 사용되는 좋은 지표가 될 수 있다. 최대산소섭취량의 경우 운동 시 운동강도가 증가함에 따라 신체는 근육에 필요한 산소를 보충해주기 위해 산소섭취량이 증가하게 되는데, 어느 한계점에 도달하면 그 이상의 산소섭취량은 증가하지 않게 된다. 이때의 산소섭취량을 최대산소섭취량(maximal oxygen uptake : $\dot{V}O_2max$)이라고 하며, 이는 체내에서 사용되는 산소의 총량을 의미한다. 일반적으로 유산소능력을 알아보기 위한 지표로 널리 사용된다.

96 포화지방산과 불포화지방산을 설명하시오.

지방산은 포화 정도에 따라 포화지방산, 불포화지방산으로 분류된다. 포화지방산은 동물성 식품, 마가린 등에 많이 함유되어 있고, 체내에서 합성이 가능하다. 불포화지방산은 이중결합 수가 하나인 단일불포화지방산과 이중결합 수가 많은 다중불포화지방산으로 나누어진다. 이중결합 수가 많을수록 융점이 낮고, 상온에서 액체 상태로 존재한다.

97 포도당(glucose)을 설명하시오.

탄수화물은 탄소와 수화물로 구성된 분자이다. 탄수화물은 운동 중 중요한 연료이며, 운동선수의 중요한 에너지이다. 탄수화물은 형태적으로 단당류, 이당류, 다당류 그리고 섬유소이다. 단당류에는 포도당, 과당, 갈락토오스가 있다. 여기서 포도당

(glucose)은 덱스트로오스(dextrose) 또는 포도당(grape sugar)이라 부른다. 포도당은 근육에서 산화될 수 있는 유일한 탄수화물이다.

98 인슐린(insulin)을 설명하시오.

인슐린과 글루카곤은 체내의 대표적인 대항호르몬이다. 인슐린은 췌장(pancreas)의 β-세포에서 분비되며 포도당농도 조절작용을 한다. 탄수화물 섭취후 포도당농도가 상승하면, 췌장 랑게르한스섬(islands of Langerhans)의 β-세포에서 인슐린이 분비되어 포도당을 조직에 저장하는 작용을 한다. 반면에 혈중포도당농도가 떨어지면 췌장 랑게르한스섬의 α-세포에서 글루카곤이 분비되어 간에 저장된 글리코겐을 분해하여 혈중포도당농도를 상승시킨다.

99 시합을 앞두고 체중감량 시에 탄수화물을 꼭 섭취해야 하는 이유를 말하시오.

탄수화물 섭취를 지나치게 제한하면 체내에서 혈당 조제가 잘되지 않아 저혈당 증상이 나타난다. 또한 탄수화물 결핍에 의해 체내 단백질 또는 지방질이 급격하게 동원되면 체단백질의 붕괴나 케토시스 등을 일으킬 수 있다. 따라서 하루에 최소한 80~100g의 탄수화물을 섭취하는 것이 필요하다. 에너지함량이 높은 과자류, 체지방으로 변화기 쉬운 과당을 포함하는 과일 섭취에는 주의가 필요하다.

100 당(sugar)을 설명하시오.

일반적으로 당이라고 하면 단맛이 나는 물질을 총칭하며, 화학적으로는 탄수화물(carbohydrate) 중에서 비교적 작은 분자로 이루어지고 물에 녹아서 단맛이 나는 물질을 가리킨다. 당(sugar)을 너무 많이 섭취하면 체중증가, 당뇨병, 충치 등의 위험증가와 같은 건강문제가 발생할 수 있다.

101 글리코겐(glycogen)에 대해 말하시오.

글리코겐은 동물의 체내, 특히 간과 근육에 저장되어 있는 중요한 에너지원으로서 섭취한 식물의 전분이 분해되어 저장된 것이다. 에너지 요구신호에 반응하여 글리코겐이 분해되면서 에너지를 생산한다. 간의 글리코겐은 포도당으로 분해되어 혈중으로 나타나며, 근육의 글리코겐은 분해 과정을 거쳐 근육세포에서 바로 사용된다. 운동 중, 운동 후 피로회복에 매우 중요한 역할을 하기 때문에 글리코겐 함량을 유지하는 것은 중요하다.

102 글루타민(glutamine)에 대해 말하시오.

글루타민은 선택적 필수아미노산으로 불리며, 근육 내 유리아미노산의 약 60%를 차지하고 있는 성분이다. 근육들 간의 글루타민 수치가 감소되면 근육 이화작용이 증가하고, 반면에 혈장글루타민 수치가 떨어지면 극도의 피로감이 생길 수 있다. 그러므로 혈장과 근육들 간의 글루타민 수치를 최적으로 유지하는 것이 중요하다. 글루타민 충분하면 근육형성, 근육 손실 방지, 면역기능 향상, 피로회복에 효과가 크다.

103 글루타믹산(glutamic acid)을 설명하시오.

글루타믹산은 비필수아미노산으로, 글루타믹산의 수용체를 이용해 신경말단의 흥분을 전달하는 기능을 한다. 글루탐산도 면역기능에 기여하는데 칼륨이나 비타민·단백질·칼슘과 같은 성분들의 합성을 촉진하며 소화기능에도 작용한다. 이러한 기능으로 인하여 결과적으로 면역체계를 강화해준다. 그러나 글루타믹산이 우리 몸에 많아지면 신경세포를 과도하게 흥분시켜 평소에 소량만 통과시켰던 수용체들이 대량의 물질들을 통과하게 되어 삼투압 작용이 일어나 세포가 팽창하게 된다. 이러한 현상으로 혈관이 압박하여 혈류를 막아 세포가 괴사하게 된다. 따라서 균형유지가 필요하다.

104 헬스 보충제의 필요성과 섭취방법을 설명하시오.

신체는 운동을 하면서 에너지를 공급하기 위해 체내 단백질(주로 근육 내 단백질)을 분해하여 아미노산으로 만든 뒤 간으로 이동, 포도당으로 전환하여 이를 에너지원으로 공급한다. 그 과정에서 고갈된 단백질에 대해 보충제를 통해 적절히 영양공급을 함으로써 운동효율과 지속능력을 높이고 근육발달에 필요한 영양분을 보충하기 위해 보충제의 섭취가 필요하다. 단백질보충제는 운동하기 1시간 전이나 운동 직후 2시간 이내, 그리고 취침 1시간 전에 섭취하면 근육성장에 도움이 되는 것으로 알려져 있다.

105 크레아틴을 섭취하면 운동수행능력을 향상시킬 수 있는지, 만약 그렇다면 그 이유를 설명하시오.

고강도의 트레이닝은 근육 내 ATP수치를 떨어뜨림으로써 동화작용이 더뎌진다. 크레아틴은 세포 내 수분을 공급하여 단백질 합성속도를 높여주고 IGF-1(인슐린 유사성장인자-1)과 MGF(기계적 성장인자)와 같은 동화작용 호르몬의 분비를 촉진시켜 근력향상과 근육량 증가를 효과적으로 높여준다.

106 크레아티닌(creatinine)을 설명하시오.

평소 인체는 근육활동에 필요한 에너지를 공급하기 위해 당분해작용을 한다. 그러나 갑자기 무거운 것을 들거나 달리면 에너지가 순간적으로 많이 필요해져 해당과정이 이뤄지기 위해 시간을 벌어줘야 한다. 이때 인체에서 가장 빠르게 ATP를 만들어 에너지를 공급하는 시스템이 크레아틴인산이 크레아틴으로 바뀌는 과정이다. 크레아티닌은 이때 크레아틴이 비효소 대사반응을 거치고 난 후 만들어지는 노폐물이다. 크레아티닌은 콩팥(신장)을 통해 배출되기 때문에 콩팥기능을 평가하는 지표로 활용되기도 한다.

107 카보 로딩(carbohydrate loading)을 설명하시오.

카보 로딩이란 탄수화물을 체내에 쌓아 둔다는 의미로, 체내에 탄수화물을 축적하기 위한 방법을 일컫는다. 카보 로딩은 특히 장거리 운동선수들에게 필요한데, 신체의 탄수화물이 떨어지는 순간 더 이상 운동을 지속할 수 없기 때문이다. 카보 로딩의 방법은 다양하지만, 일반적으로 대회 일주일 전 장거리 달리기를 통해 체내 탄수화물을 다 태우고 난 뒤 1주일의 앞쪽 3일은 탄수화물을 끊고, 뒤쪽 3일은 탄수화물만 먹는 방법이 있다. 이렇게 하면 체내 근육에 탄수화물이 과축적되어 장거리 달리기에서 에너지로 오래오래 사용할 수 있게 된다.

108 카르니틴(carnitine)을 설명하시오.

카르니틴은 지방산이 산화할 때 지방산을 미토콘드리아 내로 운반하는 역할을 지닌 화합물이다. 또한 인체에서 지방의 분해를 돕는 역할을 한다. 따라서 카르니틴이 부족하면 지방산의 분해가 제대로 이루어지지 않아 에너지 발생이 더디게 된다. 카르니틴은 에너지 생성을 도와 지방분해를 촉진하므로 다이어트에 도움을 주는 첨가제 재료로 많이 사용된다.

109 유청 단백질(whey protein)을 설명하시오.

우유에서 수분을 제거하면 지방, 당분, 유당(락토스), 단백질로 분해되는데, 여기에서 지방과 당분을 제거하면 유청 단백질이 된다. 그 종류는 농축유청(WPC), 분리유청(WPI), 가수분해유청(WPH)으로 구분된다. 농축유청은 가격이 저렴한 반면 소화문제를 유발한다. 반면 분리유청은 순도가 가장 높은 최고등급의 유청 단백질로서 고급 보충제에 속한다. 가수분해유청은 WPC의 아미노산 분자구조를 더욱 미세하게 분리한 것으로, 신속한 단백동화작용을 가능하게 한다. 그러나 유청 단백질 중 가장 고가이며 맛이 좋지 않다.

110 DHA를 설명하시오.

DHA는 오메가 3의 주 성분 중 하나로 세포막의 주요 구성성분이며, 불포화지방산으로 체내에서 자연합성되지 않는 필수지방산이다. 몸에서 직접 만들수 없어 식품 섭취를 통해 체내에 공급해주어야 한다. 등푸른생선(고등어, 꽁치, 정어리 등), 견과류(호두, 아몬드, 땅콩 등), 들깨에 많이 함유되어 있다. 건강기능식품으로 보충하는 것도 좋다. DHA는 뇌기능을 활성화하여 기억력 향상과 치매예방에 효과적이고, 혈중 중성지질을 개선하여 혈관을 건강하게 하고, 눈 건강에 도움을 준다.

111 BCAA란 무엇인지 설명하시오.

BCAA는 한글로 분자사슬아미노산이다. 필수아미노산 중 류신, 아이소류신, 발린을 묶어서 부르는 용어이다. 필수아미노산이란 고단백식품이며 소고기 같은 육류에 많이 함유되어 있지만 체내에서 합성되지 않아 음식 등을 통해 섭취해야 한다. BCAA의 가장 큰 효능은 근육성장이다. 이외 근육조직 회복, 면역기능 및 간 건강 향상, 피로도 감소 등의 효과가 있다. 성인 남성의 경우 하루 12g, 여성은 9g을 섭취하는 것이 이상적이며, 닭고기, 소고기, 계란, 콩, 연어, 요거트 등에 많이 함유되어 있다.

112 인체에서 수분의 역할을 설명하시오.

인체를 구성하는 성분 중 가장 많은 부분을 차지하는 것이 수분이다. 신생아는 체성분의 80~85% 정도가 수분이며, 성인이 되면 60~65% 정도를 차지한다. 신체의 주요 조직과 장기의 수분함량은 더 높으며, 건강하게 제 역할을 하기 위해서는 충분한 수분이 공급되어야 한다. 수분의 역할은 혈액순환(수분 부족으로 피의 농도가 진해지면 몸의 기능이 떨어짐), 체온조절(세포가 제 기능을 하기 위한 적합한 온도를 유지하도록 영향 줌), 건강한 체내 대사(흡수한 영양분을 체내에 녹여 세포로 운반), 각 조직의 윤활유 역할, 체내 노폐물 배출(땀, 배변), 소화 도우미(침, 위액 분비 등), 뇌기능 정상화, 감각기능 유지, 건강한 피부유지, 다이어트 등에 도움을 준다. 물 그대로를 조금씩 나눠서 천천히 섭취하는 것이 좋으나, 어렵다면 전통곡차(보리차, 현미차 등)를 이용하는 것도 좋다.

113 수분 보존(water retention)에 대해 설명하시오.

수분은 우리 몸의 신진대사와 항상성 유지를 위해 필수적인 역할을 한다. 우리 몸은 본능적으로 수분을 저장하려고 하며, 수분을 적당한 양이 아닌 많은 양을 저장하려는 것이 수분보존(보유) 현상이다. 수분저류 현상은 몸의 순환계나 조직에 수분이 비정상적으로 축적되어 신체기관이 붓는 현상을 말한다. 수분저류 현상은 발생하는 원인에 따라 그 처방이 다르나, 나트륨(소금)의 과다 섭취로 인하여 수분이 필요한 양보다 몸에 많이 남아 있다면 충분한 물을 마셔서 축적된 물이 배출되도록 한다. 심한 운동으로 많은 양의 땀이 배출되어 염류가 상실되었다면 물과 염분을 동시에 보급한다. 보디빌더는 수분 보존을 이용(염분 및 수분섭취 조절)하여 근육의 사이즈 증가나 선명도(데피니션)를 높인다.

114 탈수(dehydration)현상을 설명하시오.

탈수현상이란 체내의 수분이 충분하지 않은 상태인 체내의 수분결핍을 말한다. 원인은 심한 땀흘림, 구토, 설사, 발열 등이고, 물 부족에 의한 수분 결핍과 나트륨 부족에 의한 전해질 결핍으로 나뉜다. 신체에서 과도하게 수분이 배출되면 체온조절능력의 상실과 운동능력이 감소하고, 극도의 갈증, 두통, 현기증, 근경련 등의 증상이 나타날 수 있다. 수분섭취량보다 배출량이 많아 몸속 수분량이 2%가 줄면 갈증을, 4% 손실되면 근육의 피로를, 20% 이상이 손실되면 생명을 잃을 수도 있다. 하루 물 2L 마시기를 권장하지만 사람마다 신체조건, 건강상태, 운동여부, 먹은 음식 등을 고려하여 적정량을 마시는 것이 좋다. 운동, 높은 체온, 더운 날씨는 인체의 수분 필요성을 증가시키므로 전해질이 든 스포츠음료를 이용하여 탈수를 예방할 수 있다.

115 테스토스테론(testosterone)을 설명하시오.

테스토테론은 남성 호르몬인 안드로겐(Androgen)의 하나이다. 남성은 정소에서 분비되고, 여성은 부신과 난소에서 적은 양이 분비된다. 이 호르몬은 출생 전에 남아로서의 표현형을 결정에 매우 중요한 역할을 하고, 남성 성기의 발육과 성숙에 관여하며 제2차성징을 발현시킨다. 또한 스테로이드계 호르몬으로 단백질의 생산과 저장에 중요한 영향을 주므로 근육의 형성·발달·유지에 사용된다. 테스토스테론은 남성과 여성 모두에게 에너지·동기부여·인지기능을 증가시키고, 뼈건강·성기능 관련·근육량 증가 등을 돕는다. 근육운동은 테스토스테론 호르몬 분비를 증가시키는 효과가 있는데, 근육 성장을 위해 테스토스테론 호르몬 주사가 불법적으로 사용되기도 한다.

116 에스트로겐(estrogen)을 설명하시오.

여성호르몬이라 불리는 에스트로겐은 여성이 난소와 태반에서 분비되고, 남성은 고환에서 미량이 생성된다. 여성의 성적 발달과 성장에 꼭 필요한 대표적인 성 호르몬으로 여성의 2차성징 유도에 큰 영향을 주고, 여성의 생식주기에 많은 영향을 미친다. 에스트로겐이 부족하면 생리주기가 짧아지거나 멈추고, 몸에 열감이 있고, 밤에 땀이 나며, 불면증 등의 수면장애가 생길 수 있다. 또한 성적욕구가 낮아지고 감정기복이 심해지는 등의 증상이 나타난다. 에스트로겐이 과다하면 허리·엉덩이·허벅지에 지

방이 쌓이고, 생리 양에 변화가 생기며, 여성 질환의 발병률이 높아진다. 남성의 경우는 유방의 확대, 발기부전, 불임현상이 생길 수 있고, 전체적으로 지방축적(복부비만) 등의 증상이 나타날 수 있다.

117 DHEA를 설명하시오.

DHEA(Dehydroepiandrosterone : 데하이드로에피안드로스테론)은 콩팥 위에 있는 부신에서 대부분 생산되는 스테로이드 호르몬으로, 남성호르몬(테스토스테론)과 여성호르몬(에스트로겐)을 합성할 때 이용된다. 효능으로는 무기력 증상과 피로감을 개선시키고, 체지방 감소와 노화방지에 효과적이고, 근육과 체력의 증가, 면역력 촉진에도 도움을 준다. 이 호르몬은 출생 직후에는 혈중에 거의 존재하지 않다가 사춘기를 전후하여 급격히 증가하고 20대에 최고조에 이른다. 이후 나이가 들면서 점차 감소하는데, 70대 이후에는 젊었을 때의 약 10~20% 수준을 유지할 뿐이다. 그러므로 스트레스를 줄이고 충분한 운동과 건강한 생활방식을 꾸준히 유지하여 DHEA의 분비를 관리해야 하며, 필요에 따라 DHEA보충제를 섭취한다.

118 트레이닝에 의해 허파(폐)확산능력이 증가하는 이유를 간략하게 말하시오.

운동 중에 산소의 허파(폐)확산능력이 증가하는 것은 허파의 혈액순환이 제한적인 안정 시에 비해 운동 시에는 허파의 환기량 대비 혈류량이 증가하기 때문이다. 안정 시에는 중력에 의해 허파의 아래쪽 부분은 환기량에 비해 많은 혈액이 흐르고 반대로 위쪽 부분은 환기량에 비해 적은 혈액이 흐르게 된다. 하지만 최대운동 시에는 허파 전체의 혈액량 증가에 따른 혈압의 증가로 인해 허파의 위쪽 부분에도 더 많은 혈액이 흐르기 때문이다.

119 심폐계의 목적을 운동생리학적 측면에서 짧게 말하시오.

인체는 근조직에 있는 미토콘드리아에서 산소를 이용하여 에너지를 만들고, 이 에너지를 이용하여 운동을 수행한다. 하지만 인체는 산소를 직접적으로 근육 조직으로 들여보낼 수 없기 때문에 적혈구를 이용하여 산소를 미토콘드리아로 운반한다. 이와 같은 일련의 과정을 원활하게 수행할 수 있도록 하는 것이 심폐계의 역할이자 목적이다.

120 트레이닝에 의해 최대산소섭취량이 증가했다는 것은 무엇을 의미하는지 말하시오.

최대산소섭취량은 미토콘드리아에 도달하는 산소의 양을 말한다. 미토콘드리아는 산소를 이용하여 에너지를 만들고, 이 에너지를 이용하여 운동을 수행하기 때문에 최대산소섭취량이 증가할수록 인체는 더 많은 에너지를 만들고 더 높은 운동수행을 할 수 있다는 것을 의미한다.

121 자율신경계에 의한 심박수 조절 메카니즘을 간략하게 말하시오.

심박수는 교감신경계와 부교감신경계에 의해서 조절된다. 결과적으로 교감신경이 활성화되면 심박수는 증가하고, 비활성화되면 심박수는 감소하게 된다. 반대로 부교감신경이 활성화되면 심박수는 감소하고, 비활성화되면 심박수는 증가한다. 교감신경계 섬유가 자극을 받으면 말단에서 노르에피네프린을 방출하고, 방출된 노르에피네프린은 심장의 베타수용체들과 결합하여 심박수와 심장근육의 수축력을 모두 증가시킨다. 반대로 부교감신경계는 말단에서 아세틸콜린을 방출하고, 방출된 아세틸콜린이 동방결절과 방실결절의 활성을 감소시켜 심박수를 감소시키는 결과를 가져온다.

122 단순한 심박수의 감소만으로도 1회 박출량의 증가를 가져오는데, 그 이유를 간략하게 말하시오.

심박수가 감소하면 결국 심장주기에 영향을 주어 이완기가 길어지는 현상이 나타난다. 이완기가 길어진 만큼 더 많은 혈액은 좌심방에서 좌심실로 많이 이동하게 되어 이완기말 혈액량(EDV)이 증가된다. 심근의 수축력이 트레이닝 전과 동일해도 단순히 이완기말 혈액량의 증가만으로도 1회 박출량(stroke volume)의 증가를 가져와 최종적으로 심박출량(cardiac output)이 증가하게 된다.

123 프랭크 스탈링(Frank-Starling) 법칙에 대해서 간략하게 말하시오.

심장이 수축하고 이완하는 과정에서 좌심실에 더 많은 양의 혈액이 공급되었을 때 더 많은 혈액을 온몸으로 박출할 수 있다는 것을 말한다. 즉, 이완기말 혈액량(EDV)가 크면 클수록 1회 박출량(SV)은 증가하고, 결국 심박출량이 증가한다는 것을 말한다.

124 1회 박출량이 증가하기 위해서는 평균대동맥압이 낮아야 한다. 그 이유를 말하시오.

평균대동맥압이란 심장이 수축하고 난 후 나타나는 동맥의 압으로 후부하(after load)라고도 한다. 좌심실의 수축에 의해 발생한 압력은 평균대동맥압 보다 더 커야 한다. 그래야만 조직으로 혈액을 보낼 수 있기 때문이다. 평균대동맥압이 높으면 좌심실 수축에 의한 혈액의 박출이 어렵게 되어 박출량을 감소시키는 원인이 된다. 운동 중에는 후부하가 발생하여 세동맥을 확장시켜 활동근의 수축을 막아 후부하를 감소시킨다. 때문에 운동 중에는 심장이 다소 쉽게 많은 혈액을 박출할 수 있게 되어 조직으로 많은 산소를 운반할 수 있게 된다. 결론적으로 평균대동맥압이 낮을수록, 후부하가 낮을수록 1회 박출량은 증가하고, 결국 심박출량은 증가하게 된다.

125 정맥혈회귀(venous return)에 영향을 주는 3가지 원인과 그 기전을 간략하게 말하시오.

정맥혈회귀는 ① 근육펌프(muscle pump), ② 정맥수축(venoconstriction), ③ 호흡펌프(respiratory pump)에 의해 영향을 받는다. 근육펌프는 근육의 규칙적인 수축과 이완으로 나타난다. 근육이 수축하면 근육의 길이는 짧아지고, 대신 굵어진다. 이때 근육 사이에 존재하는 혈관에 압력을 가하게 되고, 그 힘으로 정맥을 압박하여 정맥 속에 머물러 있던 혈액을 심장으로 되돌아가게 한다. 근육이 이완할 때는 혈액이 다시 채워지고, 수축할 때 혈액을 심장 쪽으로 압박하여 되돌아가게 하는 과정을 반복하게 된다. 정맥수축은 정맥에 머물러 있는 혈액을 정맥의 평활근의 수축으로 압박하여 혈액이 심장쪽으로 이동할 수 있게 한다. 정맥의 평활근은 동맥의 평활근에 비해 얇아서 수축력이 훨씬 작지만 정맥혈회귀에 영향을 미친다. 정맥 속의 혈액은 수축 시 심장 쪽으로만 이동하는데, 그 이유는 정맥 속에 있는 정맥밸브가 특수한 구조로 되어 있기 때문이다. 특수한 정맥밸브가 조직으로 혈액이 역류하는 것을 막고 심장 쪽으로 흐르게 만든다. 호흡펌프는 들숨과 날숨을 위해 호흡하는 과정에서 발생한다. 공기를 들여마시기 위해서는 가슴 안쪽의 압력을 줄어야 한다. 이를 위해서 가슴과 복부를 가로막고 있는 가로막(횡격막)이 아래로 이동하면서 복부의 압력을 증가시키게 되고, 공기를 밖으로 내보내기 위해서는 가슴 안쪽의 압력은 높여야 하기 때문에 가로막이 위로 올라가면서 복부의 압력은 감소하게 된다. 이때 하체에 있는 혈액이 복부로 이동하고 들숨일 때 심장으로 이동하게 되어 근육펌프와 같은 현상이 복부와 가슴에서 일어나는데, 이러한 현상을 '호흡펌프'라고 한다.

126 지구력트레이닝에 의한 동정맥산소차의 증가가 최대산소섭취량의 증가를 가져오는데, 그 이유를 간략하게 말하시오.

지구력트레이닝으로 인한 산소섭취량의 증가는 동정맥산소차가 주 원인이다. 훈련을 통해 혈액 속에 포함되어 있는 산소를 조직에 얼마나 많이 운반할 수 있는가에 달려 있다. 혈액 속의 헤모글로빈이 많은 산소를 조직으로 수송하지만 마이오글로빈이 이 산소를 뺏은 후 근육조직의 미토콘트리아로 운반해 주는 능력에 따라 산소섭취량의 증가는 결정된다. 따라서 근육조직 속의 미토콘트리아의 수, 미토콘트리아의 크기와 근육조직의 모세혈관은 산소섭취량 증가를 좌지우지한다고 할 수 있다. 근육조직의 모세혈관의 밀도가 높을수록 근육의 혈류량은 증가한다. 또한 근육을 통과하는 혈액의 이동속도를 낮추어 혈액의 산소가 근육조직으로 확산되는 시간을 제공한다. 뿐만 아니라 헤모글로빈에서 마이오글로빈으로의 확산거리를 단축시키고 거리가 짧아진 만큼 확산 속도를 증가시킨다. 이러한 원인들에 의해서 동정맥산소차는 증가하여 결과적으로 최대산소섭취량은 증가하게 된다.

127 지구성 트레이닝 후 운동수행능력의 증가의 원인을 근육의 생화학적·구조적 변화를 중심으로 간략하게 말하시오.

트레이닝은 뼈대근육의 모세혈관의 수나 밀도를 증가시켜 산소의 확산 거리와 근육섬유로의 기질 전송 거리를 단축시켜 에너지생성 시 효율성을 증가시킨다. 반대로 근육섬유에서 생성된 폐기물을 제거하기 위한 확산거리도 감소시켜 원활한 대사가 가능하도록 한다. 그밖에 근육섬유의 미토콘트리아의 수 증가, 지방대사에 관여하는 근력 증가, 근육의 산화능력 증가 등을 통해서 운동수행능력은 증가시킨다.

저 자 소 개

김경식

경기대학교 체육학사
서울대학교 대학원 교육학석사(스포츠사회학 전공)
서울대학교 대학원 체육학박사(스포츠사회학 전공)
현) 호서대학교 사회체육학과 교수
ASCS Certification Committee(International Personal Trainer, International Strength & Conditioning Specialist) 위원장
호서대학교 2급 생활스포츠지도사연수원 부원장 및 보디빌딩 현장실습 책임교수
사단법인 한국융합과학회 회장
Asian Society for Sport Convergence Sciences 회장
한국스포츠사회학회 부회장
교육부 체육교육과정 특성화학교 컨설팅위원
집필 파트 : 3부 1장 트레이닝의 원리와 구성요소, 4부 1장 저항트레이닝 프로그램

고재면

대진대학교 이학사(스포츠과학 전공)
연세대학교 대학원 체육학석사(운동생리학/운동처방 전공)
연세대학교 대학원 체육학박사(운동생리학/운동처방 전공)
현) 연세대학교 체육교육학과 강사(비만관리를 위한 식이조절과 운동, 호신술, 테니스)
원광대학교 체육교육과 강사(운동생리학, 운동처방, 근신경생리학, 테니스)
숭실사이버대학교 스포츠재활복지학과 강사(운동생리학, 운동상해, 기능해부학)
인덕대학교 교양과 강사(응급처치 및 건강관리)
한국복지대학교 장애인레저스포츠과 강사(운동생리학, 트레이닝방법론)
집필 파트 : 1부 1장 골격근의 구조와 기능, 1부 2장 신경시스템

권순신

관동대학교 사범대학 체육교육과
호서대학교 대학원 체육학석사(스포츠사회학 전공)
호서대학교 대학원 체육학박사(스포츠사회학 전공)
현) 예산전자공업고등학교 체육교사
호서대학교 사회체육과 강사
충청남도 플로어볼협회 전무이사
2급 생활스포츠지도사연수원 보디빌딩 현장실습 강사
집필 파트 : 3부 2장 저항트레이닝

김찬선

공주대학교 체육교육 학사
순천향대학교 체육교육 석사
경기대학교 경호안전 박사
현) 서울벤처대학원대학교 정보관리전공 주임교수
사단법인 한국안전문화연구원 원장
미래융합통섭학회 회장
사단법인 한국융합과학회 부회장
집필 파트 : 6부 2장 시설안전 관리

서대윤

동서대학교 체육학학사
부산대학교 대학원 체육학석사(자연과학 전공)
부산대학교 대학원 체육학박사(자연과학 전공)
현) 인제대학교 심혈관 및 대사질환센터 연구교수
사단법인 한국융합과학회 편집위원
집필 파트 : 4부 2장 심폐체력 향상을 위한 프로그램, 4부 3장 특수집단 트레이닝 프로그램

석민화

서울대학교 체육학사
서울대학교 대학원 체육학석사(운동생리학 전공)
서울대학교 대학원 체육학박사(운동생리학 전공)
현) 한양대학교 스포츠산업과학부 겸임교수
서울특별시 요가회 이사
한국운동영양학회 이사
대한비만학회 운동분과위원
집필 파트 : 1부 3장 트레이닝과 에너지 대사, 2부 2장 건강 및 체력평가

이병근

서울교육대학교 교육학사
서울대학교 대학원 교육학석사(운동생리학 전공)
서울대학교 대학원 체육학박사(운동생리학 전공)
현) 상명대학교 사회체육학과 교수
　한국운동생리학회 부회장
　IJHMSS Editorial board member(Scopus 저널)
　대한민국 체육상 심사위원
　ACSM(미국스포츠의학회) CCEP, ETT
　NSCA-KOREA 이사, CPT
　대한운동학회 이사, 학술상 및 공로상 수상
　대한심폐소생협회 강사
　한국브레인걷기협회 충남회장
집필 파트 : 3부 3장 심폐지구력 트레이닝

이상호

동아대학교 체육학학사
부산대학교 대학원 체육학석사(자연과학 전공)
부산대학교 대학원 체육학박사(자연과학 전공)
현) 동아대학교 태권도학과 조교수
　한국운동생리학회 이사
　한국(e)스포츠태권도학회 상임이사
　부산시생활체육태권도 연맹 상임이사
　동아대학교 경기지도자연수원 운영위원회 위원
　동아대학교 교수학습개발센터 운영위원회 위원
집필 파트 : 5부 1장 영양, 5부 2장 체중조절과 식단

이지은

충남대학교 무용학사
충남대학교 교육대학원 교육학석사(체육 전공)
한국예술종합학교 무용원 창작과 예술전문사(창작 전공)
현) 호서대학교 사회체육학과 강사
　호서대학교 2급 생활스포츠지도사연수원 운영위원 및 보디빌딩 현
　　장실습 강사
　한국예술종합학교 무용원 강사
　한국문화예술교육진흥원 예술강사
집필 파트 : 3부 4장 코어 트레이닝

임승엽

수원대학교 체육학사
서울대학교 대학원 교육학석사(스포츠사회학 전공)
The University of Tennessee 철학박사(스포츠사회학 전공)
현) 고려대학교 국제스포츠학부 부교수
　1급 생활스포츠지도사 (보디빌딩, 국민체육진흥공단)
　한국스포츠사회학회 국제이사
　한국체육교육학회 국제이사
　세종특별자치시체육회 공정위원회 위원
집필 파트 : 5부 3장 보충제

정덕조

서울대학교 교육학사
서울대학교 대학원 교육학석사(운동생리학 전공)
서울대학교 대학원 체육학박사(운동생리학 전공)
현) 서원대학교 사범대학 체육교육과 교수
　대한운동학회 회장
　한국운동생리학회 부회장
　ACSM(미국스포츠의학회) CCEP, ETT
　1급 생활체육지도자
　전문운동사(KACEP)
집필 파트 : 1부 4장 트레이닝과 신체반응

한승백

한림대학교 체육학사
서울대학교 대학원 교육학석사(스포츠사회학 전공)
서울대학교 대학원 체육학박사(스포츠사회학 전공)
현) 한림대학교 체육학과 교수
　한국스포츠사회학회 총무이사
　한국융합과학회 학술위원장
집필 파트 : 2부 1장 고객 카운셀링, 6부 1장 시설 설치 및 배치

운동 모델 프로필

지민구

호서대학교 사회체육학과 재학
2급 생활스포츠지도사 보디빌딩 자격증 취득
라이트짐 퍼스널 트레이너
2019 춘계 전국대학보디빌딩 −80kg 동메달
2021 나바코리아 NF 피지크 수니어통합 은메달

김상윤

호서대학교 사회체육학과
2급 생활스포츠지도사 보디빌딩 자격증 취득
헬스피티 산본점 수석 트레이너

조수진

호서대학교 사회체육학과 재학